信息系统项目管理师 5 天修炼

（第四版）

施游　刘毅　编著

攻克要塞软考研究团队　主审

中国水利水电出版社
www.waterpub.com.cn

·北京·

内 容 提 要

本书总结了作者多年来从事软考教育培训与试题研究的心得体会，将知识体系中所涉及的主要内容按照面授 5 天的形式进行了安排。

基于 2023 版新考纲，本书对第三版内容进行了系统修订。书中不仅包括项目管理和信息系统集成专业技术知识的各个知识点，每个学时还配套了知识思维导图，课堂练习题，详细讲述了解题的方法与技巧，总结了一套记忆知识点和公式的方法，提供了参考的口诀帮助记忆和解题，最后还给出了一套全真模拟试题并做了详细讲评。

本书可作为参加信息系统项目管理师考试考生的自学用书，也可作为软考培训班的教材和项目经理或高级项目经理的参考用书。

图书在版编目（C I P）数据

信息系统项目管理师5天修炼 / 施游，刘毅编著. --
4版. -- 北京：中国水利水电出版社，2023.8（2024.3 重印）
ISBN 978-7-5226-1736-7

Ⅰ．①信… Ⅱ．①施… ②刘… Ⅲ．①信息系统－项
目管理 Ⅳ．①G202

中国国家版本馆CIP数据核字（2023）第150027号

策划编辑：周春元　　责任编辑：王开云　　加工编辑：王一然　　封面设计：李 佳

书　　名	信息系统项目管理师 5 天修炼（第四版） XINXI XITONG XIANGMU GUANLISHI 5 TIAN XIULIAN
作　　者	施游　刘毅　编著 攻克要塞软考研究团队　主审
出版发行	中国水利水电出版社 （北京市海淀区玉渊潭南路 1 号 D 座　100038） 网址：www.waterpub.com.cn E-mail：mchannel@263.net（答疑） 　　　　 sales@mwr.gov.cn 电话：（010）68545888（营销中心）、82562819（组稿）
经　　售	北京科水图书销售有限公司 电话：（010）68545874、63202643 全国各地新华书店和相关出版物销售网点
排　　版	北京万水电子信息有限公司
印　　刷	三河市德贤弘印务有限公司
规　　格	184mm×240mm　16 开本　24 印张　573 千字
版　　次	2012 年 1 月第 1 版　2012 年 1 月第 1 次印刷 2023 年 8 月第 4 版　2024 年 3 月第 3 次印刷
印　　数	6001—9000 册
定　　价	68.00 元

编委会成员

I

前言

距离上一次本书的出版又过去了 4 年多的时间，这 4 年多的时间内，本书进行了多次重印。官方教程于 2023 年上半年进行了更新（第四版），相关的项目管理知识体系结合了 PMBOK 第 6 版和第 7 版的知识。由于新教程内容变化较大，因此，对于本书来说，必须要进行改版来反映最新的考试情况。

再版后的书籍仍然按照传统的 5 天模式来组织内容，当然实际的内容安排和面授的内容安排有所不同，面授更强调的是基于现场的互动，而本书其实是静态的，面授过程中我们的交付周期是固定的，而本书实际的展开过程中，考生可能花费的时间不止 5 天，在内容上比面授覆盖的更广一些，考生可以以此书为纲，制订周期性的学习计划来完成书中知识点的学习。

此外，从应考的角度来看，考试其实是有方法和技巧的，每个考生在拿到本书的时候，首先需要思考的是学习方法的问题，不同考生面对的是同样的知识点，但八仙过海，各显神通。学习方法在复习过程中是极其关键的一个因素，因此，需要定期思考：如何有效地复习我们所面对的知识点？

考虑到书本是静态的，而考试考点的变化是动态的，所以，我们在后续的过程中，将采用"攻克要塞"微信公众号的方式来动态更新本书中的内容，建立书中知识点与考点的动态联系。当然，我们也会每年增补一些必要的重要考点到本书中来，并从书中剔除一部分不重要的考点。

此外，要感谢中国水利水电出版社的周春元编辑，他的辛勤劳动和真诚约稿也是我们更新此书的动力之一。攻克要塞的各位同事、助手做了大量的资料清理，甚至参与了部分编写工作，也在此一并感谢。

有专人值守的微信公众号二维码如下所示，我们也会在此及时回复各类问题以及发布各类考试相关信息。

攻克要塞软考研究团队

目录

第**1**天

熟悉考纲，掌握技术

◎**5 天前的准备**

不管基础如何、学历如何，拿到这本书就算是有缘人。5 天的学习并不需要准备太多的东西，下面罗列出来一些必要的准备。

（1）本书。如果看不到本书那真是太遗憾了。

（2）至少 20 张草稿纸。

（3）1 支笔。

（4）处理好自己的工作和生活，以使这 5 天能静下心来学习。

（5）关注我们的微信公众号，及时与我们互动。

◎**学习前的说明**

5 天的关键学习对于每个人来说都是一个挑战，这么多的知识点要在短短的 5 天时间内翻个底朝天是很不容易的，也是非常紧张的，但却是值得的。学习完这 5 天，相信考生会感到非常充实，考试也会胜券在握。先看看这 5 天的内容是如何安排的吧（表 1-0-1）。

表 1-0-1　5 天修炼学习计划表

时间		学习内容
第 1 天　熟悉考纲，掌握技术	第 1 学时	梳理考试要点
	第 2 学时	信息化知识
	第 3 学时	信息系统管理与服务
	第 4 学时	信息系统集成专业技术知识 1——软件知识
	第 5 学时	信息系统集成专业技术知识 2——数据库知识
	第 6 学时	信息系统集成专业技术知识 3——网络与安全知识
	第 7 学时	信息系统治理
第 2 天　打好基础，深入考纲	第 8 学时	项目管理一般知识
	第 9 学时	项目立项、招投标
	第 10 学时	项目整合管理
	第 11 学时	项目范围管理
	第 12 学时	项目成本管理
第 3 天　鼓足干劲，逐一贯通	第 13 学时	项目进度管理
	第 14 学时	项目质量管理
	第 15 学时	项目资源管理
	第 16 学时	项目合同与采购管理
	第 17 学时	项目沟通管理和干系人管理
	第 18 学时	项目风险管理
	第 19 学时	项目管理原则与项目绩效域
第 4 天　分析案例，指导论文	第 20 学时	文档、配置与变更管理
	第 21 学时	知识产权、法律法规、标准和规范
	第 22 学时	项目管理高级知识
	第 23 学时	案例分析
	第 24 学时	论文指导
第 5 天　模拟考试，检测自我	第 25 学时	模拟考试（上午试题）
	第 26 学时	上午试题分析
	第 27 学时	模拟考试（下午试题）
	第 28 学时	下午试题分析

　　【辅导专家提示】考生熟悉考纲之后，会发现很多的专业术语没有接触过或根本不懂，没有关系，找到问题了，第 1 天就算成功了一半。好了，接下来就赶快一起进入角色吧。

第 1 学时　梳理考试要点

下面一起来梳理信息系统项目管理师的考试要点。

1.1　考试目标解读

信息系统项目管理师考试是一个水平考试，并不仅仅是为了选拔人才，更是为了检验考生是否具备工程师的工作能力和业务水平，因此并没有严格的名额限制，只要考试能够及格就算过关。

信息系统项目管理师考试又属于职称资格考试，通过考试能够获得与高级工程师相同的职称资格。

从考试大纲来看，考试的核心内容就是项目管理知识体系，其中有关项目计划、风险管理、绩效评价等知识都可归结到项目管理的知识体系中；另外，考试的级别是高级工程师（高级职称），可见这个考试的核心内容在于项目管理，因此为应对考试，不必太多地纠缠于 IT 项目的技术内容和深度，定位好这一点对于这 5 天的冲关学习和考试过关非常重要。

【攻克要塞专家提示】技术的内容也会考一些，主要集中在上午的基础知识试题中。

1.2　考试形式解读

信息系统项目管理师考试有 3 场，分为上午考试、下午考试 I 和下午考试 II，3 场考试都过关才能算这个级别的考试过关。

上午考试的内容是信息系统项目管理综合基础，考试时间为 150 分钟，笔试，选择题，而且全部是单项选择题，其中含 5 分的英文题。上午考试总共 75 道题，共计 75 分，按 60% 计，45 分过关。

下午考试的内容包括两部分。下午 I 是"信息系统项目管理案例分析"，考试时间为 90 分钟，笔试，问答题，一般为 3 道大题，每道大题又分为 3～5 个小题。大多数情况下，每道大题 25 分，总计 75 分，按 60% 计，45 分过关。下午 II 是论文考试，论文总分 75 分，按 60% 计，45 分过关。

注意：机考之后，下午 I 和下午 II 考试连续进行。

1.3　上午试卷答题注意事项

上午考试答题时要注意以下事项：

（1）注意把握考试时间，虽然上午考试时间有两个半小时，但是题量还是比较大的，一共 75 道题，做一道题的时间不到 2 分钟，因为还要留出 10 分钟左右来检查核对。

（2）做题先易后难。上午考试一般前面的试题会容易一点，大多是知识点性质的题目，但也会有一些计算题，有些题还会有一定的难度，个别试题还会出现新概念题（即在教材中找不到答案，平时工作也可能很少接触），这些题常出现在第 60～第 70 题之间。考试时建议先将容易做的和自己会的做完，其他的先跳过去，在后续的时间中再集中精力做难题。

1.4　下午试卷 I 答题注意事项

下午考试 I 答题要注意以下事项：

（1）先易后难。先大致浏览一下考题，考试往往既会有知识点问答题，也会有计算题，同样先完成自己最为熟悉和最有把握的题，再重点攻关难题。

（2）问答题最好以要点形式回答。阅卷时多以要点给分，不一定要与参考答案一模一样，但常以关键词语、语句意思表达相同或接近为判断是否给分或给多少分的标准。因此答题时要点要多写一些，以涵盖到参考答案中的要点。比如，如果题目中的问题分值给的是 5 分，则极可能是 5 个要点，1 个要点 1 分，回答时最好能写出 7 个左右的要点。

（3）计算题分数一定要拿到。信息系统项目管理师考试的计算题范围不大，且万变不离其宗，花点心思和时间练好计算题具有非常重要的意义，对考试过关帮助很大。计算题常出的类型有网络图计算、挣值分析计算、投资回收期与回报率计算等，在后续学时中会详细展开讲解。

（4）下午的案例分析试题范围相对比较窄，局限在项目管理的范畴之内，因此大可不必纠缠于技术细节。具体的考查内容包括：可行性研究、项目立项、合同管理、项目启动、项目管理计划、项目实施、项目监督与控制、项目收尾、信息系统的运营、信息（文档）与配置管理、信息系统安全管理。

可见，下午的案例分析题的知识要点涵盖了项目管理的十大知识领域，常会有基础知识题、找原因题、计算题等。一般是用一段文字来描述一个项目的基本情况，特别是描述项目运作过程中会出现的一些现象，比如项目案例试题的第 1 道小题会问出现某种不好现象的原因是什么，第 2 道小题会问一个基础知识点，第 3 道小题会问如果你是项目经理该如何解决问题。

1.5 下午试卷 II 答题注意事项

下午试卷 II 是论文题，每批次考试论文题仅 1 道题，因此平时一定要多练习几个论文方向。在后续学习过程中还会详细解析论文写作的注意事项、批阅规则，并给出范文进行分析。

有不少考生总觉得论文很难写，一是因为自己很少写；二是因为平时总结得比较少；三是因为项目经验还有所欠缺。好在论文的范围并不宽，基本集中在项目管理领域，而且要求也并不高，题目也多是比较宽泛的题目，比如"论项目的范围管理"。请考生跟上本书的进度，循序渐进地来学习和练习，完全可以做到考前胸有成竹。

【攻克要塞专家提示】2022 年开始，下午的论文只有一道题，且不要求写摘要。2023 年 11 月开始的机考考试，每批次考试论文题仍然只有一道。

1.6 考试要点初体会

第 1 个学时就要结束了，不知您有什么感受呢？从笔者的培训经验来看，大多数考生会有如下感受：

（1）知识点太多，专业术语太多，理不清，也听不明白。

（2）考试范围似乎很广，能否进一步缩小，最好能圈出本次考试的必考点。

（3）英文题没有把握，工作多年了，英文早已忘得差不多了。

（4）试题的具体题型还没有接触过，能否提供一些模拟试题。

（5）也有个别基础比较好的考生，更倾向于直接通过模拟试题来进行强化训练。

（6）论文写作心里没底，大学毕业以后就没写过论文了。

有以上感受是正常的，说明考生对考试的具体情况、考试的要点已经有了一个全面的感性认识了，在后续内容中会一一解析、个个击破，有些不好记忆但又必须记忆的地方，笔者会教一些记忆的方法或口诀来帮助考生解决问题。考试范围其实通过考试要点解析后已经缩小了很多，但不能保证 100%覆盖到考试试题。笔者认为通过这 5 天的梳理，必然会将考生的项目管理水平、应试水平提高到一个新的层次，并且可以树立坚强的信心通过考试；英语题则只有靠多记多练了，毕竟英语水平不是短时间可以提高的；论文试题在学习课堂内容的基础上也一定注意要自己动手写上几个题目练练手，肯定会提高很快的。

【攻克要塞专家提示】最好的模拟试题是历年的试题，考生不妨找时间做一做历年试题。

第 2 学时　信息化知识

在这个学时里，将学习有关信息化的知识点，这些知识点的考核大多出现在上午试题中。本学时的知识图谱如图 2-0-1 所示。

图 2-0-1　知识图谱

2.1 信息与信息化

2.1.1 信息

关于信息的定义，诺伯特·维纳（Norbert Wiener）给出的定义是："信息就是信息，既不是物质也不是能量。"克劳德·艾尔伍德·香农（Claude Elwood Shannon）给出的定义是："信息就是不确定性的减少。"

信息的传输模型如图 2-1-1 所示。

图 2-1-1 信息的传输模型

（1）信源：信息的来源。

（2）编码：把信息变换成讯息的过程，这是按一定的符号、信号规则进行的。

（3）信道：信息传递的通道，是将信号进行传输、存储和处理的媒介。

（4）噪声：信息传递中的干扰，将对信息的发送与接收产生影响，使两者的信息意义发生改变。

（5）解码：信息编码的相反过程，把讯息还原为信息的过程。

（6）信宿：信息的接收者。

信息具有价值，价值大小取决于信息的质量。质量属性包括：

（1）精确性：对事物描述的精准程度。

（2）完整性：对事物描述的全面性，完整信息包括所有重要事实。

（3）可靠性：信息的来源、收集、传输是可信任的、符合预期的。

（4）及时性：指获得信息的时刻与事件发生时刻的间隔长短。

（5）经济性：指信息获取、传输的成本是可以接受的。

（6）可验证性：指信息的主要质量属性可以被证实或者证伪的程度。

（7）安全性：指在信息的生命周期中，信息可以被非授权访问的可能性，可能性越低，安全性越高。

2.1.2 信息化

关于信息化的定义，业内也还没有严格的、统一的定义，但常见的有以下几种：信息化就是**计算机、通信和网络技术**的现代化；信息化就是从物质生产占主导地位的社会向**信息产业**占主导地位的社会转变的发展过程；信息化就是从工业社会向**信息社会**演进的过程；信息化是不断运用信息技术改造、支持人类的各类经济活动、社会活动、社会结构，不断接近理想状态的持续性活动。

（1）组织信息化。组织信息化是指各行业领域的组织在生产、销售、服务、运营等各环节中广泛应用信息技术、大力培养信息人才、建设信息系统、提供信息服务。

组织信息化的趋势有：产品信息化、产业信息化、社会生活信息化、国民经济信息化。

（2）国家信息化。《"十四五"国家信息化规划》依据《中华人民共和国国民经济和社会发展第十四个五年规划和 2035 年远景目标纲要》《国家信息化发展战略纲要》等制定，是"十四五"国家规划体系的重要组成部分，对我国"十四五"时期信息化发展作出了部署安排，是指导"十四五"期间各地区、各部门信息化工作的行动指南。

《"十四五"国家信息化规划》围绕确定的发展目标，部署了 10 项重大任务：①建设泛在智联的数字基础设施体系；②建立高效利用的数据要素资源体系；③构建释放数字生产力的创新发展体系；④培育先进安全的数字产业体系；⑤构建产业数字化转型发展体系；⑥构筑共建共治共享的数字社会治理体系；⑦打造协同高效的数字政府服务体系；⑧构建普惠便捷的数字民生保障体系；⑨拓展互利共赢的数字领域国际合作体系；⑩建立健全规范有序的数字化发展治理体系，并明确了5G 创新应用工程等 17 项重点工程作为落实任务的重要抓手。

【辅导专家提示】关键词语加粗显示了，这些是在选择题要重点注意的地方，也是案例分析题中回答知识要点的关键词语。

2.1.3　国家信息化体系的 6 个要素

国家信息化体系的 6 个要素关系图如图 2-1-2 所示。

图 2-1-2　国家信息化体系的 6 个要素关系图

（1）**信息资源**。信息资源是国家信息化的**核心任务**、国家信息化建设取得实效的关键。信息、材料、能源共同构成经济和社会发展的三大战略资源。

信息资源具有广泛性，人们对其的检索和利用，不受时间、空间、语言、地域和行业的制约；信息资源具有流动性，通过信息网可以快速传输；信息资源具有融合性，通过整合不同的信息资源，并对其进行分析和挖掘，可以得到比分散信息资源更高的价值。信息资源具有非同质性，即独特性。

（2）**信息网络**。信息网络是信息资源开发、利用的基础设施，是**信息资源开发和信息技术应用的基础**，是信息传输、交换、共享的**手段**，包括**计算机网络**、**电信网**、**电视网**等。信息网络在国家信息化的过程中将逐步实现三网融合，并最终做到三网合一。

（3）**信息技术应用**。信息技术应用属于体系中的**龙头**，是国家信息化中十分重要的要素，它直接反映了效率、效果和效益。

（4）**信息产业**。信息产业是信息化的基础。信息产业包括微电子、计算机、电信等产品和技术的开发、生产、销售，以及软件、信息系统开发和电子商务等。

（5）**信息化人才**。人才是信息化的成功之本，而合理的人才结构更是信息化人才的核心和关键，其要求不仅要有各个层次的信息化技术人才，还要有精干的信息化管理人才、营销人才，以及法律、法规和情报人才。首席信息官（Chief Information Officer, CIO）是企业最高管理层的重要成员之一。

（6）**信息化政策、法规、标准和规范**。信息化政策、法规、标准和规范协调信息化体系各要素，是国家信息化快速、有序、健康和持续发展的保障。

【攻克要塞专家提示】国家信息化体系的 6 个要素的参考记忆口诀为**"资网技术产人政"**。

2.2 现代化基础设施

2018 年 12 月，中央经济工作会议提出"加快 5G 商用步伐，加强人工智能、工业互联网、物联网等新型基础设施建设"，这是"新基建"概念首次出现在中央层面的会议中。

新型基础设施主要包括以下 3 个方面的内容：

（1）信息基础设施。指利用新一代信息技术衍生的基础设施，包括通信网络基础设施（包含物联网、工业互联网、卫星互联网、5G 等）、新技术基础设施（包含云计算、人工智能、区块链等）、算力基础设施（包含数据中心、智能计算中心等）。

（2）融合基础设施。深度应用大数据、人工智能、网络等技术，将传统基础设施升级为融合型基础设施。例如：智慧城市基础设施、智能交通基础设施、智慧电网基础设施等。

（3）创新基础设施。支持科学研究、技术和产品研发的公益性基础设施。比如，科技和教育基础设施、产业创新平台等。

2.2.1 工业互联网

工业互联网（Industrial Internet）是新一代信息通信技术与工业经济深度融合的新型基础设施、应用模式和工业生态，通过对人、机、物、系统等的全面连接，构建起覆盖全产业链、全价值链的全新制造和服务体系，为工业乃至产业数字化、网络化、智能化发展提供了实现途径，是第四次工业革命的重要基石。

工业互联网包含了网络、平台、数据、安全四大体系。

（1）网络是基础。工业互联网网络体系包含网络互联、数据互通和标识解析等。网络互联实现工业互联网各要素的互联与数据传输；数据互通主要是指标准化描述数据；标识解析是指统一标记（编码）、管理和定位要素。

（2）平台是中枢。工业互联网平台包括边缘层、IaaS、PaaS 和 SaaS。工业互联网平台的作用是数据汇聚、建模分析、知识复用、应用创新等。

（3）数据是要素。数据是实现数字化、智能化的基础。工业互联网数据的特性有重要性、专业性、复杂性。

（4）安全是保障。工业互联网安全涉及网络、设备、控制、数据等方面的安全，核心任务就是通过检测与评估、预防与预警、测试、应急响应等方式确保工业互联网安全。典型的工业互联网应用模式有平台化设计、智能化制造、网络化协同、个性化定制、服务化延伸、数字化场景。

2.2.2　车联网

车联网（Internet of Vehicles，IoV）是一种通过无线网络、传感器等技术，将汽车与互联网、其他车辆、道路基础设施和云端服务连接起来，实现车辆之间、车辆和环境之间的智能交互的技术和应用。车联网是一个"端管云"三层结构体系，具体如图 2-2-1 所示。

图 2-2-1　车联网"端管云"三层结构体系

（1）端：车内网络平台，该层面以制造业产业角色为主，负责采集车辆信息、感知车辆状态。

（2）管：车际网平台，该层面制造业和服务业产业角色比较均衡，解决车与路、车与人、车与车、车与网等的互联互通。

（3）云：车载移动互联网，该层面以服务业产业为主，是一个基于云的车辆运行信息平台。

2.3　现代化创新与发展

2.3.1　农业现代化

"三农"工作是全面建设社会主义现代化国家的重中之重。国务院为贯彻落实《中华人民共和国国民经济和社会发展第十四个五年规划和 2035 年远景目标纲要》，坚持农业农村优先发展，全面推进乡村振兴，加快农业农村现代化，特编制了《国务院关于印发"十四五"推进农业农村现代化规划的通知》（国发〔2021〕25 号）。

《国务院关于印发"十四五"推进农业农村现代化规划的通知》中的要点有：推进农业农村现代化，必须立足国情农情特点；推进农业农村现代化，必须立足农业产业特性；推进农业农村现代化，必须立足乡村地域特征；开展农业关键核心技术攻关；加强农业战略科技力量建设；促进科技与产业深度融合；加强乡村信息基础设施建设；发展智慧农业；推进乡村管理服务数字化等。

2.3.2　两化融合

两化融合是将信息化与工业化充分交汇融合，推进数据、技术、业务流程、组织结构的互动创新和持续优化，充分挖掘资源配置潜力。两化融合**核心**是**不断打造信息化支撑**，形成可持续竞争优势，实现创新发展、智能发展和绿色发展的过程。

信息化与工业化的融合方向有：工业技术与信息技术的融合；信息产品技术和工业产品的融合；信息技术与企业生产、管理、营销环节的融合。融合而形成新的产业。

2.3.3 智能制造

智能制造（Intelligent Manufacturing，IM）是一种由智能机器和人类专家共同组成的人机一体化智能系统，贯穿于设计、生产、管理、服务等制造活动的各个环节，它在制造过程中能进行智能活动，诸如学习、推理、判断、决策、执行等。

《智能制造能力成熟度模型》（GB/T 39116—2020）分为 5 个等级。具体如图 2-3-1 所示。

图 2-3-1　智能制造能力成熟度等级

2.3.4 消费互联网

消费互联网是以个人为用户，以日常生活为应用场景的应用形式，满足消费者在互联网中的消费需求而生的互联网类型。消费互联网属性包括媒体属性、产业属性。

2.4 数字中国

2.4.1 数字经济

数字经济是借助信息、通信技术，促进数字技术与实体经济的融合，推动产业发展与升级，是一种新的技术经济范式。数字经济是工业、农业经济之后的更高级的经济形态。

范式是指那些公认的科学成就，在一段时间里为实践共同体提供典型的问题和解答。

技术范式是基于自然科学原理的，用于解决某种经济问题的一种模式。

数字经济包括数字产业化、产业数字化、数字化治理和数据价值化四个部分。具体见表 2-4-1。

表 2-4-1　数字经济组成

组成部分	定义	具体内容
数字产业化	为产业数字化发展提供数字技术、产品、服务、基础设施和解决方案，以及完全依赖于数字技术、数据要素的各类经济活动。数字产业化是数字经济的基础部分	云计算、物联网、工业物联网、区块链、人工智能、虚拟现实和增强现实等
产业数字化	基于新一代数字技术，以数据为关键要素，以价值释放为核心，以数据赋能为主线，对产业链上下游的全要素进行数字化升级、转型和再造的过程。产业数字化是实现数字经济和传统经济深度融合发展的重要途径，是数字经济发展的必由之路和战略抉择	以数据资源为关键生产要素；以数字科技变革生产工具；以数字内容重构产品结构；以服务平台为产业生态载体；以信息网络为市场配置纽带；以数字善治为发展机制
数字化治理	依托互联网、大数据、人工智能等技术，推进社会治理的科学化、精细化、高效化，创新社会治理方法，助力社会治理现代化	用数据说话、用数据决策、用数据管理、用数据创新。数字化治理的内涵包含对数据、运用数据及数字融合空间进行治理
数据价值化	以数据资源化为起点，经历数据资产化、数据资本化阶段，实现数据价值化的经济过程。数据资源化使无序、混乱的原始数据成为有序、有使用价值的数据资源；数据资产化使得数据通过流通交易给使用者或者所有者带来经济利益；数据资本化是拓展数据价值的途径，本质是实现数据要素社会化配置，数据资本化有数据信贷融资与数据证券化两种形式	包括但不限于数据标准、数据采集、数据标注、数据确权、数据定价、数据交易、数据流转、数据保护等

2.4.2　数字政府

数字政府是指以新一代信息技术为支撑，以"业务数据化、数据业务化"为着力点，通过数据驱动重塑政务信息化管理架构、业务架构和组织架构，形成"用数据决策、数据服务、数据创新"的现代化治理模式。数字政府的特征协同化、云端化、智能化、数据化、数字化、动态化。数字政府的重点内容是"一网通办""跨省通办""一网统管"。

2.4.3　数字社会

数字社会是以构筑全民畅享的数字生活为目标，以数字化、网络化、大数据、人工智能等当代信息科技的快速发展和广泛应用为支撑，通过数据驱动推动产业发展、公共服务以及社会生活等领域数字业态变革型成长，形成全连接、全共享、全融合、全链条的数字社会形态。

数字社会的内容包含数字民生、智慧城市、数字乡村、数字生活等。

2.4.4　数字生态

数字生态是数字时代下，政府、企业和个人等社会经济主体通过数字化、信息化和智能化等技术，进行连接、沟通、互动与交易等活动，形成围绕数据流动循环、相互作用的社会经济生态系统。

2.5　数字化转型

数字化转型是建立在数字化转换、数字化升级的基础上，进一步触及公司核心业务，以新建一种商业模式为目标的高层次转型。

2.6　虚拟现实与元宇宙

虚拟现实技术（Virtual Reality，VR）是一种可以创建和体验虚拟世界的仿真系统。虚拟现实技术的主要特征包括**交互性、沉浸性、构想性（想象性）、多感知性、自主性**等。

元宇宙（Metaverse），是人类运用数字技术构建的、由现实世界映射或超越现实世界的、可与现实世界交互的、具备新型社会体系的数字生活空间。元宇宙的特征有**沉浸式体验、虚拟身份、虚拟经济、虚拟社会**治理等。

2.7　电子政务与电子商务

1. 电子政务

电子政务实质上是对现有的政府形态的一种改造，即利用信息技术和其他相关技术来构造更适合信息时代的政府的组织结构和运行方式。

电子政务有以下几种表现形态：①政府对政府，即 **G2G**（Government to Government）；②政府对企业，即 **G2B**（Government to Business）；③政府对居民，即 **G2C**（Government to Citizen）；④政府对政府雇员，即 **G2E**（Government to Employee）。

2. 电子商务

电子商务是指买卖双方利用现代开放的**因特网**，按照一定的标准所进行的各类商业活动。主要包括**网上购物、企业之间的网上交易**和**在线电子支付**等新型的商业运营模式。

电子商务的表现形式主要有如下 4 种：①企业对消费者，即 **B2C**（Business to Customer）；②企业对企业，即 **B2B**（Business to Business）；③消费者对消费者，即 **C2C**（Customer to Customer）；④线上到线下，即 **O2O**（Online to Offline），指将线下的商务机会与互联网结合。

电子商务系统架构中，报文和信息传播的基础设施包括：电子邮件系统、在线交流系统、基于HTTP 或 HTTPS 的信息传输系统、流媒体系统等。

【攻克要塞专家提示】可以看到电子商务的表现形式中没有出现政府（G）。

2.8　企业信息化

企业信息化一定要建立在**企业战略规划**的基础之上，以企业战略规划为基础建立的**企业管理模式**是建立企业战略数据模型的依据。企业信息化就是**技术**和**业务**的融合。这个"融合"并不是简单地利用信息系统对手工的作业流程进行自动化，而是需要从**企业战略层面、业务运作层面、管理运作层面**这三个层面来实现。

企业信息化是指企业以**业务流程**的优化和重构为基础，在一定的深度和广度上利用**计算机技术、网络技术**和**数据库技术**，控制和集成化管理企业生产经营活动中的各种信息，实现企业内外部信息的共享和有效利用，以提高企业的经济效益和市场竞争力，这将涉及对**企业管理理念**的创新、**管理流程**的优化、管理团队的重组和管理手段的革新。

2.9　ERP、CRM、SCM

1. ERP（Enterprise Resource Planning）

ERP 是一个有效地组织、计划和实施企业内外部资源的管理系统，它依靠 **IT** 的手段以保证其信息的**集成性**、**实时性**和**统一性**。

ERP 扩充了管理信息系统（Management Information System，MIS）、制造资源计划（Manufacturing Resource Planning，MRP）的管理范围，将供应商和企业内部的采购、生产、销售及**客户**紧密联系起来，可对**供应链**上的所有环节进行有效管理，实现对企业的动态控制及各种资源的集成和优化，提升基础管理水平，追求**企业资源**的合理高效利用。

2. CRM（Customer Relationship Management）

CRM 建立在坚持以**客户为中心**的理念基础上，就是利用软件、硬件和网络技术，为企业建立一个客户信息收集、管理、分析、利用的信息系统，其目的是改进客户满意度、增加客户忠诚度。

市场营销和**客户服务**是 CRM 的支柱性功能，这些是客户与企业联系的主要领域，无论这些联系发生在售前、售中还是售后。**共享的客户资料库**把市场营销和客户服务连接起来，集成整个企业的客户信息会使企业从部门化的客户联络提高到与客户协调一致的高度。

一般说来，CRM 由两部分构成，即**触发中心**和**挖掘中心**，前者指客户与 CRM 通过电话、传真、Web、E-mail 等多种方式"触发"进行沟通；后者则是指 CRM 记录交流沟通的信息和进行智能分析。

3. SCM（Supply Chain Management）

供应链是围绕核心企业，通过对**信息流**、**物流**、**资金流**、**商流**的控制，从采购原材料开始，制成中间产品及最终产品，最后由销售网络把产品送到消费者手中的将供应商、制造商、分销商、零售商直到最终用户连成一个整体的功能网链结构。供应链不仅是一条连接供应商到用户的物流链、信息链、资金链，而且是一条**增值链**，物料在供应链上因加工、包装、运输等过程而增加其价值，给相关企业带来收益。

2.10　EAI

企业应用集成（Enterprise Application Integration，EAI）是将指将独立的软件应用连接起来，实现协同工作。EAI 通过建立底层结构来联系横贯整个企业的异构系统、应用、数据源等，完成在企业内部的 ERP、CRM、SCM、数据库、数据仓库，以及其他重要的内部系统之间无缝地共享和交换数据的需要。

集成关心个体和系统的所有硬件与软件之间各种人/机界面的一致性。系统集成栈如图 2-10-1 所示。

（1）数据集成：处于系统集成栈中间层，共享数据，但不存储数据。

（2）应用集成：实现工作流层面的应用连接，处于系统

高层	应用集成（互操作性）
	数据集成（互通）
底层	网络集成（互连）

图 2-10-1　系统集成栈

集成栈最上层，主要解决应用的互操作性的问题。互操作性是指可以在对等层次上进行有效的信息交换。应用集成对存储空间和算力的要求不高，可以在云端部署，也可以在有防火墙的本地端部署，还可以云端与本地端混合部署。

应用集成的技术要求包含具备应用间的互操作性、具备分布式环境中应用的可移植性、具备系统中应用分布的透明性等。应用集成可以使用的技术包括应用编程接口、事件驱动型操作、数据映射等。

（3）网络集成：处于系统集成栈最低层，互联底层的不同厂家的网络设备，实现异构和异质网络系统的互联。

2.11　BI 与 DM

商业智能（Business Intelligence，BI）是企业对商业数据的搜集、管理和分析的系统过程，目的是使企业的各级决策者获得知识或洞察力，帮助他们做出对企业更有利的决策。BI 是数据仓库、联机分析处理（On-Line Analytical Processing，OLAP）和数据挖掘（Data Mining，DM）等相关技术走向商业应用后形成的一种应用技术。

商业智能的实现有三个层次，数据报表、多维数据分析和数据挖掘。

数据报表把数据库中的数据转化为业务人员所需要的信息。

多维数据分析是指用多维数据库把数据仓库的数据进行多维建模后进行多维分析。简单来说，多维数据库将数据存放入一个 n 维数组，而不是像关系数据库一样以记录形式存放。多维数据库比传统关系型数据库能更好地实现 OLAP。

数据挖掘就是从存放在数据库、数据仓库或其他信息库中的大量数据中获取有效的、新颖的、潜在有用的、最终可理解的模式的非平凡过程。

数据挖掘技术可分为**描述型数据挖掘**和**预测型数据挖掘**两种。描述型数据挖掘包括数据总结、聚类及关联分析等。预测型数据挖掘包括分类、回归及时间序列等。

（1）数据总结：继承于数据分析中的统计分析。数据总结的目的是对数据进行浓缩，给出它的紧凑描述。传统统计方法（如求和值、平均值、方差值等）都是有效方法。另外，还可以用直方图、饼状图等图形方式表示这些值。广义上讲，多维分析也可以归入这一类。

（2）聚类：是把整个数据库分成不同的群组。聚类的目的是使群与群之间的差别明显，而同一个群之间的数据尽量相似。这种方法通常用于客户细分。由于在开始细分之前不知道要把用户分成几类，因此通过聚类分析可以找出客户特性相似的群体，如客户消费特性相似或年龄特性相似等。在此基础上可以制订一些针对不同客户群体的营销方案。

（3）关联分析：是寻找数据库中值的相关性。两种常用的技术是关联规则和序列模式。关联规则是寻找在同一个事件中出现的不同项的相关性；序列模式与此类似，寻找的是事件之间时间上的相关性，如对股票涨跌的分析等。

（4）分类：目的是构造一个分类函数或分类模型（也称为分类器），该模型能把数据库中的数据项映射到给定类别中的某一个。要构造分类器，需要有一个训练样本数据集作为输入。训练集由一组数据库记录或元组构成，每个元组是一个由有关字段（又称属性或特征）值组成的特征向量，此外，训练样本还有一个类别标记。一个具体样本的形式可表示为（v1,v2,…,vi;c），其中 vi 表示字段值，c 表示类别。

（5）回归：是通过具有已知值的变量来预测其他变量的值。一般情况下，回归采用的是线性回归和非线性回归这样的标准统计技术。一般同一个模型既可用于回归，又可用于分类。常见的算法有逻辑回归、决策树、神经网络等。

（6）时间序列：时间序列是用变量过去的值来预测未来的值。

数据归约是在理解挖掘任务、熟悉数据内容的基础上，在尽可能保持数据原貌的前提下，尽可能地精简数据。数据归约主要有两个途径：属性选择和数据采样，分别针对原始数据集中的属性和记录，这样就可以降低数据分析与挖掘的难度，又不影响分析结果。

2.12　新一代信息技术产业

新一代信息技术产业是随着人们日趋重视信息在经济领域的应用以及信息技术的突破，在以往微电子产业、通信产业、计算机网络技术和软件产业的基础上发展而来的，一方面具有传统信息产业应有的特征，另一方面又具有时代赋予的新的特点。

《国务院关于加快培育和发展战略性新兴产业的决定》中列出了七大国家战略性新兴产业体系，其中包括"新一代信息技术产业"。关于发展"新一代信息技术产业"的主要内容是"加快建设宽带、泛在、融合、安全的信息网络基础设施，推动新一代移动通信、下一代互联网核心设备和智能终端的研发及产业化，加快推进三网融合，促进物联网、云计算的研发和示范应用。着力发展集成电路、新型显示、高端软件、高端服务器等核心基础产业。提升软件服务、网络增值服务等信息服务能力，加快重要基础设施智能化改造。大力发展数字虚拟等技术，促进文化创意产业发展"。

大数据、云计算、"互联网+"、智慧城市等属于新一代信息技术。

2.12.1　大数据

大数据（Big Data）指无法在一定时间范围内用常规软件工具进行捕捉、管理和处理的数据集合，是需要新处理模式才能具有更强的决策力、洞察发现力和流程优化能力的海量、高增长率和多样化的信息资产。

（1）大数据的特点。

大数据的 5V 特点（由 IBM 提出）：Volume（大量）、Velocity（高速）、Variety（多样）、Value（低价值密度）、Veracity（真实性）。

（2）大数据关键技术。

● 大数据获取技术：该技术包含数据采集、数据整合和数据清洗等技术。

● 大数据存储管理技术：谷歌文件系统 GFS、Apache 开发的分布式文件系统 Hadoop、非关系型数据库 NoSQL（谷歌的 BigTable、Apache Hadoop 项目的 HBase）。

● 大数据并行计算技术与平台：谷歌的 MapReduce、Apache Hadoop Map/Reduce 大数据计算软件平台。MapReduce 是简化的分布式并行编程模式，主要用于大规模并行程序的开发。**MapReduce 模式的主要思想是自动将一个大的计算（如程序）拆解成 Map（映射）和 Reduce（简化）的方式。**

- 大数据分析技术：对海量的结构化、半结构化数据进行高效的深度分析；对非结构化数据进行分析，将海量语音、图像、视频数据转为机器可识别的、有明确语义的信息。主要技术有**人工神经网络、机器学习、人工智能系统**。**机器学习**研究计算机模拟人类学习行为，以获取新知识，并重新组织已有的知识且不断改善自身的性能，**是人工智能技术的核心**。

（3）其他大数据技术。

- **Flume**：一个高可用的、高可靠的、分布式的海量日志采集、聚合和传输的系统。
- **Kafka**：一种高吞吐量的**分布式发布-订阅消息系统**，是一个分布式消息队列，生产者向队列里写消息，消费者从队列里取消息。
- **Spark**：一个开源的类 Hadoop MapReduce 的通用并行框架，利用 Scala 语言实现。Spark 具有 Hadoop MapReduce 所具有的优点，但 Spark 更适合用于数据挖掘与机器学习等需要迭代的 MapReduce 的算法。Hadoop 常用于处理离线、复杂的数据；Spark 常用于快速处理离线的数据；Storm 常用于处理在线、实时的数据。

2.12.2 云计算

云计算通过建立网络服务器集群，将大量通过网络连接的软件和硬件资源进行统一管理和调度，构成一个计算资源池，从而使用户能够根据所需从中获得诸如在线软件服务、硬件租借、数据存储、计算分析等各种不同类型的服务，并按资源使用量进行付费。

云计算服务提供的资源层次可以分为 IaaS、PaaS、SaaS。

（1）基础设施即服务（Infrastructure as a Service，IaaS）：通过 Internet 从完善的计算机基础设施获得服务。

（2）平台即服务（Platform as a Service，PaaS）：把服务器平台作为一种服务提供的商业模式。PaaS 向用户提供虚拟的操作系统、数据库管理系统等服务，满足用户个性化的应用部署需求。

（3）软件即服务（Software as a Service，SaaS）：通过 Internet 提供软件的模式，厂商将应用软件统一部署在自己的服务器上，客户可以根据自己的实际需求，通过互联网向厂商定购所需的应用软件服务,按定购的服务多少和时间长短向厂商支付费用,并通过互联网获得厂商提供的服务。

云计算的关键技术包含云存储技术、虚拟化技术、云安全技术、多租户和访问控制管理等。

2.12.3 "互联网+"

通俗地说，"互联网+"就是"互联网+各个传统行业"，但这并不是简单的两者相加，而是利用信息通信技术以及互联网平台，让互联网与传统行业进行深度融合，创造新的发展生态。

"互联网+"有六大特征：一是跨界融合；二是创新驱动；三是重塑结构；四是尊重人性；五是开放生态；六是连接一切。

2.12.4 智慧城市

智慧城市就是运用信息和通信技术手段感测、分析、整合城市运行核心系统的各项关键信息，从而对包括民生、环保、公共安全、实现城市服务、工商业活动在内的各种需求做出智能响应。智慧城市是以互联网、物联网、电信网、广电网、无线宽带网等网络组合为基础，以智慧技术高度集成、智慧产业高端发展、智慧服务高效便民为主要特征的城市发展新模式。

智慧城市建设参考模型包含具有依赖关系的 5 层以及 3 个支撑体系。

（1）5层：**物联感知层、通信网络层、计算与存储层、数据及服务支撑层、智慧应用层**。物联感知层利用监控、传感器、GPS、信息采集等设备，对城市的基础设施、环境、交通、公共安全等信息进行识别、采集、监测；通信网络层基于电信网、广播电视网、城市专用网、无线网络（例如Wi-Fi）、移动4G为主要接入网，组成通信基础网络；计算与存储层包括软件资源、存储资源、计算资源；数据及服务支撑层借助面向服务的体系架构（Service-Oriented Architecture，SOA）、云计算、大数据等技术，通过数据与服务的融合，支持智慧应用层中的各类应用，提供各应用所需的服务、资源；智慧应用层主要是各行业、领域的应用，例如智慧交通、智慧园区、智慧社区等。

（2）3个支撑体系：安全保障体系、建设和运营管理体系、标准规范体系。

2.12.5 物联网

物联网（Internet of Things），顾名思义就是"物物相连的互联网"。以互联网为基础，将数字化、智能化的物体接入其中，实现自组织互联，是互联网的延伸与扩展；通过嵌入到物体上的各种数字化标识、感应设备，如RFID标签、传感器等，使物体具有可识别、可感知、交互和响应的能力，并通过与Internet的集成实现物物相连，构成一个协同的网络信息系统。

物联网的发展离不开物流行业支持，而物流成为物联网最现实的应用之一。物流信息技术是指运用于物流各个环节中的信息技术。根据物流的功能及特点，物流信息技术包括条码技术、RFID技术、EDI技术、GPS技术和GIS技术。

物联网的架构可分为如下三层：

（1）感知层：负责信息采集和物物之间的信息传输，信息采集的技术包括传感器、条码和二维码、RFID射频技术、音视频等；信息传输包括远近距离数据传输技术、自组织组网技术、协同信息处理技术、信息采集中间件技术等传感器网络。传感器是一种用于检测信息，并将信息转换为电信号输出的检测装置，是物联网获取信息的基本手段。射频识别技术（Radio Frequency Identification，RFID）是由一个阅读器和很多应答器组成的无线系统，可以不用与目标进行机械或光学接触就能读写目标数据。

（2）网络层：是利用无线和有线网络对采集的数据进行编码、认证和传输，广泛覆盖的移动通信网络是实现物联网的基础设施。

（3）应用层：提供丰富的基于物联网的应用，是物联网发展的根本目标。

各个层次所用的公共技术包括编码技术、标识技术、解析技术、安全技术和中间件技术。

2.12.6 移动互联网

移动互联网，就是将移动通信和互联网二者结合起来成为一体，是互联网的技术、平台、商业模式和应用与移动通信技术结合并实践的活动的总称。

移动互联网技术有：①**SOA**是一种组件模型，也是一种粗粒度、低耦合服务架构，服务之间通过简单、精确定义结构进行通信，不涉及底层编程接口和通信模型；②**Web 2.0**是一个利用Web平台、由用户主导生成内容的互联网产品模式，相对于Web 1.0，Web 2.0的用户参与度更高，用户可以不受时间和地域的限制分享、发布各种观点；③HTML 5；④Android、iOS。

2.12.7 5G

5G是第五代移动通信技术的简称，其峰值理论传输速度可达10Gbps，比4G网络的传输速度快数百倍,整部超高画质电影可在 1 秒内下载完成。2017 年 12 月 21 日,在国际电信标准组织 3GPP RAN 第 78 次全体会议上,5G NR 首发版本正式发布,这是全球第一个可商用部署的 5G 标准。

2.12.8 人工智能

人工智能（Artificial Intelligence，AI），属于计算机科学的分支,用于模拟、延伸和扩展人类智能的理论、方法、技术。人工智能的研究包括机器学习、机器人、语言识别、图像识别、自然语言处理和专家系统等。

2.12.9 区块链

区块链（Blockchain）是分布式数据存储、点对点传输、共识机制、加密算法等计算机技术的新型应用模式。区块链是比特币的底层技术,本质上是一个去中心化的数据库,它是由按照密码学方法产生的一串数据块,每个数据块中包含了一批次比特币网络交易的信息,用于验证其信息的有效性（防伪）和生成下一个区块。区块链是一个分布式共享账本和数据库,区块链上的数据都是公开透明的。区块链可在不可信的网络进行可信的信息交换,共识机制可有效防止记账节点信息被篡改。

区块链的重要技术有:①分布式账本,又称共享账本,是一种可在网络成员之间共享、复制和同步的数据库,用于记录网络参与者之间的交易,比如资产、数据的交换;②加密算法,区块链采用了散列算法（SHA256）和非对称加密算法（RSA、Elgamal、ECC 等）;③共识机制,共识是网络上的一组节点确定区块链交易是否有效的过程,共识机制是用于达成共识的方法。

2.13 课堂巩固练习题

1．香农是 ___（1）___ 奠基人;信息化就是计算机、通信和 ___（2）___ 的现代化。
（1）A．控制论　　　　　B．信息论　　　　　C．相对论　　　　　D．进化论
（2）A．网格计算　　　　B．物联网技术　　　C．网络技术　　　　D．SOA 技术

【攻克要塞软考团队讲评】根据本学时所学的基础知识可知,香农是信息化的奠基人,控制论的创始人是维纳,相对论由爱因斯坦创立,进化论是达尔文提出的;第（2）空考的是信息化的定义,选项 C 正确。

参考答案:（1）B　　（2）C

2．国家信息化体系的 6 个要素如图 2-13-1 所示,图中空出的一个要素是 ___（3）___。

图 2-13-1　国家信息化体系的 6 个要素

（3）A．局域网　　　　B．Internet　　　C．电子商务　　D．信息网络

【攻克要塞软考团队讲评】回想一下国家信息化体系的 6 个要素记忆的口诀"资网技产人政"，这里缺少的要素就是"网"了。

参考答案：（3）D

3．以下不是电子政务的表现形态的是___（4）___。

（4）A．G2C　　　　　B．G2G　　　　　C．B2C　　　　D．C2G

【攻克要塞软考团队讲评】电子政务的表现形态中必有 G 出现，本题中只有选项 C 中没有出现 G。

参考答案：（4）C

4．市场营销和客户服务是 CRM 的支柱性功能。这些是客户与企业联系的主要领域，无论这些联系发生在售前、售中还是售后。___（5）___把市场营销和客户服务连接起来，集成整个企业的客户信息会使企业从部门化的客户联络提高到与客户协调一致的高度。

（5）A．EAI　　　　B．共享的客户资料库　　C．Call Center　　D．客户经理

【攻克要塞软考团队讲评】本题考查的是 CRM 的定义和作用。

参考答案：（5）B

5．供应链是围绕核心企业，通过对信息流、___（6）___、资金流、商流的控制，从采购原材料开始，制成中间产品以及最终产品，最后由销售网络把产品送到消费者手中的将供应商、制造商、分销商、零售商直到最终用户连成一个整体的功能网链结构。它不仅是一条连接供应商到用户的物流链、信息链、资金链，而且是一条___（7）___，物料在供应链上因加工、包装、运输等过程而增加其价值，给相关企业带来收益。

（6）A．事务流　　　B．业务流　　　C．物流　　　　D．人员流动

（7）A．增值链　　　B．供应链　　　C．产品线　　　D．生产线

【攻克要塞软考团队讲评】本题考查的是供应链的定义和作用。供应链控制的 4 个流中第 6 空是物流。把供应链看成增值链，表示在各个环节中通过处理而不断增加价值，给企业带来收益。

参考答案：（6）C　　（7）A

6．EAI 包括的内容很复杂，涉及结构、硬件、软件、流程等企业系统的各个层面，具体可分为如下的集成层面：界面集成、平台集成、___（8）___、应用集成、过程集成。

（8）A．面向对象集成　　B．业务集成　　C．数据集成　　D．网络集成

【攻克要塞软考团队讲评】看到此题，马上想到记忆口诀"界平数应过"，可见本题缺少的是"数"。

参考答案：（8）C

7．数据挖掘技术可分为___（9）___数据挖掘和___（10）___数据挖掘两种。___（9）___数据挖掘包括数据总结、聚类及关联分析等。___（10）___数据挖掘包括分类、回归及时间序列分析等。

（9）、（10）A．描述型　　B．预测型　　C．OLAP　　　D．OLTP

【攻克要塞软考团队讲评】选项 C、D 是用于迷惑考生的，OLAP 即在线联机分析处理，是数据仓库中常用的技术，OLTP 是在线联机事务处理，是关系型数据库常用的技术。本题讲的数据挖掘侧重于从海量的数据中去寻找规律，该技术分成描述型和预测型两种。

参考答案：（9）A　　（10）B

第 3 学时　信息系统管理与服务

　　在这个学时中要学习的知识点大多出现在上午试题中，不过作为一名信息系统集成技术与管理的专业人士，就算不考试，掌握本章的知识点也是非常有必要的。

　　本学时要学习的主要知识点如图 3-0-1 所示。

图 3-0-1　知识图谱

3.1　信息系统管理方法

　　信息系统就是将输入数据经过加工处理后产生信息的系统。信息系统架构如图 3-1-1 所示。信息系统包含**人员、技术、流程和数据**等要素。

图 3-1-1　信息系统架构

3.1.1 信息系统的规划和组织

信息系统的规划和组织是针对信息系统的整体组织、战略和支持活动，其目标是通过实施一致性的管理方法，满足业务对系统的管理需求。战略是实现目标的一组行动，信息系统战略三角包含业务战略、信息系统战略和组织机制战略，如图 3-1-2 所示。

图 3-1-2 信息系统战略三角

业务战略阐明了组织的业务目标以及实现目标的计划路径。竞争力优势模型是一种描述业务战略的模型，如图 3-1-3 所示。

	客户认知的独立性	低成本地位
全行业范围	**差异性战略** 增加产品的一个或多个维度价值，通过差异化服务和打动客户。 特点：价格相对公平	**总成本领先战略** 目标：成为市场上成本最低的生产者。 特点：提供行业水平相当，但最高性价比的产品或服务；一个行业只存在一个成本引领者
特定领域范围	**专注战略** 细分市场，提供定制化产品。 策略变体：①专注差异化；②专注成本	

图 3-1-3 竞争力优势模型

组织机制战略是为了实现业务战略而进行的组织设计，以及定义、控制工作流程。钻石模型是一种描述组织机制战略的模型，如图 3-1-4 所示。

图 3-1-4 钻石模型

信息系统战略是一个组织提供信息服务的计划。

3.1.2　信息系统的设计和实施

信息系统的设计和实施过程是指制定、采购、实施信息系统解决方案，并整合进业务流程。战略到信息系统设计的具体过程如图 3-1-5 所示。

图 3-1-5　战略到信息系统设计的具体过程

常见的信息系统架构模式见表 3-1-1。

表 3-1-1　常见的信息系统架构模式

名称	特点	适用场景
集中式架构（基于主机的架构）	软硬件及系统集中建设、管理	需要集中管理、业务集中的环境
分布式架构（基于服务器的架构）	软硬件、数据部署在多台设备上，利用网络进行设备互联	无须集中处理的业务；可伸缩、可模块化的业务
面向服务架构（SOA）（基于 Web 的架构）	可以通过互联网提供服务	模块化、组件化程度较高的业务；需要快速迭代的业务

3.1.3　信息系统的运维和服务

该过程包含的管理活动有运行管理和控制、IT 服务管理、运行与监控、终端侧管理、程序库管理、安全管理、介质控制和数据管理等。

1. 运行管理和控制

运行管理和控制过程用于管理和控制 IT 团队的所有活动，包含过程开发、标准制定、资源分配过程、过程管理。

2. IT 服务管理

IT 服务管理（IT Service Management，ITSM）是以客户为中心，提高企业"服务提供"和"服务支持"能力的方法。它结合了高质量服务不可缺少的流程、人员和技术三大要素（标准流程负责监控 IT 服务的运行状况；人员素质关系到服务质量的高低；技术则保证服务的质量和效率）。ITSM 的根本目标有三个：以客户为中心提供 IT 服务；提供高质量、低成本的服务；提供的服务是可准确计价的。

IT 服务管理的优势：①确保支撑业务流程；②确保业务连续、有效；③提高运营质量；④提高生产率；⑤提高客户满意度。

IT 基础架构标准库（IT Infrastructure Library，ITIL）是为提高 IT 资源利用率和服务质量，通过归纳各行业在 IT 管理方面的最佳实践所形成的规范。ITIL 是 ITSM 领域的最佳实践。ITIL 的核心是服务管理模块，分为服务支持和服务提供两个子模块，包含 10 个最主要的服务管理流程和 2 个服务管理职能，如图 3-1-6 所示。

图 3-1-6　ITIL 服务管理模块

服务支持确保 IT 服务提供方所提供的服务质量符合服务级别协议（SLA）的要求，其中又包含了事件（故障）管理、问题管理、变更管理、配置管理和发布管理。服务提供解决"客户需求是什么""需要哪些资源""成本是多少""如何性价比最高"等问题，其中又包含 IT 服务财务管理、服务级别管理、能力管理、IT 服务持续性管理和可用性管理。

目前与 IT 服务管理相关的标准有：

● ISO/IEC 20000。该标准规范了 IT 服务过程，涉及 IT 服务管理过程的最佳实践指南，旨在为实施 IT 服务管理体系提供指导。

● GB/T 24405—2009：该规范描述了业界一致认可的信息技术服务管理过程的质量标准。为满足顾客的业务要求，这些服务管理过程在协商一致的资源水平内交付可能的最佳服务，即服务是专业的、经济的，具有的风险是可理解的和可管理的。**GB/T 24405—2009 与 ISO 20000 在内容上是一致的。**

服务管理过程由 GB/T 24405—2009 的第 1 部分所规定，具体如图 3-1-7 所示。事件管理、问题管理、配置管理、变更管理、发布管理构成了基本的服务管理流程和事件响应流程。

图 3-1-7　服务管理过程

事件管理： 出现问题后快速恢复服务或者响应客户提出的服务请求。例如，当出现"发生火灾需灭火""服务宕机需重启"这类事件时，应该启动事件管理。事件可能是服务中断、服务速度变慢、软件缺陷以及其他任何组件发生故障。

问题管理： 分析问题的前因后果，关闭问题，减少事件的数量和损失。例如，解决直接导致火灾的问题点。

配置管理： 判断并保存必要的配置信息。其核心工作是识别、记录、控制、更新配置项信息，以及配置管理数据库的建立与维护。

变更管理： 为解决问题实施可控变更。变更是指让信息系统配置项的状态发生变化的活动。

发布管理： 计划、实施、记录变更。

GB/T 24405—2009 的主要概念如下。

服务台（Service Desk）：面向客户提供支持的团队。服务台是服务干系人的重要窗口和信息发布点。

服务级别协议（Service Level Agreement，SLA）：服务提供方与顾客之间签署的协议，用于规定服务内容和服务级别。SLA 并不包含处罚。

信息技术服务标准（Information Technology Service Standards，ITSS）：ITSS 是在工信部、国家标准化委的领导和支持下，由 ITSS 工作组研制的一套 IT 服务领域的标准库和一套提供 IT 服务的方法论。

ITSS 体系组成： ①基础标准（阐述 IT 服务分类、原理、服务质量评价方法、服务人员能力要求等）；②服务管控标准（描述服务管理的通用要求、实施指南、技术要求；描述治理的通用要求、实施指南、绩效评价、审计、数据的治理；阐述信息技术服务的监理规范等）；③服务业务标准；④服务外包标准；⑤服务安全标准；⑥行业应用标准。

ITSS 生命周期： 规划设计、部署实施、服务运营、持续改进和监督管理。规划设计用以满足业务战略，从满足客户需求出发，对 IT 服务进行全面系统的战略规划和设计，为 IT 服务的部署实施做准备。部署实施基于规划设计，建立管理体系、部署资源、工具及服务解决方案。服务运营基于部署实施的情况，全面管理基础设施、服务流程、人员和业务连续性，实现业务运营与 IT 服务运营的融合；持续改进基于服务运营的情况，定期评审 IT 服务满足业务运营的情况以及 IT 服务本身存在的缺陷，提出改进策略和方案，并对 IT 服务进行重新规划设计和部署实施，以提高 IT 服务质量。监督管理对 IT 服务质量进行评价，并对服务提供方的服务过程、交付结果实施监督和绩效评估。

3．运行与监控

信息系统运行的任务有运行作业、监控作业、重启作业、备份作业、维护等。

监控活动可以分为运行监控、安全监控。运行监控主要监控和记录系统、程序、操作、通信等基础设施的运行信息；安全监控则是监控和记录安全相关信息。

4．终端侧管理

终端侧管理是通过工具高效管理用户终端，比如，软件安装与升级、补丁安装、系统配置等。

5．程序库管理

程序库管理的主要功能有版本控制、程序的签入和签出、代码分析等。

6．安全管理

信息系统安全管理的作用是识别、解决风险，保证系统正常运行。

7．介质控制和数据管理

介质是用于存储信息系统数据的工具，包含硬盘、U 盘、光盘等。介质控制工作有管理、备份、销毁介质。数据管理是指使用、存储、处理数据等活动。

【攻克要塞专家提示】运维和服务的具体内容参考记忆口诀："**6 管理 2 控制 1 监控**，即运行、IT 服务、终端、安全、数据、程序管理，运行和介质控制，监控"。

3.1.4　信息系统的优化和持续改进

传统的优化和持续改进方法是 PDCA 循环（戴明环），而信息系统优化和持续改进则使用改进过后的 PDCA 循环方法即五阶段方法 DMAIC/DMADV。DMAIC/DMADV 可分为五个子阶段，具体参见表 3-1-2。

表 3-1-2　五阶段方法 DMAIC/DMADV

DMAIC 子阶段	阶段目标	目标特点
定义（Define）	待优化信息系统定义	用"延伸目标"即超出当前资源、技术、组织结构等可预见的目标，定义待优化的信息系统，改进现有业务、流程
	核心流程定义	使用 SIPOC（Supplier、Input、Process、Output、Customer）工具定义核心流程
	团队组建	在关键利益干系人中，抽取 5～7 人，组建高能力团队，就关键问题达成共识
度量（Measure）	流程定义	度量阶段的流程可用流程图工具进行定义。当流程图中包含太多决策点时，往往意味着可以进行优化
	指标定义	指标描述了改进后信息系统的质量、进度、成本、用户满意度等要素

DMAIC 子阶段	阶段目标	目标特点
度量（Measure）	流程基线	在确定度量指标后，通过流程基线明确现有系统能力，满足客户的程度，并得到信息系统目标达成程度
	度量系统分析	度量是依据特定规则得到某现象的数值。只有把质量量化后，才能开始优化和持续改进
分析（Analysis）	价值流分析	分析产品、服务价值
	信息系统异常的源头分析	分析系统中稳定、不稳定的因素
	确定优化改进的驱动因素	找出影响系统优化最大的因素，然后进行改进。可以采用相关性分析、回归分析、最小二乘拟合、残差分析等数学方法
改进/设计（Improve/Design）	推进改进/设计解决方案	部署改进/设计解决方案，满足改进需求；验证实施方法，确保符合预期。本阶段属于成败点
	定义新的操作/设计条件	基于核心流程定义，开发新流程
	定义和缓解故障模式	了解故障，定义解决策略，最大限度地减少故障影响
控制/验证（Control/Verify）	标准化新程序/新系统功能的操控要素	标准化可以更好地维持改进系统带来的效益
	持续验证优化的信息系统可交付成果	持续性验证，对干系人展开培训
	记录经验教训	保存经验教训、工作成果至文档中

3.2 数据管理

数据管理是针对数据或信息的活动集合，是为了交付、控制、保护并提升数据和信息资产的价值，在其整个生命周期中制定计划、制度、规程和实践活动并执行和监督的过程。

1. 数据管理能力成熟度评估模型

数据管理能力成熟度评估模型（Data Management Capability Maturity Assessment Model，DCMM）是由全国信标委大数据标准工作组提出的国家标准 GB/T 36073—2018 中的内容，是我国数据管理领域最佳实践的总结和提升。DCMM 模型将组织内部数据能力划分为 8 个能力域，分别是数据战略、数据治理、数据架构、数据应用、数据安全、数据质量管理、数据标准、数据生命周期，见表 3-2-1。

表 3-2-1　DCMM 模型

DCMM 能力域	能力项
数据战略	数据战略规划、数据战略实施和数据战略评估
数据治理	数据治理组织、数据制度建设和数据治理沟通

续表

DCMM 能力域	能力项
数据架构	数据模型、数据分布、数据集成与共享和元数据管理
数据应用	数据分析、数据开放共享和数据服务
数据安全	数据安全策略、数据安全管理和数据安全审计
数据质量管理	数据质量需求、数据质量检查、数据质量分析和数据质量提升
数据标准	业务术语、参考数据和主数据、数据元和指标数据
数据生命周期	数据需求、数据设计和开发、数据运维和数据退役

DCMM 将组织的管理成熟度划分为 5 个等级，如图 3-2-1 所示。

图 3-2-1　DCMM 的管理成熟度分级模型

2. 其他数据管理模型

（1）数据治理框架（Data Governance Institute，DGI）。DGI 是数据治理在操作层面上的框架体系，从组织、规则、流程三个层面提出了数据治理的 10 个关键要素及数据治理框架。

（2）数据管理能力评价模型（Data Management Capability Assessment Model，DCAM）。DCAM 先定义数据管理能力成熟度评估的范围和准则，然后从战略、组织、技术和操作等方面描述如何成功管理数据，最后结合数据价值和数据操作定义数据管理的原则。DCAM 强调团队协作（流程）、标准执行和资金支持。

（3）数据管理模型。数据管理模型用于指导组织的数据管理职能和数据战略的评估，并建议和指导刚起步的组织去实施和提升数据管理。

3.3　IT 运维管理

IT 运维管理是指单位采用 IT 方法、技术、流程等，依据服务级别要求，对 IT 软硬运行环境、业务系统和 IT 运维人员进行的综合管理。

《信息技术服务　运行维护　第 1 部分：通用要求》（GB/T 28827.1—2022）用于指导建立数据中心和应用系统运维的技术体系和管理体系。该标准重点解决新一代信息技术发展和应用对运维服务能力的要求。该标准定义了 IT 运维能力模型，如图 3-3-1 所示。该模型定义了能力建设的四个要素分别是**人员、过程、技术、资源**。

图 3-3-1　IT 运维能力模型

《信息技术服务智能运维通用要求》（T/CESA 1172）标准，确立了智能运维的能力框架，规定了智能运维组织对组织治理、智能运维场景实现、能力域和能力要素的通用要求。

3.4 信息系统服务

信息系统服务的主要考点是系统集成。系统集成的内容包括技术环境的集成、数据环境的集成和应用程序的集成。系统集成服务是指将**计算机软件**、**硬件**、**网络通信**等技术和产品集成为能够满足用户特定需求的信息系统，包括**总体策划**、**设计开发**、**实施**、**服务**及**保障**。从系统集成服务的具体内容来说，又包括：①**技术环境集成**；②**数据环境集成**；③**应用程序集成**。

【攻克要塞专家提示】系统集成服务的具体内容参考记忆口诀："**数技应用**"。

3.5 信息系统工程监理

信息系统工程监理是指依法设立且具备相应资质的信息系统工程监理单位，**受业主单位**委托，依据国家有关**法律法规**、**技术标准**和信息系统工程监理**合同**，对信息系统工程项目实施的**监督管理**。这个定义要记住几个关键的词语，这样就能够理解得比较深刻：一是监理单位需要具备相应的资质；二是要受业主单位的委托；三是工作的依据是法律法规、技术标准和合同；四是工作性质是监督管理。

可见，监理方的主要职责是要帮助业主合理保证工程质量；协调业主与承建单位之间的关系；提供第三方专业服务。还要注意的是，虽然监理方是受业主的委托，但又并不听命于业主方，监理方在工作过程中可独立自主地行使监理职责。

项目参与的三方：业主方，又叫建设方，在合同上常体现为甲方，所以有时口头上又称为甲方；承建方，在合同上常体现为乙方，所以有时口头上又称为乙方；监理方，在合同上常体现为丙方，所以有时口头上又称为丙方。

监理的主要工作内容可概括为"四控、三管、一协调"，包括**投资控制**、**进度控制**、**质量控制**、**变更控制**，**安全管理**、**信息管理**、**合同管理**和**沟通协调**。

【攻克要塞专家提示】监理的主要工作内容参考记忆口诀："**投进质变安信合，再加上沟通协调**"。

以下工程必须进行项目监理：

（1）国家级、省部级、地市级的信息系统工程。

（2）使用国家政策性银行或者国有商业银行贷款，规定需要实施监理的信息系统工程。

（3）使用国家财政性资金的信息系统工程。

（4）涉及国家安全、生产安全的信息系统工程。

（5）国家法律、法规规定的应当实施监理的其他信息系统工程。

可见大多数与政务、公共体系有关的工程均需要进行监理，那么企业自己的项目需要监理吗？这就要看企业自己的需要了，需要则可申请监理。

3个最主要的监理文档是**监理大纲**、**监理规划**、**监理实施细则**。

（1）监理大纲由**总监理工程师**主持编写，经技术负责人审核，由单位法人代表批准。

（2）监理规划由**总监理工程师**主持制定，经监理单位技术负责人审核批准，由建设单位批准，主要内容包括：

- 工程项目概况。
- 监理的范围、内容与目标。
- 监理项目部的组织结构与人员配备。
- 监理依据、程序、措施及制度。
- **监理工具和设施。**

监理规划可作为指导监理单位监理项目部全面开展监理工作的行动纲领、信息系统工程监理主管部门对监理单位实施监督管理的重要依据、建设单位确认监理单位**是否全面认真地履行监理委托合同**的重要依据、监理单位和建设单位重要的存档资料。

（3）监理实施细则是在**总监理工程师的指导或主持下，由监理工程师分别编写，经总监理工程师批准。**

3.6 信息系统规划

企业或者组织建设信息系统的前提就是要进行信息系统规划（Information System Planning，ISP），也就是信息化的顶层设计。信息系统规划（又称信息系统战略规划），是企业或组织基于企业战略对信息化建设与应用的全局谋划，包括战略目标、策略和部署等。

1. 大型信息系统

大型信息系统是以信息、通信、网络技术为支撑的，具有规模庞大、跨地域、网络结构复杂、业务种类多、数据量大、用户多等特征的信息系统。

2. 信息系统规划原则

信息系统规划的原则有：需要支持企业战略；整体上偏重高层管理，兼顾其他需求；涉及的各系统结构应有较好的整体性和一致性；大体可采用自顶向下规划、自底向上实现的过程；信息系统应有一定应变能力，能适应企业的组织结构、管理体制的变化；规划应便于实施。

3. 信息系统规划流程

实施企业信息系统规划的流程如下：

（1）分析企业信息化现状：首先明确并理解企业的发展战略，明确各子部门承担的工作以及业务流程；再分析企业信息化现状及已有信息资源（基础设施、数据库、信息化制度、人员等）并进行评估；再次分析信息技术行业的发展与应用现状，以及环境因素影响（法律法规、新技术等）。

（2）制定企业信息化战略：依据企业信息化战略，确定信息化的目标与任务，定义信息化的战略作用，制定工作制度与办法。

（3）拟订信息系统规划方案和设计总体构架：确定技术路线、实施及运维方案等。

4. 信息系统规划方法

信息系统规划方法有企业系统规划法（BSP）、战略数据规划法、信息工程法。具体可以见本书第 4.1 节"信息系统建设"部分。

5. 信息系统规划所使用的工具

信息系统规划的工具很多，以下为几个常用的工具：

（1）PERT 图（Project Evaluation and Review Technique）和甘特图（Gantt）：用于制订计划。PERT 技术也称项目计划评审技术，而 PERT 图是指用网络图来描述项目任务的技术，它不仅可以描述项目中的对于各个任务的安排，还可以在项目的执行过程中估算各任务的完成情况；甘特图是按时间顺序计划活动的列表。

（2）调查表和调查提纲：用于访谈。

（3）会谈和正式会议：用于确定部门、管理层需求，梳理流程。

（4）过程/组织（Process/Organization，P/O）矩阵：联系企业组织结构与企业过程的工具，用于说明每个过程与组织的联系，标记过程决策人。具体 P/O 矩阵示例见表 3-6-1。

表 3-6-1　P/O 矩阵示例

过程		组织		
		CEO	CFO	CIO
人事	招聘计划	√	*	+
	人员培训	√		*
	工资提级		√	*

注："√"表示负责和决策，"*"表示主要涉及，"+"表示有涉及，空白表示不涉及。

（5）资源/数据（Resource/Data，R/D）矩阵：用于定义数据类，基于调查研究和访谈，归纳出数据类。可根据企业资源清单，得到 R/D 矩阵。具体 R/D 矩阵示例见表 3-6-2。

表 3-6-2　R/D 矩阵示例

数据类型	企业资源			
	客户	产品	设备	资金
存档数据	客户	产品零部件	设备负荷	总账
计划数据	销售区域 销售行业	产品计划	设备计划	预算

（6）C/U（Create User）矩阵：定义企业过程和数据类之后，形成 C/U 矩阵。矩阵中的行为企业过程，列为数据类。具体 C/U 矩阵示例见表 3-6-3。

表 3-6-3　C/U 矩阵示例

企业过程	数据类					
	顾客	预算	产品	费用	价格	计划
市场分析	U		U		U	U
销售预测	U	C	U		U	C
产品调查	U		U		U	

注：C（Create）表示过程生成数据关系，U（User）表示过程使用数据。

（7）功能法（过程法）：可利用 IPO（输入-处理-输出）图表示，该方法利用已经识别的企业过程，分析过程的输入与输出的数据类，与 R/D 矩阵比较，归纳出系统的数据类。

3.7 课堂巩固练习题

1．所有以满足企业和机构的业务发展所带来的信息化需求为目的，基于信息技术和信息化理念而提供的专业信息技术咨询服务、___（1）___、技术支持服务等工作，都属于信息系统服务的范畴。

（1）A．系统维护服务   B．软件配置工作

      C．项目管理服务   D．系统集成服务

【攻克要塞软考团队讲评】本题考查的是信息系统服务范畴，在本学时中已经有过说明。题中缺少的是 3 个环节中的系统集成服务环节。

参考答案：（1）D

2．监理的主要工作内容可概括为"四控、三管、一协调"，包括投资控制、___（2）___、控制质量、变更控制、安全管理、信息管理、___（3）___和沟通协调。

（2）A．人力资源控制   B．需求控制

      C．文档控制   D．进度控制

（3）A．风险管理   B．配置管理

      C．合同管理   D．需求管理

【攻克要塞软考团队讲评】本题考查的是监理的主要工作内容，参考的记忆口诀是"投进质变安信合，再加上沟通协调"，可见这里缺少的是"进"和"合"，即进度控制、合同管理。

参考答案：（2）D   （3）C

3．信息系统规划的工具很多，例如 P/O 矩阵、R/D 矩阵、IPO 图、C/U 矩阵等，每种工具的用途有所不同。其中___（4）___适用于归纳数据。

（4）A．P/O 矩阵   B．R/D 矩阵

      C．IPO 图   D．C/U 矩阵

【攻克要塞软考团队讲评】R/D 矩阵适用于归纳数据。

参考答案：（4）B

第 4 学时 信息系统集成专业技术知识 1——软件知识

信息系统集成专业技术知识的涉及面非常广，不过不必钻研过深，但也需要了解。虽然第 4 学时中的知识点大多出现在上午试题中，但下午的试题都是有关 IT 项目的案例，了解了这些知识点不至于下午的案例看不明白。本学时要学习的主要知识点如图 4-0-1 所示。

图 4-0-1　知识图谱

4.1　信息系统建设

　　信息系统的生命周期分为四个阶段，即**产生阶段、开发阶段、运行阶段**和**消亡阶段**。

　　（1）产生阶段。也称为信息系统的立项阶段、概念阶段、需求分析阶段。这一阶段又分为两个过程：一是概念的产生过程，即根据管理者的需要，提出建设信息系统的初步想法；二是需求分析过程，即深入调研和分析信息系统的需求，并形成需求分析报告。

　　（2）开发阶段。这个阶段是信息系统生命周期中最为关键的一个阶段。

　　（3）运行阶段。当信息系统通过验收，正式移交给用户以后，系统就进入了运行维护阶段。

　　（4）消亡阶段。信息系统必然会随着时间增加而逐渐消亡，因此在信息系统建设的初期就要注意系统的消亡条件和时机，以及由此带来的成本。

信息系统的生命周期又可详细分为五个子阶段，即总体规划（又叫系统规划，包含可行性分析与项目开发计划）、系统分析（逻辑设计、需求分析）、系统设计（概要设计与详细设计）、系统实施（编码与测试）和系统验收与维护。

信息系统的开发方法有：**结构化方法、快速原型法、企业系统规划方法、战略数据规划法、信息工程方法、面向对象方法**。

（1）结构化方法：该方法将系统开发周期分为系统规划、分析、设计、实施维护等阶段，该方法由结构化分析、结构化设计、结构化程序设计组成。结构是指系统内各个组成要素之间的相互联系、相互作用的框架。

结构化方法的思想是模块化设计、自顶向下、逐步细化。把一个大问题分解为若干小问题，每个小问题再分解为更小问题，直到最底层问题足够简单，便于解决。

结构化方法的核心是数据字典，围绕核心又分为数据模型、功能模型和行为模型（又称状态模型）三个层次。开发者使用实体联系图（Entity Relationship Diagram，E-R 图）代表数据模型，数据流图（Data Flow Diagram，DFD）代表功能模型，状态转换图（State Transform Diagram，STD）代表行为模型。

（2）快速原型法是一种根据用户需求，利用系统开发工具，快速地建立一个系统模型并展示给用户，在此基础上与用户交流，最终实现用户需求的信息系统快速开发的方法。

（3）企业系统规划方法（Business System Planning，BSP）是企业战略数据规划方法和信息工程方法的**基础**，BSP 方法的目标是提供一个信息系统规划，用以支持企业短期的和长期的信息需求。BSP 常用的各类矩阵方法有过程组织矩阵，可梳理业务与组织机构的关系；实体数据类矩阵，可梳理数据类与实体的关系；功能与数据类矩阵，可梳理企业流程中各项功能与相应数据类的产生与使用关系。

（4）战略数据规划法：该方法认为，一个企业建设信息系统前，首先应该在企业战略目标的指导下做好企业战略数据规划。一个好的企业战略数据规划应该是企业核心竞争力的重要构成因素。在信息系统发展的历程中共有 4 类数据环境，即**数据文件、应用数据库、主题数据库**和**信息检索系统**。

（5）信息工程方法：信息工程方法是企业系统规划方法和战略数据规划方法的总结和提升，而企业系统规划方法和战略数据规划方法是信息工程方法的基础和核心。

（6）面向对象方法：面向对象是一种设计模式，是一种将现实问题抽象为代码的方式。对象是要进行研究的任何事物，可以是最简单的数字，可以是复杂的飞机，还可以是抽象的规则、计划或事件等。

4.2 软件开发模型

软件开发模型又称软件生存周期模型，是软件过程、活动和任务的结构框架。

软件开发的模型有很多种，如瀑布模型、演化模型、增量模型、螺旋模型、喷泉模型、构件组装模型、V 模型、统一软件开发过程（Rational Unified Process，RUP）、敏捷开发模型等。

4.2.1　瀑布模型

瀑布模型：该模型把整个开发过程分解为一系列顺序阶段，如果某个阶段发现问题则会返回上一阶段进行修改；如果正常则项目开发进程从一个阶段"流动"到下一个阶段，这也是瀑布模型名称的由来。

瀑布模型适用于需求比较稳定、很少需要变更的项目。

瀑布模型的核心思想是按工序将问题化简，将功能的实现与设计分开，便于分工协作，即瀑布模型采用**结构化的分析与设计方法**将逻辑实现与物理实现分开。瀑布模型按软件生命周期划分为**制订计划、需求分析、软件设计、程序编写、软件测试**和**运行维护** 6 个基本活动，如图 4-2-1 所示，并且规定了它们自上而下、相互衔接的固定次序，如同瀑布流水，逐级下落。

图 4-2-1　瀑布模型

4.2.2　演化模型

演化模型如图 4-2-2 所示，是一种全局的软件（或产品）生存周期模型，属于迭代开发风格。该模型可以看作是重复执行的，有反馈的多个"瀑布模型"。

图 4-2-2　演化模型

演化模型根据用户的基本需求，通过快速分析构造出该软件的一个初始可运行版本，这个初始的软件通常称为原型，然后根据用户意见不断改进原型获得新版本。重复这一过程，得到最终产品。**演化模型特别适用于对软件需求缺乏准确认识的情况。**

4.2.3　增量模型

增量模型如图 4-2-3 所示，融合了瀑布模型的基本成分和原型实现的迭代特征，该模型采用随着时间发展而交错的线性序列，每一个线性序列产生一个可发布的"增量"。当使用增量模型时，第 1 个增量往往是核心的产品，实现了基本的需求，但很多补充的特征还没有实现。客户对每一个增量的使用和评估都作为下一个增量发布的新特征和功能，该过程不断重复，直到产生最终产品。

图 4-2-3　增量模型

增量模型与原型本质上都是迭代的，但增量模型更强调每一个增量均发布一个可操作产品。增量模型的特点是引进了**增量包**的概念，无须等到所有需求都出来，只要某个需求的增量包出来即可进行开发。

4.2.4　螺旋模型

螺旋模型如图 4-2-4 所示，它将瀑布模型和快速原型模型结合起来，强调了其他模型所忽视的风险分析，**特别适合于大型复杂的系统。**

螺旋模型采用一种周期性的方法来进行系统开发。该模型以进化的开发方式为中心，螺旋模型沿着螺线旋转，在 4 个象限上分别表达了 4 个方面的活动，即：制订计划——确定软件目标，选定实施方案，弄清项目开发的限制条件；风险分析——分析所选方案，识别和消除风险；实施工程——实施软件开发；客户评估——评价开发工作，提出修正建议。

图 4-2-4　螺旋模型

4.2.5　喷泉模型

喷泉模型如图 4-2-5 所示，是一种以用户需求为动力，以对象为驱动的模型，主要用于**描述面向对象的软件开发过程。**

图 4-2-5　喷泉模型

喷泉模型认为，软件开发过程的各阶段是无间隙的。无间隙指在各项活动之间无明显边界，如分析和设计活动之间没有明显的界限。

4.2.6　构件组装模型

构件组装模型融合了螺旋模型的许多特征，它本质上是演化地支持软件开发的迭代方法。但构件组装模型是利用预先包装好的软件构件（类）来构造应用程序的。

4.2.7　V 模型

V 模型如图 4-2-6 所示，它是瀑布模型的变种，说明测试活动是如何与分析和设计相联系的。V 模型中开发与测试同等重要，每一个开发阶段都有一个测试级别对应。

图 4-2-6　V 模型

需求分析：明确客户需要什么，需要软件做成什么样子，有哪几项功能。

概要设计：主要是架构的实现，指搭建架构、表述各模块功能、模块接口连接和数据传递的实现等。

详细设计：对概要设计中表述的各模块进行深入分析。

编码：按照详细设计好的模块功能表，编写出实际的代码。

单元测试：按照设定好的最小测试单元进行按单元测试，主要是测试程序代码，目的是确保各单元模块被正确地编译，单元的具体划分按不同单位与不同软件有所不同，比如有具体到模块的测试，也有具体到类、函数的测试等。

集成测试：经过了单元测试后，将各单元组合成完整的体系，主要测试各模块间组合后的功能实现情况，以及模块接口连接的成功与否、数据传递的正确性等。

系统测试：按照软件规格说明书中的要求，测试软件的性能、功能等是否和用户需求相符合，在系统中运行是否存在漏洞等。

验收测试：用户在拿到软件的时候，会根据之前提到的需求及规格说明书来做相应的测试，以确定软件达到符合的效果。

4.2.8　RUP

RUP 是一个面向对象且基于网络的程序开发方法论。迭代模型是 RUP 推荐的周期模型。

根据 Rational Rose 和统一建模语言的开发者的说法，RUP 好像一个在线的指导者，它可以为所有方面和层次的程序开发提供指导方针、模板和事例支持。RUP 和类似的产品（如面向对象的软件过程及 Open Process）都是理解性的软件工程工具，把开发中面向过程的方面（如定义的阶段、技术和实践）和其他开发的组件（如文档、模型、手册、代码等）整合在一个统一的框架内。

迭代模型的软件生命周期在时间上被分解为 4 个顺序阶段：**初始阶段**、**细化阶段**、**构建阶段**和**交付阶段**。每个阶段结束于一个主要的里程碑。在每个阶段的结尾执行一次评估，以确定这个阶段的目标是否已经满足。如果评估结果令人满意，则允许项目进入下一个阶段。

初始阶段的目标是为系统建立用例并确定项目的边界，该阶段关注整个项目中的业务和需求方面的主要风险。该阶段里程碑——生命周期目标里程碑。

细化阶段的目标是分析问题领域，建立健全的体系结构基础，编制项目计划，淘汰项目中最高风险的元素。为了达到该目的，必须在理解整个系统的基础上，对体系结构作出决策，包括其范围、主要功能和诸如性能等非功能需求。同时为项目建立支持环境，包括创建开发案例，创建模板、准则并准备工具。该阶段里程碑——生命周期结构里程碑。

在构建阶段，所有剩余构件和应用程序功能被开发并集成为产品，所有功能被详细测试。该阶段重点在于管理资源和控制运作，以优化成本、进度和质量。该阶段里程碑——初始功能里程碑，其产品版本称为 beta 版。

交付阶段的重点是确保软件对最终用户是可用的。该阶段里程碑——产品发布里程碑。

4.2.9　敏捷开发模型

敏捷软件开发是从 20 世纪 90 年代开始的新型软件开发方法。敏捷软件开发的特点如下：

（1）快速迭代：软件通过短周期的迭代交付、完善产品。

（2）快速尝试：避免过长时间的需求分析及调研，快速尝试。

（3）快速改进：在迭代周期过后根据客户反馈快速改进。

（4）充分交流：团队成员无缝的交流，如每天短时间的站立会议。

（5）简化流程：拒绝一切形式化的东西，使用简单、易用的工具。

Scrum 原意是橄榄球的术语"争球"，是一种敏捷开发方法，属于迭代增量软件开发。该方法假设开发软件就像开发新产品，无法确定成熟流程，开发过程需要创意、研发、试错，因此没有一种固定流程可确保项目成功。

Scrum 把软件开发团队比作橄榄球队，有明确的最高目标；熟悉开发所需的最佳技术；高度自主，紧密合作，高度弹性解决各种问题；确保每天、每阶段都向目标明确地推进。

Scrum 的迭代周期通常为 30 天，开发团队尽力在一个迭代周期（一个 Sprint）交付开发成果，团队每天用 15 分钟开会检查成员的计划与进度，了解困难，决定第二天的任务。

4.3　软件工程

软件工程是应用计算机科学、数学、管理知识，用工程化的方法高效构建与维护高质量软件的科学。软件工程的目的就是提高软件生产率，生产高质量软件产品，降低软件开发与维护成本。

4.3.1 软件需求

软件需求包括 3 个不同的层次：**业务需求、用户需求和功能需求（也包括非功能需求）。**

- 业务需求反映了组织机构或客户对系统、产品高层次的目标要求，业务需求在项目视图与范围文档中予以说明。
- 用户需求文档描述了用户使用产品必须要完成的任务。
- 功能需求定义了开发人员必须实现的软件功能，使得用户能完成他们的任务，从而满足了业务需求。非功能需求包括产品必须遵从的标准、规范和合约，外部界面的具体细节、性能要求、设计或实现的约束条件及质量属性，例如软件的质量属性（可靠性、可维护性、效率等），必须采用国有自主知识产权的数据库系统等。

4.3.2 软件设计

软件设计是搞清楚系统**"怎么做"**的问题，系统设计是把软件需求变成软件表示的过程。软件设计是把许多事物和问题抽象起来，并且抽象它们不同的层次和角度。

1. 结构化设计

结构化设计（Structure Design，SD）是一种面向数据流的设计方法，是以结构化分析的成果为基础，逐步精细并模块化的过程。

结构化软件设计的基本原则是**信息隐蔽性**与**模块独立性**。

内聚是一个**模块内部**各个元素彼此结合的紧密程度的度量。一个模块内部各个元素之间的联系越紧密，则它的内聚性就越高，相对地，它与其他模块之间的耦合性就会降低，而模块独立性就越强。

模块的内聚性和耦合性如图 4-3-1 所示。

图 4-3-1　模块的内聚性和耦合性

内聚性按强度从低到高有以下几种类型：

（1）偶然内聚，即巧合内聚。如果一个模块的各成分之间毫无关系，则称为偶然内聚。

（2）逻辑内聚。几个逻辑上相关的功能被放在同一模块中，则称为逻辑内聚。如一个模块读取各种不同类型外设的输入。尽管逻辑内聚比偶然内聚合理一些，但逻辑内聚的模块各成分在功能上并无关系，即使局部功能的修改有时也会影响全局，因此这类模块的修改也比较困难。

（3）时间内聚。如果一个模块完成的功能必须在同一时间内执行（如系统初始化），但这些功能只是因为时间因素关联在一起，则称为时间内聚。

（4）过程内聚。如果一个模块内部的处理成分是相关的，而且这些处理必须以特定的次序执行，则称为过程内聚。

（5）通信内聚。如果一个模块的所有成分都操作同一个数据集或生成同一个数据集，则称为通信内聚。

（6）顺序内聚。如果一个模块的各个成分和同一个功能密切相关，而且一个成分的输出作为另一个成分的输入，则称为顺序内聚。

（7）功能内聚。模块的所有成分对于完成单一的功能都是必需的，则称为功能内聚。

【攻克要塞专家提示】内聚性参考记忆口诀为：**"偶逻时过通顺功"。**

耦合是软件各**模块之间**结合紧密度的一种度量。耦合性由低到高有以下几种类型：

（1）非直接耦合：两个模块之间没有直接关系，它们之间的联系完全是通过主模块的控制和调用来实现的。

（2）数据耦合：一个模块访问另一个模块时，彼此之间是通过简单数据参数（不是控制参数、公共数据结构或外部变量）来交换输入、输出信息的。

（3）标记耦合：一组模块通过参数表传递记录信息，就是标记耦合。这个记录是某一数据结构的子结构，而不是简单变量，其实传递的是这个数据结构的地址。

（4）控制耦合：如果一个模块通过传送开关、标识、名字等控制信息明显地控制选择另一个模块的功能，就是控制耦合。

（5）外部耦合：一组模块都访问同一全局简单变量而不是同一全局数据结构，而且不是通过参数表传递该全局变量的信息，则称为外部耦合。

（6）公共耦合：若一组模块都访问同一个公共数据环境，则它们之间的耦合就称为公共耦合。公共的数据环境可以是全局数据结构、共享的通信区、内存的公共覆盖区等。

（7）内容耦合：如果发生下列情形，两个模块间就发生了内容耦合。

1）一个模块直接访问另一个模块的内部数据。

2）一个模块不通过正常入口转到另一个模块内部。

3）两个模块有一部分程序代码重叠（只可能出现在汇编语言中）。

4）一个模块有多个入口。

【攻克要塞专家提示】耦合性参考记忆口诀为：**"非数标控外公内"。**

2. 面向对象设计

面向对象设计（Object Oriented Design，OOD）属于设计分析模型的结果进一步规范化，便于之后的面向对象程序设计。常见的面向对象的设计原则包含：

- 单一责任原则：设计功能单一的类，与结构化设计中的"高内聚"原则类似。
- 迪米特原则（最少知识法则）：一个对象尽量少了解其他对象，与结构化设计中的"低耦合"原则类似。
- 开放-封闭原则：对扩展开放，对修改封闭。
- 里氏替换原则：子类可以替换父类。
- 依赖倒置原则：针对接口而不是实现进行编程。

- 接口分离原则：使用多个专门接口比一个汇总接口要好。
- 组合重用原则：尽量使用组合，而不是继承进行重用。

3. 设计模式

设计模式是一套反复使用的、经过分类的代码设计的经验总结。一个设计模式就是一个已被验证且不错的实践解决方案，这种方案已经被成功应用，解决了在某种特定情境中重复发生的某个问题。依据模式的用途来分类，也就是按完成什么工作来分类，设计模式可以分为创建型、结构型和行为型，其特点见表 4-3-1。

表 4-3-1 设计模式分类

模式类型	类型描述	所包含的设计模式
创建型	描述如何创建、组合、表示对象，分离对象的创建和对象的使用	工厂方法模式、抽象工厂模式、单例模式、建造者模式、原型模式
结构型	考虑如何组合类和对象成为更大的结构，一般使用继承将一个或者多个类、对象进行组合、封装。例如，采用多重继承的方法，将两个类组合成一个类	适配器模式、桥接模式、组合模式、装饰模式、外观模式、享元模式、代理模式
行为型	描述对象的职责及如何分配职责，处理对象间的交互	模板模式、解释器模式、责任链模式、命令模式、迭代器模式、中介者模式、备忘录模式、观察者模式、状态模式、策略模式、访问者模式

4.3.3 软件测试

软件测试是指使用人工或自动手段来运行或测试某个系统的过程，其目的在于**检验它是否满足规定的需求或弄清预期结果与实际结果之间的差别**。

（1）软件测试分类。软件测试根据不同开发模型引申出对应的测试模型，主要有 V 模型、W 模型、H 模型、X 模型、前置测试模型。软件测试从是否关心软件内部结构和具体实现的角度划分为**白盒测试、黑盒测试、灰盒测试**；从是否执行程序的角度划分为静态测试、动态测试；从软件开发的过程按阶段的角度划分为**单元测试、集成测试、确认测试、系统测试、验收测试**。

动态测试（白盒测试、黑盒测试、灰盒测试；单元测试、集成测试、确认测试、系统测试、验收测试、回归测试；人工测试、自动化测试；α 测试、β 测试）指通过运行程序发现错误；**静态测试**（包含各阶段的评审、代码检查、程序分析、软件质量度量）指被测试程序不在机器上运行，而是采用人工检测和计算机辅助静态分析的手段对程序进行检测。

黑盒测试把被测试对象看成一个黑盒子，测试人员完全不考虑程序的内部结构和处理过程，只在软件的接口处进行测试，依据需求规格说明书检查程序是否满足功能要求。**白盒测试**把测试对象看作一个打开的盒子，测试人员必须了解程序的内部结构和处理过程，以检查处理过程的细节为基础，对程序中尽可能多的逻辑路径进行测试，检验内部控制结构和数据结构是否有错，实际的运行状态与预期的状态是否一致。由于白盒测试是结构测试，所以被测对象基本上是源程序，以程序的内部逻辑为基础设计测试用例。白盒测试按覆盖程度从弱到强依次为**语句覆盖、判定覆盖、条件覆**

盖、判定/条件覆盖、条件组合覆盖、路径覆盖。**灰盒测试**是一种介于白盒测试与黑盒测试之间的测试，它关注输出对于输入的正确性，同时也关注内部表现，但这种关注不像白盒测试那样详细且完整，而只是通过一些表征性的现象、事件及标志来判断程序内部的运行状态。

α 测试（Alpha 测试）是用户在开发环境下进行的测试；β 测试（Beta 测试）是用户在实际使用环境下进行的测试，在通过 β 测试后，就可以发表产品或交付。

回归测试是指修改了代码后需要再次进行的测试，以确认没有引入新的错误。

桌前检查由程序员自己检查自己编写的程序。**代码审查**是由若干程序员和测试员组成一个会审小组，通过阅读、讨论和争议对程序进行静态分析的过程。

代码走查与代码审查的过程大致相同，但开会的程序与代码审查不同，代码走查不是简单地读程序和对照错误检查表进行检查，而是让与会者"充当"计算机，集体扮演计算机角色，让测试用例按照程序的逻辑运行一遍，随时记录程序的踪迹，供分析和讨论用。

面向对象测试是与采用面向对象开发相对应的测试技术，它通常包括 4 个测试层次，从低到高排列分别是**算法层**、**类层**、**模板层**和**系统层**。

性能测试是通过自动化的测试工具模拟多种正常、峰值以及异常负载条件来对系统的各项性能指标进行测试。负载测试和压力测试都属于性能测试，两者可以结合进行，统称负载压力测试。通过**负载测试**，确定在各种工作负载下系统的性能，目标是测试当负载逐渐增加时，系统各项性能指标的变化情况。**压力测试**是通过确定一个系统的瓶颈或不能接受的性能点，来获得系统能提供的最大服务级别的测试。

第三方测试指独立于软件开发方和用户方的测试，组织的测试也称为"独立测试"。软件质量工程强调开展独立验证和确认活动，是由在技术、管理和财务上与开发组织具有规定程序独立的组织执行验证和确认过程。软件第三方测试一般在模拟用户真实应用的环境下进行软件确认测试。**软件确认测试**的目的是确保构造了正确的产品（即满足其特定的目的）。

（2）测试管理。测试管理是为了实现测试目标而进行的，以测试人员为中心，针对测试生命周期及相关资源而进行的有效的计划、组织、管理等协调活动。

测试管理的范围包括管理测试项目过程、管理测试人员工作、分析其他外部管理体系间的相互关联和影响，解决关联的测试问题。

测试管理的内容包括：测试监控管理、测试配置管理、测试风险管理、测试人员绩效考核等。

1）测试监控管理：记录与管理测试用例的执行；根据现状判断测试用例的设计质量和效率；依据 BUG 分布判断是否可以结束测试；评估测试软件、开发过程质量；评估测试工程师。

2）测试配置管理：属于软件配置管理子集，测试配置管理贯穿测试的全过程，主要工作为搭建测试环境、包含获取正确的测试、发布版本。测试配置管理的管理对象包括：测试工具、测试方案、测试计划、测试用例、测试版本、测试环境以及测试结果等。

3）测试风险管理：降低**软件测试过程中的各类风险**，比如需求风险、测试用例风险、缺陷风险、代码质量风险、测试环境与技术风险、回归测试风险、沟通协调风险、其他风险等。

4）测试人员绩效考核：测试人员绩效考核内容及指标见表 4-3-2。

表 4-3-2　测试人员绩效考核内容及指标

考核方向	绩效考核内容及指标
工作内容考核	（1）参与软件开发过程的工作内容考核 （2）参与测试文档的准备工作考核 （3）执行测试工作的考核 （4）测试结果缺陷残留考核 （5）测试人员沟通能力考核
工作效率考核	（1）测试设计的工作效率考核指标：文档产出率；用例产出率 （2）测试执行的工作效率考核指标：执行效率；进度偏离度；缺陷发现率
工作质量考核	（1）测试设计的工作质量考核指标：需求覆盖率；文档质量；文档有效率；用例有效率；评审问题数 （2）测试执行的工作质量考核指标：缺陷数；有效缺陷数/率；严重缺陷率；模块缺陷率；遗漏缺陷率；Bug 发现时间点；缺陷定位和可读性
对自动化测试人员效率的度量	（1）自动化测试引入和使用的合理性判断 （2）自动化测试后特别是性能测试后的结果分析
测试项目负责人效率的度量	（1）是否提早介入测试 （2）开发提交测试是否严格依据标准、严格把关 （3）评价测试计划的合理性 （4）在项目完结后，总结评价项目中负责人的跟进情况，特殊情况处理，风险发生后的处理，资源协调、沟通与配合等
测试管理的度量	（1）计划质量 （2）成本质量

4.3.4　软件维护

所谓软件维护，就是在软件已经交付使用之后，为了改正错误或满足新的需要而修改软件的过程。依据软件本身的特点，软件具有可维护性，主要由**可理解性**、**可测试性**、**可修改性**三个因素决定。

软件的维护从性质上分为**纠错性（更正性）维护**、**适应性维护**、**完善性维护**和**预防性维护**。

（1）纠错性维护是指改正在系统开发阶段已发生而系统测试阶段尚未发现的错误。例如，系统漏洞补丁。

（2）适应性维护是指为了使软件适应信息技术变化和管理需求变化而进行的修改。例如，由于业务变化，业务员代码长度由现有的 5 位变为 8 位，增加了 3 位。

（3）完善性维护是为扩充功能和改善性能而进行的修改，主要是指对已有的软件系统增加一些在系统分析和设计阶段中没有规定的功能与性能特征，这方面的维护占整个维护工作的 50%～60%。例如，为方便用户使用和查找问题，系统提供联机帮助。

（4）预防性维护是为了改进应用软件的可靠性和可维护性，以适应未来的软硬件环境的变化而主动增加的预防性的新功能，以使应用系统适应各类变化而不被淘汰。例如，网吧老板为适应将来网速的需要，将带宽从 2Mb/s 提高到 100Mb/s。

4.3.5　软件生命周期

软件生命周期是指软件产品从构思一直到软件被废弃或升级替换的全过程。软件生命周期一般包括问题提出、可行性分析、需求分析、概要设计、详细设计、软件实现、软件测试、维护等阶段。

下面引入三个概念，用于描述软件开发时需要做的工作：

（1）软件过程：活动的集合。

（2）活动：任务的集合。

（3）任务：一个输入变为输出的操作。

软件生命周期过程分为三类：

（1）基本过程：与软件生产直接相关的活动集，包括获取过程、供应过程、开发过程、运作过程、维护过程。

（2）支持过程：软件开发各方所从事的一系列支持活动集，包括文档编制过程、配管管理过程、质量保证过程、验证过程、确认过程、联合评审、审计过程、问题解决等。

（3）组织过程：与软件生产组织有关的活动集，包括管理过程、基础设施过程、改进过程、人力资源过程、资产管理过程、重用大纲管理过程、领域工程过程。

4.4　软件过程改进

软件过程改进（Software Process Improvement，SPI）帮助软件企业对其软件过程的改进进行计划、制定、实施，它的实施对象就是软件企业的**软件过程**，也就是**软件产品的生产过程**，当然也包括软件维护之类的维护过程。

软件能力成熟度模型（Capability Maturity Model for Software，CMM，全称为 SW-CMM）就是结合了**质量管理**和**软件工程**的双重经验而制定的一套针对软件生产过程的规范。

CMM 将成熟度划分为 5 个等级，如图 4-4-1 所示。

图 4-4-1　CMM 的 5 个等级

能力成熟度模型集成（Capability Maturity Model Integration，CMMI）是 CMM 模型的最新版本。CMMI 也划分为 5 个成熟度级别：

（1）**完成级**。该级别下，企业清楚项目目标和要完成的事情，但由于项目完成具有偶然性，无法保证同类项目仍然能完成。该级别的企业的项目实施**对实施人员有很大的依赖性**。

（2）**管理级**。该级别下，企业在项目实施上可以遵守既定的计划与流程，有资源准备，权责到人，项目实施人员有相应的培训，整个流程有监测与控制，并与上级单位对项目与流程进行审查。这一系列的管理手段排除了企业在一级时完成任务的随机性，保证了**企业的所有项目实施都会成功**。

（3）**定义级**。企业不仅对项目实施有一整套的管理措施，并且能够保障项目的完成；而且，企业能够依据自身的特点，将自身的**标准流程、管理体系**，予以制度化，这样企业不仅能够在同类的项目上得到成功的实施，在不同类的项目上一样能够得到成功的实施。

（4）**量化管理级**。企业的项目管理不仅形成了一种制度，而且要实现**数字化管理**。对管理流程要做到**量化与数字化**。通过量化技术来实现流程的稳定性，实现管理的精度，降低项目实施在质量上的波动。

（5）**优化级**。企业的项目管理达到了最高境界。企业不仅能够通过信息手段与数字化手段来实现对项目的管理，而且能够充分利用信息资料，对企业在项目实施过程中可能出现的次品予以预防，能够主动地改善流程，运用新技术，实现流程的优化。

CMMI 采用统一的 24 个过程域，采用 CMM 的**阶段式表示法**和 EIA/IS731 **连续式表示法**，**前者侧重描述组织能力成熟度，后者侧重描述过程能力成熟度**。两种表示法具体参见表 4-4-1 和表 4-4-2。

表 4-4-1　阶段式表示法的过程域分组

成熟度等级	过程域
完成级	无
管理级	需求管理、项目计划、项目监控、供应商合同管理、度量与分析、过程与产品质量保证、配置管理
定义级	需求开发、技术解决方案、产品集成、验证、确认、组织过程焦点、组织过程定义、组织培训、集成项目管理、风险管理、决策分析与解决、集成团队、集成组织环境
量化管理级	组织过程性能、量化项目管理
优化级	组织改革与实施、原因分析与决策

表 4-4-2　连续式表示法的过程域分组

连续式分组	过程域
过程管理	组织过程焦点、组织过程定义、组织培训、组织改革与实施、组织过程性能
项目管理	项目计划、项目监控、供应商合同管理、集成项目管理、风险管理、集成团队、量化项目管理
工程	需求管理、需求开发、技术解决方案、产品集成、验证、确认
支持	配置管理、度量与分析、过程与产品质量保证、决策分析与解决、集成组织环境、原因分析与决策

4.5　软件复用

软件复用，又称**软件重用**，是指在两次或多次不同的软件开发过程中，重复使用相同或相近软件元素的过程。软件元素包括**程序代码、测试用例、设计文档、设计过程、需求分析文档**，甚至领域知识。通常把这种可重用的元素简称为构件。**可重用的软件元素越大，就说重用的粒度越大。**

4.6　面向对象基础

要掌握一些基本的术语。对象是系统中用来描述客观事物的一个实体，它是构成系统的一个基本单位。面向对象的软件系统是由对象组成的，复杂的对象由比较简单的对象组合而成；类是对象的抽象定义，是一组具有相同数据结构和相同操作的对象的集合，类的定义包括一组数据属性和在数据上的一组合法操作。也就是说，**类是对象的抽象，对象是类的具体实例**。一个类可以产生一个或多个对象。面向对象方法使系统的描述及信息模型的表示与客观实体相对应，符合人们的思维习惯，有利于系统开发过程中用户与开发人员的交流和沟通。

封装是对象的一个重要原则。它有两层含义：第一，对象是其全部属性和全部服务紧密结合而形成的一个不可分割的整体；第二，对象是一个不透明的黑盒子，表示对象状态的数据和实现操作的代码都被封装在黑盒子里面。使用一个对象的时候，只需知道它向外界提供的接口形式，无须知道它的数据结构细节和实现操作的算法。

继承是使用已存在的定义作为基础建立新的定义。继承表示类之间的层次关系。多态是指在多个类中可以定义同名操作或属性，并在每个类中可以有不同的实现。

多态中最常用的一种情况就是，不同类中具有不同功能的函数的名称是相同的，从而可以使用相同的调用方式来调用这些具有不同功能的同名函数。

消息是对象交互、通信的规格说明，通过消息可以向目标对象发送操作请求。

面向对象软件开发需要遵循的准则见表 4-6-1。

表 4-6-1　面向对象软件开发需要遵循的准则

原则名称	定义
开放封闭原则	软件实体（类、函数等）应当在不修改原有代码的基础上，新增功能
依赖倒置原则	高层模块不应该依赖于低层模块，二者都应该依赖于抽象；要针对接口编程，不要针对实现编程。抽象就是声明做什么（What），而不是告知怎么做（How）
里氏替换原则	子类可以替换父类，继承必须确保父类所拥有的性质在子类中仍然成立
单一职责原则	设计功能单一的类。一个类拥有过多功能，耦合度就会大大增加，导致更加脆弱
接口分离	一个类对另一个类的依赖应该建立在最少的接口原则之上
迪米特法则（又称为最少知识原则）	一个对象应该对其他对象有最少的了解
共同重用原则	一个包中的所有类应该是共同重用的

4.7 UML

统一建模语言（Unified Modeling Language，UML）是一个通用的可视化建模语言。UML 的特点如下：

（1）是可视化的建模语言，不是可视化的程序设计语言。

（2）不是过程、方法，但允许过程和方法调用。

（3）简单、可扩展，不因扩展而修改核心。

（4）属于建模语言的规范说明，是面向对象分析与设计的一种标准表示。

（5）支持高级概念（如框架、模式、组件等），并可重用。

（6）可集成最好的软件工程实践经验。

4.7.1 事物

事物（Things）：事物是 UML 最基本的构成元素（结构、行为、分组、注释）。UML 中将各种事物构造块归纳成了以下四类。

（1）结构事物：静态部分，描述概念或物理元素。主要结构事物见表 4-7-1。

表 4-7-1　主要结构事物

事物名	定义	图形
类	是对一组具有相同属性、相同操作、相同关系和相同语义的对象的抽象	图形 位置 颜色 Draw()
对象	类的一个实例	图形A: 图形
接口	服务通告，分为供给接口（能提供什么服务）和需求接口（需要什么服务）	供给接口 需求接口
用例	某类用户的一次连贯的操作，用以完成某个特定的目的	用例1
协作	协作就是一个"用例"的实现	
构件	构件是系统设计的一个模块化部分，它隐藏了内部的实现，对外提供了一组外部接口	构件名称

（2）行为事物：动态部分，是一种跨越时间、空间的行为。

（3）分组事物：大量类的分组。UML 中，包（Package）可以用来分组。包的图形如图 4-7-1 所示。

（4）注释事物：注释的图形如图 4-7-2 所示。

图 4-7-1　包　　　　　　　　　　　图 4-7-2　注释

4.7.2　关系

关系（Relationships）：任何事物都不应该是独立存在的，总存在一定的关系，UML 的关系（例如依赖、关联、泛化、实现等）把事物紧密联系在一起。UML 关系用来描述事物之间的关系。常见的 UML 关系见表 4-7-2。

表 4-7-2　常见的 UML 关系

名称	子集	举例	图形
关联	关联	两个类之间存在某种语义上的联系。例如：一个人为一家公司工作，人和公司有某种关联	———
	聚合	整体与部分的关系。例如：狼与狼群的关系	——◇
	组合	"整体"离开"部分"将无法独立存在的关系。例如：车轮与车的关系	——◆
泛化		一般事物与该事物中特殊种类之间的关系。例如：猫科与老虎的继承关系	——▷
实现		规定接口和实现接口的类或组件之间的关系	- - -▷
依赖		是一种使用的关系，即一个类的实现需要另一个类的协助。例如：人依赖食物	- - ->

4.7.3　图

图（Diagrams）：图是事物和关系的可视化表示。UML 中事物和关系构成了 UML 的图。在 UML 2.0 中总共定义了 13 种图（也有说是 14 种，多一个制品图）。图 4-7-3 从使用的角度将 UML 的 13 种图分为结构图（又称静态模型）和行为图（又称动态模型）两大类。

图 4-7-3　UML 图形分类

（1）类图：描述类、类的特性以及类之间的关系。具体类图如图 4-7-4 所示，该图描述了一个电子商务系统的一部分，表示客户、订单等类及其关系。类图可以只有类名，可以只有方法没有属性，但不能只有属性没有方法。

图 4-7-4　类图图例

（2）对象图：对象是类的实例，而对象图描述一个时间点上系统中各个对象的快照。对象图和类图看起来是十分相近的，实际上，除了在表示类的矩形中添加一些"对象"特有的属性，其他元素的含义是基本一致的。

具体对象图如图 4-7-5 所示。

● 对象名：由于对象是一个类的实例，因此其名称的格式是"对象名：类名"，这两个部分是可选的，但如果是包含了类名，则必须加上"："，另外，为了和类名区分，还必须加上下划线。

● 属性：由于对象是一个具体的事物，所有的属性值都已经确定，因此通常会在属性的后面列出其值。

（3）包图：对语义联系紧密的事物进行分组。在 UML 中，包是用一个带标签的文件夹符号来表示的，可以只标明包名，也可以标明包中的内容。如图 4-7-6 所示，本图表示一订单系统的局部模型。

（4）用例图：描述用例、参与者及其关系。如图 4-7-7 所示，该图描述一张小卡片公司的围棋馆管理系统，描述了预订座位、排队等候、安排座位、结账等功能。

图 4-7-5　对象图图例

图 4-7-6　包图图例

图 4-7-7　用例图图例

（5）构件图：描述构件的结构与连接。通俗地说，构件是一个模块化元素，隐藏了内部的实现，对外提供一组外部接口。如图 4-7-8 所示，该图是简单图书馆管理系统的构件局部。

图 4-7-8　构件图图例

（6）复合结构图：显示结构化类的内部结构。如图 4-7-9 所示，该图描述了船的内部构造，包含螺旋桨和发动机。螺旋桨和发动机之间通过传动轴连接。

（7）顺序图：描述对象之间的交互（消息的发送与接收），重点在于强调顺序，反映对象间的消息发送与接收。如图 4-7-10 所示，该图将一个订单分拆到多个送货单。

图 4-7-9　复合结构图图例

图 4-7-10　顺序图图例

（8）通信图：描述对象之间的交互，重点在于连接。通信图和顺序图语义相通，关注点不同，可相互转换。如图 4-7-11 所示，该图仍然是将一个订单分拆到多个送货单。

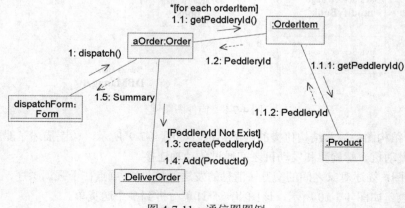

图 4-7-11　通信图图例

（9）定时图：描述对象之间的交互，重点在于给出消息经过不同对象的具体时间。

（10）交互概览图：属于一种顺序图与活动图的混合。

（11）部署图：描述在各个节点上的部署。如图 4-7-12 所示，该图描述了某 IC 卡系统的部署图。

图 4-7-12　部署图图例

（12）活动图：描述过程行为与并行行为。如图 4-7-13 所示，该图描述了网站上用户下单的过程。

图 4-7-13　活动图图例

（13）状态机图：描述对象状态的转移。如图 4-7-14 所示，该图描述考试系统中各过程状态的迁移。

（14）制品图：有资料表示，UML 包含 14 种图而不是 13 种图，多出来的一个图就是制品图。制品图描述计算机中一个系统的物理结构，属于结构图。

图 4-7-14　状态机图图例

4.8　软件架构

软件架构也称为软件体系结构，是一系列相关的抽象模式，用于指导软件系统各个方面的设计。软件架构是一个系统的草图。软件架构描述的对象是直接构成系统的抽象组件。各个组件之间的连接则明确和相对细致地描述了组件之间的通信。在实现阶段，这些抽象组件被细化为实际的组件，比如具体某个类或者对象。

2 层客户机/服务器（Client/Server，C/S）架构：服务器只负责各种数据的处理和维护，为各个客户机应用程序管理数据；客户机包含文档处理软件、决策支持工具、数据查询等应用逻辑程序。这是一种"胖客户机，瘦服务器"的网络结构模式。

3 层 C/S 架构：将应用功能分成表示层、功能层和数据层三部分；各层在逻辑上保持相对独立，整个系统的逻辑结构更为清晰，能提高系统和软件的可维护性和可扩展性。

在 3 层 C/S 架构中，表示层在应用用户接口部分担负与应用逻辑间的对话功能；功能层负责具体的业务处理逻辑；数据层负责管理对数据库的读写。

浏览器/服务器（Browser/Server，B/S）架构：是对 C/S 架构的一种变化或者改进的结构，在这种结构下，用户工作界面是通过 WWW 浏览器来实现的，极少部分事务逻辑在浏览器端实现，但是主要事务逻辑在服务器端实现。相对于 C/S 架构属于"胖"客户端，B/S 结构属于一种"瘦"客户端，大多数或主要的业务逻辑都存在于服务器端，因此，B/S 结构的系统不需要安装客户端软件，这样就大大减轻了客户端计算机载荷，减少了系统维护与升级的成本和工作量，降低了用户的总体成本。

软件架构风格描述了特定领域的系统组织方式的通用模式。架构风格就是领域系统的共有结构、语义特性。架构风格指导用各个构件有效搭建一个完整的系统。

通用软件架构风格分类见表 4-8-1。

表 4-8-1　通用软件架构风格分类

风格	特点
数据流风格	分为批处理序列和管道/过滤器两种风格
调用/返回风格	包括主程序/子程序、数据抽象和面向对象以及层次结构
独立构件风格	包括进程通信、事件驱动等架构风格
虚拟机风格	包括解释器和基于规则的系统等架构风格
仓库风格	包括黑板系统、数据库系统、超文本系统等架构风格。

4.9　SOA 与 Web Service

SOA 是一个组件模型，它通过在应用程序的不同功能单元（称为服务）之间定义良好的接口和契约联系起来。

SOA 是一种**粗粒度**、**松耦合**的服务架构，服务之间通过简单、精确的定义**接口**进行通信，不涉及底层编程接口和通信模型。接口是采用中立的方式进行定义的，它独立于实现服务的硬件平台、操作系统和编程语言。这使得构建在各种此类系统中的服务可以以一种统一和通用的方式进行交互。SOA 可以看作是 B/S 模型、XML/Web Service 技术之后的自然延伸，Web Service 即 Web 服务。

在理解 SOA 和 Web 服务的关系上，经常发生混淆。Web 服务是技术规范，而 SOA 是设计原则。特别是 Web 服务中的 Web 服务描述语言（Web Services Description Language，**WSDL**），它是一个与 SOA 配套的接口定义标准，这是 Web 服务和 SOA 的根本联系。从本质上来说，SOA 是一种架构模式，而 Web 服务是利用一组标准实现的服务。**Web 服务是实现 SOA 的方式之一，换句话说 Web Service 让 SOA 真正得到了应用。**

Web Service 是解决应用程序之间相互通信的一项技术。严格地说，Web Service 是描述一系列操作的接口，它使用标准的、规范的 XML 描述接口。这一描述包括与服务进行交互所需要的全部细节，包括消息格式、传输协议和服务位置。而在对外的接口中隐藏了服务实现的细节，仅提供一系列可执行的操作，这些操作独立于软硬件平台和编写服务所用的编程语言。在 Web Service 模型的解决方案中共有 3 种工作角色，其中**服务提供者**（服务器）和**服务请求者**（客户端）是必需的，**服务注册中心**是一个可选的角色。它们之间的交互和操作（图 4-9-1）构成了 Web Service 的体系结构。服务提供者定义并实现 Web Service，然后将服务描述发布到服务请求者或服务注册中心；服务请求者使用查找操作从本地或服务注册中心检索服务描述，然后使用服务描述与服务提供者进行绑定并调用 Web Service。

图 4-9-1　Web Service 模型的 3 种工作角色

与 Web Service 有关的协议和术语还有 SOAP、XML、UDDI、XSD、WSDL 等。

可扩展标记语言（Extensible Markup Language，XML）规定了服务之间以及服务内部数据交换的格式和结构，通过 XML 可以将任何文档转换成 XML 格式，然后跨越 Internet 协议传输。**XML 是 Web Service 表示数据的基本格式**。除了易于建立和易于分析外，XML 主要的优点在于它既是与平台无关的，又是与厂商无关的。

XML 解决了数据表示的问题，但它没有定义一套标准的数据类型，更没有说明如何去扩展这套数据类型。例如，整型数到底代表什么？16 位、32 位还是 64 位？这些细节对实现互操作性都是很重要的。W3C 制定的 XML Schemas Definition（XSD）就是专门解决这个问题的一套标准。它定义了一套标准的数据类型，并给出了一种语言来扩展这套数据类型。**Web Service 就是用 XSD 来作为其数据类型系统的。**

Web Service 建好以后，就可以去调用它。简单对象访问协议（Simple Object Access Protocol，SOAP）提供了标准的 RPC 方法来调用 Web Service。SOAP 规范定义了 SOAP 消息的格式，以及如何通过 HTTP 协议来使用 SOAP。SOAP 也是基于 XML 和 XSD 的，XML 是 SOAP 的数据编码方式。

Web Service 有什么功能、调用的函数参数的数据类型是什么、有几个参数等，这些描述就需要一种语言，这就是 **WSDL**。其实 WSDL 本身就是一个标准的 XML 文档，用于描述 Web Service 及其函数、参数和返回值。

通用描述、发现与集成服务（Universal Description, Discovery and Integration，UDDI）是一种目录服务，可以使用它对 Web Service 进行注册和搜索。UDDI 是一个分布式的互联网服务注册机制，它集描述、**检索**与集成为一体，其核心是**注册机制**。UDDI 实现了一组可公开访问的接口，通过这些接口，网络服务可以向服务信息库注册其服务信息，服务需求者可以找到分散在世界各地的网络服务。

4.10　软件构件

构件（组件）是可复用的软件组成成分，可被用来构造其他软件。它可以是被封装的对象类、类树、一些功能软件工程中的构件模块、软件框架、软件构架（或体系结构）、文档、分析件、设计模式等。组件可以看成实现了某些功能的、有输入输出接口的黑盒子，具有相对稳定的公开接口，可用任何支持组件编写的工具实现。

构件模型是对构件本质特征的抽象描述，已形成三个主要流派，分别是对象管理组织（Object Management Group，OMG）的公共对象请求代理体系结构（Common Object Request Broker Architecture，CORBA）、Sun 的企业级 Java 组件（Enterprise Java Bean，EJB）和 Microsoft 的分布式构件对象模型（Distributed Component Object Model，DCOM）。这些实现模型将构件的接口与实现进行了有效分离，提供了构件交互的能力，从而增加了重用的机会，并适应了网络环境下大型软件系统的需要。

CORBA 体系结构是 OMG 为解决分布式处理环境中硬件和软件系统的互连而提出的一种解决方案，OMG 是一个国际性的非营利组织，其职责是为应用开发提供一个公共框架，制定工业指南和对象管理规范，加快对象技术的发展。CORBA 是一种标准的面向对象的应用程序架构规范。

EJB 是 Sun 的服务器端组件模型，最大的用处是部署分布式应用程序。凭借 Java 跨平台的优势，用 EJB 技术部署的分布式系统可以不限于特定的平台。EJB 是 J2EE 的一部分，定义了一个用于开发基于组件的企业多重应用程序的标准。

DCOM 是一系列的微软概念和程序接口，利用这个接口，客户端程序对象能够请求来自网络中另一台计算机上的服务器程序对象。Microsoft 的 DCOM 扩展了组件对象模型技术（Component Object Model，COM），使其能够支持在局域网、广域网甚至 Internet 上不同计算机对象之间的通信。使用 DCOM，应用程序就可以在位置上达到分布性，从而满足客户和应用的需求。

4.11　中间件技术

中间件位于操作系统、网络和数据库之上，应用软件之下，它为上层应用软件提供运行、开发环境。中间件屏蔽了底层操作系统的复杂性，开发人员只需面对简单而统一的开发环境，专注业务，不必考虑不同系统软件上的软件移植问题，大大减少了技术上的负担，减轻了系统维护与管理的工作量，从而减少了总的投入。常见的中间件有 Tomcat、WebSphere、ODBC、JDBC。

中间件是位于平台（硬件和操作系统）和应用之间的通用服务，这些服务具有标准的程序接口和协议。针对不同的操作系统和硬件平台，它们可以有符合接口和协议规范的多种实现。

基于目的和实现机制的不同，中间件主要分为**远程过程调用**、**面向消息的中间件**、**对象请求代理**、**事务处理监控**。

面向消息的中间件（Message Oriented Middleware，MOM）指的是利用高效可靠的**消息传递机制**进行平台无关的数据交流，并基于数据通信来进行分布式系统的集成。通过提供消息传递和消息排队模型，它可在分布环境下扩展进程间的通信，并支持多通信协议、语言、应用程序、硬件和软件平台。MOM 中间件产品有 IBM 的 **MQSeries**、BEA 的 **MessageQ** 等。

4.12　J2EE 与.NET

Java 2 平台企业版（Java 2 Platform Enterprise Edition，J2EE）的核心是一组技术规范与指南，其中所包含的各类组件、服务架构及技术层次均有共同的标准及规格，让各种依循 J2EE 架构的不同平台之间存在良好的兼容性。

Java 2 平台有 3 个版本，它们是适用于小型设备和智能卡的 Java 2 平台 Micro 版（Java 2 Platform Micro Edition，**J2ME**）、适用于桌面系统的 Java 2 平台标准版（Java 2 Platform Standard Edition，**J2SE**）、适用于创建服务器应用程序和服务的 Java 2 平台企业版。

J2EE 的 4 层结构如图 4-12-1 所示，各层如下：

（1）运行在客户端机器上的**客户层**组件。

（2）运行在 J2EE 服务器上的 **Web 层**组件。

（3）运行在 J2EE 服务器上的**业务逻辑层**组件。

（4）运行在 EIS 服务器上的**企业信息系统层**软件。

J2EE 应用程序是由组件构成的 J2EE 组件，是具有独立功能的软件单元，它们通过相关的类和文件组装成 J2EE 应用程序，并与其他组件交互。J2EE 说明书中定义了以下 J2EE 组件：**应用客户端程序和 Applets 是客户层组件，Java Servlet 和 JSP 是 Web 层组件，EJB 是业务层组件**。

图 4-12-1 J2EE 的 4 层结构

　　.NET 的结构如图 4-12-2 所示。.NET 将范围广泛的微软产品和服务组织起来，置于各种互联设备共同的视野范围内。只要是 .NET 支持的编程语言，开发者就可以便捷地利用各类.NET工具。

图 4-12-2 .NET 的结构

4.13 工作流技术与 AJAX

　　根据国际工作流管理联盟（Workflow Management Coalition，WfMC）的定义，工作流是指整个或部分经营过程在计算机支持下的全自动或半自动化。在实际情况中，可以更广泛地把凡是由计算机软件系统（工作流管理系统）控制执行的过程都称为工作流。

一个工作流包括一组**活动**及其**相互顺序关系**，还包括过程及活动的启动和终止条件，以及对每个活动的描述。工作流管理系统指运行在一个或多个**工作流引擎**上，用于定义、实现和管理工作流运行的一套软件系统，它与工作流执行者（人、应用）交互，推进工作流实例的执行，并监控工作流的运行状态。

AJAX 即 Asynchronous JavaScript and XML（异步 JavaScript 和 XML），不过 AJAX 并非缩写词，而是由 Jesse James Gaiiett 创造的名词，是指一种创建交互式网页应用的网页开发技术。

AJAX 不是一种新的编程语言，而是一种用于创建更好、更快、交互性更强的 Web 应用程序的技术。

4.14　课堂巩固练习题

1. 信息系统的生命周期分为四个阶段，即产生阶段、开发阶段、运行阶段和消亡阶段。____(1)____是信息系统生命周期中最为关键的一个阶段。该阶段又可分为五个子阶段，即总体规划、系统分析、系统设计、系统实施和系统验收。

（1）A. 产生阶段　　　B. 开发阶段　　　C. 运行阶段　　　D. 消亡阶段

【攻克要塞软考团队讲评】开发阶段是信息系统生命周期中最为关键的一个阶段。

参考答案：（1）B

2. 在软件开发模型中，____(2)____的特点是引进了增量包的概念，无须等到所有需求都出来，只要某个需求的增量包出来即可进行开发；____(3)____将瀑布模型和快速原型模型结合起来，强调了其他模型所忽视的风险分析，特别适合于大型复杂的系统；____(4)____是一种以用户需求为动力，以对象为驱动的模型，主要用于描述面向对象的软件开发过程。

（2）A. 瀑布模型　　　B. 演化模型　　　C. 增量模型　　　D. V 模型
（3）A. 构件组装模型　B. RUP　　　　　C. V 模型　　　　D. 螺旋模型
（4）A. 喷泉模型　　　B. V 模型　　　　C. 螺旋模型　　　D. 演化模型

【攻克要塞软考团队讲评】软件开发模型中，增量模型引入了增量包的概念；螺旋模型强调风险分析；喷泉模型主要用于面向对象软件开发。瀑布模型适用于需求稳定的项目；V 模型强调软件测试；演化模型适用于需求不稳定的项目，逐个原型递进成熟；RUP 是一个面向对象且基于网络的程序开发方法论；构件组装模型是利用预先包装好的软件构件来构造应用程序的。

参考答案：（2）C　（3）D　（4）A

3. 关于模块的独立性，内聚强度最高的是____(5)____；耦合性最弱的是____(6)____。

（5）A. 功能内聚　　　B. 顺序内聚　　　C. 通信内聚　　　D. 偶然内聚
（6）A. 数据耦合　　　B. 非直接耦合　　C. 标记耦合　　　D. 内容耦合

【攻克要塞软考团队讲评】解此题则马上想起两句口诀，内聚性参考记忆口诀"偶逻时过通顺功"，耦合性参考记忆口诀"非数标控外公内"。故本题第（5）空选 A 选项，第（6）空选 B 选项。

参考答案：（5）A　（6）B

4. 以下有关软件测试的说法正确的是____(7)____。

（7）A. 程序员自己无须进行软件测试

B．桌前检查由程序员自己检查自己编写的程序

C．代码审查是由若干程序员和测试员组成一个会审小组，通过阅读代码、试运行程序、讨论对程序进行动态分析的过程

D．软件测试工作的目的是确定软件开发的正确性

【攻克要塞软考团队讲评】这里考查的都是基本概念。程序员自己要进行一部分的测试工作，比如白盒测试中的相当一部分工作；代码审查是要通过审查代码找出问题；测试的目的在于检验它是否满足规定的需求或弄清预期结果与实际结果之间的差别。

参考答案：（7）B

5．在 CMMI 阶段表示法中，过程域　　（8）　　属于已定义级；关于软件过程管理的描述不正确的是　　（9）　　。

（8）A．组织级过程焦点　　　　　　　　B．组织级过程性能

　　　C．组织改革与实施　　　　　　　　D．因果分析和解决方案

（9）A．在软件过程管理方面，最著名的是能力成熟度模型集成 CMMI

　　　B．CMMI 成熟度级别 3 级与 4 级的关键区别在于对过程性能的可预测性

　　　C．连续式模型将 24 个过程域按功能划分为过程管理、项目管理、工程和支持四个过程组

　　　D．对同一组织采用阶段式模型和连续式模型分别进行 CMMI 评估，得到的结论不同

【攻克要塞软考团队讲评】已定义级包括需求开发、技术解决方案、产品集成、验证、确认、组织级过程焦点、组织级过程定义、组织级培训、集成项目管理、风险管理、集成化团队、决策分析和解决方案、组织级集成环境。

CMMI 采用统一的 24 个过程域，采用 CMM 的阶段表示法和 EIA/IS731 连续式表示法，两种表示法对 CMMI 进行评估的结论是相同的。

参考答案：（8）A　　（9）D

6．UML 是用来对软件密集系统进行可视化建模的一种语言。UML 2.0 有 13 种图，　　（10）　　属于结构图，　　（11）　　属于行为图，　　（12）　　是活动图和顺序图的混合物。

（10）A．活动图　　　　B．交互图　　　　C．构件图　　　　D．状态图

（11）A．类图　　　　　B．交互图　　　　C．构件图　　　　D．部署图

（12）A．对象图　　　　B．类图　　　　　C．包图　　　　　D．交互概览图

【攻克要塞软考团队讲评】在 UML 2.0 中的图分为两大类：结构图和行为图。每个 UML 图都可归于这两类之中。结构图的目的是显示建模系统的静态结构，包括类图、组合结构图、构件图、部署图、对象图和包图；行为图显示系统中对象的动态行为，包括活动图、交互图、用例图和状态图，其中交互图是顺序图、通信图、交互概览图和时序图的统称。交互概览图是活动图和顺序图的混合物。

参考答案：（10）C　　（11）B　　（12）D

7．下列有关软件架构的说法错误的是　　（13）　　。

（13）A．软件架构也称为软件体系结构，是一系列相关的抽象模式，用于指导软件系统各个方面的设计

B．2 层 C/S 架构的数据库服务功能部署在客户端

C．3 层 C/S 架构将应用功能分成表示层、功能层和数据层三部分

D．B/S 架构是对 C/S 架构的一种变化或改进的结构

【攻克要塞软考团队讲评】2 层 C/S 架构中，服务器负责各种数据的处理和维护，为各个客户机应用程序管理数据，故选项 B 不正确。

参考答案：（13）B

8．Web Service 是解决应用程序之间相互通信的一项技术，严格地说，Web Service 是描述一系列操作的接口。它使用标准的、规范的＿＿（14）＿＿描述接口。在 Web Service 模型的解决方案中共有三种工作角色，其中服务提供者（服务器）和服务请求者（客户端）是必需的，＿＿（15）＿＿是一个可选的角色。

（14）A．HTTP　　　　B．XML　　　　C．XSD　　　　D．Java

（15）A．服务注册中心　B．生产者　　　C．消费者　　　D．Web Service

【攻克要塞软考团队讲评】Web Service 使用 XML 来描述接口。HTTP 是 TCP/IP 应用层的超文本链接协议；XSD 即 XML Schemas Definition，用于约束 XML 文档的格式；Java 是一种面向对象的编程语言。Web Service 模型中的三种角色是服务提供者、服务请求者和服务注册中心，其中服务注册中心并不是必需的。

参考答案：（14）B　　（15）A

第 5 学时　信息系统集成专业技术知识 2——数据库知识

第 5 学时中的知识点大多出现在上午试题中，主要涉及数据库相关的知识。本学时要学习的主要知识点如图 5-0-1 所示。

图 5-0-1　知识图谱

5.1 数据库

数据库（Database，DB）是长期存储在计算机内的、大量的、有组织的、可共享的数据集合。**数据库技术**是一种管理数据的技术，是信息系统的核心和基础。**数据库系统**（Database System，**DBS**）由数据库、软件、硬件、人员组成。

5.1.1 数据库三级模式结构

模式是数据库中的全体数据逻辑结构与特征的描述，模式只描述型，不涉及值。在数据库管理系统中，将数据按**外模式、模式、内模式** 3 层结构来抽象，属于数据的 3 个抽象级别。

数据库三级模式结构如图 5-1-1 所示。

图 5-1-1 数据库三级模式结构

外模式又称用户模式、子模式，是用户的数据视图，是站在用户的角度所看到的数据特征、逻辑结构。**模式**又称概念模式，所有用户公共数据视图集合，用于描述数据库全体逻辑结构和特征。一个数据库只有一个模式。**内模式**又称存储模式，描述了数据的物理结构和存储方式，是数据在数据库内部的表达方式。

5.1.2 数据模型

模型是对现实世界的模拟和抽象。**数据模型**用于表示、抽象、处理现实世界中的数据信息。例如，把学生信息抽象为学生（学号、姓名、性别、出生年月、入校年月）就是一种数据模型。

根据应用的不同，数据模型可分为概念模型、物理模型、逻辑模型。

（1）概念模型（信息模型）基于用户角度对数据和信息建模，把现实世界中的客观对象抽象为信息结构。这种信息结构不依赖于具体的计算机系统，也不对应某个 DBMS。

（2）逻辑模型是在概念模型的基础上确定模型的数据结构，可以分为网状模型、层次模型、关系模型、对象关系模型等。

- 网状模型：用**有向图**表示类型及实体间的联系。
- 层次模型：用**树型结构**表示类型及实体间的联系。

● **关系模型**：用**表格表示实体集**，使用**外键表示实体间联系**。

目前的企业信息系统所使用的数据库管理系统多为关系型数据库。关系模型常用术语见表 5-1-1，主要术语应用如图 5-1-2 所示。

表 5-1-1 关系模型常用术语

名称	定义
关系	描述一个实体及其属性，也可以描述实体间的联系。一个关系实质上是一张二维表，是元组的集合
元组	表中每一行叫作一个元组（属性名所在行除外）
属性	每一列的名称
属性值	列的值
主属性和非主属性	包含在任何一个候选码中的属性就是主属性，否则就是非主属性
候选码（候选键）	唯一标识元组而且不含有多余属性的属性集
主键（主码）	关系模式中正在使用的候选键

图 5-1-2 关系模型常用术语图示

（3）物理模型描述了数据在物理储存介质上的组织结构，它不但与具体的 DBMS 有关，而且还与操作系统和硬件有关。

5.1.3 数据建模

概念结构设计基于需求分析，是一个对用户需求进行归纳、总结、综合、抽象的过程，这个过程又称为数据建模。概念结构设计的目标是产生反映系统信息需求的数据库概念结构，也就是概念模式。概念结构设计常用的方法有实体-联系（E-R）方法。

数据建模过程包括数据需求分析、概念模型设计、逻辑模型设计和物理模型设计等。

5.1.4 数据库类型

根据存储方式的不同，数据库可以分为关系型数据库和非关系型数据库。

1. 关系型数据库（SQL）

关系型数据库是采用了关系模型来组织数据的数据库。关系型数据库以行和列的形式存储数据，一系列的行和列被称为表，一组表组成了数据库。

事务是 DBMS 的基本工作单位，是由用户定义的一个操作序列。关系型数据库支持事务的 ACID 原则：原子性（Atomicity），**要么都做，要么都不做**；一致性（Consistency），事务开始之前和事务结束后，数据库的完整性约束没有被破坏；隔离性（Isolation），多事务互不干扰；持久性（Durability），事务结束前所有数据改动必须保存到物理存储中。

2．非关系型数据库

非关系型数据库（No only SQL，NoSQL）去掉了关系数据库的关系型特性，具有分布式、不一定遵循 ACID 原则等特点。非关系型数据库主要有四种数据存储类型：键值存储、文档存储、基于列的数据库、图形数据库。

5.1.5　数据集成

数据集成是将信息系统的数据按规则组织成一个整体。数据集成可分为基本数据集成、多级视图集成、模式集成、多粒度数据集成。

5.2　数据仓库

数据仓库（Data Warehouse，DW）是一个面向主题的、集成的、相对稳定的、反映历史变化的数据集合，用于支持各种决策。数据仓库的主要特征：数据仓库是面向主题的；数据仓库是集成的；数据仓库是非易失的（在数据仓库环境中并不进行一般意义上的数据更新）；随时间变化而变化。

数据仓库的主要术语和整体结构如图 5-2-1 所示。

图 5-2-1　数据仓库的主要术语和整体结构

- 抽取/转换/加载（Extract/Transform/Loading，**ETL**）：从数据源抽取出所需的数据，经过数据清洗、转换，最终按照预先定义好的数据仓库模型将数据加载到数据仓库中去。
- **元数据**：是关于数据的数据，指在数据仓库建设过程中所产生的有关数据源定义、目标定义、转换规则等相关的关键数据。典型的元数据包括：数据仓库表的结构、数据仓库表的属性、数据仓库的源数据（记录系统）、从记录系统到数据仓库的映射、数据模型的规格说明、抽取日志和访问数据的公用例行程序等。

- **粒度**：数据仓库的数据单位中保存数据的细化或综合程度的级别。细化程度越高，粒度级就越小；相反，细化程度越低，粒度级就越大。
- **分割**：结构相同的数据被分成多个数据物理单元。任何给定的数据单元属于且仅属于一个分割。
- **数据集市**：小型的面向部门或工作组级数据仓库。
- 操作数据存储（Operation Data Store，ODS）：能支持企业日常全局应用的数据集合，是不同于 DB 的一种新的数据环境，是 DW 扩展后得到的一个混合形式。4 个基本特点：面向主题的、集成的、可变的、当前或接近当前的。

数据源是数据仓库系统的基础，数据源可以有多种，比如关系型数据库、数据文件（Excel、XML）等。数据仓库的真正**关键是数据的存储和管理**。数据仓库的组织管理方式决定了其有别于传统数据库，同时也决定了其对外部数据的表现形式。数据仓库按照数据的覆盖范围可以分为企业级数据仓库和部门级数据仓库（通常称为数据集市）。

OLAP 服务器对分析需要的数据进行有效集成，按多维模型予以组织，以便进行多角度、多层次的分析，并发现趋势。前端工具主要包括各种报表工具、查询工具、数据分析工具、数据挖掘工具以及各种基于数据仓库或数据集市的应用开发工具。其中数据分析工具主要针对 OLAP 服务器，报表工具、数据挖掘工具主要针对数据仓库。

5.3　数据工程

数据工程是信息系统的基础工程，其目标是为信息系统提供数据保障与服务，以及安全高效的数据共享环境，是信息系统间互连、互通的支撑。

5.3.1　数据标准化

数据标准化的主要内容包括元数据、数据元、数据模式、数据分类与编码等方面的标准化和数据管理标准化。

（1）元数据：元数据是关于数据的数据。元数据标准化是建立结构化描述数据标准，描述数据的内容、范围、质量、管理方式、所有者、数据提供方式等信息的结构化数据。

（2）数据元：数据元是数据库、文件和数据交换的基本数据单元。数据库或文件由记录或元组等组成，记录或元组则由数据元组成。数据元一般由对象、特性、表示组成。

数据元制定的基本过程：描述；界定业务范围；开展业务流程分析与信息建模；借助信息模型提取数据元并按照一定规则规范其属性；对于代码型的数据元，编制其值域（代码表）；与现有的国家标准或行业标准进行协调；发布实施数据元标准并建立动态维护管理机制。

（3）数据模式：数据的概念、组成、结构和相互关系的总称。

（4）数据分类与编码：数据分类是根据内容的属性或特征将数据按一定方法进行区分和归类，并建立起一定的分类体系和排列顺序；数据编码是给事物或概念赋予具有一定规律并易于计算机识别处理的符号（代码元素集合）。

（5）数据管理标准化：数据管理标准化包含确定数据需求、制定数据标准、批准数据标准和实施数据标准四个阶段。

5.3.2 数据运维

1. 数据存储

数据存储就是在不同的应用环境下安全、有效地将数据保存到物理介质上，并能有效访问。

存储管理的主要工作是提高存储系统的访问性能，满足数据量不断增长的需要，有效保护数据，提高数据可用性等。存储管理的主要内容包含资源调度管理、存储资源管理、负载均衡管理、安全管理。

2. 数据备份

数据备份是将数据复制到其他存储介质上的过程。

3. 数据容灾

灾难包含一切引起系统非正常停机的事件。容灾系统分为应用容灾和数据容灾两类。

（1）应用容灾：克服灾难保证应用的完整性、可靠性和安全性，保证系统持续提供服务。

（2）数据容灾：数据容灾是应用容灾的基础和子集，保证灾难发生时，数据尽量少丢失或不丢失，保证系统尽快恢复运行。

衡量容灾系统有两个主要指标：恢复点目标（Recovery Point Object，RPO），它表示指数据库应该恢复到的时间点，相当于所允许的最大数据丢失量；恢复时间目标（Revovery，Time Object，RTO），它表示在发生问题后允许用于恢复的最长时间。数据备份是数据容灾的基础。

4. 数据质量评价与控制

数据质量是数据产品满足指标、状态和要求能力的特征总和。

（1）数据质量描述：数据质量可通过数据质量元素描述，数据质量元素分为数据质量定量元素和数据质量非定量元素。

（2）数据质量评价过程：生成并报告数据质量结果的一系列活动。

（3）数据质量评价方法：可以分为直接评价法和间接评价法，直接评价法是指通过将数据与内、外部的参照数据（如理论值）对比来评估数据质量；间接评价法是指利用数据相关信息（如数据源、采集方法的描述、推断）来评估数据质量。

（4）数据质量控制：包括对数据的前期控制（包含数据录入前的质量控制、数据录入过程中的实时质量控制）和后期控制（数据录入完成后的后处理质量控制与评价）。

（5）数据清理（数据清洗）：精简数据库，去除重复记录，并将剩余数据转换为标准数据的过程。数据清理包括数据分析、数据检测、数据修正三个步骤。

5. 数据开发利用

数据开发利用的技术手段有数据集成、数据挖掘和数据服务（目录服务、查询服务、浏览和下载服务、数据分发服务）、数据可视化、信息检索等。

5.4 课堂巩固练习题

1. 数据仓库技术中，用户从数据源抽取出所需的数据，经过数据清洗、转换，最终按照预先定义好的数据仓库模型将数据加载到数据仓库中去，这指的是___（1）___。

（1）A. 导入/导出　　　B. XML　　　　　　C. SQL Loader　　D. ETL

【攻克要塞软考团队讲评】ETL 正是题目所解释的定义。

参考答案：（1）D

2．数据库系统通常采用三级模式结构：外模式、模式和内模式。这三级模式分别对应数据库的___（2）___。

（2）A．基本表、存储文件和视图　　　　B．视图、基本表和存储文件

　　　C．基本表、视图和存储文件　　　　D．视图、存储文件和基本表

【攻克要塞软考团队讲评】外模式、模式和内模式分别对应数据库的视图、基本表和存储文件。

参考答案：（2）B

第 6 学时　信息系统集成专业技术知识 3——网络与安全知识

第 6 学时要学习的主要知识点如图 6-0-1 所示。

图 6-0-1　知识图谱

6.1 计算机网络基础

计算机网络是指将地理位置不同的具有独立功能的多台计算机及其外部设备，通过通信线路连接起来，进行资源共享与通信。网络协议（简称**协议**）是网络中的数据交换建立的一系列规则、标准或约定。网络协议由**语法、语义和时序关系**三个要素组成。

- 语法：数据与控制信息的结构或形式。即"怎么做"。
- 语义：根据需要发出哪种控制信息，依据情况完成哪种动作以及做出哪种响应。即"要做什么"。
- 时序关系：又称为同步，即事件实现顺序的详细说明。即"做的顺序"。

6.1.1 OSI/RM

开放系统互连参考模型（Open System Interconnection/Reference Model，OSI/RM）是 1983 年 ISO 颁布的网络体系结构标准。从低到高分七层：**物理层、数据链路层、网络层、传输层、会话层、表示层、应用层**。各层之间相对独立，第 N 层向 $N+1$ 层提供服务。

【攻克要塞专家提示】OSI/RM 的七层体系结构参考记忆口诀为："物数网传会表应"。

表 6-1-1 对 OSI/RM 七层体系结构的主要功能、主要设备及协议进行了总结。不过，OSI/RM 只是一个参考模型，并不是实际应用的模型。应用最为广泛的是 TCP/IP，表 6-1-1 中的主要设备及协议其实就是 TCP/IP 四层中的主要设备及协议。从对应关系来看，相当于 TCP/IP 的应用层完成了 OSI/RM 的应用层、表示层、会话层 3 层的功能。

表 6-1-1 OSI/RM 七层体系结构的主要功能、主要设备及协议

层次	名称	主要功能	主要设备及协议
7	应用层	实现具体的应用功能	POP3、FTP、HTTP、Telnet、SMTP、DHCP、TFTP、SNMP、DNS
6	表示层	数据的格式与表达、加密、压缩	
5	会话层	建立、管理和终止会话	
4	传输层	端到端连接	TCP、UDP
3	网络层	分组传输和路由选择	三层交换机、路由器 ARP、RARP、IP、ICMP、IGMP
2	数据链路层	传送以帧为单位的信息	网桥、交换机、网卡 PPTP、L2TP、SLIP、PPP
1	物理层	二进制传输	中继器、集线器

物理层的数据单位是**比特**，传输方式一般为**串行**。数据链路层的数据单位是**帧**。网络层处理与寻址和传输有关的管理问题，提供**点对点的连接**，数据单位是**分组**。传输层的数据单位是**报文**，功能是建立、维护和撤销传输连接（**端对端的连接**），并进行**流量控制**和**差错控制**。

6.1.2 TCP/IP

TCP/IP 是实际在用的模型，分为 4 层（有的书中也分为 5 层，区别就是分为 4 层的说法中将

数据链路层和物理层合为网络接口层）。图 6-1-1 表示了 TCP/IP 各层的协议，以及与 OSI/RM 七层的对应关系。

图 6-1-1　TCP/IP 各层的协议以及与 OSI/RM 七层的对应关系

传输控制协议/网际协议（Transmission Control Protocol/Internet Protocol，TCP/IP 协议），又叫网络通信协议，这个协议是 Internet 国际互联网的基础，它实际上是一个协议族，也就是说其中还含有很多协议，只是 TCP 和 IP 是最为重要的两个协议，故提取出来作为协议族的名称。

网络接口层是 TCP/IP 的最底层，负责接收 IP 数据报并通过网络发送，或者从网络上接收物理帧，抽出 IP 数据报交给 IP 层。网络层和传输层的功能与 OSI/RM 中对应的层相同，不再赘述。

应用层向用户提供一组常用的应用程序，如电子邮件、文件传输访问、远程登录等。

下面对图 6-1-1 中的协议进行说明。

载波侦听多路访问/冲突检测（Carrier Sense Multiple Access/Collision Detect，**CSMA/CD**）：也可称为"**带有冲突检测的载波侦听多路访问**"。CSMA/CD 工作在**网络接口层**，应用最多的就是**以太网**。

TokingRing：即令牌环网 IEEE 802.5 LAN 协议。

网际协议（Internet Protocol，IP）：实际上是一套由软件程序组成的协议软件，它把各种不同的"**帧**"统一转换成"**IP 数据包**"格式，并给 Internet 上的每台计算机和其他设备都规定了一个唯一的地址，叫作"**IP 地址**"。

互联网控制报文协议（Internet Control Message Protocol，ICMP）：用于在 IP 主机和路由器之间传递控制消息；控制消息是指网络通不通、主机是否可达、路由是否可用等网络本身的消息。

Internet 组管理协议（Internet Group Management Protocol，IGMP）：组播协议，用于 IP 主机向任意一个直接相邻的路由器报告它们的组成情况。

地址解析协议（Address Resolution Protocol，ARP）：实现**通过 IP 地址得知其物理地址**。以以太网环境为例，为了正确地向目的主机传送报文，必须把目的主机的 **32 位 IP 地址转换成为 48 位以太网地址**。

反向地址解析协议（Reverse Address Resolution Protocol，RARP）：允许局域网的物理机器从网关服务器的 ARP 表或缓存上请求其 IP 地址。

传输控制协议（Transmission Control Protocol，TCP）：是一种面向连接（连接导向）的、可靠的、**基于字节流**的传输层通信协议；TCP 建立连接之后，通信双方可以同时进行数据传输，TCP 是**全双工**的；在保证可靠性上，采用**超时重传**和**捎带确认**机制。

用户数据报协议（User Datagram Protocol，UDP）：位于**传输层**；提供面向事务的简单**不可靠**信息传送服务的无连接协议。

邮局协议的第 3 个版本（Post Office Protocol 3，POP3）：规定个人计算机如何连接到互联网上的邮件服务器进行**接收邮件**的协议。

文件传输协议（File Transfer Protocol，FTP）：用于 Internet 上的**文件双向传输**。

Telnet：实现远程登录和管理交换机、路由器、计算机的协议。

超文本传输协议（HyperText Transfer Protocol，HTTP）：**客户端浏览器或其他程序与 Web 服务器之间的应用层通信协议**。

简单邮件传输协议（Simple Mail Transfer Protocol，SMTP）：一种提供可靠且有效**电子邮件传输的协议**。

网络文件系统（Network File System，NFS）：允许一个系统在网络上与他人**共享目录和文件**的协议。

动态主机配置协议（Dynamic Host Configuration Protocol，DHCP）：一种用于简化主机 IP 配置管理的 IP 管理标准。通过采用 DHCP 协议，DHCP 服务器为 DHCP 客户端进行动态 IP 地址分配。

简单网络管理协议（Simple Network Management Protocol，SNMP）：应用层上进行网络设备间通信的管理协议，可以进行网络状态监视、网络参数设定、网络流量统计与分析、发现网络故障等。

简单文件传输协议（Trivial File Transfer Protocol，TFTP）：与 FTP 类似，是一个小而**简单的文件传输协议**。

域名系统（Domain Name System，DNS）：把主机域名解析为 IP 地址的系统，解决了 IP 地址难记的问题。DNS 由**解析器**和**域名服务器**组成；域名服务器是指保存该网络中所有主机的域名和对应 IP 地址，并具有将域名转换为 IP 地址功能的服务器；**域名必须对应一个 IP 地址，而 IP 地址不一定有域名**；域名系统采用类似**目录树**的等级结构；将域名映射为 IP 地址的过程就称为"域名解析"；域名解析需要由专门的域名解析服务器来完成，DNS 就是进行域名解析的服务器。

6.1.3　IEEE 802 协议族

IEEE 802 又称为局域网/城域网标准委员会（LAN /MAN Standards Committee，LMSC），致力于研究局域网和城域网的物理层及 MAC 层中定义的服务和协议，对应 OSI 网络参考模型的最低两层（即物理层和数据链路层）。IEEE 802 也指 IEEE 标准中关于局域网和城域网的一系列标准，见表 6-1-2。

表 6-1-2   IEEE 802 关于局域网和城域网的主要标准

标准	网络技术类型	标准	网络技术类型
IEEE 802.3	以太网	IEEE 802.8	光纤技术
IEEE 802.4	令牌总线	IEEE 802.11	无线局域网
IEEE 802.5	令牌环	IEEE 802.13	有线电视
IEEE 802.6	城域网	IEEE 802.14	交互式电视网
IEEE 802.7	宽带技术	IEEE 802.15	无线个人局域网

IEEE 802.3 是以太网的协议。以太网（Ethernet）最早由 Xerox（施乐）公司创建，是 1980 年由 DEC、Intel 和 Xerox 三家公司联合开发的一个标准。以太网是应用最为广泛的局域网，包括标准的以太网（10Mb/s）、快速以太网（100Mb/s）、1000M 以太网和 10G（10Gb/s）以太网。

（1）10M 以太网：10Base5 和 10Base2，采用同轴粗缆介质，是总线型网络；10Base-T 采用**非屏蔽双绞线**，是星型网络；10Base-F 采用**光纤**介质，是星型网络。

（2）100M 以太网：100Base-TX 采用 5 类非屏蔽双绞线或 **1、2 类 STP** 介质；100Base-FX 采用 62.5/125 **多模光纤**介质；100Base-T4 采用 3 类非屏蔽双绞线介质。

（3）1000M 以太网：1000Base-LX 采用**多模光纤或单模光纤**，最大传输距离为 5000m；1000Base-SX 采用**多模光纤**，最长有效距离为 550m（50μm）/275m（62.5μm）；1000Base-T 采用 **5 类 UTP**，最长有效距离为 100m。

非屏蔽双绞线（Unshielded Twisted Paired，UTP）是无金属屏蔽材料，只有一层绝缘胶皮包裹，价格相对便宜，组网灵活，其线路优点是阻燃效果好，不容易引起火灾。

【攻克要塞专家提示】F 表示光纤，T 表示双绞线。

IEEE 802.11 是 IEEE 最初制定的一个无线局域网标准，主要用于解决办公室局域网和校园网中用户与用户终端的无线接入，业务主要限于数据存取，**速率最高只能达到 2Mb/s**。由于 IEEE 802.11 在速率和传输距离上都不能满足人们的需要，因此，IEEE 小组又相继推出了 IEEE 802.11a、IEEE 802.11b、IEEE 802.11g、IEEE 802.n 等标准。

IEEE 802.11a（Wi-Fi 5）标准是得到广泛应用的 IEEE 802.11b 标准的后续标准，它工作在 5GHz U-NII 频带，**物理层速率可达 54Mb/s，传输层可达 25Mb/s**。

IEEE 802.11b 是无线局域网的一个标准。其载波的频率为 2.4GHz，传送速度为 11Mb/s。**IEEE 802.11b** 是所有无线局域网标准中最著名也是普及最广的标准，有时也被称为 Wi-Fi。不过实际上 Wi-Fi 是无线局域网联盟（WLANA）的一个商标。

IEEE 802.11g 兼容 IEEE 802.11a/b，同 IEEE 802.11b 一样，也工作在 2.4GHz 频段；速率可达 54Mb/s。

IEEE 802.11n 传输速率由目前 IEEE 802.11a 及 IEEE 802.11g 提供的 54Mb/s 提高到 300Mb/s，甚至高达 600Mb/s。

IEEE 802.11ac 核心技术基于 IEEE 802.11a，工作在 5.0GHz 频段上以保证向下兼容性，支持速率可达 1Gb/s。

6.1.4　网络存储技术

（1）开放系统的直连式存储（Direct Attached Storage，DAS）：如图 6-1-2 所示，这是一种直接与主机系统相连接的存储设备。

服务器　　　　　存储设备

图 6-1-2　DAS 示意图

（2）网络附属存储（Network Attached Storage，NAS）：如图 6-1-3 所示，NAS 采用独立的服务器，是单独为网络数据存储而开发的一种文件服务器来连接所有的存储设备。数据存储至此不再是服务器的附属设备，而成为网络的一个组成部分。

图 6-1-3　NAS 示意图

（3）存储域网络（Storage Area Network，SAN）：如图 6-1-4 所示，SAN 是一种专用的存储网络，用于将多个系统连接到存储设备和子系统。SAN 可以被看作负责存储传输的后端网络，而前端的数据网络负责正常的 TCP/IP 传输。SAN 可以分为 FC SAN 和 IP SAN。FC SAN 的网络介质为光纤通道，而 IP SAN 使用标准的以太网。

（4）Internet 小型计算机系统接口（Internet Small Computer System Interface，ISCSI）：用 IP 协议将存储设备连接在一起；**通过在 IP 网上传送 SCSI 命令和数据**。

（5）存储虚拟化：将不同存储设备进行格式化，将各种存储资源转化为统一管理的数据存储资源。

（6）绿色存储技术：基于能环保的考虑，设计生产能效更高、功耗更低的存储产品。

图 6-1-4 SAN 示意图

6.1.5 综合布线与机房工程

综合布线主要考虑六大子系统，如图 6-1-5 所示，即**工作区子系统、水平干线子系统、管理间子系统、垂直干线子系统、设备间子系统、建筑群子系统**。

图 6-1-5 综合布线要考虑的六大子系统

6.1.6 IP 地址

所谓 IP 地址，就是给每个连接在 Internet 上的主机分配的一个 32bit 地址。按照 TCP/IP 协议规定，IP 地址用二进制来表示，每个 IP 地址长 **32bit**，将比特换算成字节，就是 4 个字节。例如一个采用二进制形式的 IP 地址是 "00001010000000000000000000000001"，这么长的地址处理起来太麻烦。为了方便人们的使用，IP 地址经常被写成十进制的形式，中间使用符号 "."分开不同的字节。于是，上面的 IP 地址可以表示为 "10.0.0.1"。IP 地址的这种表示法叫作 **"点分十进制表示法"**，这显然比 1 和 0 容易记忆得多。

IP 地址由两部分组成：一部分为**网络地址**，另一部分为**主机地址**。网络号的位数直接决定了**可以分配的网络数**（计算方法为 $2^{网络号位数-2}$）；主机号的位数则决定了网络中**最大的主机数**（计算方法为 $2^{主机号位数-2}$）。

IP 地址分为 A、B、C、D、E 五类。常用的是 B 和 C 两类。

A 类 IP 地址就由 1 字节的网络地址和 3 字节的主机地址组成，网络地址的最高位必须是"0"。A 类 IP 地址中网络的标识长度为 7 位，主机的标识长度为 24 位，A 类网络地址数量较少，可以用于主机数达 1600 多万台的大型网络。A 类 IP 地址的子网掩码为 **255.0.0.0**，每个网络支持的最大主机数为 $256^3-2=16777214$ 台。

B 类 IP 地址就由 2 字节的网络地址和 2 字节的主机地址组成，网络地址的最高位必须是"10"。B 类 IP 地址中网络的标识长度为 14 位，主机的标识长度为 16 位，B 类网络地址适用于中等规模的网络，每个网络所能容纳的计算机数为 6 万多台。B 类 IP 地址的子网掩码为 **255.255.0.0**，每个网络支持的最大主机数为 $256^2-2=65534$ 台。

C 类 IP 地址就由 3 字节的网络地址和 1 字节的主机地址组成，网络地址的最高位必须是"110"。C 类 IP 地址中网络的标识长度为 21 位，主机的标识长度为 8 位，C 类网络地址数量较多，适用于小规模的局域网络。C 类 IP 地址的子网掩码为 **255.255.255.0**，每个网络支持的最大主机数为 $256-2=254$ 台。

IP 地址中的每一个字节都为 0 的地址（0.0.0.0）对应于**当前主机**；IP 地址中的每一个字节都为 1 的 IP 地址（255.255.255.255）是当前子网的**广播地址**。地址中不能以十进制 "127"作为开头，该类地址中数字 127.0.0.1～127.1.1.1 用于**回路测试**。

D 类 IP 地址第一个字节以 "1110"开始，它是一个专门保留的地址，并不指向特定的网络，目前这一类地址被用在多点广播中。多点广播地址用来一次寻址一组计算机，它标识共享同一协议的一组计算机。地址范围为 224.0.0.1～239.255.255.254。

E 类 IP 地址以 "11110"开始，保留用于将来和实验使用。

综上所述，A 类地址以二进制 "0"开头；B 类地址以 "10"开头；C 类地址以 "110"开头；D 类地址以 "1110"开头；E 类地址以 "11110"开头。要判断一个 IP 地址是属于哪一类，要会做二进制和十进制的转换，再根据以上规则判断。

6.1.7　IPv6

IPv6（Internet Protocol Version 6）是 IETF 设计的用于替代现行 IPv4 的新一代 IP 协议。IPv6 的地址长度为 128 位，通常记作 8 组、每组 4 个十六进制数的形式，如 2002:0db8:85a3:08d3:1319:8a2e:0370:7345 是一个合法的 IPv6 地址。IPv6 地址数量为 2^{128}。

IPv6 书写规则如下：

（1）任何一个 16 位组当中，起始的 0 不必写出来；任何一个 16 位组，如果少于 4 个十六进制的数字，就认为其忽略了起始部分的数字 0。

例如：2002:0db8:85a3:08d3:1319:8a2e:0370:7345 的第 2 段、第 4 段和第 7 段包含起始 0。使用简化规则，该地址可以书写为 2002:db8:85a3:8d3:1319:8a2e:370:7345。

【攻克要塞专家提示】只有起始的 0 才能被忽略，末尾的 0 不能被忽略。

（2）任何由全 0 组成的一个或多个 16 位段的单个连续字符串都可以用一个双冒号 "::" 表示。

例如：2002:0:0:0:0:0:0:0001 可以简化为 2002::1。

注意：双冒号只能用一次。

6.1.8 SDN

软件定义网络（Software Defined Network，SDN）是一种网络设计理念或者设计思想。只要是网络硬件可以集中式软件管理、可编程、控制部分和数据转发分开，就可以理解为 SDN 网络。

SDN 的具体网络结构如图 6-1-6 所示。

图 6-1-6 SDN 网络结构

（1）控制平面。该平面包含网络控制应用程序和 SDN 控制器两个部分。SDN 控制器可以看成 SDN 网络的大脑，用于分离网络中的控制平面和数据平面，即告知设备如何转发数据，但不会具体转发这些数据。以 SDN 控制器为逻辑中心，北向接口与网络控制应用程序的 API 进行通信；南向接口与数据平面进行通信；东西向接口则是控制器之间的通信。南向接口基于 OpenFlow 协议，OpenFlow 协议的特点是基于流（Flow）来匹配转发规则。网络控制应用程序用于管理和配置 SDN 网络，支持并提供 WEB、SSH、SNMP、Telnet 等方式。

（2）数据平面。根据控制层面给出的策略，决定所到达的具体数据如何转发和处理。该平面包含各类支持 SDN 的交换机、路由器、防火墙等基础设施。

6.2 信息与网络安全

从外部给系统造成的损害，称为**威胁**；从内部给系统造成的损害，称为**脆弱性**。**系统风险**则是威胁利用脆弱性造成损坏的可能。

如图 6-2-1 所示，蛋的裂缝可以看成"鸡蛋"系统的脆弱性；而苍蝇可以看成威胁；而苍蝇叮有缝的蛋表示威胁利用脆弱性造成了破坏。

图 6-2-1　威胁、脆弱性、系统风险示例

信息系统安全属性有不可抵赖性、完整性、保密性、可用性。

（1）**不可抵赖性**。数据的发送方与接收方都无法对数据传输的事实进行抵赖。

（2）**完整性**。信息只能被得到允许的人修改，并且能够被判别该信息是否已被篡改过。常用的保证完整性的手段有：安全协议、纠错编码、数字签名、密码检验、公证。应用数据完整性机制可以防止数据在途中被攻击者篡改或破坏。

（3）**保密性**。保证信息不泄露给未经授权的进程或实体，只供授权者使用。常用保密技术有最小授权原则、防暴露、信息加密、物理保密。

应用系统运行中涉及的安全和保密层次包括四层,这四个层次按粒度从粗到细的排列顺序是系统级安全、资源访问安全、功能性安全、数据域安全。系统级安全是分析现行安全技术，制定系统级安全策略，具体策略有隔离敏感系统、IP 地址限制、登录时间和会话时间限制、连接数和登录次数的限制、远程访问控制等。资源访问安全对程序资源的访问进行安全控制。功能性安全不是入口级的限制，是程序流程内的限制，会影响程序流程运行。数据域安全包括行级数据域安全和字段级数据域安全。

（4）**可用性**。只有授权者才可以在需要时访问该数据，而非授权者应被拒绝访问数据。

信息系统安全策略是指针对本单位的计算机业务应用信息系统的安全风险（安全威胁）进行有效的识别、评估后，所采取的各种措施、手段，以及建立的各种管理制度、规章等。**安全策略的核心内容就是"七定"**，即定方案、定岗、定位、定员、定目标、定制度、定工作流程。

6.2.1　加密技术

密码技术的基本思想是伪装信息。伪装就是对数据施加一种可逆的数学变换，伪装前的数据称为**明文**，伪装后的数据称为**密文**，伪装的过程称为**加密**，去掉伪装恢复明文的过程称为**解密**。加密过程要在**加密密钥和加密算法**的控制下进行；解密过程要在**解密密钥和解密算法**的控制下进行。

（1）对称加密技术。在对称加密算法中，使用的密钥只有一个，发收信双方都使用这个密钥对数据进行加密和解密，这就要求解密方事先必须知道加密密钥。常用的对称加密算法有 **DES** 和 **IDEA** 等。

DES 使用一个 56 位的密钥以及附加的 8 位奇偶校验位产生最大 64 位的分组大小。这是一个迭代的分组密码，使用称为 Feistel 的技术，其中将加密的文本块分成两半。使用子密钥对其中一半应用循环功能，然后将输出与另一半进行异或运算；接着交换这两部分，这一过程会继续下去，但最后一个循环不交换。DES 使用 16 个循环，使用异或、置换、代换、移位操作四种基本运算。

DES 的常见变体是三重 DES，是使用 168 位的密钥对数据进行三次加密的一种机制，通常（但非始终）提供极其强大的安全性。如果三个 56 位的子元素都相同，则三重 DES 向后兼容 DES。

类似于 DES，IDEA 算法也是一种数据块加密算法，它设计了一系列加密轮次，每轮加密都使用从完整的加密密钥中生成的一个子密钥。与 DES 的不同之处在于，IDEA 采用软件实现和采用硬件实现同样快速。IDEA 的密钥为 128 位。

（2）不对称加密算法。不对称加密算法使用两把完全不同但又完全匹配的一对钥匙——公钥和私钥。在使用不对称加密算法加密文件时，只有使用匹配的一对公钥和私钥才能完成对明文的加密和对密文的解密过程。加密明文时采用公钥加密，解密密文时使用私钥才能完成，而且发信方（加密者）知道收信方的公钥，只有收信方（解密者）才是唯一知道自己私钥的人。广泛应用的不对称加密算法有 **RSA** 和 **DSA**。

RSA 算法是第一个能同时用于加密和数字签名的算法，也易于理解和操作。RSA 的安全性依赖于**大数的因子分解**，即两个素数相乘十分容易，但要对乘积结果进行因式分解却极难。

DSA 是基于**整数有限域离散对数难题**的，其安全性与 RSA 相比差不多。DSA 的一个重要特点是两个素数公开。这样，当使用他人的 p 和 q 时，即使不知道私钥，你也能确认它们是随机产生的还是做了手脚的，RSA 算法却做不到。

（3）不可逆加密算法（报文摘要算法）。报文摘要算法（Message Digest Algorithms）使用特定算法对明文进行摘要，生成固定长度的密文。这种密文是无法被解密的，也不可逆，只有重新输入明文，并再次经过同样不可逆的报文摘要算法处理，才能得到相同的加密密文。

这类算法的"摘要"数据与原始数据一一对应，只要原始数据稍有改动，"摘要"的结果就不同。因此，这种方式可以验证原文是否被修改。

消息摘要算法采用"单向函数"，即只能从输入数据得到输出数据，无法从输出数据得到输入数据。常见报文摘要算法有 SHA1、MD5 等。

6.2.2　数字签名

数字签名（又称**公钥数字签名**、**电子签章**）就是附加在数据单元上的一些数据，或是对数据单元所作的密码变换。这种数据或变换允许数据单元的接收者用以确认数据单元的来源和数据单元的完整性并保护数据，防止被人（例如接收者）伪造。它是对电子形式的消息进行签名的一种方法，一个签名消息能在一个通信网络中传输。基于公钥密码体制和私钥密码体制都可以获得数字签名，目前主要使用的是基于公钥密码体制的数字签名。

数字签名技术是**不对称加密算法**的典型应用。数字签名的应用过程是，数据源发送方使用自己的私钥对数据校验和或其他与数据内容有关的变量进行加密处理，完成对数据的合法"签名"，数据接收方则利用对方的公钥来解读收到的"数字签名"，并将解读结果用于对数据完整性的检验，以确认签名的合法性。

6.2.3 数字信封

数字信封是**公钥密码体制**在实际中的一个应用，用加密技术来保证只有规定的特定收信人才能阅读通信的内容。

在数字信封中，信息发送方采用**对称密钥**来加密信息内容，然后将此对称**密钥**用接收方的公开密钥来加密（这部分称数字信封）之后，将它和加密后的信息一起发送给接收方，接收方先用相应的私有密钥打开数字信封，得到对称密钥，然后使用对称密钥解开加密信息。

6.2.4 PKI/CA 与 PMI

公钥基础设施（Public Key Infrastructure，PKI）从技术上解决了网络通信安全的种种障碍。**数字证书认证中心**（Certificate Authority，CA）从运营、管理、规范、法律、人员等多个角度解决了网络信任问题，人们统称为 PKI/CA。从总体构架来看，PKI/CA 主要由**最终用户、认证中心和注册机构**组成。

PKI/CA 的工作原理就是通过发放和维护**数字证书**来建立一套信任网络，在同一信任网络中的用户通过申请到的数字证书来完成身份认证和安全处理。

数字证书是由认证中心经过数字签名后，发给网上交易主体（企业或个人）的一段电子文档。在这段文档中包括主体名称、证书序号、发证机构名称、证书有效期、密码算法标识、公钥信息和其他信息等。利用数字证书，配合相应的安全代理软件，可以在网上交易过程中检验对方的身份真伪，实现交易双方的相互信任，并保证交易信息的真实性、完整性、私密性和不可否认性。

权限管理基础设施（Privilege Management Infrastructure，PMI）又称为授权管理基础设施。PMI以资源管理为核心由资源所有者对资源的访问进行控制管理，即判断用户"有什么权限，能做什么"。

6.2.5 访问控制

（1）自主访问控制（Discretionary Access Control，DAC）是根据自主访问控制策略建立的一种模型，针对主体的访问控制技术，对每个用户给出访问资源的权限，如该用户能够访问哪些资源。

允许合法用户以用户或用户组的身份访问策略规定的客体，同时阻止非授权用户访问客体，某些用户还可以自主地把自己所拥有的客体的访问权限授予其他用户。DAC 模型一般采用访问控制矩阵**和基于主体的访问控制列表**来存放不同主体的访问控制信息，从而达到对主体访问权限的限制目的。

（2）访问控制列表（Access Control List，ACL）是目前应用最多的方式，是针对客体的访问控制技术，对每个目标资源拥有访问者列表，如该资源允许哪些用户访问。允许合法用户以用户或用户组的身份访问策略规定的客体，同时阻止其他非授权用户的访问。ACL 模型一般采用**访问控制矩阵和基于客体的访问控制列表**来存放不同主体的访问控制信息，从而达到对主体访问权限的限制目的。

（3）强制访问控制（Mandatory Access Control，MAC）模型是一种多级访问控制策略，它的主要特点是系统对访问主体和受控对象实行强制访问控制，系统事先给访问主体和受控对象分配不同的安全级别属性（如客体安全属性可定义为公开、限制、秘密、机密、绝密等），在实施访问控制时，系统先对访问主体和受控对象的安全级别属性进行比较，再决定访问主体能否访问该受控对象。主体安全级别低于客体信息资源的安全级别时限制其操作，主体安全级别高于客体安全级别时可以允许其操作。

（4）基于角色的访问控制（Role-Based Access Control Model，RBAC）模型的基本思想是将访问许可权分配给一定的**角色**，用户通过饰演不同的角色获得角色所拥有的访问许可权。

6.2.6　各种安全等级划分

（1）系统可靠性和保密性等级。根据系统处理数据的重要性，**系统可靠性分 A 级、B 级、C 级**。其中可靠性要求最高的是 A 级，最低的是 C 级。系统保密等级分为**绝密、机密、秘密**三级。

（2）机房等级划分。按《电子信息系统机房设计规范》（GB 50174—2008），电子信息系统机房应划分为 A、B、C 三级。设计时应根据机房的使用性质、管理要求及其在经济和社会中的重要性确定所属级别。

6.2.7　安全管理与制度

（1）日常安全管理。常考的日常管理手段如下：

● 企业加强应用系统管理工作，至少每年组织一次系统运行检查工作，而部门则需要按季度检查一次。检查方式：普查、抽查、专项检查。

● 分配用户权限应该遵循**"最小特权"**原则，避免滥用。

● 系统维护、数据转储、擦除、卸载硬盘、卸载磁带等必须有安全人员在场。

（2）系统运行安全管理制度。系统运行安全管理制度能确保系统按照预定目标运行，并充分发挥效益的必要条件、运行机制、保障措施。为保证系统安全，可行的用户管理办法有：

● 建立用户身份识别与验证机制，拒绝非法用户。

● 设定严格的权限管理，遵循"最小特权"原则。

● 用户密码应严格保密，并定时更新。

● 重要密码交专人保管，并且相关人员调离需修改密码。

6.2.8　信息安全等级保护管理办法

数据分类分级保护制度是根据数据在经济社会发展中的重要程度以及一旦遭到篡改、破坏、泄露或者非法获取、非法利用，对国家安全、公共利益或者个人、组织合法权益造成的危害程度，进行不同级别的数据保护。信息系统的安全保护等级由两个定级要素决定：等级保护对象受到破坏时所侵害的客体和对客体造成侵害的程度。《信息安全等级保护管理办法》（公通字〔2007〕43 号文）是为规范信息安全等级保护管理，提高信息安全保障能力和水平，维护国家安全、社会稳定和公共利益，保障和促进信息化建设，根据《中华人民共和国计算机信息系统安全保护条例》等有关法律法规而制定的办法。由四部委下发。

该办法重要条款如下：

第七条　信息系统的安全保护等级分为以下五级：

第一级，信息系统受到破坏后，会对公民、法人和其他组织的合法权益造成损害，但不损害国家安全、社会秩序和公共利益。

第二级，信息系统受到破坏后，会对公民、法人和其他组织的合法权益产生严重损害，或者对社会秩序和公共利益造成损害，但不损害国家安全。

第三级，信息系统受到破坏后，会对社会秩序和公共利益造成严重损害，或者对国家安全造成损害。

第四级，信息系统受到破坏后，会对社会秩序和公共利益造成特别严重损害，或者对国家安全造成严重损害。

第五级，信息系统受到破坏后，会对国家安全造成特别严重损害。

第十二条　在信息系统建设过程中，运营、使用单位应当按照《计算机信息系统安全保护等级划分准则》（GB 17859—1999）、《信息系统安全等级保护基本要求》等技术标准，参照《信息安全技术　信息系统通用安全技术要求》（GB/T 20271—2006）、《信息安全技术　网络基础安全技术要求》（GB/T 20270—2006）、《信息安全技术　操作系统安全技术要求》（GB/T 20272—2006）、《信息安全技术　数据库管理系统安全技术要求》（GB/T 20273—2006）、《信息安全技术　服务器技术要求》《信息安全技术　终端计算机系统安全等级技术要求》（GA/T 671—2006）等技术标准同步建设符合该等级要求的信息安全设施。

注：由于《计算机信息系统安全保护等级划分准则》（GB 17859—1999）常常会考查，建议下载整本该准则进行复习。

6.2.9　网络安全设备与技术

（1）防火墙（Firewall）：是网络关联的重要设备，用于控制网络之间的通信。外部网络用户的访问必须先经过安全策略过滤，而内部网络用户对外部网络的访问则无须过滤；防火墙对预先定义好的策略中涉及的网络访问行为可实施有效管理，而对于策略之外的网络访问行为则无法控制。现在的防火墙还具有隔离网络、提供代理服务、流量控制等功能。

（2）入侵检测（Intrusion Detection System，IDS）是从系统运行过程中和监管网络中产生或发现的各类威胁系统与网络安全的因素，并可增加威胁处理模块。一般认为 **IDS 是被动防护**。

（3）入侵防护（Intrusion Prevention System，IPS）是一种可识别潜在的威胁并迅速地做出应对的网络安全防范办法。一般认为 **IPS 是主动防护**。

（4）虚拟专用网络（Virtual Private Network，VPN）是在公用网络上建立专用网络的技术。由于整个 VPN 网络中的任意两个节点之间的连接并没有传统专网所需的端到端的物理链路，而是架构在公用网络服务商所提供的网络平台，所以称之为虚拟网。

（5）Web 应用防护系统（Web Application Firewall，WAF）。通过执行一系列针对 HTTP/HTTPS 的安全策略来专门为 Web 应用提供保护的一款产品。Web 防护通常包括 Web 访问控制、单点登录、网页防篡改、Web 内容安全管理等技术。

（6）网页防篡改：用于保护网站，防止网站网页被篡改。网页防篡改的实现技术主要有：外挂轮询技术、核心内嵌技术、事件触发技术等。

（7）单点登录（SSO）：多系统的统一身份认证，即"一点登录、多点访问"。

（8）Web 内容安全管理：包括电子邮件过滤、网页过滤、反间谍软件等技术。

（9）用户和实体行为分析（User and Entity Behavior Analytics，UEBA）：通过用户画像、异常检测，利用基本分析方法（阈值、统计、模式匹配、签名规则等）和高级分析方法（机器学习等），分析评估实体（用户、主机、网络、数据库等），发现与实体的异常活动相关的事件。UEBA 系统架构通常分为数据获取层、算法分析层、场景应用层。

（10）网络安全态势感知（Network Security Situation Awareness）：在大规模网络环境中，对能够引起网络态势发生变化的安全要素进行获取、理解、显示并据此预测未来的网络安全发展趋势。态势感知从时间概念上可以被理解为：之前发生了什么，现在应该做什么，接下来会发生什么。网络安全态势感知是指基于安全大数据，经过数据整合、提取特征等，再利用评估算法生成网络整体态势状况。

6.2.10　常见的网络安全威胁

（1）高级持续性威胁（Advanced Persistent Threat，APT）：利用先进的攻击手段和社会工程学方法，对特定目标进行长期持续性网络渗透和攻击。

（2）网络监听：一种监视网络状态、数据流以及网络上信息传输的技术。黑客可以通过侦听，发现有兴趣的信息，比如用户名、密码等。

（3）口令破解：在不知道密钥的情况下，恢复出密文中隐藏的明文信息的过程。

（4）拒绝服务（Denial of Service，DoS）：利用大量合法的请求占用大量网络资源，以达到瘫痪网络的目的。

（5）分布式拒绝服务攻击（Distributed Denial of Service，DDoS）：很多 DoS 攻击源联合攻击某台服务器就形成了 DDoS 攻击。

（6）僵尸网络（Botnet）：是指采用一种或多种手段（主动攻击漏洞、邮件病毒、即时通信软件、恶意网站脚本、特洛伊木马）使大量主机感染 bot 程序（僵尸程序），从而在控制者和被感染主机之间形成的可以一对多控制的网络。

（7）网络钓鱼（Phishing）：通过大量发送声称来自于银行或其他知名机构的欺骗性垃圾邮件，引诱收信人给出敏感信息（如用户名、口令、信用卡详细信息等）的攻击方式。

（8）社会工程学：利用社会科学（心理学、语言学、欺诈学）并结合常识，将其有效地利用（如人性的弱点），最终获取机密信息的学科。

6.2.11　信息系统安全体系

ISO 7498-2—1989《信息处理系统 开放系统互连 基本参考模型 第 2 部分：安全体系结构》描述了开放系统互连（OSI）的基本参考模型。图 6-2-2 给出了开放系统互连安全体系结构示意图。

图 6-2-2　开放系统互连安全体系结构示意图

ISO 的开放系统互连安全体系结构包含了安全机制、安全服务、OSI 参考模型，并明确了三者之间的逻辑关系。

- 安全机制：保护系统免受攻击、侦听、破坏及恢复系统的机制。
- 安全服务：加强数据处理系统和信息传输的安全性服务，利用一种或多种安全机制阻止安全攻击。
- OSI 参考模型：开放系统互连参考模型，即常见的七层协议体系结构。

信息系统安全包含物理安全、运行安全、数据安全。物理安全又分为环境安全（主要为机房安全和供电安全）、设备安全、记录介质安全。

（1）机房安全。

- 机房场地选择：包含基本要求、防火、防污染、防地震、防电磁、防雷、防潮等。
- 机房空调与防水：保持完备的空调系统。
- 机房防静电：接地与屏蔽、服装防静电、温湿度防静电、地板防静电、材料防静电、使用静电消除仪。
- 机房接地与防雷：包含设置信号接地、直流接地、保证去耦、滤波；良好的避雷设施；各类接地使用低阻抗的良好导体。

（2）机房供电安全。具体见表 6-2-1。

表 6-2-1　供电安全

分类	特点
分开供电	计算机系统供电与其他供电分开，配备应急照明
紧急供电	配置设备，提供紧急供电。如基本 UPS、改进的 UPS、多级 UPS 和应急电源（发电机组）等
备用供电	备用的供电系统，停电时能完成系统必要保存
稳压供电	线路稳压器，防止电压波动
电源保护	电源保护装置，如金属氧化物可变电阻、二极管、气体放电管、滤波器、电压调整变压器和浪涌滤波器等，防止/减少电源发生故障
不间断供电	不间断供电电源，防止电压波动、电器干扰和断电等对计算机系统的不良影响
电器噪声防护	减少机房中电器噪声干扰

（3）设施安全。

1）设备的防盗、防毁。

- 计算机系统的设备和部件应有明显的无法擦去的标记。
- 计算机中心设备防盗。
- 机房外设备防盗。

2）设备安全可用。提供必要容错能力和故障恢复能力。

6.2.12　安全审计

安全审计属于信息安全保障系统的重要组成，包含两个方面的内容：

（1）利用网络监控和防入侵系统或设备，识别网络中的各类违规操作与攻击行为，并进行响应、阻断。

（2）审计信息内容和业务流程，防止内部的机密或者敏感信息被非法泄露。

6.3　课堂巩固练习题

1. 数据链路层的数据单位是___（1）___。网络层处理与寻址和传输有关的管理问题，提供点对点的连接，数据单位是___（2）___。

（1）（2）A. 比特　　　　B. 帧　　　　　C. 分组　　　　D. 报文

【攻克要塞软考团队讲评】物理层的数据单位是比特，传输方式一般为串行。数据链路层的数据单位是帧。网络层处理与寻址和传输有关的管理问题，提供点对点的连接，数据单位是分组。传输层的数据单位是报文，建立、维护和撤销传输连接（端对端的连接），并进行流量控制和差错控制。

参考答案：（1）B　　（2）C

2. 关于 TCP 和 UDP 的说法，___（3）___是错误的。

（3）A. TCP 和 UDP 都是传输层的协议

　　　B. TCP 是面向连接的传输协议

　　　C. UDP 是可靠的传输协议

　　　D. TCP 和 UDP 都是以 IP 协议为基础的协议

【攻克要塞软考团队讲评】TCP 是一种面向连接（连接导向）的、可靠的、基于字节流的传输层通信协议；TCP 建立连接之后，通信双方可以同时进行数据的传输，TCP 是全双工的；在保证可靠性上，采用超时重传和捎带确认机制。UDP 位于传输层；提供面向事务的简单不可靠信息传送服务；是一个无连接协议，传输数据之前，源端和终端不建立连接；在网络质量令人不十分满意的环境下，UDP 协议数据包丢失会比较严重，但是具有资源消耗小、处理速度快的优点，比如我们聊天用的 ICQ 和 QQ 使用的就是 UDP 协议。

参考答案：（3）C

3. 以下 IP 地址中为 C 类地址的是___（4）___。

（4）A. 123.213.12.23　　　　　　　　B. 213.123.23.12

　　　C. 23.123.213.23　　　　　　　　D. 132.123.32.12

【攻克要塞软考团队讲评】C 类 IP 地址范围为 192.0.1.1～223.255.254.254，故选 B 选项。C 类地址以"110"开头，也可将 4 个选项中的第 1 个十进制数转化为二进制数，再进行判断。比如 B 选项，十进制 213 转化为二进制为"11010101"，故为 C 类地址。

参考答案：（4）B

4. PKI/CA 主要由最终用户、___（5）___和注册机构来组成。PKI/CA 的工作原理就是通过发放和维护___（6）___来建立一套信任网络，在同一信任网络中的用户通过申请到的数字证书来完成身份认证和安全处理。

（5）A. 认证中心　　B. 消费者　　　C. 生产者　　　D. 网络中心

（6）A．加密密钥　　　　B．解密密钥　　　　C．数字信封　　　　D．数字证书

【攻克要塞软考团队讲评】PKI/CA 中的 CA 指的就是认证中心，是 PKI/CA 的重要组成部分。PKI/CA 靠发放数字证书来建立起信任网络。

参考答案：（5）A　　（6）D

第 7 学时　信息系统治理

本学时要学习的主要知识点如图 7-0-1 所示。

图 7-0-1　知识图谱

7.1　IT 治理概念

IT 治理就是要明确 IT 决策权归属和 IT 责任承担的机制，促使得到 IT 应用期望的行为，连接战略目标、业务目标和 IT 目标，从而使单位、企业从 IT 中获得最大的价值。

组织进行 IT 治理的驱动因素有：IT 治理可以保证 IT 投资的有效性；可以挖掘更大的 IT 价值，可带来更大的发展和更多业务；IT 设施已经成了组织的基础设施，能让组织感受到 IT 价值；能促进业务融合；可以深入到 IT 每项管理，更能明确责权利；提升组织的竞争力。

IT 治理的核心：确定 IT 定位及信息化建设中的责权利；风险规避。

IT 治理主要目标：保证与业务目标一致、有效利用信息资源、更加重视风险管理。

IT 治理的管理层：IT 治理的管理层可以分为最高管理层、执行管理层、业务与服务执行层。

7.1.1　IT 治理体系

IT 治理体系的具体构成如图 7-1-1 所示。

图 7-1-1　IT 治理体系结构

7.1.2　IT 治理活动

IT 治理活动包含全局统筹、价值导向、机制保障、创新发展、文化助推等。

7.1.3　IT 治理方法与标准

1. GB/T 34960

《信息技术服务　治理》（GB/T 34960）分为 5 个部分，分别为：通用要求、实施指南、绩效评价、审计导则、数据治理规范。GB/T 34960.1 规定了信息技术治理（IT 治理）的模型和框架、实施 IT 治理的原则，以及开展信息技术顶层设计、管理体系和资源的治理要求。GB/T 34960.2 规定了 IT 治理通用要求的实施指南，分析了实施 IT 治理的环境因素，规定了 IT 治理的实施框架、实施环境和实施过程，并明确顶层设计治理、管理体系治理和资源治理的实施要求。

该标准定义的 IT 治理框架如图 7-1-2 所示，其中包含信息技术顶层设计、管理体系和资源三大治理域。

图 7-1-2　IT 治理模型

2. COBIT

信息及相关技术的控制目标（Control Objectives for Information and related Technology，COBIT）是一个 IT 控制框架，可以辅助管理层进行 IT 治理，指导组织有效利用信息资源，评估组织中的流程绩效，有效地管理与信息相关的风险。

3. ISO/IEC 38500

ISO/IEC 38500 提供了一个 IT 治理的框架，提供了使用 IT 技术的原则。该标准中治理 IT 的任务有评估、指导和监督。

7.2 IT 审计

《信息技术服务 治理 第 4 部分：审计导则》（GB/T 34690.4）指出 IT 审计是根据 IT 审计标准的要求，对信息系统及相关的 IT 内部控制和流程进行检查、评价，并发表审计意见。

1. IT 审计目的

IT 审计的目的是通过 IT 审计活动，了解组织总体的 IT 系统与活动情况，审查组织 IT 目标的完成情况，评估识别 IT 风险并提出改进意见和建议，促成组织实现 IT 目标。

组织的 IT 审计目标主要包括：保护信息资产安全及数据完整、有效；提高信息系统的安全性、可靠性及有效性；组织的 IT 战略应与业务战略保持一致；保证信息系统及其运用符合有关法律、法规及标准等的要求。

2. IT 审计范围

IT 审计总体范围由审计目的、审计成本来定。IT 审计范围涉及组织范围（组织机构、活动、流程、人员等）、物理范围（地点、边界）、逻辑范围（信息系统边界）等。

3. IT 审计风险

IT 审计的风险分类参见表 7-2-1。

表 7-2-1　IT 审计风险

IT 审计风险种类	风险定义
固有风险	没有控制的 IT 活动，出现重大错误的风险
控制风险	IT 活动在施加内部控制后，不能预防、检查出重大错误的风险
检查风险	实施审计后，也未能发现错误的风险
总体审计风险	针对单个控制目标，产生的各类审计风险总和

4. IT 审计方法与技术

常用的 IT 审计方法有观察、访谈、调查、检查、程序代码检查、测试等。常用的 IT 审计技术有风险评估（识别风险、风险分析、风险评价、风险应对）、审计抽样、计算机辅助审计、大数据审计。

IT 审计证据是指审计机构，针对审计对象形成审计结论的证明材料。IT 审计证据应具备充分性、客观性、相关性、可靠性、合法性。审计工作底稿是指审计过程中形成的审计工作记录和获取的资料。

5. 审计流程

审计流程是指审计过程中采取的行动和步骤。审计流程可以分为审计准备、审计实施、审计终结、后续审计等阶段。

6. 审计内容

IT 审计可以分为 IT 内部控制审计和 IT 专项审计。IT 内部控制审计包含组织层面 IT 控制审计、IT 一般控制审计、应用控制审计。IT 专项审计包含生命周期审计、开发过程审计、运行维护审计、网络与信息安全审计、项目审计、数据审计。

第2天
打好基础，深入考纲

通过第 1 天的学习，考生应当对考试的知识点和方法有了整体的了解，而且应当也已经找出自己的弱点在哪里了；然后还学习了信息化知识、信息系统服务管理及系统集成专业技术知识。那么第 2 天将进入项目管理知识领域的学习。

第 2 天主要学习的知识点包括项目管理一般知识、项目立项与招投标管理、项目整合管理、项目范围管理、项目成本管理。考生应当掌握这些基础知识点，并学会分析解题，在项目成本管理领域中还会涉及一些计算题。

第 8 学时　项目管理一般知识

本学时中学习项目管理一般知识，是所有项目管理知识的总起，因此要理解一些最为基本的术语，如项目、项目管理等；还要初步地了解 PMBOK。本学时要学习的主要知识点如图 8-0-1 所示。

图 8-0-1　知识图谱

8.1　项目的定义

作为项目经理、程序员或是美工、工程师，总会不断地从事项目的研发，比如一个人事管理系统、一栋大楼的建设等，那么到底什么样的情况才叫一个项目呢？可能很多人都没想清，下面一起来体会一下。

项目是为达到特定的目的，使用一定资源，在确定的期间内为特定发起人提供独特的产品、服务或成果而进行的一次性努力。项目管理则是要把各种知识、技能、手段和技术应用于项目活动之中，以达到项目的要求。

从项目的定义可以看出，无论是工作、过程还是努力，都包含以下三层含义：

（1）项目是一项**有待努力完成的任务，有特定的环境与要求**。

（2）项目任务是**有限**的，它要满足一定的**性能、功能、质量、数量、技术指标等**要求。

（3）项目是在一定的组织机构内，利用**有限的人、财、物等资源**，在**规定的时间内完成**的任务。

由项目的定义可以看出，项目可以是建造一栋大楼、修建一条大道、开发一种产品，也可以是某项课题的研究、某种流程的设计、某类软件的开发，还可以是某个组织的建立、某类活动的举办、某项服务的实施等。项目是建立一个新企业、新组织、新产品、新工程、新流程，或规划实施一项新活动、新系统、新服务的总称。项目的外延是广泛的，大到我国的南水北调工程建设，小到组织一次聚会。所以有人说："一切都是项目，一切也将成为项目"。

项目目标的描述通常包含在**项目建议书**中。项目的目标特性有：①项目的目标有不同的优先级；②项目的目标具有层次性；③项目具有**多目标性**；④项目的目标常体现为**成果性目标、约束性目标**。

清晰的项目目标最可能提供判断项目成功与否的标准，最可能降低项目风险。成本、进度、质量、技术的要求都可以成为项目的目标。而上述要求的量化就是项目的具体目标。

项目目标分为成果性目标和约束性目标。成果性目标（项目目标）指通过项目开发出的满足客户要求的产品、系统、服务或成果；约束性目标（管理性目标）包括时间、费用等。

项目目标需遵循 SMART 原则，即：S（Specific）——目标明确；M（Measurable）——目标可度量；A（Attainable）——目标可实现；R（Relevant）——目标与工作相关；T（Time-based）——有时间限制。

项目具有以下特点：①**临时性**，即有明确的开始时间和结束时间；②**独特性**，即世上没有两个完全相同的项目；③**渐进明细性**，即前期只能粗略定义，然后逐渐明朗、完善和精确，这也就意味着变更不可避免，所以要控制变更。

信息系统集成项目的产品是满足需求、支持用户业务的信息系统。信息系统集成项目建设的指导方法为"总体规划、分布实施"。

项目管理是指在项目活动中综合运用知识、技能、工具、技术按照一定时间、质量、成本等要求实现项目目标的系列行为。

项目管理原则用于指导项目参与者的行为，让相关组织、个人在项目执行过程中保持一致性。主要的项目管理原则参见表 8-1-1。

表 8-1-1　项目管理 12 项原则

原则	关注的关键点
尊重和关心他人	关注组织内外部职责；坚持诚信、关心、可信、合规原则；秉持整体观，综合考虑财务、社会、技术和可持续发展等因素
营造协作的项目团队环境	项目是由项目团队交付的；项目团队在组织文化和准则范围内开展工作，通常会建立自己的本地文化；协作的项目团队环境有助于与其他组织文化和指南保持一致；个人和团队的学习和发展；为交付期望成果做出最佳贡献
促进干系人有效参与	干系人会影响项目、绩效和成果；项目团队通过与干系人互动来为干系人服务；干系人的参与可主动地推进价值交付。
聚焦于价值	价值是项目成功的最终指标；价值可以在整个项目进行期间、项目结束或完成后实现；价值可以从定性和/定量的角度进行定义和衡量；以成果为导向可帮助项目团队获得预期收益,从而创造价值；评估项目进展并做出调整,使期望的价值最大化
识别、评估和响应系统交互	项目是由多个相互依赖且相互作用的活动域组成的一个系统,需要从系统角度进行思考,整体了解项目的各个部分如何相互作用,以及如何与外部系统进行交互；系统不断变化,需要始终关注内外部环境；对系统交互作出响应,可以使项目团队充分利用积极的成果
展现领导力行为	有效的领导力有助于项目成功,并有助于取得积极的成果；任何项目团队成员都可以表现出领导力行为；领导力与职权不同；有效的领导者会根据情境调整自己的风格；有效的领导者会认识到项目团队成员之间动机的差异性；领导者应该在诚实、正直和道德行为规范方面展现出期望的行为
根据环境进行裁剪	每个项目都具有独特性；项目成功取决于适合项目的独特环境和方法；裁剪应该在整个项目进展过程中持续进行
将质量融入到过程和成果中	项目成果的质量要求是达到干系人期望并满足项目和产品需求；质量通过成果的验收标准来衡量；项目过程的质量要求是确保项目过程尽可能适当有效
驾驭复杂性	复杂性是由人类行为、系统交互、不确定性和模糊性造成的；复杂性可能在项目生命周期的任何时间出现；影响价值、范围、沟通、干系人、风险和技术创新的因素都可能造成复杂性；在识别复杂性时,项目团队需要保持警惕,应用各种方法来降低复杂性的数量及其对项目的影响
优化风险应对	单个和整体的风险都会对项目造成影响；风险可能是积极的（机会）,也可能是消极的（威胁）；项目团队需要在整个项目生命周期中不断应对风险；组织的风险态度、偏好和临界值会影响风险的应对方式；项目团队持续反复地识别风险并积极应对,关注要点包括明确风险的重要性、考虑成本效益、切合项目实际、与干系人达成共识、明确风险责任人
拥抱适应性和韧性	适应性是应对不断变化的能力；韧性是接受冲击的能力和从挫折或失败中快速恢复的能力；聚焦于成果而非某项输出有助于增强适应性
为实现目标而驱动变革	采用结构化变革方法,帮助个人、群体和组织从当前状态过渡到未来的期望状态；变革源于内部和外部的影响；变革具有挑战性,并非所有干系人都接受变革；在短时间内尝试过多的变革会导致变革疲劳,使变革易受抵制；干系人参与、激励,有助于变革顺利进行

8.2　项目经理与项目团队

1．项目经理

项目经理是由组织委派，带领项目团队完成项目的个人。

项目经理要担当**领导者**和**管理者**的双重角色。领导者要解决的是本组织发展中的根本性问题，同时还要对组织的未来进行一定程度的预见。总地来说，其工作要具有概括性、创新性、前瞻性，给成员指明方向，并让大家朝着共同的方向努力。管理者要做的是具体化的东西，需要在已有规划指导下做好细化工作，为组织日常工作做出贡献，管理者要研究的不是变革，而是如何维持目前的良好状态并使之保持稳定，将已出现的问题很好地解决。

从项目经理承担的角色来看，需要项目经理有广博的知识，不仅仅是 IT 技术领域知识，还有客户的业务领域知识、项目管理知识等；要有丰富的经验和经历；具有良好的沟通与协调能力；具有良好的职业道德；具有一定的领导和管理能力。项目经理不需要精通技术。

项目经理的关键技能包括项目管理技能、战略和商务管理技能、领导力。

项目管理技能是指能有效运用项目管理知识，达成项目预期的能力。战略和商务管理技能包含了解组织的能力，协商能力，落实战略决策的能力，这要求项目经理掌握财务、市场、运营等知识。领导力是指在管辖范围内充分利用人力和客观条件，以较小成本提高项目团队效率的能力。

"领导力"和"管理"是不同的，具体区别如表 8-2-1 所示。

表 8-2-1　"领导力"和"管理"的区别

管理	领导力
指挥执行一系列已知的预期行为从一个位置到另一个位置	通过讨论或辩论方式与他人合作，带领人们前进
直接利用职位权力	利用关系的力量进行指导、影响与合作
维护	建设
管理	创新
关注系统和架构	关注人际关系
依赖控制	激发信任
关注近期目标	关注长期愿景
了解方式和时间	了解情况和原因
接受现状	挑战现状
正确地做事	做正确的事
关注可操作的问题和问题解决	关注愿景、一致性、动力和激励

2．项目团队

项目团队是执行项目工作、各司其职、实现项目目标的一组人员。

3．项目管理团队

项目管理团队是核心团队，直接领导和参与项目管理。

8.3 项目干系人

项目干系人包括项目当事人，以及其利益受该项目影响的（受益或受损）个人和组织，又可称为项目的**利害关系者**。对所有项目而言，主要的项目干系人包括：

（1）**项目经理**：负责管理项目的个人。

（2）**用户**：使用项目成果的个人或组织。

（3）**项目执行组织**：项目组成员，直接实施项目的各项工作，包括可能影响他们工作投入的其他社会人员。

（4）**项目发起者**：执行组织内部或外部的个人或团体，他们以现金和实物的形式为项目提供资金资源。

（5）职能经理：为项目经理提供专业技术支持，为项目提供资源保障。

（6）项目管理办公室（Project Management Office，PMO）：PMO 负责组织中的项目治理的标准化过程，是一个共享资源、工具与技术、方法论的部门。而项目治理是覆盖项目生命周期的、符合组织模式的项目监管。项目治理为确保项目，尤其是大型、复杂项目的成功提供了一整套方法、工具、结构、流程。如设立该办公室，则直接或间接对项目结果负责。PMO 监控项目、大型项目或各类项目组合的管理。PMO 分为如下三种：

- 支持型：PMO 充当顾问角色，可提供模板、培训、经验支持。
- 控制型：提供项目支持，并要求项目服从其管理策略。
- 指令型：直接管理、控制项目。

支持型 PMO 的项目控制度较低，控制型 PMO 的项目控制度比较适中，指令型 PMO 的项目控制度较高。

（7）影响者：不直接购买项目产品的个人和团队，但可能会影响项目进程。

管理项目干系人的各种期望有时比较困难。这是因为各个项目干系人常有不同的目标，这些目标可能会发生冲突。例如，对于一个需求新管理信息系统的部门，部门领导可能要求低成本，而系统设计者则可能强调技术最好，而编制程序的承包商最感兴趣的是获得最大利润。

项目一开始，各项目干系人就以各自不同的方式不断地给项目组施加压力或侧面影响，企图项目向有利于自己的方向发展。由于项目干系人之间的利益往往相互矛盾，项目经理又不可能面面俱到，所以项目管理中最重要的就是平衡，平衡各方的利益关系，尽可能消除项目干系人对项目的不利影响。

8.4 十大知识领域

项目管理知识体系（Project Management Body Of Knowledge，PMBOK）把项目管理归纳为十大知识领域，如图 8-4-1 所示。

（1）**项目范围管理**。为了实现项目的目标，对项目的工作内容进行控制的管理过程。它包括范围的界定、范围的规划、范围的调整等。

图 8-4-1 项目管理的十大知识领域

（2）**项目时间管理，也叫项目进度管理**。为了确保项目最终按时完成的一系列管理过程。它包括具体活动界定、排列活动顺序、时间估计、进度安排、时间控制等工作。

（3）**项目成本管理**。为了保证完成项目的实际成本、费用不超过预算成本、费用的一系列管理过程。它包括资源的配置、成本和费用的预算、费用的控制等工作。

（4）**项目质量管理**。为了确保项目达到客户所规定的质量要求所实施的一系列管理过程。它包括质量规划、控制质量和质量管理等。

（5）**资源管理**。为了保证所有项目干系人的能力和积极性都得到最有效的发挥和利用所做的一系列管理措施。它包括组织的规划、团队的建设、人员的选聘和项目的班子建设等一系列工作。

（6）**项目沟通管理**。为了确保项目的信息合理收集和传输所需要实施的一系列措施，它包括沟通规划、信息传输和进度报告等。

（7）**项目干系人管理**。识别能影响项目或受项目影响的全部人员、群体或组织，分析干系人对项目的期望和影响，制定合适的管理策略来有效调动干系人参与项目决策和执行。该过程包括识别干系人、编制项目干系人管理计划、管理干系人参与、项目干系人参与的监控。新版考纲中，项目沟通管理和项目干系人管理统称为项目沟通管理和干系人管理。

（8）**项目风险管理**。是指识别涉及项目可能遇到的各种不确定因素，增加积极事件的概率和影响，降低消极事件的概率和影响，而采取的一系列措施。它包括识别风险、风险量化、制定对策、风险控制等。

（9）**项目采购管理**。为了从项目实施组织之外获得所需资源或服务所采取的一系列管理措施。它包括采购计划、采购与征购、资源的选择、合同的管理等工作。

（10）**整合管理，又叫项目整体管理**。指为确保项目各项工作能够有机地协调和配合所展开的综合性和全局性的项目管理工作和过程。它包括项目集成计划的制订、项目集成计划的实施、项目变动的总体控制等。

8.5 项目组织的方式

项目的组织方式可以分为**职能型、项目型、矩阵型**三种。职能型适用于规模较小、偏重于技术的项目；项目型适用于规模较大、技术复杂时的项目；矩阵型适用于规模巨大、技术复杂的项目。矩阵型又可细分为**弱矩阵型、平衡矩阵型（又称中矩阵）、强矩阵型**。所谓强和弱都是相对项目中项目经理的权力而言的，比如弱矩阵中项目经理的权力较弱。

职能型组织的示意图如图 8-5-1 所示。职能型项目组织形式是指企业按职能及职能的相似性来划分部门。如一般企业要生产市场需要的产品必须具有计划、采购、生产、营销、财务、人事等职能，那么企业在设置组织部门时，按照职能的相似性将所有计划工作及相应人员归为计划部门，从事营销的人员归为营销部门等。于是企业便有了计划、采购、生产、营销、财务、人事等部门。

图 8-5-1　职能型组织的示意图

职能型组织的优点：①具有强大的技术支持，便于知识、技能和经验的交流；②员工有清晰的职业生涯晋升路线；③员工直线沟通简单，责任和权限很清晰；④有利于以重复性工作为主的过程管理。

职能型组织的缺点：①职能利益优先于项目，具有狭隘性；②组织横向之间的联系薄弱、部门间协调难度大；③项目经理极少或缺少权力、权威；④项目管理发展方向不明、缺少项目基准等。

项目型组织的示意图如图 8-5-2 所示。

图 8-5-2　项目型组织的示意图

在项目型组织中，一个组织被分为多个项目经理部。一般项目团队成员直接隶属于某个项目，而不是某个部门。绝大部分的组织资源直接配置到项目工作中，并且项目经理拥有相当大的独立性和权限。项目型组织通常也有部门，但这些部门直接向项目经理汇报工作，或是为不同项目提供支持服务。

项目型组织的优点：结构单一，责权分明，利于统一指挥，目标明确单一，沟通简洁、方便，决策快。

项目型组织的缺点：管理成本过高，如项目的工作量不足则资源配置效率低；项目环境比较封闭，不利于沟通、技术知识共享等；员工缺乏事业上的连续性和保障等。

矩阵型组织的示意图如图 8-5-3 所示。

（a）弱矩阵型

（b）平衡矩阵型

（c）强矩阵型

图 8-5-3　矩阵型组织的示意图

在矩阵型组织内，项目团队的成员来自相关部门，同时接受部门经理和项目经理的领导，**矩阵型组织兼有职能型和项目型的特征**，依据项目经理对资源（包括人力资源）的影响程度，矩阵型组织可分为弱矩阵型组织、平衡矩阵型组织和强矩阵型组织。

弱矩阵型组织保持着很多职能型组织的特征，弱矩阵型组织内项目经理对资源的影响力弱于部门经理，项目经理的角色与其说是管理者，不如说是协调人和发布人。平衡矩阵型组织内，项目经理要与职能经理平等地分享权力。强矩阵型组织中，项目经理的权力要大于职能部门经理。

项目的各种组织类型及其特点见表 8-5-1。

表 8-5-1　项目的各种组织类型及其特点

项目特点	组织类型				
	职能型	矩阵型			项目型
		弱矩阵型	平衡矩阵型	强矩阵型	
项目经理的权力	很小或没有	有限	小～中等	中等～大	权力很大或近乎全权
全职参与项目的工作职员比例	没有	0～25%	15%～60%	50%～95%	85%～100%
项目经理的职位	兼职	兼职	兼职	全职	全职
项目经理的一般头衔	项目协调人 项目领导人	项目协调人 项目领导人	项目经理	项目经理	项目经理
项目管理/行政人员	兼职	兼职	兼职	全职	全职

8.6　项目的生命周期

8.6.1　项目生命周期与阶段

项目的生命周期定义了项目从启动到结束的阶段。项目阶段的划分根据项目和行业的不同有所不同，但几个基本的阶段包括**启动、组织与准备、执行、收尾**，如图 8-6-1 所示。

图 8-6-1　项目的生命周期

项目的各个阶段构成项目的整个生命周期。每个项目阶段都以一个或一个以上的工作成果的完成为标志。

（1）启动阶段的主要任务是制定项目建议书，它主要描述为什么要做、做什么。对于项目目标来说，项目建议书决定着其未来的蓝图与框架。

（2）组织与准备阶段的主要任务是规划项目怎么做、谁来做，项目组要根据项目建议书制定出更为详细的项目计划。

（3）执行阶段的主要工作是执行项目计划，并进行项目的监督和控制。其目的就是把项目的内容完成。

（4）收尾阶段的主要任务是完成项目的验收与工作总结，为后续的项目提供经验、教训和帮助。

此外，项目生命周期与产品生命周期是有所不同的，**项目生命周期往往只是产品生命周期的一部分**。即便不同领域的项目甚至同领域的不同项目，其项目生命周期也具有以下共同特点：

（1）项目阶段一般按顺序首尾衔接，各阶段通过规定的技术信息、文档、部件以及相关的管理文档等中间成果的交接来确定。

（2）项目开始时对费用和人员的需求比较少，随着项目的发展，人力投入和费用会越来越多，并达到一个最高点。当项目接近收尾时又会迅速地减少，如图 8-6-2 所示。人员与费用的投入同时也体现了项目生命周期内完成的工作量与时间的关系。

图 8-6-2   项目因素的分析

（3）项目开始时，成功地完成项目的把握性较低，因此风险和不确定性是最高的。随着项目逐步地向前发展，成功的可能性也越来越高。

8.6.2   项目生命周期类型

对照软件开发模型，项目生命周期模型可以分为瀑布型（预测型）、增量型、迭代型、敏捷型

（适应型）以及它们的混合模型，常见的项目生命周期模型如图 8-6-3 所示。

图 8-6-3　项目生命周期模型

项目生命周期模型的特点与区别参见表 8-6-1。

表 8-6-1　项目生命周期模型的特点与区别

模型异同点 ＼ 模型类型	瀑布型	增量型与迭代型	敏捷型
需求确定时间	开发前确定	交付期间定期细化	交付期间频繁细化
交付频度	项目结束时交付	分次交付产品子集	频繁交付产品子集
变更	限制变更	定期融入变更	实时融入变更
干系人参与的时间点	里程碑点参与	定期参与	持续参与
风险与控制成本	基于已知信息编制详细的计划	通过新信息逐步细化计划	随着需求、制约因素出现随时控制

8.7　单个项目的管理过程

一个过程是指为了得到预先指定的结果而要执行的一系列相关的行动和活动。

整体上看，项目管理过程比基本的 PDCA（图 8-7-1）要复杂得多。可是，这个循环可以被应用于项目过程组内部及各过程组之间的相互关联。**规划过程组**符合 PDCA 循环中相应的 **Plan** 部分，

执行过程组符合 PDCA 循环中相应的 Do 部分，而**监控过程组**则符合 PDCA 循环中的 Check/Act 部分。另外，因为项目管理是个有始有终的工作，**启动过程组**开始循环，**结束过程组**则结束循环。从整体上看，项目管理的监控过程组与 PDCA 循环中的各个部分均进行交互。

图 8-7-1　PDCA 循环

单个项目管理的过程组关系如图 8-7-2 所示。

图 8-7-2　单个项目管理的过程组关系

（1）**启动过程组**的主要任务是确定并核准项目或项目阶段。在项目开始阶段，启动过程的主要成果就是形成一个项目章程并选择一位项目经理。启动过程组主要目的是：保证干系人期望与项目目的的一致性，让干系人明了项目范围和目标，明白他们在项目和项目阶段中的参与情况，有助于实现他们的期望。

（2）**规划过程组**的主要任务是确定和细化目标，并规划为实现项目目标和项目范围的行动方针和路线，确保实现项目目标。规划过程的主要成果包括完成工作任务分解结构、项目进度计划和项目预算。主要作用是：为成功完成项目或阶段确定战略、战术及行动方案或路线。

（3）**执行过程组**的主要任务是通过采用必要的行动协调人力资源和其他资源，整体地、有效地实施项目计划。执行过程的主要成果就是交付实际的项目工作。

（4）**监控过程组**的主要任务是定期测量并实时监控项目的进展情况，发现偏离项目管理计划之处，及时采取纠正措施并变更控制，确保项目目标的实现。监控过程的主要成果就是，在要求的时间、成本和质量限制范围内获得满意的结果。

（5）**收尾过程组**的主要任务是采取正式的方式对项目成果、项目产品、项目阶段进行验收，确保项目或项目阶段有条不紊地结束。收尾过程的主要成果包括项目的正式验收、项目审计报告和项目总结报告编制以及项目组成员的妥善安置。

对于每一个项目，无论是项目的整个生命周期还是项目生命周期的每一个阶段，都将使用这 5 个过程组并按照同样的顺序来实施，但不是所有交互过程都会应用在项目中。

表 8-7-1 反映 5 个过程组、10 个项目管理知识域之间的关系。

表 8-7-1　过程组、过程、项目管理知识域的关系

知识域	项目管理过程组				
	启动过程组	规划过程组	执行过程组	监控过程组	收尾过程组
整合管理	制定项目章程	制订项目管理计划	指导与管理项目执行 管理项目知识	监控项目工作 实施整体变更控制	结束项目或阶段
范围管理		规划范围管理 收集需求 定义范围 创建 WBS		确认范围 控制范围	
进度管理		规划进度管理 定义活动 排列活动顺序 估算活动持续时间 制订进度计划		控制进度	
成本管理		规划成本管理 估算成本 **制定预算**		控制成本	
质量管理		规划质量管理	管理质量	控制质量	
资源管理		规划资源管理 估算活动资源	获取资源 建设团队 管理团队	控制资源	
沟通管理		规划沟通管理	管理沟通	监督沟通 （原控制沟通）	
风险管理		规划风险管理 识别风险 实施定性风险分析 实施定量风险分析 规划风险应对	实施风险应对	监督风险 （原控制风险）	
采购管理		规划采购管理	实施采购	控制采购	
干系人管理	识别干系人	规划干系人参与	管理干系人参与	监督干系人参与（原控制干系人参与）	

8.8　项目绩效域

项目绩效域是对有效交付项目至关重要的一组活动。绩效域有 8 个，分别是**干系人、团队、开发方法和生命周期、规划、项目工作、交付、测量、不确定性**。8 个绩效域不是孤立存在的，而是相互关联、依赖、作用，并形成一个整体，促进项目及预期成果的交付。**成果**是某一过程或项目的最终结果或后果。

8.9　价值交付系统

价值交付系统是为组织、干系人创造价值的一系列战略业务活动。价值交付系统是组织内部环境的一部分，受政策、程序、方法论、框架、治理结构等制约。内部环境受更大的外部环境制约，包括经济、竞争环境、法律等。

1．创造价值

项目创造价值的方式有：创造满足需求的新产品、新服务；维持老项目、项目集的收益；提高组织的生产力、效率、响应能力；推动组织变革，过渡；为社会、环境做出积极的贡献。

【攻克要塞专家提示】创造价值的参考记忆口诀为：按收益对象的大小分为 2 小（创造产品和服务、维持收益）、2 中（推动组织的生产力、变革）；1 大（为社会做大贡献）。

2．价值交付组件

价值交付组件（例如产品、项目、项目集、项目组合、运营）创建用于产出成果的可交付物。

3．信息流

当信息分发和反馈在所有组件中保持一致性时，则价值交付系统最有效，且可以确保战略一致。图 8-9-1 给出了价值交付系统中，信息在各级组件中的分享与反馈的模型，即信息流模型。

图 8-9-1　信息流模型

8.10　课堂巩固练习题

1．下列有关项目的说法错误的是___（1）___。

（1）A．项目都具有特定的目标，且应当在有限的时间内完成

B. 项目具有临时性，且具有独特性，不可能有完全相同的项目

C. 项目经理要担当领导者和管理者的双重角色

D. 项目需求一般比较明确，后期变更较少

【攻克要塞软考团队讲评】项目的前期只能粗略定义，然后逐渐明朗、完善和精确，这也就意味着变更不可避免，所以要控制变更。

参考答案：（1）D

2．PMBOK 把项目管理归纳为十大知识领域，其中核心知识领域有项目范围管理、项目时间管理、项目成本管理、____（2）____等；保障域有项目人力资源管理、干系人管理、____（3）____、项目采购管理等。

（2）A．项目风险管理　　B．项目配置管理　　C．项目合同管理　　D．项目质量管理

（3）A．项目合同管理　　B．项目整合管理　　C．项目成本管理　　D．项目质量管理

【攻克要塞软考团队讲评】项目管理是通过执行一系列相关过程完成的，这些过程如下：

1）核心知识域：整合管理、范围管理、进度管理、成本管理、质量管理、信息安全管理。

2）保障域：人力资源管理、干系人管理、合同管理、采购管理、风险管理、信息（文档）与配置管理、知识产权管理、法律法规标准规范和职业道德规范等。

3）伴随域：变更管理、沟通管理。

参考答案：（2）D　　（3）A

3．项目的组织方式可以分为 3 种，即职能型、项目型、____（4）____。

（4）A．部门型　　　　　　B．矩阵型　　　　　　C．平衡型　　　　　　D．纵向型

【攻克要塞软考团队讲评】项目的组织方式可以分为职能型、项目型、矩阵型 3 种。矩阵型又可细分为弱矩阵型、平衡矩阵型（又称中矩阵型）、强矩阵型。

参考答案：（4）B

4．下列有关项目生命周期的说法错误的是____（5）____。

（5）A．项目的生命周期分为启动、计划、执行、收尾 4 个阶段

B．项目的生命周期往往涵盖了产品的生命周期

C．项目开始时对费用和人员的需求比较少，随着项目的发展，人力投入和费用会越来越多，并达到一个最高点。当项目接近收尾时又会迅速地减少

D．项目开始时，成功地完成项目的把握性较低，因此风险和不确定性是最高的

【攻克要塞软考团队讲评】项目生命周期与产品生命周期是有所不同的，项目生命周期往往只是产品生命周期的一部分。

参考答案：（5）B

5．单个项目管理的过程组中，____（6）____的主要任务是确定和细化目标，并规划为实现项目目标和项目范围的行动方针和路线，确保实现项目目标。

（6）A．启动过程组　　　　　　　　　　B．规划过程组

C．执行过程组　　　　　　　　　　D．监控过程组

【攻克要塞软考团队讲评】题目中提到了"目标"和"规划项目方针、路线"，故可明确理解

为这是规划过程组。

参考答案：（6）B

第 9 学时　项目立项、招投标

立项管理即管理一个项目从提出申请到批准立项的整个过程，它能有效管理立项前的项目需求、相关文档和审批过程，从而保证项目立项的严谨性和科学性。招投标是在市场经济条件下进行大宗货物的买卖时所采取的一种交易方式，例如工程建设项目的发包与承包，以及设备的采购与提供；招投标的特点是公开、公正、公平、诚实信用。本学时要学习的主要知识点如图 9-0-1 所示。

图 9-0-1　知识图谱

9.1　项目立项管理的内容

项目立项管理包括的主要内容有：**需求分析、编制项目建议书、可行性研究**、项目审批、**招投标、合同谈判与签订**。

需求分析是指对要解决的问题进行详细分析，弄清**项目发起人及其他干系人**的要求、待开发的信息系统要解决客户和用户的什么问题及这些问题的来龙去脉。可以说，需求分析就是确定待开发的信息系统要"做什么"。

项目建议书是由项目筹建单位或项目法人，根据国民经济发展情况、国家和地方中长期规划、产业政策等，提出某一具体项目的建议文件，是对拟建项目的框架性的总体设想。

可行性研究是为避免盲目投资，在决定一个信息系统项目是否应该立项之前，对项目的背景、意义、目标、开发内容、国内外同类产品和技术、本项目的创新点、技术路线、投资额度与详细预算、融资措施、投资效益，以及项目的社会效益等多方面进行全面的分析研究，从而提出该**项目是否值得投资和如何进行建设**的咨询意见。

9.2 项目建议书

项目建议书（又称立项申请）是项目建设单位向本单位内的项目主管机构或上级主管部门提交项目申请时所必需的文件。项目建议书是项目发展周期的初始阶段，是国家或上级主管部门选择项目的依据，也是**可行性研究的依据**。有些企业单位根据自身发展需要自行决定建设的项目，也参照这一模式首先编制项目建议书。系统集成项目的项目建议书可以裁剪，也不是必须提供的内容。外资项目，只有项目建议书获批后，才可开展后续工作。

项目建议书的主要内容有：项目**简介**与项目**建设单位**情况、项目的**必要性**、**业务**分析、**总体建设方案**、**本期**项目建设方案、环保、消防、职业**安全**、项目实施**进度**、**投资**估算与**资金筹措**、效益**风险**分析等。其中的核心内容是项目的必要性，项目、方案、服务等市场预测，项目建设的必须条件。

【攻克要塞专家提示】项目建议书主要内容的参考记忆口诀为"**简介建设单位必要业务，总体本期建设安全进度，投资资金筹措风险市场方案条件**"。

9.3 可行性研究的内容

信息系统项目可行性分析的目的就是用最小的代价在尽可能短的时间内确定以下问题：项目**有无必要？能否完成？是否值得去做？**

针对项目建议书，可行性报告要拿出具体的、能够说话的数据，需要对项目的背景、意义、目标、开发内容、国内外同类产品和技术、本项目的创新点、技术路线、投资额度与详细预算、融资措施、投资效益，以及项目的社会效益等多方面进行全面的评价，对项目的**技术**、**经济**和**社会**等可行性进行研究。项目建议书可以和可行性研究报告合并。

可行性研究一般应包括以下内容：

（1）**技术的可行性**。主要是从项目实施的技术角度合理设计技术方案，并进行比较、选择和评价。**技术可行性分析往往决定项目方向**。技术可行性分析考虑的因素包括项目开发风险、人力资源的有效性、技术能力的可能性、物资（产品）的可用性等。

（2）**经济可行性**。从投资和收益的角度进行分析，常见的分析方法见表 9-3-1。

表 9-3-1　常见的经济可行性分析方法

方法		说明
支出分析	一次性支出	开发费、差旅费、培训费、设备购置、数据录入费等
	非一次性支出	软、硬件租金，人员工资及福利，水电等公用设施使用费，及其他消耗品支出等
收益分析	直接收益	通过项目实施获得的直接经济效益，如销售产品收入
	间接收益	通过项目实施间接获得的收益，如节约的成本
收益投资比、投资回收期分析		对比分析投入产出，确定项目收益率和投资回收期等指标

续表

方法	说明
敏感性分析	经济可行性分析的常用方法。从多个不确定性因素中，找出对投资项目经济效益指标有重要影响的敏感性因素，分析、测算其对项目经济效益指标的影响程度和敏感性程度，进而判断项目承受风险的能力

可行性分析阶段，经济分析选用动态评价指标，常用的指标有净现值、内部收益率，有时采用投资回收期。

（3）**社会效益可行性**。分析组织内部效益可行性（包括品牌效益、技术创新力、竞争力、人员提升与管理提升收益）与对社会发展可行性（包括公共、文化、环境、社会责任感、国防等效益）。

（4）**运行环境可行性分析**。从用户的管理体制、管理方法与制度、人员素质、工作习惯、数据积累、软硬件基础等方面进行分析。

【攻克要塞专家提示】可行性研究主要内容的参考记忆口诀为"**技经社运**"。

9.4　成本效益分析

这里要重点掌握几个公式的应用：一是**利率**的计算；二是**净现值**的计算；三是**净现值率**的计算；四是**投资回收期**的计算。记忆这些公式对初学的考生来说并不容易，一定要在理解的基础上记忆，其实理解了也就会做应用题了。

先来看利率的计算公式。利率有单利和复利之说，对于单利来说很好理解：

$$利息=本金×利率×期限$$

来看一个例子以加深理解，比如 100 万元存入银行，年利率为 2%，以单利计算，2 年后有多少利息？

2 年后利息为 100 万元×2%×2=4 万元。

复利，俗称"利滚利"，即第一个时期的利息会作为本金计入第二个时期的本金之中，公式如下：

$$F=P×(1+i)^n$$

式中，F 为复利终值；P 为本金；i 为利率；n 为利率获取时间的整数倍。

再来以单利计算中同样的例子来加深理解。比如 100 万元存入银行，年利率为 2%，以复利计算，2 年后有多少利息？

据此，$F=100$ 万元$×(1+0.02)^2=104.04$ 万元，2 年后利息值为 $F-P=104.04$ 万元−100 万元=4.04 万元。

净现值（Net Present Value，NPV）是指投资方案所产生的现金净流量以资金成本为贴现率折现之后，与原始投资额现值的差额。净现值法就是按净现值大小来评价方案优劣的一种方法。**净现值大于零则方案可行，且净现值越大，方案越优，投资效益越好。**

以财务管理学的观点来看，投资项目投入使用后的净现金流量按资本成本或企业要求达到的报酬率折算为现值，减去初始投资以后的余额，叫净现值。

$$NPV = \sum_{t=0}^{n} \frac{(CI - CO)_t}{(1+i)^t}$$

式中，CI 为现金流入；CO 为现金流出；$(CI-CO)_t$ 为第 t 年净现金流量；i 为基准收益率。

NPV 的计算步骤如下：

（1）根据项目的资本结构设定项目的折现率。

（2）计算每年项目现金流量的净值。

（3）根据设定的折现率计算每年的净现值。

（4）将净现值累加起来。

净现值率（Net Present Value Ratio，NPVR）是指投资项目的净现值占原始投资现值总和的比率，也可将其理解为单位原始投资的现值所创造的净现值。

净现值率的计算公式为：

净现值率（NPVR）＝项目的净现值（NPV）/原始投资的现值合计

即

$$NPVR = NPV / P = \frac{\sum_{t=0}^{n}(CI - CO)_t (1+i)^{-t}}{\sum_{t=0}^{n} I_t (1+i)^{-t}}$$

似乎仍不太好理解，那就再来做一下试题以便理解透彻一些。G

例题：某信息系统项目，假设现在的时间点是 2015 年年初，预计投资和收入的情况见表 9-4-1，单位为万元。假定折现率为 10%，请计算 NPV，并判断方案是否可行。

【攻克要塞专家提示】这道题有一定的计算量，请不必纠缠于计算，但要理解计算过程。在看后续内容之前，可先自行在草稿纸上演算一下。

表 9-4-1　某信息系统项目预计投资和收入情况

科目	年份					
	2015	2016	2017	2018	2019	2020
投资	600	400	—	—	—	—
成本	—	—	900	700	600	500
收入	—	—	1200	1500	1100	700

根据 NPV 的计算步骤，先来计算每年项目现金流的净值。2015 年的净现金流为-600，是负数的原因是只有投资；2016 年的净现金流为-400；2017 年的净现金流为 300；2018 年的净现金流为 800；2019 年的净现金流为 500；2020 年的净现金流为 200。

根据利率计算公式：

2015 年净现金流=-600

2016 年净现值=2016 年净现金流/$(1+折现率)^1$=$-400/(1+0.1)^1$=-364

2017 年净现值=2017 年净现金流/$(1+折现率)^2$=$300/(1+0.1)^2$=300/1.21=248

2018 年净现值=2018 年净现金流/$(1+折现率)^3$=$800/(1+0.1)^3$=800/1.331=601

2019 年净现值=2019 年净现金流/$(1+折现率)^4$=$500/(1+0.1)^4$=500/1.4641=342

2020 年净现值=2020 年净现金流/$(1+折现率)^5$=$200/(1+0.1)^5$=200/1.61=124

所以：

NPV=2015 年净现值+2016 年净现值+2017 年净现值+2018 年净现值+2019 年净现值+2020 年净现值=-600-364+248+601+342+124=351

可见净现值大于 0，故项目可行。

理解以上内容后，再来看**内部收益率、投资回收期、投资回报率**的定义和计算。

净现值为零时的折现率就是项目的内部收益率，它是一项投资可望达到的报酬率，该指标**越大越好**。一般情况下，当**内部收益率大于或等于基准收益率时，该项目是可行的**。

投资回收期是指从项目的投建之日起，**用项目所得的净收益偿还原始投资所需要的年限**。投资回收期分为静态投资回收期和动态投资回收期两种。

静态投资回收期是在不考虑资金时间价值的条件下，以项目的净收益回收其全部投资所需要的时间。投资回收期可以自项目建设开始年算起，也可以自项目投产开始年算起，但应予注明。

动态投资回收期是把投资项目各年的净现金流量按基准收益率折成现值之后，再来推算投资回收期，这就是它与静态投资回收期的根本区别。动态投资回收期就是净现金流量累计现值等于零时的年份。

投资回报率（Return on Investment，ROI）是指生产期正常年度利润或年均利润占投资总额的百分比。再简单地说，ROI 的值其实就是投资回收期的倒数。

【攻克要塞专家提示】建议考生细细体会这些定义，理解了定义就能解题，公式其实可以不必死记。

仍以本节中的例题来进行演算，假定要求静态投资回收期、动态投资回收期和相应的投资回报率。

如果是计算静态投资回收期，则不考虑资金的时间价值，因此要根据现金流量净值来判断。可知 2015 年和 2016 年共投入了 1000 万元；2017 年赚回 300 万元；2018 年赚回 800 万元，至此累计赚回 1100 万元，所以在 2018 年收回了投资。到 2018 年已经过去了 3 年的时间，因此静态投资回收期应当是 3 年多一点，3 年多多少呢？则看 2018 年还有多少投资没有赚回，用这个数除 2019 年总计可赚回的数量可得到还要多长时间，即(1000-300)/800=700/800=0.875，所以静态投资回收期为 3.875 年。对应的投资回报率则为 1/3.875，结果为 0.258，即投资回报率为 25.8%。

如果是计算动态投资回收期，则应考虑资金的时间价值，因此要根据净现值来判断。可知累计投资值为(-600-364)= -964；2017 年赚回净现值 248；2018 年赚回净现值 601，累计赚回净现值 849，尚未收回投资；2019 年赚回净现值 342，累计赚回净现值 1191，已经超过了累计投资值，因此应当是在 2019 年收回了投资，此时已经过去了 4 年，故投资回收期应当是 4 年多一点。4 年多多少呢？2019 年还有多少投资没有赚回，用这个数除 2019 年总计可赚回的数量可得到还要多长的时间，即(964-849)/342=0.34，所以动态投资回收期为 4.34 年。对应的投资回报率则为 1/4.34，结果为 0.23，即投资回报率为 23%。

9.5 建设方的立项管理

建设方的立项管理要经历**项目建议书的编写、申报和审批，初步可行性研究，详细可行性研究，编写可行性报告，项目论证与评估，招标**等步骤。

首先要注意区分建设方和承建方的概念。需要获得产品、服务或成果的一方称为**采购方**（或称为**建设方**），提供产品、服务或成果的一方称为**供应方**（或称为**承建方**）。

企业自建的项目一般可自行进行立项，企业应当有立项的业务流程，常由项目发起人或组织来编写立项申请书，再由相关的审批机构、人员来进行审批。**企业内部立项流程一般包括项目资源估算、项目资源分配、准备项目任务书和任命项目经理等。**

（1）项目资源估算。依据项目前期的招投标文件、商务合同、售前资料等，估算项目所需资源，确定项目人员需求与构成。

（2）项目资源分配。依据项目资源估算，协调部门资源，保障项目资源，优化并分配项目资源。

（3）准备项目任务书。依据进度与质量要求、项目面临的风险、合同内容、资源分配情况等，准备项目任务书。项目任务书包含任务目标和考核要求，这两项会成为评价项目绩效的主要依据。

（4）任命项目经理。组织根据项目实际情况，通常在项目启动会议（开踢会议）中指派项目经理。

9.5.1 初步可行性研究

初步可行性研究是介于机会研究和详细可行性研究之间的一个中间阶段，是对市场或者客户情况进行调查，在项目意向确定之后对项目的初步估计。

初步可行性研究的作用：确定项目投资建设必要性；项目建设的周期合理性且可接受；项目需要的人、财、物是否可以接受；项目的功能和目标的可实现性；能否保证项目的经济效益、社会效益；项目在经济上、技术上的合理性。

初步可行性研究的内容与详细可行性研究基本相同，要概括以下内容：需求与市场预测（需求分析预测、营销与推广分析）、设备与资源投入分析（设备与材料投入分析）、空间布局（物理布局、网络规划等）、项目设计（项目总体规划、系统设计）、项目进度安排、项目投资与成本估算等。经过初步可行性研究可以形成**初步可行性研究报告**，该报告虽然比详细可行性研究报告粗略，但是对项目已经有了全面的描述、分析和论证，所以初步可行性研究报告可以作为正式的文献供决策参考；也可以依据项目的初步可行性研究报告形成项目建议书，通过审查项目建议书决定项目的取舍，即通常所说的**"立项"**决策。

9.5.2 详细可行性研究

详细可行性研究需要对一个项目的技术、经济、法律、环境及社会影响等进行**系统、全面的**调查研究，对可能的技术方案进行详细论证，预测和评价项目建设完成后可能的经济、社会效益，形成最终的可行性研究报告供项目评估和决策。

详细可行性研究的特点见表 9-5-1 所示。

表 9-5-1　详细可行性研究的特点

详细可行性研究特点	说明
详细可行性研究的依据	国家和地区的发展规划；政策、法律、法规和制度；项目主管部门对项目建设设计的批复；项目建议书或者项目建议书批准后签订的意向性协议；信息化规划和标准；市场调研分析报告；技术、产品或工具的 有关资料等
详细可行性研究的原则	科学性原则、客观性原则、公正性原则
详细可行性研究的方法	投资估算法：投资费用一般包括固定资金（包括设计开发费、设备费、场地费、安装费及项目管理费等）和流动资金两大部分。投资估算的正确性直接影响项目经济效果，应需要尽量准确。 增量净效益法（有无比较法）：比较有无项目时的收益，反映项目的真实成本和效益。增量成本（效益）=|有项目时的成本-无项目时的成本|
详细可行性研究的内容	市场需求预测；部件和投入的选择供应；信息系统架构及技术方案的确定；技术与设备选择；网络物理布局设计；投资、成本估算与资金筹措；经济评价及综合分析

　　详细可行性研究报告主要包括：项目背景（基本信息）、可行性研究的结论、技术背景及现状分析、编制项目建议书的过程及必要性、市场调查分析、客户情况调查、项目目标、项目实施进度计划、项目投资估算、项目组人员组成、项目风险、项目风险分析、经济效益与社会效益分析、可行性研究报告结论。

9.6　项目论证与项目评估

　　项目论证与评估是项目立项前的最后一关，一般遵循"先论证（评估），后决策"的原则。

　　项目论证是指对拟实施项目技术上的先进性、成熟性、适用性，经济上的合理性、营利性，实施上的可能性、风险性进行全面科学的综合分析，为项目决策提供客观依据的一种技术经济研究活动。

　　项目论证活动包含了成立评估小组、机会研究、初步与详细可行性研究、评价和决策、编写评估报告、召开专家论证会、评估报告定稿并发布等工作。项目论证各阶段的投资估算、误差与时间要求见表 9-6-1。

表 9-6-1　项目论证各阶段的投资估算、误差与时长

阶段	估计精度	占总投资额	估计时间
机会研究（毛估）	±30%	0.2%～1%	1～3 个月
初步可行性研究	±20%	0.25%～1.5%	4～6 个月
详细可行性研究	±10%	大项目 1%～3% 小项目 0.2%～1%	大项目 8～12 个月 中小项目 4～6 个月

项目评估指在项目可行性研究的基础上，项目投资者、项目主管部门（如国家各类科技计划或基金的管理机构、银行或投资公司）或其委托的第三方权威机构（如科技计划或基金的评审机构、投资咨询公司），根据国家颁布的政策、法律、法规、标准和技术规范，对拟开发项目的市场需求、技术先进性和成熟性、预期经济效益和社会效益等进行评价、分析和论证，进而判断其是否可行的过程。项目评估是项目立项之前必不可少的重要环节，其目的是审查项目可行性研究的可靠性、真实性和客观性，为行政主管部门的审批决策和投资机构的投资决策提供科学依据。

项目评估的依据：项目建议书及批准的文件；项目可行性研究报告；申请报告及主管部门的初审意见；项目关键建设条件和工程协议等文件；必需的其他文件和资料。项目评估工作主体流程：成立评估小组，开展调查研究，分析与评估，编写、讨论评估报告，召开专家论证会，评估报告定稿并发布。

项目论证与评估可以分步进行，也可以合并进行。实际上，项目论证与评估的内容、程序和依据都是大同小异的，只是**侧重点稍有不同**，区别见表 9-6-2。

表 9-6-2　项目论证和项目评估的区别

不同点	项目论证	项目评估
针对方案	一般是未完工方案	一般是正式提交方案
目的	听取各方专家意见	得出权威的结论

9.7　承建方的立项管理

承建方的立项管理要经历**项目识别**、**项目论证**、**投标**等步骤。

在项目识别这一步，主要的任务就是"找项目"。项目可从以下 3 个方面去寻找：①从**政策导向**中寻找机会；②从**市场需求**中寻找机会；③从**技术发展**中寻找机会。

承建方也要进行项目论证。由于是承担建设任务，并由采购方支付费用，因此承建方还应投标，根据建设方的要求来编制投标书。

9.8　招投标流程

招投标中主要需要经历**招标**、**投标**、**开标**、**评标**、**中标** 5 个过程。

【攻克要塞软考专家提示】记忆口诀为"招投开评中"。

招标一定要坚持公开、公平、公正、诚实信用的原则。采购方也可以委托招标代理机构组织招投标。招标又有公开招标和邀请招标之分，要掌握这些术语，并在实际工作中能够运用。在招投标工作流程中还会有很多的注意事项，这些也是考试的重要关注点，在后续内容中还会详细解析。

9.9　课堂巩固练习题

1. ___(1)___ 是可行性研究的依据，是项目建设单位向本单位内的项目主管机构或上级主管部门提交项目申请时所必需的文件。

（1）A．项目合同　　　　B．项目建议书　　　　C．招标书　　　　D．投标书

【攻克要塞软考团队讲评】项目合同是招投标完成后建设方和承建方签订的合约；招标书是建设方招标时发出的书面文件；投标书是投标人根据招标书的要求编制的投标文件。

参考答案：（1）B

2．可行性研究概括起来主要包括 3 个方面：___（2）___、经济和社会可行性。

（2）A．组织　　　　B．财务　　　　C．投资　　　　D．技术

【攻克要塞软考团队讲评】如果按题目所述概括为 3 个方面，则 B、C 选项应涵盖在经济可行性之中，题中缺少的部分就是技术了。

参考答案：（2）D

3．某人向银行存入 10000 元，假设年利率为 5%，采用单利方式，则 2 年后利息收入为___（3）___。

（3）A．1000　　　B．1025　　　C．11000　　　D．11025

【攻克要塞软考团队讲评】首先要审清题，采取的是单利方式，要求的是利息收入，而并非本息合计值，故 C、D 选项可以排除。由于是单利方式，故第 1 年的利息为 $10000 \times 5\% = 500$，第 2 年利息仍为 500。所以答案选 A 选项。选项 B 是复利方式下计算而得的利息方式。

参考答案：（3）A

4．某信息系统项目的投资、收入情况见表 9-9-1。假定现在是 2016 年年初，据此可知该项目的静态投资回收期为___（4）___年。

表 9-9-1　项目的投资、现金流量情况　　　　　单位：万元

项目	时间				
	2016 年	2017 年	2018 年	2019 年	2020 年
投资	800	600			
收入			900	1000	800
净现金流量	-800	-600	900	1000	800

（4）A．1.5　　　　B．2.5　　　　C．3.5　　　　D．4.5

【攻克要塞软考团队讲评】本题考查的是静态投资回收期的计算。从题目已知条件可知，2016 年和 2017 年累计投入 1400 万元，从 2018 年开始不再投入；2018 年收入 900 万元，则尚有 500 万元投入没有收回；2019 年收入 1000 万元，则可在 2019 年收回投资。故投资回收期为 3 年多一点，可排除选项 A、B、D，答案为 C 选项。

参考答案：（4）C

5．项目通过审查___（5）___决定项目的取舍，即通常所说的"立项"决策。

（5）A．详细的可行性研究报告　　　　B．需求规格说明书

　　　C．市场调研报告　　　　D．项目建议书

【攻克要塞软考团队讲评】初步可行性研究报告可以作为正式的文献供决策参考；也可以依据项目的初步可行性研究报告形成项目建议书，通过审查项目建议书决定项目的取舍，即通常所说的

"立项"决策。详细的可行性研究报告是立项之后再行编写的文件。选项 B、C 明显不合题意。

参考答案：（5）D

6. 小张接到一项任务，要对一个新项目的投资及经济效益进行分拆，包括支出分析、收益分析、敏感性分析等，则小张正在进行___（6）___。

（6）A. 技术可行性分析　　　　　　B. 经济可行性分析

　　　C. 环境可行性分析　　　　　　D. 法律可行性分析

【攻克要塞软考团队讲评】经济可行性分析主要是对整个项目的投资及所产生的经济效益进行分析，具体包括支出分析、收益分析、投资回报分析以及敏感性分析等。

参考答案：（6）B

第 10 学时　项目整合管理

项目整合管理是十大领域中起到整合作用的知识领域，所以又叫项目组合管理，它位于其他九个知识领域的中心位置。整合管理包括为识别、定义、组合、统一和协调各项目管理过程组的各种过程和活动而开展的过程与活动。整合管理有协调分配资源、平衡和协调竞争的手段与方案，目的就是让项目可控，并能满足干系人要求，达到项目目标。本学时要学习的主要知识点如图 10-0-1 所示。项目整合管理中项目经理负责整合其他知识领域的成果，整合是其关键技能。项目整合责任不能被授权或者转移，由项目经理负责整个项目的最终责任。

图 10-0-1　知识图谱

10.1　项目整合管理的过程

项目整合管理的主要过程包括：**制定项目章程，指导与管理项目工作，管理项目知识，监控项目工作，实施整体变更控制，结束项目或阶段**。整合管理是一项综合性和全面性的工作；整合管理涉及相互竞争的项目各分目标之间的集成；项目经理通过干系人的汇报获取项目需求。

在项目整合之前，项目经理需要充分考虑项目的内外部环境，检查项目特征，考虑项目复杂性。**项目复杂性**特点有：项目包含多个部分；不同部分之间存在一系列的关联并可以动态交互作用；交互作用所产生的行为远远大于各部分行为的简单相加。

10.2　制定项目章程

制定项目章程是编写一份正式批准项目并授权项目经理在项目活动中使用组织资源的文件的过程。本过程的主要作用：①明确项目与组织战略目标之间的直接联系；②确立项目的正式地位；③展示组织对项目的承诺。

项目立项以后，就要正式启动项目。所谓项目启动，就是以书面的、正式的形式肯定项目的成立与存在，同时以书面正式的形式为项目经理进行授权。书面正式的形式即为项目章程。

（1）项目章程的定义。项目章程是正式授权一个项目和项目资金的文件，由项目发起人或者项目组织之外的主办人颁发。

（2）项目章程的作用。第一，项目章程正式**宣布项目的存在**，对项目的开始实施赋予合法地位。项目章程的颁发就意味着项目的企业手续合法，项目的投资者正式启动项目，职业的项目经理人和项目领导班子可以正式接手项目。第二，项目章程将**规定项目总体范围、时间、成本、质量**，这也是项目各管理后续工作的重要依据。项目章程是项目的商业需求文件，项目理由、最新的客户需求、最新的产品、服务或成果的需求在项目章程中都会有所体现。第三，项目章程中**正式任命项目经理**，授权其使用组织的资源开展项目活动，确定组织对项目承诺。第四，明确项目与组织战略的联系。

（3）项目经理的产生。项目经理的产生主要有三种方式：第一种是由**企业高层领导委派**；第二种是由**企业和用户协商选择**；第三种是**竞争上岗**。

一个优秀的 IT 项目经理至少需要具备三种基本能力：解读项目信息的能力、发现和整合项目资源的能力、将项目构想变成项目成果的能力。项目经理是一个整合者，需要与项目干系人主动、全面沟通，了解他们对项目的需求；在不同干系人甚至是竞争干系人间寻找平衡点；通过协调工作，达到项目需求间平衡，实现整合。

（4）项目章程发布与修改。项目章程由项目以外的实体［发起人、项目集或项目管理办公室（PMO）职员、或项目组合治理委员会主席或授权代表］发布，但允许项目经理参与编制。项目章程遵循"谁签发，谁修改"的原则，一般项目章程定义原则问题和大方向，通常不会修改。

（5）项目章程的内容。项目章程包含的内容有项目目的；可测量的项目目标和相关的成功标准；高层级需求、高层级项目描述、边界定义以及主要可交付成果；关键干系人名单；发起人或其他批准项目章程的人员的姓名和职位等；委派的项目经理及其职责和职权与授权；项目退出标准；

整体项目风险；总体里程碑进度计划；预先批准的财务资源；项目审批要求。制定项目章程的输入、工具与技术、输出，如图 10-2-1 所示。

图 10-2-1　制定项目章程的输入、工具与技术、输出

10.2.1　输入

立项管理文件：是制定项目章程的依据，包含市场需求、商业需求、客户要求、技术分析、项目边界等。立项管理文件不是项目文件，是组织高层管理的决策依据，项目经理只能提建议，不能进行修改。立项管理文件需要定期审核。

协议：可以是合同、协议、口头协议、谅解备忘录、服务水平协议（SLA）等。

组织过程资产：包含历史信息与经验教训，组织政策、流程，各类模板（例如章程模板），项目组合、项目集和项目的治理框架（用于提供指导和制定决策的治理职能和过程）等。

事业环境因素：包含法律与标准、市场条件、组织文化与框架、人员安排、干系人期望、风险临界值等。

10.2.2　工具与技术

数据收集：具体手段包括头脑风暴、访谈、焦点小组等。①头脑风暴：通过营造一个无批评的自由的会议环境，使与会者畅所欲言、充分交流、相互启迪、产生出大量创造性意见的过程，头脑风暴分为创意产生和创意分析两个部分；②访谈：与干系人直接交谈，了解假设条件、制约因素、需求、审批流程等信息；③焦点小组：召集干系人、专家集中讨论。这种方式比一对一更容易互动。

专家判断：专家基于知识、学科、行业知识，对当前活动进行判断。相关知识包括组织战略、识别风险、专业技术等。

人际关系与团队技能：具体手段包括冲突管理、会议管理、引导等。冲突管理有助于干系人就项目目标、成功标准、高层级需求、总体里程碑、项目描述等内容达成一致意见；引导是指有效引导团队活动，形成决定、结论、解决方案；会议管理包括准备议程，邀请每个关键干系人代表，准备和发送会议纪要和行动计划。会议：在制定项目章程过程中，与关键干系人举行会议的目的是识别项目目标、成功标准、高层级需求、总体里程碑、主要可交付成果等信息。

10.2.3　输出

项目章程：包含项目目的；项目成功标准；高层需求、项目边界、主要可交付成果；项目审批要求及退出标准；项目经理职责与权力；发起人职责与权力。

假设日志：记录整个项目生命周期中的所有假设条件和制约因素。

10.3 制订项目管理计划

项目整合管理的过程是围绕项目管理计划进行的。项目管理计划是说明项目执行、监控和收尾方式的一份文件，它整合并综合了所有知识领域子管理计划和基准。制订项目管理计划就是定义、准备和协调所有子计划，并把它们整合为一份综合项目管理计划的过程。项目管理计划包括经过整合的项目基准（范围基准、进度基准、成本基准、绩效测量基准等）、子计划（质量管理计划、资源管理计划、沟通管理计划、风险管理计划、采购管理计划、干系人参与计划、变更管理计划、配置管理计划等）、项目生命周期描述、开发方法等，是说明项目执行、监控和收尾方式的一份文件。项目管理计划围绕项目目标的完成，系统地确定项目的任务，安排任务进度，编制完成任务所需的资源、预算等，从而保证项目能够在合理的工期内，用尽可能低的成本和尽可能高的质量完成。本过程的主要作用是生成一份综合文件，以确定项目所有工作的基础及执行方式。

项目计划包含的内容：**项目的整体介绍、项目的组织描述、项目所需的管理程序和技术程序，以及所需完成的任务、时间进度和预算**等。

【攻克要塞专家提示】参考项目计划内容的记忆口诀为："**整体组织—管理技术任务—进度预算**"。

项目的整体介绍或概述至少要包括项目名称、项目以及项目所需满足需求的简单描述、发起人的名称、项目经理与主要项目组成员的姓名、项目可交付的成果、重要资料清单。

对项目组织情况的描述应该包括组织结构图、项目责任、其他与组织或过程相关的信息。

项目计划中用来描述项目的管理和方法的部分，主要包括管理目标、项目控制、风险管理、项目人员、技术过程。

项目计划中用来描述项目任务的那部分应当参考范围管理计划的内容，并概括叙述主要工作包、主要可交付成果、与工作有关的其他信息。

项目进度信息部分应包括进度概要、进度细要、与进度有关的其他信息。整体项目的预算部分应该包含预算概要、预算细要、与项目预算有关的其他信息。

制订项目管理计划是定义、准备和协调所有子计划，并把它们整合为一份综合项目管理计划的过程。项目管理计划确定项目的执行、监控和收尾方式。编制项目管理计划，需要整合一系列相关过程，而且要持续到项目收尾。项目管理计划是**渐进明细**的。

制订项目管理计划的输入、工具与技术、输出，如图 10-3-1 所示。

图 10-3-1 制订项目管理计划的输入、工具与技术、输出

10.3.1 输入

项目章程：初始项目规划的起点，至少包含项目高层级信息，供后续细化。

其他过程的输出：包含其他过程的子计划和基准。

组织过程资产：项目管理计划模板；变更控制程序须遵循的步骤；类似项目相关信息；历史信息和经验教训等。

事业环境因素：包含法律与标准；市场条件；垂直和专门领域项目管理知识体系；基础设施等。

10.3.2 工具与技术

专家判断：略。

数据收集：包含头脑风暴、核对单、焦点小组、访谈等。

人际关系与团队技能：包含冲突管理、引导、会议管理等。

会议：通过会议讨论，达成项目目标。项目开工会议通常用于传达项目目标、获取对项目的承诺、明确干系人角色和职责。小型项目启动时就会召开项目开工会议；大型项目的开工会议通常在规划阶段完成、执行阶段开始时召开；多阶段项目则每个阶段开始就要召开一次开工会议。

10.3.3 输出

项目管理计划。项目管理计划包括经过整合的项目基准（范围、进度、成本等基准）和子计划（范围、需求、进度、成本、质量、资源、沟通、风险、采购、干系人参与等管理子计划）等。

10.4 指导与管理项目工作

指导与管理项目工作是为实现项目目标而领导和执行项目管理计划中所确定的工作，并实施已批准变更的过程。本过程的主要作用是综合管理项目工作和可交付成果，提高项目成功率。

指导与管理项目工作会在整个项目期间开展，具体活动包括：开展活动，得到项目成果，实现项目目标；配备、培训和管理团队成员；获取、管理和利用工具、材料、设备等资源；执行计划好的方法和标准；建立、管理项目内外的沟通渠道；生成进度、成本、质量的进度与状态等工作绩效数据，便于预测；提出变更请求，审查变更影响并实施批准的变更；管理风险并实施风险应对；管理供应商、卖家、项目组等项目干系人；收集和记录经验教训，并实施批准的过程改进。

指导与管理项目工作的输入、工具与技术、输出，如图 10-4-1 所示。

输入	工具与技术	输出
1. 项目管理计划 2. 项目文件 3. 批准的变更请求 4. 组织过程资产 5. 事业环境因素	1. 专家判断 2. 会议 3. 项目管理信息系统	1. 可交付成果 2. 工作绩效数据 3. 问题日志 4. 变更请求 5. 项目文件（更新） 6. 项目管理计划（更新） 7. 组织过程资产（更新）

图 10-4-1 指导与管理项目工作的输入、工具与技术、输出

10.4.1 输入

项目管理计划：项目管理计划的任何组件都可用作指导与管理项目工作的输入。

项目文件：包括需求跟踪矩阵、风险登记册与风险报告、项目进度计划与里程碑清单、项目沟通记录、经验教训登记册、变更日志等。

批准的变更请求：包含项目经理批准的变更请求及变更控制委员会（Configuration Control Board，CCB）审查和批准的变更请求。

组织过程资产：包含组织政策、流程和程序，问题与缺陷管理程序与数据库、绩效测量数据库、变更控制和风险控制程序、以往项目的项目信息（例如各种基准信息，项目日历和项目进度网络图，风险登记册与风险报告，经验教训知识库等）。

事业环境因素：包含组织结构、文化、管理实践和可持续性；基础设施（如现有的设施和固定资产）；干系人的风险临界值（如允许的成本超支百分比）等。

10.4.2 工具与技术

专家判断：略。

会议：包含开工会议、技术会议、每日站会、问题解决会议、进展跟进会议以及回顾会议等。

项目管理信息系统：略。

10.4.3 输出

可交付成果：某一个过程、阶段结束时，必须产出的独特且可核实的产品、服务。可交付成果的第一个版本完成后，就应该使用配置管理工具执行多版本控制。

工作绩效数据：项目工作中，从每个执行活动中收集到的原始观察结果和测量值。包括关键绩效指标（KPI）；活动开始、完成、持续时间；实际成本；缺陷数等。

问题日志：问题日志是一种记录和跟进所有问题的项目文件。问题日志包含的内容有问题类型、问题提出者和提出时间、解决问题负责人和解决日期、问题描述、问题优先级、问题状态、最终解决情况等。

变更请求：修改基准、文件、可交付成果的正式提议。变更请求可以分为纠正措施、预防措施、缺陷补救、更新等。

项目文件（更新）：更新的项目文件主要包括活动清单、假设日志、经验教训登记册、需求文件、风险登记册、干系人登记册等。

项目管理计划（更新）：略。

组织过程资产（更新）：略。

10.5 管理项目知识

管理项目知识使用现有知识生成新知识，帮助组织学习，实现项目目标。该过程的主要作用：①利用已有知识创造或改进项目成果；②让知识可支持组织运营和项目管理。管理项目知识的输入、工具与技术、输出，如图 10-5-1 所示。

输入	工具与技术	输出
1. 项目管理计划 2. 项目文件 3. 可交付成果 4. 事业环境因素 5. 组织过程资产	1. 专家判断 2. 知识管理 3. 信息管理 4. 人际关系与团队技能	1. 经验教训登记册 2. 项目管理计划（更新） 3. 组织过程资产（更新）

图 10-5-1　管理项目知识的输入、工具与技术、输出

10.5.1　输入

项目管理计划：略。

项目文件：包括项目团队派工单、资源分解结构、供方选择标准、干系人登记册等与知识相关的文件。

可交付成果：略。

事业环境因素：包括组织和干系人文化、工作关系等。

组织过程资产：包括人事管理制度、组织对沟通的要求、知识分享程序、经验教训登记册等影响知识管理的组织过程资产。

10.5.2　工具与技术

专家判断：略。

知识管理：包括人际交往；实践社区和特别兴趣小组；会议；工作跟随和跟随指导；讨论论坛、研讨会；讲故事；培训等工具。

信息管理：包括经验教训登记册；图书馆服务；信息收集；项目管理信息系统等工具。

人际关系与团队技能：包括倾听、引导、领导力、人际交往、大局观等。

10.5.3　输出

经验教训登记册：略。

项目管理计划（更新）：略。

组织过程资产（更新）：略。

10.6　监控项目工作

监控项目工作：监控项目工作是跟踪、审查和报告项目进展，以实现项目管理计划中确定的绩效目标的过程。本过程的主要作用：①让干系人了解项目的当前状态，认可处理绩效问题的行动；②预测成本和进度，让干系人了解项目的未来状态。**监控工作贯穿整个项目管理过程。**

监控项目工作主要关注：以**项目管理计划**为基准，比较实际的项目绩效；评估绩效，以确定是否需要采取改正或者预防性的行动；单项的改正或者预防性的行动；分析、追踪和监控项目风险，以确保风险被识别、状态被报告，适当的风险应对计划被执行；维持一个项目产品及其相关文档的一个准确和及时的信息库，并保持到项目完成；提供信息，以支持状态报告和绩效报告；提供预测，

以更新当前的成本和进度信息；当变更发生时，监控已批准的变更的执行。

监控项目工作的输入、工具与技术、输出，如图 10-6-1 所示。

图 10-6-1　监控项目工作的输入、工具与技术、输出

10.6.1　输入

项目管理计划：略。

项目文件：包括假设日志、风险登记册与风险报告、里程碑清单、成本预测、进度预测、质量报告、经验教训登记册等。

协议：略。

工作绩效信息：略。

组织过程资产：略。

事业环境因素：略。

10.6.2　工具与技术

专家判断：略。

数据分析：包括备选方案分析、成本效益分析、挣值分析、根本原因分析、趋势分析、偏差分析等。

会议：略。

决策：包括投票等方式。

10.6.3　输出

变更请求：略。

工作绩效报告：工作绩效报告内容包括状态报告和进展报告。工作绩效报告可以是挣值图表和信息、趋势线和预测、储备燃尽图、缺陷直方图、风险概述、合同绩效信息，也可以是引起关注、制定决策和采取行动的仪表指示图、热点报告、信号灯图或其他形式。

项目文件（更新）：略。

项目管理计划（更新）：略。

10.7　实施整体变更控制

实施整体变更控制是审查所有变更请求、批准变更，管理对可交付成果、项目文件和项目管理计划的变更，并对变更处理结果进行沟通的过程。实施整体变更控制工作要注意及时识别

可能发生的变更；管理每个已识别的变更；维持所有基线的完整性；根据已批准的变更范围、成本、预算、进度和质量要求，协调整体项目内的变更；基于质量报告控制项目质量使其符合标准；维护一个及时的、精确的关于项目产品及其相关文档的信息库，直至项目结束。本过程的主要作用是确保对项目中已记录的变更进行综合的评审。

变更是计划改变，是依据新计划而执行的一系列动作。变更需要及时通知各干系人。项目变更越早，成本越低。

整体变更控制工作有：

- 及时**识别**变更；
- **管理**已识别的变更；
- **维持**所有基线的**完整性**；
- 根据已批准的变更，**调整项目范围、成本、时间、质量**；
- 使用质量报告，**控制项目质量**；
- **维护文档**信息库，直至项目结束。

小项目变更更应该注重高效和简洁，但更应注意以下三点：影响变更因素，减少无谓的变更与评估；规范化和正式化，明确变更的组织与分工合作；变更申请和确认需要文档化。

1. 变更控制委员会

项目变更过程主要涉及两类重要角色，分别为项目经理和变更控制委员会。

- 项目经理的作用：提出变更请求，评估变更并提出变更涉及的资源需求，实施变更。
- 变更控制委员会（CCB）：CCB 是决策机构，负责审批变更请求，借助评审等手段审批项目基准是否需要变更；CCB 不是作业机构，不负责提出变更方案。变更控制委员会是所有者权益的代表，其组成可以是一人或多人，甚至可以是兼职人员，但其通常包含建设方管理层、用户方、实施方的决策人员、项目经理、配置管理员及监理方等主要干系人。CCB 主席不一定是项目经理，CCB 成员不一定是全职。

2. 变更控制流程

变更控制流程需要遵循的流程如下：

（1）**变更申请**：提出变更申请。

（2）**变更评估**：对变更的整体影响进行分析。变更评估（审核）的目的主要是确认变更的必要性；确保评估信息充分、完整；干系人间对评估的变更信息达成共识。变更评估过程又可以细分为变更初审和变更方案论证两步，变更初审的常见方式是变更申请文档的审核流转，变更方案论证主要是对变更请求的可实现性进行论证，论证通过后，提出资源需求，供 CCB 决策。

（3）**变更决策**：由 CCB（变更控制委员会）决策是否接受变更。

（4）**实施变更**：在实施过程中注意版本的管理。

（5）**变更验证**：追踪和审核变更结果。

（6）**沟通存档**。

要掌握实施整体变更控制这个过程,还要清楚它的输入和输出,脑海中能浮现并记住图 10-7-1。

输入	工具与技术	输出
1. 项目管理计划 2. 工作绩效报告 3. 项目文件 4. 变更请求 5. 组织过程资产 6. 事业环境因素	1. 专家判断 2. 变更控制工具 3. 会议 4. 数据分析 5. 决策	1. 批准的变更请求 2. 项目文件（更新） 3. 项目管理计划（更新）

图 10-7-1　实施整体变更控制输入、工具与技术、输出

10.7.1　输入

项目管理计划：包括变更管理计划；配置管理计划；范围、成本、进度基准等。

工作绩效报告：略。

项目文件：包括需求跟踪矩阵、风险报告、估算依据等。

变更请求：略。

组织过程资产：包括变更控制程序；批准与签发变更的程序；配置管理知识库等。

事业环境因素：略。

10.7.2　工具与技术

专家判断：略。

变更控制工具：变更控制工具需要支持的配置管理活动包括识别配置项；记录并报告配置项状态；进行配置项核实与审计等。变更控制工具需要支持的变更管理活动包括识别变更；记录变更；做出变更决定；跟踪变更。。

会议：主要是变更控制会。

数据分析：包括备选方案分析、成本效益分析等。

决策：包括投票；独裁型决策；多标准决策等。

10.7.3　输出

批准的变更请求：略。

项目文件（更新）：略。

项目管理计划（更新）：略。

10.8　结束项目或阶段

结束项目或阶段（又称项目收尾）过程是结束项目某一阶段中的所有活动，正式收尾该项目阶段的过程。本过程的主要作用：①对项目或阶段信息进行存档，完成计划工作；②释放团队资源，便于展开新工作。**合同收尾**就是按照合同约定，项目组和业主一项项地核对，检查是否完成了合同所有的要求，是否可以把项目结束掉，也就是我们通常所讲的项目验收。系统集成项目在验收阶段主要包含以下四方面的工作内容，分别是验收测试、系统试运行、系统文档验收以及项目终验。**管理收尾（又称行政收尾）**是对于内部来说的，把做好的项目文档等归档，对外宣称项目已经结束，释放资源，转入维护期，把相关的产品说明转到维护组，同时进行经验教训总结。

结束项目或阶段的输入、工具与技术、输出如图 10-8-1 所示。

输入	工具与技术	输出
1. 项目管理计划 2. 组织过程资产 3. 验收的可交付成果 4. 项目章程 5. 项目文件 6. 立项管理文件 7. 协议 8. 采购文档	1. 专家判断 2. 会议 3. 数据分析	1. 组织过程资产（更新） 2. 最终产品、服务或成果 3. 项目文件（更新） 4. 项目最终报告

图 10-8-1　结束项目或阶段的输入、工具与技术、输出

10.8.1　输入

项目管理计划：项目管理计划的所有组成部分。

组织过程资产：包括项目或阶段收尾要求、配置管理知识库等。

验收的可交付成果：包括产品规范、交货收据、工作绩效文件等。

项目章程：包含项目成功标准；审批要求；谁来签署项目结束。

项目文件：包括假设日志、需求文件、里程碑清单、风险登记册与风险报告、估算依据、变更日志、问题日志、经验教训登记册、质量报告等。

立项管理文件：包括可行性研究报告、项目评估报告等。

协议：略。

采购文档：略。

10.8.2　工具与技术

专家判断：略。

会议：会议的类型包括客户总结会、经验教训总结会、收尾报告会、庆祝会等。

数据分析：包括文件分析，回归分析，趋势分析，偏差分析。

10.8.3　输出

组织过程资产（更新）：包括项目文件；运营和支持文件；项目或阶段收尾文件；经验教训知识库等。

最终产品、服务或成果：略。

项目文件（更新）：更新的项目文件均标记为最终版本。最终版本的经验教训登记册要包含阶段或项目收尾的最终信息，可包含项目评估的准确性、项目和开发生命周期、效益管理、风险和问题管理、干系人参与等相关信息。

项目最终报告：用于总结项目绩效。项目最终报告包含的内容有项目或阶段概述；范围、质量、进度的目标及评估标准；成本目标，允许的偏差标准；最终产品、服务或成果的确认信息；项目过程中发生的风险及解决办法等。

第 2 天

10.9　裁剪考虑因素

裁剪是对有关项目管理方法、治理和过程深思熟虑后作出调整，使之更适合特定环境和当前工作，选择恰当的项目管理方法、过程、输入、工具、技术、输出和生命周期阶段以管理项目。

【攻克要塞软考团队讲评】裁剪的含义不仅仅是减少，还有调整、增加。

项目经理裁剪项目整合管理过程应考虑的因素参见表 10-9-1。

表 10-9-1　整合管理过程的裁剪因素

裁剪方向	裁剪所考虑的具体因素
项目生命周期	选择合适的生命周期；生命周期包含哪些阶段
开发生命周期	选择合适的开发生命周期和开发方法
管理方法	分析组织文化和项目复杂度，选择有效的管理过程
知识管理	合理管理知识，营造良好的工作氛围
变更	如何管理变更
治理	选择监控机构、干系人参与项目治理。确定项目状态报告要求的内容；项目结束时，应收集哪些信息；历史信息、教训是否适合新项目
效益	选择何时报告效益

敏捷型（适应型）环境中需要考虑的因素：采用迭代和敏捷方法，可以下放项目经理的决策权，可以让项目组成员以领域专家身份参与整合管理；团队获得具体产品的规划和交付授权；项目经理负责营造决策氛围，并确保团队有能力应对变更。

10.10　课堂巩固练习题

1. 在___(1)___中正式任命项目经理，授权其使用组织的资源开展项目活动。

（1）A．项目合同　　　B．项目建议书　　　C．项目章程　　　　　D．投标书

【攻克要塞软考团队讲评】项目章程是正式授权一个项目和项目资金的文件，由项目发起人或者项目组织之外的主办人颁发。在项目章程中会正式任命项目经理，并给项目经理授权。

参考答案：（1）C

2. ___(2)___会对项目的边界和假设条件进行定义。

（2）A．项目设计书　　B．项目章程　　　C．项目范围说明书　　D．招标书

【攻克要塞软考团队讲评】项目设计是在项目进行的中期阶段产生的文档；项目章程是项目启动的输出，会有粗略的项目范围描述，但不会对边界和假设进行定义；招标书中也会有基本的项目需求描述，但对边界和假设并没有进行定义；项目范围说明书则会对项目的边界和假设条件进行定义。

参考答案：（2）C

3. 项目整合管理的过程是围绕___(3)___进行的。

（3）A．项目管理计划　　B．项目章程　　　C．投标书　　　　　　D．需求规格说明书

【攻克要塞软考团队讲评】项目管理计划是整合管理的基本依据文件，在管理过程中，计划可以适度调整，但一定要有计划，并按计划实施。

参考答案：（3）A

4. 以下不是项目实施整体变更控制的输入的是___（4）___。

（4）A. 项目管理计划　　B. 工作绩效报告　　C. 变更请求　　　D. 项目任务书

【攻克要塞软考团队讲评】首先要审清题，题目要求找出不是项目实施整体变更控制的输入的选项；项目整体变更中依据的主要文件就是项目管理计划；从执行工作绩效报告可以得知项目目前的进展情况，以便实施整体变更控制；要进行变更就需要变更请求作为输入。故本题选 D 选项。

参考答案：（4）D

5. 项目收尾过程是结束项目某一阶段中的所有活动，正式收尾该项目阶段的过程。___（5）___就是按照合同约定，项目组和业主一项项地核对，检查是否完成了合同所有的要求，是否可以把项目结束掉，也就是我们通常所讲的项目验收。

（5）A. 管理收尾　　　　B. 合同收尾　　　　C. 项目验收　　　　D. 项目检查

【攻克要塞软考团队讲评】本题中考查的是项目收尾过程的基本知识。项目收尾包括管理收尾和合同收尾两部分。从题目来看，项目验收要对照合同来一项项检验，所以是合同收尾。

参考答案：（5）B

第 11 学时　项目范围管理

项目范围管理包括确保项目做且只做所需的全部工作，以成功完成项目的各个过程。管理项目范围主要在于定义和控制哪些工作应该包括在项目内，哪些不应该包括在项目内。本学时要学习的主要知识点如图 11-0-1 所示。

图 11-0-1　知识图谱

11.1　范围管理的过程

项目范围管理有以下过程：**规划范围管理、收集需求、定义范围、创建 WBS、确认范围、控制范围**。

这里要掌握不少知识点，比如详细的项目范围说明书的主要内容、WBS 的定义、制作 WBS 的方法等，下面来逐一讲解。

11.2　规划范围管理

规划范围管理（又称范围管理计划编制）就是定义、确认和控制项目范围的过程，该过程在整个项目中，是管理范围的指南。本过程的主要作用是在整个项目期间为如何管理范围提供指南和方向。规划范围管理的输入、工具与技术、输出如图 11-2-1 所示。

输入	工具与技术	输出
1. 项目管理计划 2. 项目章程 3. 组织过程资产 4. 事业环境因素	1. 会议 2. 专家判断 3. 数据分析	1. 需求管理计划 2. 范围管理计划

图 11-2-1　规划范围管理的输入、工具与技术、输出

11.2.1　输入

项目管理计划：包括质量管理计划、项目生命周期描述、开发方法等。

项目章程：略。

组织过程资产：略。

事业环境因素：略。

11.2.2　工具与技术

会议：略。

专家判断：略。

数据分析：主要是备选方案分析。

11.2.3　输出

需求管理计划：属于项目管理计划。需求管理计划包含的内容有如何分析、管理、记录需求；需求优先级排序；选择需求属性纳入跟踪矩阵；确定相关测量指标等。

范围管理计划：项目范围管理计划是一种规划的工具，说明项目组将如何定义、制定、监督、控制和确认项目范围，项目范围管理计划可以是详细的或者概括的，正式的或者非正式的。

11.3　收集需求

收集需求是确定、记录并管理干系人需求的过程。本过程的主要作用：为定义产品范围和项目范围工作提供基础。

收集需求的输入、工具与技术、输出如图 11-3-1 所示。

输入	工具与技术	输出
1. 立项管理文件 2. 项目管理计划 3. 项目文件 4. 项目章程 5. 协议 6. 事业环境因素 7. 组织过程资产	1. 专家判断 2. 数据收集 3. 数据分析 4. 决策 5. 数据表现 6. 人际关系与团队技能 7. 系统交互图 8. 原型法	1. 需求跟踪矩阵 2. 需求文件

图 11-3-1 收集需求的输入、工具与技术、输出

11.3.1 输入

立项管理文件：商业论证后产生影响收集需求过程的立项管理文件，立项管理文件描述了达到满足业务需要达到的期望、标准等。

项目管理计划：主要包含范围管理计划、需求管理计划、干系人参与计划等。

项目文件：主要包括假设日志、干系人登记册、经验教训登记册等。

项目章程：项目章程中的项目概述，可用于制定详细需求的高层需求。

协议：包含项目和产品需求。

事业环境因素：略。

组织过程资产：略。

11.3.2 工具与技术

专家判断：略。

数据收集：包含头脑风暴、访谈、焦点小组、问卷调查、标杆对照等方式，其中，标杆对照是将实际或计划产品、过程，与组织以往实践比较，提供绩效依据，形成改进意见。

数据分析：主要分析协议、商业计划、业务流程和接口文档、法律法规等文件。

决策：包括投票、独裁型决策制定、多标准决策分析等方式。

数据表现：包括亲和图、思维导图等工具。

人际关系与团队技能：包括名义小组技术（一种结构化的头脑风暴，通过投票得到最优结果）、观察和交谈、引导等方式。

系统交互图：可视化描述产品范围的工具，可直观显示计算机系统与人员，系统间的交互。

原型法：通过构造原型，经过用户体验反馈后，收集和确定需求。

11.3.3 输出

需求跟踪矩阵：是连接产品需求来源到满足产品需求的可交付成果的表格。需求跟踪矩阵连接了每个需求与业务目标或者项目目标，是一种在整个项目生命周期中跟踪需求的方法。

需求文件：描述各类需求的文件，可繁可简。需求的类别一般包括：①业务需求，即组织高层

级需要；②干系人需求，即干系人的需要；③解决方案需求，即为满足业务需求和干系人需求，产品、服务或成果必须具备的特性、功能和特征，解决方案需求可以细分为功能需求（描述产品功能）和非功能需求（描述产品保密性、可靠性、性能、安全性、服务水平等）；④过渡和就绪需求，例如培训、数据转换需求。⑤项目需求，即项目本身所需的条件、行动、过程等，例如合同责任、里程碑日期、制约因素等；⑥质量需求，用于确认项目可交付成果的成功完成，例如认证、测试、确认等。

11.4　定义范围

定义范围就是定义项目的范围，即根据范围规划阶段定义的范围管理计划，采取一定的方法，逐步得到精确的项目范围。通过项目定义，将项目主要的可交付成果细分为较小的便于管理的部分。**定义范围就是制定项目和产品详细描述的过程**。本过程的主要作用：确定产品、服务或成果的边界和验收标准。**详细的项目范围说明书是定义范围工作最主要的成果**。准备一个详细的项目范围说明书对项目的成功是至关重要的，这个工作基于项目启动阶段的主要可交付物——初步的项目范围说明书、假定及约束。当获得更多的项目信息时，项目范围就可以被更清晰地定义与描述。

项目范围说明书是干系人之间对项目范围所达成的共识，主要用于描述项目范围、主要可交付物、各种假设条件和制约因素。为便于管理干系人的期望，项目范围说明书描述了为符合产品范围、项目范围、完成可交付物必须开展的工作；明确了哪些工作不属于本项目范围。

项目章程与项目范围说明书在内容上有重复，但不是同一文件。项目章程包含了高层级信息，项目范围说明书则详细描述了范围组成部分，这些内容在项目过程中渐进明细。详细的项目范围说明书包括如表 11-4-1 所示的内容。

表 11-4-1　详细的项目范围说明书

内容	说明
项目目标	包括度量项目是否成功的项目目标及度量项目工作是否成功的指标，具体涉及项目的各种要求和指标，如项目成本、质量和时间等方面的要求和指标、项目产品的技术和质量要求等。所有这些指标都应该有具体的指标值
产品范围描述	主要细化项目在项目章程、需求文件中叙述的产品、服务的特性和项目产出物的构成。这方面的内容也是逐步细化和不断修订的，其详尽程度要能为后续项目的各种计划工作提供依据，要清楚地给出项目的边界，明确项目包括什么和不包括什么
项目可交付成果	在项目某阶段、过程中必须产生的成果。项目可交付成果既包括所有构成项目产品的最终成果，也包括生成项目产品过程中的阶段成果，如项目进度报告、系统需求分析报告、软件设计文档等。在制定的详细项目范围说明书中，可以详细地介绍和说明项目可交付成果的构成和要求
制约因素	对项目或过程的执行有影响的限制性因素
验收标准	可交付成果通过验收前必须满足的一系列条件
项目的除外责任	说明不属于项目范围的内容，减少范围蔓延

定义范围的输入、工具与技术、输出如图 11-4-1 所示。

图 11-4-1   定义范围的输入、工具与技术、输出

11.4.1   输入

项目管理计划：主要组件是记录了定义、确认和控制项目范围的范围管理计划。

项目文件：可作为定义范围过程输入的项目文件主要包括假设日志、需求文件、风险登记册。

项目章程：项目章程中包含对项目的高层级描述、产品特征和审批要求。

组织过程资产：略。

事业环境因素：略。

11.4.2   工具与技术

专家判断：略。

数据分析：主要技术是备选方案分析。

决策：主要技术是多标准（需求、进度、预算和资源等标准）决策分析。

人际关系与团队技能：略。

产品分析：定义产品与服务，描述可交付物的特点、用途等，产品分析包括系统工程、价值工程、产品分解、需求分析、系统分析、价值分析等技术。

11.4.3   输出

项目文件（更新）：更新的项目文件包括假设日志、需求文件、需求跟踪矩阵、干系人登记册等。

项目范围说明书：略。

11.5   创建 WBS

创建 WBS 过程是一个将大问题分解为更小的、更容易管理与解决的问题的过程。本过程的主要作用：确定所要交付内容的架构。

工作分解结构（Work Breakdown Structure，WBS）的定义：以可交付成果为导向对项目要素进行的分组，它归纳和定义了项目的整个工作范围每下降一层代表对项目工作的更详细定义。WBS 的编制需要主要项目干系人、项目团队成员的参与。

WBS 的通常表现形式为**树型**或**列表**，如图 11-5-1 和图 11-5-2 所示。

图 11-5-1　树型结构

一、项目基本情况				
项目名称	T 客户考察公司		项目编号	T0808
制作人	刘毅		审核人	施游
项目经理	王冀		制作日期	2013/12/8
二、工作分解结构（R—负责 Responsible；AS—辅助 Assist；I—通知 Informed；AP—审批 to Approve）				

分解代码	任务名称	包含活动	工时估算	人力资源	其他资源	费用估算	老刘	老朱	小施	小王	老王
1.1	邀请客户	提交邀请函给客户	1	2			I	AP	R	I	I
1.2		安排行程	2	4			R	AP	AS	I	AS
1.3		与客户确认行程安排	1	2			I	AP	R	I	I
2.1	落实资源	安排我司高层接待资源	2	4			R	AP	AS	I	I
2.2		安排各部门座谈人员	1	6			AP	R	I	AS	I
2.3		确定总部可参观卡片基础	2	4			AP	R	I	AS	I

图 11-5-2　列表结构

（1）树型结构层次清晰、直观，不易修改。

（2）列表结构直观性较差，分类多、容量大，适合大型、复杂的分解。

无论是在项目管理的实践中还是在项目管理工程师的考试中，WBS 都是重要的内容之一。WBS 总是处于计划过程的中心，也是制订进度计划、资源需求、制订预算、风险管理计划和采购计划等的重要基础。WBS 同时也是控制项目变更的重要基础。项目范围是由 WBS 定义的，所以 WBS 也是一个项目的综合工具。

WBS 是由 3 个关键元素构成的名词：工作——可以产生有形结果的工作任务；分解——是一种逐步细分和分类的层级结构；结构——按照一定的模式组织各部分。

根据这些概念，WBS 有以下相应的构成因子与其对应：

（1）**结构化编码**。编码是最显著和最关键的 WBS 构成因子，用于将 WBS 彻底地结构化。通过编码体系，我们可以很容易识别 WBS 元素的层级关系、分组类别和特性。

WBS 应控制在 4～6 层，如果超过 6 层，则将该项目分解成若干子项目，然后针对子项目来做 WBS。

（2）**工作包**。工作包是 WBS 的最底层元素，一般的工作包是最小的"可交付成果"，这些可交付成果很容易估算出完成它的活动、成本、持续时间、组织、资源信息。一个用于项目管理的 WBS 必须被分解到工作包层次才能够使其成为一个有效的管理工具。**WBS 中每个工作包的工作量应介于一个人工作 8～80 小时之间**。一个活动不能属于多个工作包。

控制账户是一种管理控制点，可以是工作包，也可以是比工作包更高层次上的一个要素。它和工作包是一对多的关系。

规划包是在控制账户和工作包之间的包，是临时解决方案，之后它会变成工作包。

（3）**WBS 元素**。WBS 元素实际上就是 WBS 结构上的一个个"节点"，通俗的理解就是"组织结构图"上的一个个"方框"，这些方框代表了独立的、具有隶属关系/汇总关系的"可交付成果"。WBS 中的元素必须有人负责，而且只由一个人负责。

每一级 WBS 应将上一级的一个元素分为 4～7 个新的元素。一个工作单元只能隶属于某个上层单元，避免交叉隶属。

（4）**WBS 字典**。它是用于描述和定义 WBS 元素中的工作的文档。字典相当于对某一 WBS 元素的规范，即 WBS 元素必须完成的工作以及对工作的详细描述；工作成果的描述和相应规范标准；元素上下级关系、元素成果输入/输出关系等。分解 WBS 结构采用的内容表现形式主要有两种，如图 11-5-3 所示。

图 11-5-3 分解 WBS 结构的内容表现形式

第一种形式：把项目生命周期的各阶段作为分解的第二层，产品和可交付成果放在第三层。

第二种形式：可交付成果作为分解的第二层。其中，可交付成果可以是子项目、功能等。

其他形式：WBS 分解结构纳入项目团队之外的各种底层次工作（比如外包工作）。

创建 WBS 结构分解步骤为：①识别和确认项目的阶段、主要可交付物和相关工作；②确定 WBS 组成结构、要素、排列方法；③自上而下逐层分解与细化；④制定编码规则、分配 WBS 编码；⑤确认分解是否足够详细，核实分解的正确性。

创建 WBS 时要遵循的原则：

- WBS 必须是面向可交付成果的：项目的目标是提供产品或服务，WBS 各项工作是确保成功交付产品或服务。
- WBS 必须符合项目范围：各层次上保持项目的完整性，避免遗漏；符合 100%原则（包含原则），即所有下一级的元素之和必须 100%代表上一级的元素。
- WBS 应控制在 4～6 层，每个工作单元只从属某一上层单元，应避免交叉从属。
- 工作单元应能分开不同责任者和不同工作内容，每个元素有且仅有一人负责，但可以多人参与。
- WBS 的底层应该支持计划和控制，便于管理者对项目的计划、控制项目进度和预算。
- WBS 包括项目管理工作（包含外包部分）。
- WBS 编制需要主要干系人参与，WBS 并非一成不变的。

创建 WBS 的输入、工具与技术、输出如图 11-5-4 所示。

图 11-5-4   创建 WBS 的输入、工具与技术、输出

11.5.1   输入

项目管理计划：该过程使用的项目管理计划组件是范围管理计划。

项目文件：包括需求文件、项目范围说明书。

- 需求文件：详细描述各类单一需求如何满足项目业务需要。
- 项目范围说明书：描述了需要实施的工作、不包含在项目中的工作。

事业环境因素：包括项目所在行业的 WBS 标准等。

组织过程资产：创建 WBS 的政策、程序和模板；以往项目项目档案和经验教训等。

11.5.2   工具与技术

分解：就是把项目范围和项目可交付物，逐步划分为更小的、更容易管理的部分。

专家判断：略。

11.5.3   输出

范围基准：属于项目管理计划的组成部分，包含经过批准的范围说明书、WBS 和相应的 WBS 词典，常用于各类比较和确认。范围基准的变更，需经过正式变更程序的批准。

项目文件（更新）：更新的文件包含假设日志、需求文件等。

11.6 确认范围

确认范围是客户等项目相对外部的干系人正式验收并接受已完成的项目可交付物的过程。项目范围确认包括审查项目可交付物，以保证每一交付物令人满意地完成。本过程的主要作用：①让验收过程具有客观性；②通过确认每个可交付成果的工作，提高验收最终产品、服务或成果的成功率。确认范围过程应该以书面文件的形式记录下来。如果项目在早期被终止，项目确认范围过程将记录其完成的情况。项目范围确认应该**贯穿项目的始终**。

确认范围的一般步骤如图 11-6-1 所示

图 11-6-1　确认范围的一般步骤

项目干系人进行范围确认时，需要关注的内容主要包含了可交付成果是否确定、可确认；每个可交付成果是否有明确的里程碑事件；质量标准是否明确；审核和承诺是否清晰表达；项目范围是否充分，没有遗漏；项目范围的风险是否太高。

不同关系人关注的点是不一样的。

（1）管理层主要关注项目范围对项目进度、成本、资源的影响，组织能否承受，投入和产出是否合理。

（2）项目管理人员关注项目的成本、时间、资源是否足够；项目有哪些制约因素；主要潜在风险和预备解决的办法。

（3）项目团队成员主要关注项目范围中和个人相关的部分，个人工作时间是否足够，是否有多项工作，工作间是否冲突。

确认范围的输入、工具与技术、输出如图 11-6-2 所示。

图 11-6-2　确认范围的输入、工具与技术、输出

确认范围与核实产品的术语比较，见表 11-6-1。

表 11-6-1　确认范围与核实产品术语比较

对比项	确认范围	核实产品
针对的对象	针对项目可交付成果	产品是否完成，强调产品是否完整
发起的时间点和对象	项目各阶段末，由发起人或客户验证	项目结束时，由发起人或客户验证

确认范围与控制质量的术语比较，见表 11-6-2。

表 11-6-2　确认范围与控制质量术语比较

对比项	确认范围	控制质量
关注点	可交付成果被发起人或客户接受	可交付成果的正确性，符合质量要求（标准）
发起的时间点	一般在阶段末	一般在确认范围前，也可以同时；不一定在阶段末
验收者属于项目内部还是外部	项目外部的干系人（发起人或客户）确认	项目内部的质量部门检查

确认范围与项目收尾的术语比较，见表 11-6-3。

表 11-6-3　确认范围与项目收尾术语比较

对比项	确认范围	项目收尾
发起的时间点	一般在项目各阶段末	项目末
关注点	可交付成果的核实、接受	结束项目（阶段）要做的工作
验收工作	验收项目可交付成果	验收产品

11.6.1　输入

项目管理计划：包括范围管理计划、需求管理计划、范围基准等。

项目文件：包括需求文件、需求跟踪矩阵、质量报告、经验教训登记册等。

核实的可交付成果：略。

工作绩效数据：略。

11.6.2　工具与技术

检查：通过测量、审查、确认等方式，来判断可交付成果是否符合验收标准。

决策：主要技术是投票。

11.6.3　输出

验收的可交付成果：略。

变更请求：略。

工作绩效信息：包括项目进展信息，验收成果及未验收原因。

项目文件（更新）：更新的项目文件主要包括需求文件、需求跟踪矩阵、经验教训登记册。

11.7 控制范围

控制范围是指当项目范围变化时对其采取纠正措施的过程，以及为使项目朝着目标方向发展而对项目范围进行调整的过程；即监督项目和产品的范围状态，管理范围基准变更的过程。本过程的主要作用：在整个项目期内维护范围基准。范围控制涉及的内容有：①识别范围变更的因素；②确保遵循整体变更流程；③管理实际变更。

在项目的实施过程中，项目的范围难免会因为很多因素需要或者至少为项目利益相关人提出变更，如何控制项目的范围变更，这需要与项目的控制进度、控制成本及控制质量结合起来管理。范围变更应该通过**整体变更过程**处理，变更均需通过变更控制委员会。定义范围变更的流程包括必要的书面文件、纠正行动、跟踪系统和授权变更的批准等级。

作为范围变更控制管理者，关注的内容有：判断范围变更是否发生；对范围变更采取何种措施，是否得到一致认同；如何管理范围变更。

控制范围的输入、工具与技术、输出如图 11-7-1 所示。

图 11-7-1 控制范围的输入、工具与技术、输出

11.7.1 输入

项目管理计划：包括范围管理计划、需求管理计划、变更管理计划、配置管理计划、范围基准、绩效测量基准等。

项目文件：包括需求文件、需求跟踪矩阵、经验教训登记册等。

组织过程资产：略。

工作绩效数据：略。

11.7.2 工具与技术

数据分析：根据范围基准测量项目绩效（如实际完成的项目范围），以此来评估变更的程度。数据分析的主要技术包括偏差分析（比较基准与实际结果）、趋势分析（审查项目绩效随时间的变化情况）等。

11.7.3 输出

工作绩效信息：包括收到的变更分类；识别的范围偏差和原因；偏差对进度、成本的影响；范围绩效预测等。

变更请求：针对范围和进度基准、项目管理计划提出变更请求。

项目管理计划（更新）：更新的内容包含范围管理计划、范围基准、进度基准、成本基准、绩效测量基准等。

项目文件（更新）：新的项目文件包括需求文件、需求跟踪矩阵、经验教训登记册等。

11.8　裁剪考虑因素

项目经理裁剪项目范围管理过程应考虑的因素参见表 11-8-1。

表 11-8-1　范围管理过程的裁剪因素

裁剪方向	裁剪所考虑的具体因素
知识和需求管理	选择构建指南；确定是否建立知识需求管理体系，应对未来相似项目重复使用
确认和控制	组织是否拥有确认和控制的政策、指南
开发方法	管理方法是否选择敏捷方法；开发方法选择迭代型、瀑布型（预测型）、增量型、敏捷型（适应型）还是混合型
需求的稳定性	判断项目中的需求容易变化的部分；确定应对易变化需求的方法，比如敏捷、适应等
治理	组织是否拥有审计和治理政策、程序和指南

敏捷型（适应型）环境中需要考虑的因素：

（1）项目早期，定义和协商范围的时间不宜过长，把时间留给后期的范围细化和明确。

（2）构建原型，通过多版本迭代，不断明确需求和范围。

（3）整体范围分解为一系列拟实现的需求和拟执行的工作。这个过程中的每个版本迭代，均应包含收集需求、定义范围、创建 WBS 三个过程，并需要确定未交付项目的优先级。

（4）征求发起人和客户代表对可交付成果的反馈意见，并收集需求。这个过程应重复确认范围、控制范围两个过程。

（5）只有经过正式变更控制程序，才能进行基准变更。

（6）干系人应尽早提出交付成果的质量要求。

11.9　课堂巩固练习题

1．项目范围管理有以下过程：范围管理计划编制、收集需求、范围定义、___（1）___、范围确认、范围控制。在项目章程中正式任命项目经理，授权其使用组织的资源开展项目活动。

（1）A．签订项目合同　　　　　　　　　B．范围变更管理

　　 C．创建 WBS　　　　　　　　　　D．可行性分析

【攻克要塞软考团队讲评】创建 WBS 是项目范围管理中的重要过程。

参考答案：（1）C

2．以下有关项目范围管理计划的说法错误的是___（2）___。

（2）A．项目范围管理计划是一种规划的工具，说明项目组将如何进行项目的范围管理

B. 项目范围管理计划是一种规划的工具，说明项目组将如何定义、制定、监督、控制和确认项目范围

C. 项目范围管理计划的内容包括描述从详细的项目范围说明书创建 WBS 的方法

D. 项目范围管理计划的内容包括项目的详细范围说明

【攻克要塞软考团队讲评】项目范围管理计划中的主要内容是有关"方法"的说明，但并不会具体说明项目的范围。

参考答案：（2）D

3. ___（3）___ 是范围定义工作最主要的成果。

（3）A. 范围管理计划　　B. 范围说明书　　C. 项目章程　　D. 项目建议书

【攻克要塞软考团队讲评】范围管理计划是范围定义过程的输入；范围说明书是项目范围管理中范围定义的最主要的输出；项目章程是项目启动的输出；项目建议书用于项目立项。故本题选 B 选项。

参考答案：（3）B

4. WBS 的最底层元素是___（4）___，该元素可进一步分解为 ___（5）___。

（4）（5）A. 工作包　　B. 活动　　　C. 任务　　　　D. WBS 字典

【攻克要塞软考团队讲评】WBS 中，工作包是最小的可交付成果，是最底层的元素，但可进一步分解为活动。WBS 字典是用于描述和定义 WBS 元素中的工作的文档。

参考答案：（4）A　　（5）B

5. 以下不是项目范围控制的方法的是 ___（6）___。

（6）A. 偏差分析　　B. 趋势分析　　　C. 数据分析　　D. WBS

【攻克要塞软考团队讲评】注意审清题，本题是要选出不是项目范围控制的方法。项目范围控制的方法有数据分析，而数据分析的主要技术包括偏差分析、趋势分析等。故本题选 D 选项。

参考答案：（6）D

6. 在项目管理领域，经常把不受控制的变更称为项目"范围蔓延"。为了防止出现这种现象，需要控制变更。批准或拒绝变更申请的直接组织称为 ___（7）①___，定义范围变更的流程包括必要的书面文件、___（7）②___ 和授权变更的批准等级。

（7）A. ①变更控制委员会；②纠正行动、跟踪系统

B. ①项目管理办公室；②偏差分析、配置管理

C. ①变更控制委员会；②偏差分析、变更管理计划

D. ①项目管理办公室；②纠正行动、配置管理

【攻克要塞软考团队讲评】变更控制委员会属于批准或拒绝变更申请的直接组织。范围变更应该通过**整体变更过程**处理，变更均需通过变更控制委员会。定义范围变更的流程包括必要的书面文件、纠正行动、跟踪系统和授权变更的批准等级。

"范围蔓延"又叫范围潜变，是指未得到控制的变更。"范围蔓延""得不到投资人批准""项目小组未尽责任"属于常见的范围变更管理过程中遇到的问题。

参考答案：（7）A

第 12 学时　项目成本管理

项目成本管理是确保在预算内完成项目，而对成本采取的规划、估算、预算、控制等活动。本学时要学习的主要知识点如图 12-0-1 所示。

图 12-0-1　知识图谱

12.1　成本管理的过程

项目成本管理就是在整个项目的 实施过程中，为确保项目在批准的预算条件下尽可能保质按期完成，而对成本进行规划、估算和预算、融资和筹资、管理和控制的过程进行管理与控制。其主要目标是确保在批准的预算范围内完成项目所需的各个过程。

项目成本管理的过程有**规划成本管理、估算成本、制定预算、控制成本**。规划成本管理过程在整个项目中为如何管理项目成本提供指南和方向。估算成本过程要对完成项目所需的成本进行估计和计划，是项目计划中一个重要的、关键的、敏感的部分；制定预算过程要把估算的总成本分配到项目的各个工作细目，建立成本基准计划以衡量项目绩效；控制成本过程保证各项工作在各自的预算范围内进行。

12.2　成本管理的重要术语

（1）**全生命周期成本**。对于一个项目而言，全生命周期成本指的是权益总成本，即**开发成本和维护成本的总和**。全生命周期成本可以用下面的公式表述：

$$C = C_1 + C_2 \tag{12-1}$$

式中，C_1 为开发成本；C_2 为维护成本。

全生命周期成本有助于对贯穿于项目生命周期的成本状况有一个整体的认识，帮助项目管理者更精确地制订项目成本计划。在项目决策阶段进行项目可行性研究是进行全生命周期成本的考虑，注重项目成本计划的作用和立足点。对于软件项目，特别要考虑全生命周期成本的计算，合理地分配项目各个阶段的成本。

（2）**可变成本**。随着生产量、工作量或时间而变的成本为可变成本，如原料、劳动、燃料成本。**可变成本又称变动成本**。

（3）**固定成本**。不随生产量、工作量或时间的变化而变化的非重复成本为固定成本，如工资、固定税收。

注意：固定成本大部分是间接成本，如企业管理人员的薪金和保险费、固定资产的折旧和维护费、办公费等。

（4）**直接成本**。凡是可以直接计入项目工作成本的费用，称为直接费用（成本），如直接用于产品生产、构成产品实体的原材料、直接从事生产工人的工资等。

（5）**间接成本**。不能直接计入项目工作成本的费用（成本），称为间接费用，如税费、额外福利、保卫费用、车间管理人员的工资费用和福利费、办公费、保险费、水电费等。间接成本往往由多个项目共担费用。

（6）**沉没成本**。过去的决策已经发生了的，而不能由现在或将来的任何决策改变的成本。沉没成本的特点是已付出，不可收回。

（7）**应急储备和管理储备**。应急储备是包含在成本基准内的一部分预算，用来应对已经接受的已识别风险，以及已经制定应急或减轻措施的已识别风险。使用应急储备不改变进度和成本基准。**应急储备可用于应对"已知-未知"风险。"已知-未知"风险是已经识别出但其发生概率或后果还不清楚的风险，例如，软件开发会出现 Bug，但是 Bug 的严重程度和发生概率是未知的。**

管理储备是一个单列的计划出来的成本，以备未来不可预见的事件发生时使用。管理储备包含成本或进度储备，以降低偏离成本或进度目标的风险。使用管理储备可能会改变进度和成本基准。

应急储备和管理储备的定义如图 12-2-1 所示，它们的关系见表 12-2-1。

应急储备
（应对可见风险）
风险列表中已列出

管理储备
（应对不可见风险）

沉没成本
已付出、不可收回

图 12-2-1 应急储备和管理储备

表 12-2-1 管理储备与应急储备的关系

储备类型	定义	是否属于成本基准	是否属于总预算	项目经理对其支配方式
管理储备	计划单列的成本，以备将来不可知的事件、风险所使用的储备（成本、时间等）	不属于	属于	使用前需向高层申请
应急储备	应对已知风险而使用的储备	属于	属于	直接支配

（8）**成本基准**。成本基准是经批准的按时间安排的成本支出计划，并随时反映了经批准的项目成本变更，被用于度量和监督项目的实际执行成本。成本基准是不同进度活动经批准的预算的总和。

（9）机会成本。机会成本是企业为从事某种经营活动而放弃另一经营活动的机会，或利用一定资源获得某种收入时所放弃的另一种收入，泛指一切在做出选择后其中一个最大的损失。

（10）控制账户。工作分解结构是成本管理计划的基础，可以据此规范地开展成本估算、预算和控制。项目成本核算中使用的 WBS 组成部分，称为控制账户。

12.3 规划成本管理

规划成本管理是为了规划、管理、花费和控制项目成本而制订成本管理计划的过程。本过程的主要作用：在整个项目期间为项目成本管理提供指南和方向。

规划成本管理的输入、工具与技术、输出如图 12-3-1 所示。

输入	工具与技术	输出
1. 项目管理计划 2. 项目章程 3. 组织过程资产 4. 事业环境因素	1. 专家判断 2. 会议 3. 数据分析	成本管理计划

图 12-3-1 规划成本管理的输入、工具与技术、输出

12.3.1 输入

项目管理计划：包括进度管理计划、风险管理计划等。

项目章程：包含项目章程中批准的财务资源及项目审批要求。

组织过程资产：包括财务程序和数据库，与成本管理相关政策、程序、指南，历史信息和经验

教训等。

事业环境因素：包括影响成本的组织文化、组织结构、汇率、市场条件、生产率差异、商业信息等。

12.3.2 工具与技术

专家判断：略。

会议：略。

数据分析：主要是备选方案分析，包括审查筹资、分析采购资源方式（采购、租赁、自制）等。

12.3.3 输出

成本管理计划：成本管理计划是项目管理计划的组成部分，描述将如何规划、安排和控制项目成本。成本管理过程及其工具与技术应记录在成本管理计划中。成本管理计划可以是正式的，也可以是非正式的；可以是非常详细的，也可以是概括性的。

成本管理计划中的内容一般包含计量单位、精度、准确度、控制临界值、报告格式、组织程序链接、绩效测量规则（规定用于绩效测量的挣值管理规则）、其他细节等。

12.4 估算成本

估算成本是对完成项目活动所需资金进行近似估算的过程。本过程的主要作用：估算出项目所需资金。

项目估算成本需要进行以下 3 个主要步骤：

（1）**识别并分析成本的构成科目**。该部分的主要工作就是确定完成项目活动需要物质资源（人、设备、材料）的种类，说明工作分解结构中各组成部分需要资源的类型和所需要的数量。

（2）**根据已识别的项目成本构成科目估算每一科目的成本大小**。根据前一步形成的资源需求，考虑项目需要的所有资源的成本。估算可以用货币单位表示，也可用工时、人月、人天、人年等其他单位表示。有时同样技能的资源来源不同，其对项目成本的影响也不同。

（3）**讲评成本估算结果，找出各种可以相互替代的成本，协调各种成本之间的比例关系**。通过对每一成本科目进行估算而形成的总成本，应对各种成本进行比例协调，找出可行的低成本替代方案，尽可能地降低项目估算的总成本。但是，无论如何降低项目成本估算值，项目的应急储备和管理储备都不应被裁剪。

估算成本的输入、工具与技术、输出如图 12-4-1 所示。

12.4.1 输入

项目管理计划：包括成本管理计划（描述可用的成本估算方法，成本估算的准确度和精确度）、质量管理计划（为实现质量目标所需的活动和资源）、范围基准（包含项目范围说明书、WBS 和 WBS 字典）等。

项目文件：包括风险登记册（已识别并按优先级排列的单个风险的详细信息和应对措施，可用于估算成本的详细信息）、经验教训登记册（与制定成本估算相关的经验教训可提高成本估算的准确度和精确度）、资源需求（每个工作包或活动所需资源的类型和数量）、项目进度计划（包括项目可用的团队和实物资源的类型、数量和可用时间的长短）等。

图 12-4-1　估算成本的输入、工具与技术、输出

组织过程资产：包括用于成本估算的政策、模板、历史信息、经验教训知识库等。

事业环境因素：包括市场条件、发布的商业信息、汇率和通货膨胀率等。

12.4.2　工具与技术

（1）类比估算。成本类比估算是一种粗略的估算方法，该方法以过去类似项目的参数值（例如成本、范围、预算和持续时间等）或规模指标（如尺寸、重量和复杂性等）为基础，来估算当前项目的同类参数或指标。有两种情况可以使用这种方法：一种情况是以前完成的项目与当前项目非常相似；另一种情况是项目成本估算专家或小组具有必需的专业技能。类比估算将被估算项目的各个成本科目与已完成同类项目的各个成本科目进行比较，从而估算出新项目的各项成本。

（2）专家判断。借鉴以往信息，专家判断可以对项目环境及以往类似项目的信息提供有价值的见解。专家判断还可以联合使用多种估算方法，并协调方法之间的差异之后，再作出决定。

（3）参数估算。参数估算利用历史数据之间的统计关系和其他变量估算项目成本的方法。参数估算重点集中在成本影响因子（即影响成本最重要的因素）的确定上，这种方法并不考虑众多的项目成本细节，因为项目的成本影响因子决定了项目的成本变量，并且对项目成本有举足轻重的影响。其优点是快速并容易使用，它只需要小部分信息即可得出整个项目的成本费用；缺点在于参数如果不经过标准的验证，则参数估算可能不准确，估算出来的项目成本精度不高。参数估算可以针对整体项目，也可针对项目中的某个部分。

（4）自下而上估算。自下而上估算是估算单个工作包或活动成本，然后从下往上汇总成整体项目成本。自下而上估算的优点在于，项目涉及活动所需要的成本是由直接参与项目建设的人员估算出来的，他们比高层管理人员更清楚项目活动所需要的资源，因而能更精确地估算出项目所涉及活动的成本；缺点是估算要保证涉及的所有任务都被考虑到，这一点比自上而下估算更为困难，因此，它通常花费的时间长、应用代价高。

（5）数据分析（包括备选方案分析、储备分析、质量成本）。备选方案分析：多个备选方案进行成本、进度、资源和质量的对比，并做出选择；储备分析：应对已知风险的不确定性而加入的准备金或者应急储备，应急储备包含在项目的成本基准中（管理储备不包含在项目的成本基准中，成本基准加上管理储备等于项目总预算）；质量成本则是指在估算时，可能要用到关于质量成本的各种假设，例如是为达到质量要求而增加投入，还是承担不符合要求而产生的成本。

（6）三点估算。考虑估算中的不确定性与风险，使用 3 种估算值来划定成本近似区间，可提高成本估算的准确性。

最可能成本（C_M）：现实估算的活动成本。

最乐观成本（C_O）：最好情况下的活动成本。

最悲观成本（C_P）：最差情况下的活动成本。

使用贝塔分布公式得到，预期成本 $C_E=(C_O+4C_M+C_P)/6$。

注意：计算预期成本的公式，还有三角分布公式，即预期成本 $C_E=(C_O+C_M+C_P)/3$。

（7）项目管理信息系统：辅助成本估算的表格、模拟软件、统计工具等。

（8）决策：主要技术是投票。

12.4.3 输出

活动成本估算：完成项目工作所需要的成本、对已识别风险的应急储备。

估算依据：包括假设条件、制约因素、风险、估算区间的说明等。

项目文件（更新）：主要包括假设日志、经验教训登记册、风险登记册。

12.5 制定预算

制定预算是汇总所有单个活动或工作包的估算成本，形成一个经批准的成本基准的过程。本过程的主要作用：确定监督和控制项目绩效的成本基准。制定预算的步骤：①汇总各项目活动的成本估算、应急储备，得到工作包成本；②汇总各工作包的成本估算及其应急储备，得到控制账户成本；③汇总各控制账户的成本，得到成本基准；④汇总成本基准、管理储备，得到项目预算（管理储备变更，应进行成本基准变更控制，获得批准后变更成本基准）。

项目成本预算的原则有：以**项目需求**为基础；与项目目标相联系，必须同时考虑到项目质量目标和进度目标；要切实可行；预算应当留有一定的弹性。

制定预算的输入、工具与技术、输出如图 12-5-1 所示。

图 12-5-1　制定预算的输入、工具与技术、输出

12.5.1 输入

项目管理计划：包括成本管理计划、资源管理计划、范围基准等。

可行性研究文件：包括可行性研究报告（识别项目成功关键因素，例如财务成功因素）、项目

评估报告（包含项目的目标效益）等。

项目文件：包括估算依据（包括基本的假设条件，例如，项目预算中是否包含间接成本、其他成本。）、成本估算（汇总各工作包的每个活动的成本估算，得到各工作包的成本估算）、项目进度计划、风险登记册等。

协议：略。

组织过程资产：包括与成本预算有关的政策、程序和指南，历史信息和经验教训，成本预算工具，报告方法等。

事业环境因素：包括汇率等。

12.5.2　工具与技术

成本汇总：先对 WBS 中的工作包进行成本估算汇总，然后汇总所有工作包到 WBS 更高层次（比如控制账户），最终得到项目整体成本。

资金限制平衡：根据项目资金限制，调整进度计划、平衡支出。

历史信息审核：历史信息审核可以支持参数估算或类比估算。

专家判断：略。

融资：略。

数据分析：建立项目管理储备分析。

12.5.3　输出

成本基准：成本基准是经过批准的、按时间段分配的项目预算，不包括管理储备。成本基准是与实际结果进行比较的依据，需要通过正式的变更控制程序才能变更。

项目文件（更新）：更新的项目文件主要包括成本估算、项目进度计划、风险登记册等。

项目资金需求：根据成本基准，确定总资金需求和阶段性（如年度、季度）资金需求。

12.6　控制成本

控制成本是监督项目状态，以更新项目成本，管理成本基准变更的过程。本过程的主要作用：在整个项目期间持续维护成本基准。控制成本主要包括以下内容：

（1）对造成成本基准变更的因素施加影响。

（2）确保变更请求都得到及时处理。

（3）当变更发生时，管理这些实际的变更。

（4）监督成本绩效，找出与成本基准的偏差。

（5）准确记录所有与成本基准的偏差。

（6）防止错误的、不恰当的或未获批准的变更纳入成本或资源使用报告中。

（7）将所有经批准的变更及相关成本通知项目干系人。

（8）对照资金支出，监督工作绩效。

（9）采取措施，将预期的成本超支控制在可以接受的范围内。

控制成本的输入、工具与技术、输出如图 12-6-1 所示。

输入	工具与技术	输出
1. 项目管理计划 2. 项目资金需求 3. 组织过程资产 4. 工作绩效数据 5. 项目文件	1. 专家判断 2. 数据分析 3. 完工尚需绩效指数 4. 项目管理信息系统	1. 工作绩效信息 2. 成本预测 3. 变更请求 4. 项目管理计划（更新） 5. 项目文件（更新）

图 12-6-1　控制成本的输入、工具与技术、输出

12.6.1　输入

项目管理计划：包括成本管理计划（管理和控制项目成本）、成本基准（用于和实际结果对比，从而决定是否变更或采取纠正、预防措施）、绩效测量基准（使用挣值分析，比较绩效测量基准与实际结果，从而决定是否变更或采取纠正、预防措施）等。

项目资金需求：包括预计支出、预计债务。

组织过程资产：略。

工作绩效数据：包含项目状态（已批准、已发生、已支付、已开具发票）的数据。

项目文件：主要是经验教训登记册。

12.6.2　工具与技术

专家判断：略。

数据分析：包括挣值分析（计划价值 PV、挣值 EV、实际成本 AC）、偏差分析（成本偏差 CV、进度偏差 SV）、趋势分析（图表技术、预测技术）、储备分析（监督项目应急储备和管理储备的使用情况，判断是否需要或者增加储备）等技术。具体计算将在挣值分析一节详细说明。

完工尚需绩效指数：即 TCPI，将在挣值分析一节详细说明。

项目管理信息系统：略。

12.6.3　输出

工作绩效信息：项目施工情况（对比成本基准），工作包和控制账户级别上的成本偏差数据。

成本预测：计算后的 EAC 值。

变更请求：略。

项目管理计划（更新）：变更的部分包括成本管理计划、成本基准、绩效测量基准。

项目文件（更新）：更新的项目文件包括假设日志、估算依据、成本估算、经验教训登记册、风险登记册等。

12.7　挣值分析

为了方便考生们快速学习和复习，本书将挣值分析这一小节的重要知识点浓缩在 3 张学习卡片中。其中，图 12-7-1 介绍了挣值分析的基础知识 PV、AC、EV；图 12-7-2 介绍了挣值分析的进阶知识 SPI、CPI；图 12-7-3 介绍了挣值分析的高阶知识 BAC、ETC、EAC。

图 12-7-1　学习卡片 1

图 12-7-2　学习卡片 2

图 12-7-3　学习卡片 3

　　挣值（Earned Value，EV）分析用于控制成本，是一种监督项目范围、成本、进度的方法，又称为挣值管理（Earned Value Management，EVM）。

考点 1：挣值分析基础知识

　　挣值分析的基础就是 PV、AC、EV 三个参数，具体功能见表 12-7-1。

表 12-7-1　挣值分析的三个基本参数

参数名	含义
计划费用（PV）	当前时间点，计划完成工作的预算成本。 在学习卡片中，3 个月后检查时，计划投入是花费 300 万建 3 栋楼，因此 PV=300 万元
实际费用（AC）	当前时间点，实际发生的成本。 在学习卡片中，实际上项目组只花了 150 万元，因此 AC=150 万元
挣值（EV）	当前时间点，已完成工作的预算值。 在学习卡片中，3 个月建好了一栋楼，而建好一栋楼计划是投入 100 万元，因此 EV=100 万元

　　例 1：图 12-7-4 是一项布线工程计划和实际完成的示意图，2020 年 3 月 23 日的 PV、EV、AC 分别是多少？

　　分析：

　　（1）2020 年 3 月 23 日，PV 计划成本为 4000 元。

（2）2020 年 3 月 23 日，只完成了第一层布线工作，而这层花费对应的预算（EV）为 2000 元。

（3）2020 年 3 月 23 日，AC 实际成本为 3800 元。

图 12-7-4　例题用图

考点 1：挣值分析进阶知识

挣值分析进阶知识涉及 2 个偏差和 2 个指数，即 CV、SV、CPI、SPI。CV 和 CPI 用于判断项目成本偏差与绩效；SV 和 SPI 用于判断项目进度偏差与绩效。具体功能见表 12-7-2。

表 12-7-2　挣值分析的 2 个偏差、2 个指数

名称	公式	具体值表示的含义	
成本偏差 （Cost Variance，CV）	CV=EV−AC，挣值（EV）和实际成本（AC）的差	CV=0	计划和实际花费一致
		CV>0	结余
		CV<0	超支
进度偏差 （Schedule Variance，SV）	SV=EV−PV，挣值（EV）和计划成本（PV）的差	SV=0	项目按计划进行
		SV>0	进度超前
		SV<0	进度滞后
成本绩效指数 （Cost Performance Index，CPI）	CPI=EV/AC，挣值（EV）和实际成本（AC）的比值	CPI=1	计划和实际花费一致
		CPI>1	结余
		CPI<1	超支
进度绩效指数 （Schedule Performance Index，SPI）	SPI=EV/PV，挣值（EV）和计划成本（PV）的比值	SPI=1	项目按计划进行
		SPI>1	进度超前
		SPI<1	进度滞后

例 2：项目进行到某阶段时，项目经理进行了绩效分析，计算出 CPI 值为 0.91，这表示 ＿＿＿（2）＿＿＿。

分析：CPI 值为 0.91 表示 100 元成本只实现了 91 元价值。

考点 2：挣值分析高阶知识

挣值分析高阶知识涉及 BAC、EAC、ETC、VAC 等定义，具体功能见表 12-7-3。

表 12-7-3　挣值分析的三个高阶知识

参数名	含义与公式	
项目完工总预算（Budget at Completion，BAC）	所有计划成本的和，BAC=∑PV 例如，挣值分析第 3 张卡片中，第 1～3 天均计划吃 3 个汉堡，则 BAC=3 天计划吃的汉堡量=9 个汉堡	
完工尚需估算（Estimate to Completion，ETC）	当前时间点，项目剩余工作完工的估算	
	非典型 （剩下按计划执行）	ETC=剩下工作量对应计划值=总计划值-已完成工作的计划值（EV），即 ETC = BAC-EV
	典型 （继续偏差趋势发展）	ETC=剩下工作量对应计划值/成本绩效指数，即 ETC = (BAC-EV)/CPI
	考虑 SPI 和 CPI 同时影响 ETC 时	EAC =AC+[(BAC-EV)/(CPI×SPI)]
完工估算（Estimate at Completion，EAC）	项目整体完工估算成本，等于 AC+剩余工作的预算。 EAC=ETC+AC	
完工偏差（Variance at Completion，VAC）	对预算亏空量或盈余量的一种预测，是完工总预算与完工估算之差。 VAC=BAC-EAC	

注：① 非典型 ETC 和典型 ETC 公式可以统一起来，即 ETC=(BAC-EV)/CPI，因为非典型 ETC 下项目 CPI=1。
② EAC 中的 ETC，是按照典型、非典型、SPI 和 CPI 同时影响的公式进行对应计算。

例 3：某大楼布线工程基本情况为：一层到四层，必须在低层完成后才能进行高层布线。每层工作量完全相同。项目经理根据现有人员和工作任务，预计每层需要 1 天完成。项目经理编制了该项目的布线进度计划，并在 2020 年 3 月 18 日工作时间结束后对工作完成情况进行了绩效评估，见表 12-7-4。

表 12-7-4　布线计划表

	日期	2020 年 3 月 17 日	2020 年 3 月 18 日	2020 年 3 月 19 日	2020 年 3 月 20 日
计划	计划进度任务	完成第一层布线	完成第二层布线	完成第三层布线	完成第四层布线
	预算/元	10000	10000	10000	10000
实际绩效	实际进度		完成第一层		
	实际花费/元		8000		

【问题 1】（5 分）

请计算 2020 年 3 月 18 日时对应的 PV、EV、AC、CPI 和 SPI。

【问题 2】（4 分）

（1）根据当前绩效，在图 12-7-5 中画出 AC 和 EV 曲线。（2 分）

图 12-7-5　例题用图

（2）分析当前的绩效，并指出绩效改进的具体措施。（2 分）

【问题 3】（6 分）

（1）如果在 2020 年 3 月 18 日绩效评估后，找到了影响绩效的原因，并纠正了项目偏差，请计算 ETC 和 EAC，并预测此种情况下的完工日期。（3 分）

（2）如果在 2020 年 3 月 18 日绩效评估后，未进行原因分析和采取相关措施，仍按目前状态开展工作，请计算 ETC 和 EAC，并预测此种情况下的完工日期。（3 分）

试题分析：

【问题 1】

（1）PV=完成第一层布线预算+完成第二层布线预算=10000+10000=20000 元。

（2）EV=完成第一层布线预算=10000 元。

（3）AC=实际花费=8000 元。

（4）CPI = EV/ AC=10000/8000=1.25，表明实际成本低于预期，有结余。

（5）SPI = EV/PV=10000/20000=0.5<1，表明实际进度迟于预期。

【问题 2】

（1）由于 EV=10000 元，AC=8000 元，则曲线如图 12-7-6 所示。

图 12-7-6　例题用图

（2）CPI = EV/ AC=10000/8000=1.25，表明实际成本低于预期，有结余。

SPI = EV/PV=10000/20000=0.5<1，表明实际进度迟于预期。

因此可以采用的方法有：

1）赶工，缩短关键路径上的工作历时；

2）采用并行施工方法以压缩工期（或快速跟进）；

3）追加资源；

4）改进方法和技术；

5）缩减活动范围；

6）使用高质量的资源或经验更丰富人员。

【问题 3】

本题 BAC=10000+10000+10000+10000=40000 元。

（1）"如果在 2020 年 3 月 18 日绩效评估后，找到了影响绩效的原因，并纠正了项目偏差"属于非典型偏差计算。因此：

ETC = BAC-EV=40000-10000 =30000 元

EAC=AC+BAC-EV=8000+40000-10000 =38000 元

2020 年 3 月 18 日仅完成第一层布线，如果之后调整问题，按原计划进度进行，则只要多 1 天即能完成迟滞的任务"完成第二层布线"。所以完工日期为 3 月 21 日。

（2）"如果在 2020 年 3 月 18 日绩效评估后，未进行原因分析和采取相关措施"属于典型偏差计算。因此：

ETC =(BAC-EV)/CPI=(40000-10000)/1.25 =24000 元

EAC=AC+ETC = 8000+24000 =32000 元

原计划 1 天完成一层（估计费用 10000 元）的工作，用了 2 天完成；则完成四层（估计费用 40000 元）的工作需要 8 天。所以完工日期为 3 月 24 日。

考点 3：完工尚需绩效指数

完工尚需绩效指数（To Complete Performance Index，TCPI）是指为了实现具体的管理目标（如 BAC 或 EAC），剩余工作的实施必须达到的成本绩效指标。TCPI 等于完成剩余工作所需成本与剩下预算的比值。TCPI 有两种计算公式，具体说明见表 12-7-5。

表 12-7-5　TCPI 计算的两种情形

TCPI 计算的两种情形	公式	具体值表示的含义	
BAC 可行的情况	TCPI=剩余工作/剩余资金 =(BAC-EV)/(BAC-AC)	TCPI=1	正好完成
		TCPI>1	很难完成
		TCPI<1	很容易完成
BAC 明显不可行，经批准，使用 EAC 取代 BAC 的情况	TCPI=(BAC-EV)/(EAC-AC) =(BAC-EV)/ETC	TCPI=1	正好完成
		TCPI>1	很难完成
		TCPI<1	很容易完成

考点 4：挣值曲线

挣值技术的表现形式很多，常用图形方式表示，如图 12-7-7 所示，该图表示的项目预算超支且进度落后。

图 12-7-7　挣值曲线

12.8　裁剪考虑因素

项目经理裁剪项目成本管理过程应考虑的因素参见表 12-8-1。

表 12-8-1　成本管理过程的裁剪因素

裁剪方向	裁剪所考虑的具体因素
知识管理	组织是否应该建立知识管理体系和财务数据库，并要求项目经理使用
估算和预算	组织是否应该建立成本预算、估算的政策、程序和指南
挣值管理	组织是否采用挣值管理来管理项目
敏捷方法的使用	组织是否采用敏捷型（适应型）方法管理项目
治理	组织是否建立审计和治理政策、程序和指南

敏捷型（适应型）环境中需要考虑的因素：详细估算只适合采用确定性高、短期的项目规划，对于经常变更的项目采用详细估算的意义不大，此时可采用轻量级估算方法快速预测人力成本；项目变化时也需要依据制约因素，并同步更新范围和进度计划。

12.9　课堂巩固练习题

1．在项目成本管理的子过程中，___(1)___过程要把估算的总成本分配到项目的各个工作细目，建立成本基准计划以衡量项目绩效。

（1）A．成本计划　　　B．估算成本　　　C．制定预算　　　D．控制成本

【攻克要塞软考团队讲评】制定预算是项目成本管理的子过程，其重要输出就是项目预算，而项目预算是进行控制成本的基础。故本题选 C 选项。

参考答案：（1）C

2．构成产品实体的原材料应当计入___(2)___。

（2）A．成本基准　　　B．全生命周期成本　　C．直接成本　　　D．管理储备

【攻克要塞软考团队讲评】这里考查的是有关成本管理的术语。成本基准是经批准的按时间安排的成本支出计划，并随时反映了经批准的项目成本变更，被用于度量和监督项目的实际执行成本。全生命周期成本指的是权益总成本，即开发成本和维护成本的总和。凡是可以直接计入产品成本的费用，称为直接费用（成本）。如构成产品实体的原材料、生产工人工资等。管理储备是一个单列的计划出来的成本，以备未来不可预见的事件发生时使用。所以这里选 C 选项。

参考答案：（2）C

3．以下不是估算成本方法的是___(3)___。

（3）A．类比估算法　　　　　　　　B．专家判断
　　　C．自下而上估算法　　　　　　D．挣值分析

【攻克要塞软考团队讲评】注意审清题意，题目要求找出不是估算成本方法的选项。题目提供的 4 个选项中，挣值分析是用来衡量项目绩效的方法，故选 D 选项。

参考答案：（3）D

4．项目制定预算的原则是要以___(4)___为基础；与项目目标相联系，必须同时考虑到项目质量目标和进度目标；要切实可行；预算应当留有一定的弹性。

（4）A．项目需求　　　B．项目目标　　　C．项目合同　　　D．项目建议书

【攻克要塞软考团队讲评】成本预算应当以需求为基础，所以选 A 选项。

参考答案：（4）A

5．某项目当前的 PV=100，AC=120，EV=150，则项目的绩效情况是___(5)___。

（5）A．进度超前，成本节约　　　　B．进度滞后，成本超支
　　　C．进度超前，成本超支　　　　D．进度滞后，成本节约

【攻克要塞软考团队讲评】根据题目已知条件可以计算出，SV=EV−PV=150−100=50，故进度超前；CV=EV−AC=150−120=30，故成本节约。据此，答案选 A 选项。

参考答案：（5）A

第3天
鼓足干劲，逐一贯通

经过前面的学习，我们应当已经掌握了项目管理的基础知识，还学习了整合管理、范围管理、成本管理这 3 个核心知识领域的知识。

第 13 学时　项目进度管理

项目进度管理又叫项目时间管理，包括为保证项目按时完成而对项目所需的各个过程所进行的管理，是十大知识领域中的核心知识领域之一。项目进度管理一直以来是考生的难点，也是考试的热点，特别是有关网络图的计算，是历次考试必考的内容。本学时要学习的主要知识点如图 13-0-1 所示。

图 13-0-1　知识图谱

13.1 进度管理的过程

项目进度管理的过程有：规划进度管理、**定义活动、排列活动顺序、**估算活动持续时间、**制订进度计划、控制进度。**

13.2 规划进度管理

规划进度管理是为规划、编制、管理、执行和控制项目进度而制定政策、程序和文档的过程。本过程的主要作用：在整个项目期间，为项目进度管理提供指南和方向。规划进度管理的输入、工具与技术、输出如图 13-2-1 所示。

输入	工具与技术	输出
1. 项目管理计划 2. 项目章程 3. 事业环境因素 4. 组织过程资产	1. 专家判断 2. 数据分析 3. 会议	进度管理计划

图 13-2-1　规划进度管理的输入、工具与技术、输出

13.2.1 输入

项目管理计划：包括开发方法（定义进度计划方法、估算技术、进度计划编制工具、控制进度的技术）、范围管理计划（定义和制定范围，提供制订进度计划的信息）等。

项目章程：特指项目章程中的里程碑进度计划。

事业环境因素：略。

组织过程资产：略。

13.2.2 工具与技术

专家判断：略。

数据分析：主要方法是备选方案分析，选择并采用备选的进度计划，并整合不同方法到项目中。

会议：略。

13.2.3 输出

进度管理计划是项目管理计划的组成部分。进度管理计划可以是正式的或非正式的，非常详细的或高度概括的，其中应包括合适的控制临界值。进度管理计划也会规定如何报告和评估进度紧急情况。在项目执行过程中，可能需要更新进度管理计划，以反映在管理进度过程中所发生的变更。进度管理计划的内容一般包括项目进度模型、进度计划的发布和迭代长度、准确度、计量单位、工作分解结构（WBS）、项目进度模型维护、控制临界值、绩效测量规则、报告格式等。

项目进度表为项目进度计划的结果，它的图形表现形式主要有以下 3 种。

（1）项目进度网络图。项目进度网络图中列明活动日期，既可表示项目活动的先后逻辑，又能表示项目关键路径上的计划活动。

进度网络图可以使用时标进度网络图（逻辑横道图）描述，具体如图 13-2-2 所示。该图描述

了一项工作分解为彼此连续的计划活动。

ID	任务名称	开始时间	完成	持续时间	2019 年 8 月						2019 年 9 月		
					7/21	7/28	8/4	8/11	8/18	8/25	9/1	9/8	9/15
1	软件项目启动	2019/7/29 星期一	2019/7/29 星期一	1d									
2	设计	2019/7/30 星期二	2019/8/28 星期三	22d									
3	制作	2019/8/29 星期四	2019/9/5 星期四	6d									
4	测试	2019/9/6 星期五	2019/9/17 星期二	8d									
5	软件项目完成	2019/9/18 星期三	2019/9/18 星期三	1d									
6	网络项目启动	2019/7/29 星期一	2019/7/29 星期一	1d									

图 13-2-2　时标进度网络图（逻辑横道图）

（2）横道图（甘特图）。横道图中的活动列于纵轴，日期排于横轴，活动长度表示预期的持续时间。具体的横道图的实例概括性进度表如图 13-2-3 所示。

时间 活动	进度时间			
	时间段 1	时间段 2	时间段 3	时间段 4
需求说明书定稿				
系统设计评审				
测试				

图 13-2-3　概括性进度表

（3）里程碑图。里程碑图与横道图类似，但只标识出可交付的成果。标识主要可交付成果和关键外部接口的计划时间段。具体的里程碑图的实例里程碑进度表如图 13-2-4 所示。

时间 活动	进度时间			
	时间段 1	时间段 2	时间段 3	时间段 4
需求说明书定稿	◆			
网络设计评审		◆		
软件设计评审			◆	
测试				◆

图 13-2-4　里程碑进度表

13.3　定义活动

定义活动是识别和记录为完成项目可交付成果而须采取的具体行动的过程。本过程的主要作用：将工作包分解为进度活动，成为项目进度估算、规划、执行、监督与控制的基础。

工作分解结构的最底层是工作包，把工作包分解成一个个的活动是定义活动过程的基本任务。工作包通常还应进一步细分为更小的组成部分，即"活动"，代表着为完成工作包所需的工作投入。

定义活动的输入、工具与技术、输出如图 13-3-1 所示。

图 13-3-1　定义活动的输入、工具与技术、输出

13.3.1　输入

项目管理计划：主要包括进度管理计划、范围基准等。

组织过程资产：略。

事业环境因素：包括经验教训知识库（类似项目的活动清单等）、标准化流程、以往项目中包含标准活动清单或部分活动清单的模板、现有与活动规划相关的正式和非正式的政策、程序和指南。

13.3.2　工具与技术

分解：就定义活动过程而言，分解技术指把项目工作组合进一步分解为更小、更易于管理的称为计划活动的组成部分。将 WBS 每个工作包分解成活动，从而由各活动完成各类可交付成果。

专家判断：略。

滚动式规划：滚动式规划是规划**渐进明细**的一种表现形式，近期要完成的工作在工作分解结构最下层详细规划，而计划在远期完成的工作分解结构组成部分的工作在工作分解结构较高层规划。最近一两个报告期要进行的工作应在本期工作接近完成时详细规划。所以，项目计划活动在项目生命期内可以处于不同的详细水平。在信息不够确定的早期战略规划期间，活动的详细程度可能仅达到里程碑的水平。

会议：略。

13.3.3　输出

活动清单：项目所需开展的活动，需定期更新。

活动属性：每项活动所具有的属性，包括活动标识、紧前活动、紧后活动、逻辑关系、提前量和滞后量、资源需求、制约因素和假设条件等。

里程碑清单：列出所有里程碑，并标明是强制性的还是选择性的。

变更请求：当发现不属于项目基准的工作时，则提出变更请求。

项目管理计划（更新）：更新的部分包括进度基准、成本基准等。

此外，还要掌握有关定义活动的几个术语：

（1）**检查点**指在规定的时间间隔内对项目进行检查，比较实际进度和计划进度的差异，从而根据差异进行调整。

（2）**里程碑**是完成阶段性工作的标志，通常指一个主要可交付成果的完成。一个项目中应该有几个用作里程碑的关键事件。里程碑既不消耗资源也不花费成本，持续时间为零。

（3）**基线**其实就是一些重要的里程碑，但相关交付物需要通过正式评审，并作为后续工作的基准和出发点。

重要的检查点是里程碑，重要的需要客户确认的里程碑就是基线。里程碑是由相关人负责的、按计划预定的事件，**用于测量工作进度**，它是项目中的重大事件。

13.4 排列活动顺序与网络图

排列活动顺序是识别和记录项目活动之间的逻辑关系的过程。本过程的主要作用：在既定项目制约因素下，获得工作间的最优逻辑顺序。排列活动顺序定义了工作之间的逻辑顺序，以便在既定的所有项目制约因素下获得最高的效率。

排列活动顺序的输入、工具与技术、输出如图 13-4-1 所示。

输入	工具与技术	输出
1. 项目管理计划 2. 项目文件 3. 事业环境因素 4. 组织过程资产	1. 紧前关系绘图法 2. 确定和整合依赖关系 3. 提前量和滞后量 4. 箭线图法 5. 项目管理信息系统	1. 项目进度网络图 2. 项目文件（更新）

图 13-4-1 排列活动顺序的输入、工具与技术、输出

13.4.1 输入

项目管理计划：主要包括进度管理计划（规定排列活动顺序的方法和准确度）、范围基准等。

项目文件：主要包括假设日志（影响活动排序的方式、活动之间的关系的假设；对提前量和滞后量的需求假设等）、活动属性（描述事件间确定的紧前或紧后关系的属性；定义提前量与滞后量和活动之间逻辑关系的属性）、活动清单（项目所需的全部活动的依赖关系及制约因素均影响活动的排序）、里程碑清单（特定里程碑实现日期可能会影响活动排序）等。

事业环境因素：略。

组织过程资产：略。

13.4.2 工具与技术

紧前关系绘图法：又称前导图法，具体内容将在本节网络图中进行详细阐述。

确定和整合依赖关系：依赖关系分类见表 13-4-1。

表 13-4-1　依赖关系分类

类别	特点
强制性依赖关系	法律或合同要求的或工作内在性质决定的依赖关系
选择性依赖关系（软逻辑关系）	基于最佳实践或者项目特殊性而创建的活动顺序
外部依赖关系	项目活动与非项目活动之间的依赖关系
内部依赖关系	项目活动之间的紧前关系

提前量和滞后量：提前量是相对于紧前活动，紧后活动可提前的时间量，提前量一般用负值表示；滞后量是相对于紧前活动，紧后活动需要推迟的时间量，滞后量一般用正值表示。

箭线图法：用箭线表示活动，用节点表示事件，具体内容将在本节网络图中进行详细阐述。

项目管理信息系统：略。

13.4.3　输出

项目进度网络图：略。

项目文件（更新）：更新的项目文件包括活动属性、活动清单、假设日志、里程碑清单等。

13.4.4　网络图

网络图往往是考试的难点，但又是考试的必考题，所以一定要掌握，要会作图、会计算，还要会分析。考生比较难掌握网络图的主要原因在于：①概念不理解；②公式记不住；③公式记住了但不会用。

在这里可以提供一个简便、快捷且记忆深刻的方法——"记口诀"，口诀记住了，以上 3 个问题可迎刃而解。先来理解几个基本的术语。

（1）**理解术语 ES、EF、LS、LF**。

E 即 Early，表示早；S 即 Start，表示开始，所以 ES 表示最早开始时间。

F 即 Finish，表示完成，所以 EF 表示最早完成时间。

L 即 Late，表示晚，所以 LS 表示最晚开始时间。

LF 表示最晚完成时间。

（2）**理解缩写 TF、FF**。

T 即 Total，表示总的；F 即 Float，表示浮动，所以 TF 表示总的浮动时间，即总时差。

F 即 Free，表示自由的，所以 FF 表示自由的浮动时间，即自由时差。

那么怎么理解 ES、EF、LS、LF、TF、FF 呢？这些术语都是针对活动而言的，ES、EF、LS、LF 理解即可，不必太多解释，相信考生马上就清楚了。那么 TF 和 FF 呢？

TF：一项活动的最早开始时间和最迟开始时间不相同时，它们之间的差值是该活动的总时差。

FF：在不影响紧后活动完成时间的条件下，一项活动最大可被延迟的时间。

（3）**学会作图**。**前导图**（Precedence Diagramming Method，**PDM**）：是一种用**节点表示活动、箭线表示活动关系**的项目网络图，这种方法也叫作**单代号网络图**。在这种方法中，每项活动有唯一的活动号，每项活动都注明了预计的工期，工期一般就标在活动的上方，如图 13-4-2 所示。

前导图法活动间依赖关系：在前导图中，箭尾节点表示的活动是箭头节点的紧前活动；箭头节点所表示的活动是箭尾节点的紧后活动。

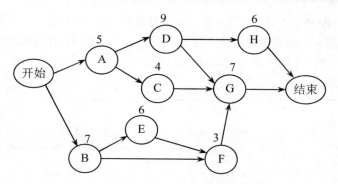

图 13-4-2　单代号网络图

在绘制前导图时，需要遵守以下规则：

● 前导图必须正确表达项目中活动之间的逻辑关系。

● 在图中不能出现循环回路。

● 在图中不能出现双向箭头或无箭头的连线。

● 图中不能出现无箭尾节点的箭线或无箭头节点的箭线。

● 图中只能有一个起始节点和一个终止节点。当图中出现多项无内向箭线的活动或多项无外向箭线的活动时，应在前导图的开始或者结束处设置一项虚活动，作为该前导图的起始节点或终止节点。

箭线图法（Arrow Diagramming Method，**ADM**）：这种表示方法与前导图相反，是**用箭线表示活动、节点表示排列活动顺序**的一种网络图方法，这种方法又叫做**双代号网络图法**（Active On the Arrow，AOA）。每一项活动都用一根箭线和两个节点来表示，每个节点都编以号码，箭线的箭尾节点和箭头节点是该项活动的起点和终点。

箭线表示项目中独立存在、需要一定时间或资源完成的活动。在箭线图中，依据是否需要消耗时间或资源，可将活动分为实活动或虚活动。

实活动是需要消耗时间和资源的活动。在箭线图中用实箭线表示，如图 13-4-3 所示。在箭线上方标出活动的名称，如果明确了活动时间，则在箭线下方标出活动的持续时间，箭尾表示活动的开始，箭头表示活动的结束，相应节点的号码表示该活动的代号。

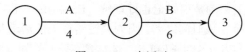

图 13-4-3　实活动

虚活动既不消耗时间，也不消耗资源的活动，它只表示相邻活动之间的逻辑关系，在箭线图中用虚线表示。当出现下列情况时，需要定义虚活动：

1）平行作业。如图 13-4-4（a）所示，在活动 A 和活动 B 完成后才能够转入活动 C，为了说明活动 B 和 C 之间的关系，需要在节点 2、3 之间定义虚活动。

2）交叉作业。如图 13-4-4（b）所示，要求 a_1 完成后才开始 b_1，a_2 完成后才开始 b_2，a_3 完成

后才开始 b_3，因此需要在节点 2 和节点 3、节点 4 和节点 5、节点 6 和节点 7 之间建立虚活动。

3）在复杂的箭线图中，为避免多个起点或终点引起混淆，也可以用虚活动来解决，即用虚活动与所有能立即开始的节点连接，如图 13-4-4（c）所示。

（a）平行作业   （b）交叉作业

（c）只有一个起点的箭线图

图 13-4-4 几种虚活动的表示

在箭线图表示法中有三个基本原则：

- 箭线图中每一个事件必须有唯一的一个代号，即箭线图中不会有相同的代号。
- 任意两项活动的紧前事件和紧后事件至少有一个不相同，节点序号沿箭线方向越来越大。
- 流入（流出）同一节点的活动均有共同的后继活动（或先行活动）。

（4）**学会找关键路径**。关键路径就是权值累加和最大的路径，而该路径的长度就是总工期。最长的一般指时间，也就是耗时最多的，自然是总工期了。值得注意的是，关键路径可能有多条。

（5）**会计算**。对于关键路径上的活动来说，ES、EF、LS、LF 很好求。ES=LS，EF=LF，因为关键路径上的活动是不允许延迟的，否则就会影响总工期。据此，TF、FF 必为 0。

那非关键路径上的呢？有公式如下：

$ES = \max$ {紧前活动的 EF}，$EF = ES + D$，$LF = \min$ {紧后活动的 LS}，$LS = LF - D$，$TF = LS - ES$，$FF = \min$ {紧后活动的 ES}$-EF$。（D 表示活动历时）

EF、LS、TF 的公式看上去倒是很好记也好理解。ES 和 EF、LS 和 LF 之间都是相差 D，TF 就是两个开始时间之差或两个完成时间之差。因为关键路径上的活动是不允许延迟的，故关键路径上的活动的 TF、FF 均为 0，ES=LS 且 EF=LF。非关键路径上的处理麻烦一点，特别是 ES、LF、FF 不好理解和记忆。下面提供三句口诀："**早开大前早完；晚完小后晚开；小后早开减早完。**"

请大声念 10 遍，背下来。再请身边的同事、朋友来考考你，看记住没有。

第一句口诀"早开大前早完"的意思是：当前活动的最早开始时间等于当前活动的所有前置活动的最早完成时间的最大值。

第二句口诀"晚完小后晚开"的意思是：当前活动的最晚完成时间等于当前活动的所有后继活动的最晚开始时间的最小值。

第三句口诀"小后早开减早完"的意思是：当前活动的自由时差等于当前活动的所有后继活动最早开始时间的最小值减去当前活动的最早完成时间。

怎么样，口诀记住了吗？如果还是不理解没关系，后续再来做个案例就会明白了。

案例：某项目经分析得到一张表明工作先后关系及每项工作的初步时间估计的工作列表，见表 13-4-2。

表 13-4-2　工作列表

工作代号	紧前工作	历时/天
A	—	5
B	A	2
C	A	8
D	B、C	10
E	C	5
F	D	10
G	D、E	15
H	F、G	10

1）请根据上表完成此项目的前导图和箭线图，并指出关键路径和项目工期。

2）请分别计算工作 B、C 和 E 的自由浮动时间。

3）为了加快进度，在进行工作 G 时加班赶工，因此将该项工作的时间压缩了 7 天（历时 8 天）。请指出此时的关键路径，并计算工期。

先来解决第 1）问，来看如何完成前导图和箭线图。相对来说，前导图容易一些，可先画前导图再画箭线图，非常熟练的话顺序也可随意。

【攻克要塞专家提示】考生可先自行在草稿纸上画画试试，这样学习效果会更好一些。

可一步一步制作出前导图，步骤如图 13-4-5 所示。在图中，每步制作出了两个活动及连线，在画图时可能图形并不像书上的这么美观，没关系，先画完再调整就是了。

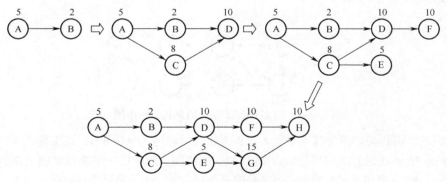

图 13-4-5　制作前导图的步骤

可一步一步制作出箭线图，步骤如图 13-4-6 所示。在图中，每步制作出了两个活动及节点。

图 13-4-6　制作箭线图的步骤

图画出来了，关键路径就好找了。找关键路径就是要找出权值累加和最大的那条路，因为这里的权值是工期，所以关键路径上的权值累加和为总工期。

可以看出，关键路径为 ACDGH，总工期为 48 天。

接下来解第 2）问。第 2）问是要求 B、C 和 E 的自由浮动时间。其中 C 在关键路径上，关键路径上的活动是不允许延迟的，故可得知 $FF_C=0$。再来求非关键路径上的 B 和 E。马上想起计算 FF 的口诀"小后早开减早完"，所以 FF_B 和 FF_E 的演算过程如下：

$$FF_B=\min\{ES_D\}-EF_B=ES_D-(ES_B+D_B)=13-(5+2)=13-7=6$$

$$FF_E=\min\{ES_G\}-EF_E=ES_G-(ES_E+D_E)=\max\{EF_E,EF_D\}-(\max\{EF_C\}+5)$$

$$=\max\{ES_C+D_E,23\}-(EF_C+5)=\max\{ES_C+5,23\}-(ES_A+D_C+5)$$

$$=\max\{EF_A+8+5,23\}-(ES_B+8+5)=\max\{EF_A+13,23\}-(EF_A+13)$$

$$=\max\{18,23\}-(5+13)=23-18=5$$

【攻克要塞专家提示】能掌握和理解以上演算过程，相信考生在做网络图计算题时可以迎刃而解。

继续解第 3）问，题干说活动 G 压缩了 7 天，即变成 8 天，可在网络图上将 G 上权值改为 8，单代号网络图如图 13-4-7 所示。

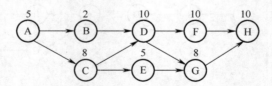

图 13-4-7　将 G 缩短工期后的单代号网络图

得到此图后，再找关键路径就不难了，可以看出关键路径为 ACDFH，总工期为 43 天。

（6）使用 PDM 法求解关键路径。PDM 图也叫网络图。此处用一道典型例题来完整讲解网络图的节点表示，ES（最早开始时间）、LS（最晚开始时间）、EF（最早完成时间）、LF（最晚完成时间）推导，以及关键路径的推导。

例 1：某系统集成项目的建设方要求必须按合同规定的期限交付系统，承建方项目经理李某决定严格执行项目进度管理，以保证项目按期完成。他决定使用关键路径法来编制项目进度网络图。在对工作分解结构进行认真分析后，李某得到了一张包含活动先后关系和每项活动初步历时估计的工作列表，见表 13-4-3。

表 13-4-3　活动关系及历时列表

活动代号	前序活动	活动历时/天
A	—	5
B	A	3
C	A	6
D	A	4
E	B、C	8
F	C、D	5
G	D	6
H	E、F、G	9

（1）画出该系统集成项目的网络图。

（2）标记各节点的 ES、LS、EF、LF。

（3）求该网络图的关键路径。

网络图中求各节点的 ES、LS、EF、LF 及求关键路径的方法一般分为如下六步：

第一步：将工作表转换为网络图。

前导图法使用矩形代表活动，活动间使用箭线连接，表示活动之间的逻辑关系。PDM 存在四种依赖关系，如图 13-4-8 所示。

图 13-4-8　前导图的四种依赖关系

（1）FS（结束-开始）。表示前序活动结束后，后续活动才可以开始。

（2）FF（结束-结束）。表示前序活动结束后，后续活动才可以结束。

（3）SS（开始-开始），表示前序活动开始后，后续活动才可以开始。

（4）SF（开始-结束），表示前序活动开始后，后续活动才可以结束。

PDM 中，活动（即节点）的表示如图 13-4-9 所示。

图 13-4-9　PDM 中节点的表示

其中，节点中各时间的关系如下：

（1）ES（最早开始时间）+工期=EF（最早完成时间）；

（2）LS（最晚开始时间）+工期=LF（最晚完成时间）；

（3）LS（最晚开始时间）－ES（最早开始时间）

$\qquad$ =TF（总时差）

$\qquad$ =LF（最晚完成时间）－EF（最早完成时间）

将例 1 的工作列表转换为活动图，如图 13-4-10 所示。

● **确定起点**：活动 A 没有前序活动，因此活动 A 为起点。

● **确定终点**：活动 H 没有后续活动，因此活动 H 为终点。

● **确定依赖关系**：工作列表给出活动 B 的前序为 A，因此在网络图中，有一条从 A 到 B 的射线。

● **确定工期**：工作表给出的活动历时，即为各项活动的工期。

图 13-4-10　把工作列表转为网络图

第二步：从左至右求各节点的最早开始时间。

如图 13-4-11 所示，节点 B 的所有前序节点的 max{最早开始时间+工期}，即为节点 B 的最早开始时间（ES）。

图 13-4-11　求 ES

根据上述逻辑，得到题目对应网络图所有节点的最早开始时间，如图 13-4-12 所示。

图 13-4-12　求所有节点的最早开始时间

第三步：从右至左求各节点的最晚完成时间。

a. 终点 H 的最晚完成时间等于 H 的最早开始时间加上 H 的历时。

b. 除 H 以外的其他节点，其最晚完成时间=min 后续节点{最晚完成时间-活动历时}，如图
13-4-13 所示。

图 13-4-13　求 LF

根据上述逻辑，可得网络图中所有节点的最晚完成时间，如图 13-4-14 所示。

图 13-4-14　求所有节点的最晚完成时间

第 3 天

第四步：求最早完成时间、最晚开始时间、关键路径。

根据节点的时间关系，求最早完成时间、最晚开始时间、时间差。其中，ES=LS 或者 EF=LF 的节点均可视为关键路径节点。尝试连接这些节点，能从起点连接到终点的，就是关键路径。

根据上述逻辑，可得到题目对应网络图所有节点的**最早完成时间、最晚开始时间、关键路径**，如图 13-4-15 所示。

图 13-4-15 所有节点的**最早完成时间、最晚开始时间**，获得关键路径

第五步：求总时差。

某个节点的总时差是指其在不影响总工期的前提下所具有的机动时间。每个活动总时差（机动时间）用完后，必须马上开始，否则将会耽误工期。关键路径上的节点总时差为 0。

总时差公式：TF=LS-ES=LF-EF。

根据上述逻辑得到例 1 对应网络图所有节点的**总时差**，如图 13-4-16 所示。

第六步：求自由时差。

自由时差是指不影响后继节点最早开始时间的前提下的本节点的机动时间。

如图 13-4-17 所示，节点 A 的所有后继节点的 min{ES}-本节点的 EF，即为节点 A 的自由时差。

第五步 求总时差

最早开始时间（ES）	工期	最早完成时间（EF）
	工作编号	
最晚开始时间（LS）	**总时差（TF）**	最晚完成时间（LF）

图 13-4-16 所有节点的**总时差**

图 13-4-17 所有节点的**自由时差**

13.5 估算活动持续时间

估算活动持续时间（又称活动历时估算）是根据资源估算的结果，估算完成单项活动所需工作时段的过程。本过程的主要作用：估算完成每个活动所需的时间。

估算活动持续时间的输入、工具与技术、输出如图 13-5-1 所示。

图 13-5-1　估算活动持续时间的输入、工具与技术、输出

13.5.1　输入

项目管理计划：主要包括进度管理计划、范围基准等。

项目文件：主要包括假设日志、风险登记册、活动属性、活动清单、里程碑清单、资源需求、资源分解结构、资源日历、项目团队派工单等。

事业环境因素：包括持续时间估算数据库、生产率测量指标、发布的商业信息、团队成员的所在地等。

组织过程资产：包括持续时间相关的历史信息、项目日历、估算政策、进度规划方法论、经验教训知识库等。

13.5.2　工具与技术

（1）专家判断：略。

（2）类比估算：以过去类似项目活动的实际时间为基础，通过类比来推测估算当前项目活动所需的时间。当项目相关性的资料和信息有限，而先前活动与当前活动又有本质上的类似性时，用这种方法来估算项目活动历时是一种较为常用的方法。

（3）参数估算：基于历史数据和项目参数，估算成本或持续时间的技术。

（4）三点估算：三点估算法考虑了估算中的不确定性和风险，提高估算活动持续时间的准确性。

1）三点估算的**3个**估算前提。

- **最乐观**历时，设定为 T_a。
- **最可能**历时，设定为 T_b。
- **最悲观**历时，设定为 T_c。

2）三点估算的两个重要公式。

公式1：期望时间（PERT值）＝（最悲观时间+4×最有可能时间+最乐观时间）/6

公式2：标准差（σ）＝（最悲观时间–最乐观时间）/6

例：活动A的乐观历时为6天，最可能历时为21天，最悲观历时为36天。

- 活动A最可能的历时=(6+4×21+36)/6=21天。
- 活动A标准差=(36–6)/6=5天。

3）标准差与工期发生**概率**关系。

总工期完成服从正态分布，如图13-5-2所示。

- 正态分布图横轴代表工期，纵轴代表概率密度。
- T 代表工期期望值。

图 13-5-2 总工期的正态分布

- 以 T（工期期望值）为中心，工期在正负一个标准差内（$T\pm\sigma$）的完工概率为 68.26%；工期在正负两个标准差内（$T\pm2\sigma$）的完工概率为 95.46%；工期在正负三个标准差内（$T\pm3\sigma$）的完工概率为 99.736%。

结合例题，得到图 13-5-3。

图 13-5-3 三点估算法示例图

工期（16～26 天）完成概率为 68.26%（16～26 天阴影部分面积为总面积的 68.26%）；

工期（11～31 天）完成概率为 95.46%（其范围内的曲线面积为总面积的 95.46%）。

【专家提示】对于三点估算法来说，从历年试题可以看到其出题的灵活性和变化趋势。此类题型解题的关键点在于掌握"面积法"，即把求概率的问题转换成求面积的问题，复杂问题即可迎刃而解。

（5）决策：主要是投票。

（6）自下而上估算：从下到上逐层汇总 WBS 的组成部分，得到项目估算结果。

（7）数据分析：包括备选方案分析、储备分析等。

（8）会议：略。

13.5.3　输出

活动持续时间估算：定量评估项目活动、阶段的工作时间的区间。

项目文件（更新）：主要包括活动属性、假设日志、经验教训登记册等。

估算依据：持续时间估算所需信息，包括估算依据、假设条件、已知制约因素、影响估算的单个项目风险等。

13.6　制订进度计划

制订进度计划过程是指分析计划活动顺序、计划活动持续时间、资源要求和进度制约因素，制定项目进度表的过程。本过程的主要作用：为完成项目制定含有计划日期的进度模型。制订进度计划应包括以下几个基本内容：①项目综合进度计划；②项目实施进度计划；③项目采购进度计划；④项目验收进度计划；⑤项目维护计划。

制订进度计划时，需要估算并修正持续时间、资源和进度储备，是一个反复进行的过程。制订进度计划的关键步骤如下：

（1）进度活动管理：定义项目里程碑，识别活动，排列活动顺序，估算活动持续时间（包含开始和完成时间）。

（2）审查并确认：项目人员审查所分配的活动，确认所分配活动日期和资源上没有冲突，确保日期有效。

（3）分析进度计划确保计划可行：确定是否存在逻辑冲突，在批准进度计划并成为基准前，是否需要进行资源平衡。

制订进度计划的输入、工具与技术、输出如图 13-6-1 所示。

输入	工具与技术	输出
1. 项目管理计划 2. 项目文件 3. 协议 4. 事业环境因素 5. 组织过程资产	1. 进度网络分析 2. 关键路径法 3. 资源优化 4. 数据分析 5. 提前量和滞后量 6. 进度压缩 7. 计划评审技术 8. 项目管理信息系统 9. 敏捷或适应型发布规划	1. 进度基准 2. 项目进度计划 3. 进度数据 4. 项目日历 5. 项目管理计划（更新） 6. 项目文件（更新）

图 13-6-1　制订进度计划的输入、工具与技术、输出

13.6.1　输入

项目管理计划：主要包括进度管理计划、范围基准等。

项目文件：主要包括假设日志、风险登记册、活动属性、活动清单、里程碑清单、项目进度网络图、估算依据、持续时间估算、资源需求、项目团队派工单、资源日历等。

协议：略。

事业环境因素：略。

组织过程资产：包含项目日历、进度计划方法论，制定和维护进度计划应遵循的政策等。

13.6.2　工具与技术

（1）进度网络分析：创建项目进度模型的技术，通过评估和使用进度储备，减少进度落后的可能，降低高风险活动对关键路径节点的风险。

（2）关键路径法：略。

（3）**资源优化**：根据资源供需情况来调整进度模型的技术。该技术主要有以下两种方式：

- 资源平衡。为了在资源需求与资源供给之间取得平衡，根据资源制约对开始日期和结束日期进行调整的一种技术。如果共享资源或关键资源只在特定时间可用，数量有限或被过度分配，就需要进行资源平衡。也可以为保持资源使用量处于均衡水平而进行资源平衡。资源平衡往往导致关键路径改变，通常是延长。

- 资源平滑。对进度模型中的活动进行调整，从而使项目资源需求不超过预定的资源限制的一种技术。相对于资源平衡而言，**资源平滑不会改变项目关键路径**，完工日期也不会延迟。也就是说，活动只在其自由和总浮动时间内延迟。因此，资源平滑技术可能无法实现所有资源的优化。

（4）数据分析：该技术主要有以下两种方式：

- 假设情景分析。对各种情景进行评估，预测它们对项目目标的影响（积极的或消极的）。可以根据分析结果，评估并作出应对计划。

- 模拟。模拟技术基于多种不同的活动假设计算出多种可能的项目工期，以应对不确定性。最常用的模拟技术是蒙特卡洛分析。

（5）提前量和滞后量：该方法通过调整紧后活动的开始时间来编制一份切实可行的进度计划。提前量是在条件许可的情况下，提早开始紧后活动；而滞后量是在某些限制条件下，在紧前和紧后活动之间增加一段不需要工作或资源的自然时间。

（6）进度压缩：该技术不缩减项目范围，能缩短进度工期。该技术主要有以下两种方式：

- 赶工。赶工通过增加资源，增加最小的成本，来压缩进度工期。赶工的手段有批准加班、增加额外资源、支付加急费用，用于加快关键路径上的活动。赶工可能导致风险和成本的增加。

- 快速跟进。快速跟进将部分为顺序进行的活动调整为并行方式。快速跟进可能造成返工和风险增加。该技术只能用于可通过并行活动缩短项目工期的情况。

（7）计划评审技术（**PERT**）：又称为三点估算技术。

（8）项目管理信息系统：略。

（9）敏捷或适应型发布规划：基于项目路线和产品发展愿景，提供概括性的发布进度时间轴；确定了迭代或冲刺次数，使团队能够决定开发内容。

13.6.3　输出

进度基准：略。

项目进度计划：项目进度计划是进度模型的输出，为各个活动标注了计划日期、持续时间、里程碑和所需资源等。项目进度计划可用列表形式、图形方式可以是横道图、里程碑图、项目进度网络图（时标图）。

进度数据：描述和控制进度计划的信息集合。

项目日历：开展进度活动的可用工作日和工作班次。变更请求：略。

项目管理计划（更新）：略。

项目文件（更新）：略。

13.7　控制进度

控制进度是监督项目活动状态，控制进度基准变更，以实现计划的过程。本过程的主要作用：在整个项目期间持续维护进度基准。

有效项目控制进度的关键是监控项目的实际进度，及时、定期地将它与计划进度进行比较，并立即采取必要的纠正措施。项目控制进度必须与其他变化控制过程紧密结合，并且贯穿于项目的始终。当项目的实际进度滞后于计划进度时，首先发现问题、分析问题根源并找出妥善的解决办法。

常见的项目拖延的原因：

（1）计划方面。

● 依据不充分（例如用道路监控项目经验作为智能交通管理系统项目依据）。

● 制订进度计划时，未考虑节假日。

● 方案、管理计划没有经过评审。

● 未考虑风险。

（2）人员方面。

● 增加新手，增加了沟通和管理成本。

● 新手工作效率低下。

（3）管理方面。

● 监控粒度过粗（或监控周期过长）。

● 估计工作量不准确。

（4）技术方面。

● 错误导致返工。

项目控制进度的作用主要有：①确定项目进度的当前状态；②对引起进度变更的因素施加影响，以保证这种变化朝着有利的方向发展；③确定项目进度已经变更；④当变更发生时管理实际的变更。

通常可用的缩短工期的方法有：①赶工，缩短关键路径上的工作历时；②采用并行施工方法以压缩工期（或快速跟进）；③加强质量管理，减少返工，缩短工期；④改进方法和技术；⑤缩减活动范围；⑥使用高质量的资源或经验更丰富人员。

控制进度的输入、工具与技术、输出如图 13-7-1 所示。

输入	工具与技术	输出
1. 项目管理计划 2. 项目文件 3. 工作绩效数据 4. 组织过程资产	1. 数据分析 2. 项目管理信息系统 3. 资源优化 4. 关键路径法 5. 提前量和滞后量 6. 进度压缩	1. 工作绩效信息 2. 进度预测 3. 变更请求 4. 项目管理计划（更新） 5. 项目文件（更新）

图 13-7-1　控制进度的输入、工具与技术、输出

13.7.1　输入

项目管理计划：主要包括进度管理计划、进度基准、范围基准、绩效测量基准等。

项目文件：主要包括资源日历、项目进度计划、项目日历、进度数据、经验教训登记册等。

工作绩效数据：主要是项目状态的数据（包括开始和结束的活动数据，进行中活动的持续时间、剩余时间，完成百分比数据等）。

组织过程资产：略。

13.7.2　工具与技术

数据分析的具体技术包括：

- 趋势分析。趋势分析检查项目绩效随时间的变化情况，以确定绩效是在改善还是在恶化。
- 关键路径法。通过比较关键路径的进展情况来确定进度状态。
- 挣值分析。采用进度绩效测量指标，如进度偏差（SV）和进度绩效指数（SPI），评价偏离初始进度基准的程度。
- 偏差分析。对比实际开始、完成、持续、浮动时间与计划的偏差。
- 假设情景分析。基于项目风险管理过程的输出，假设不同情景并评估，改进进度模型使其更符合项目管理计划和批准的基准。
- 绩效审查。根据进度基准，测量、对比和分析进度绩效数据（开始、完成、剩余工作时间；工作完成度）。
- 迭代燃尽图。追踪迭代规划中尚未完成的工作。迭代燃尽图示例如图 13-7-2 所示。

项目管理信息系统：可以绘制网络图、确定项目关键路径、绘制甘特图、PERT 图等，并可用来报告、浏览和筛选具体的项目进度管理信息。

资源优化：在考虑资源可用性和项目时间的情况下，对活动和活动所需资源进行进度规划。

关键路径法：用于检查关键路径的进展情况，确定项目进度状态。

提前量和滞后量：用于在网络分析中调整提前量与滞后量，设法使进度滞后的活动赶上计划。

进度压缩：用进度压缩技术（赶工、快速跟进）可使进度落后的活动赶上计划。

图 13-7-2　迭代燃尽图示例

13.7.3　输出

工作绩效信息：项目施工情况（对比进度基准），工作包和控制账户级别上的进度偏差数据。

进度预测：略。

变更请求：略。

项目管理计划（更新）：更新的项目管理计划主要包括进度管理计划、进度基准、成本基准、绩效测量基准等。

项目文件（更新）：更新的项目文件主要包括假设日志、估算依据、经验教训登记册、项目进度计划、资源日历、进度数据、风险登记册等。

13.8　裁剪考虑因素

项目经理裁剪项目进度管理过程应考虑的因素参见表 13-8-1。

表 13-8-1　进度管理过程的裁剪因素

裁剪方向	裁剪所考虑的具体因素
生命周期方法	选择生命周期方法制订详细的进度计划
资源可用性	根据影响资源可持续时间的因素（比如可用资源对生存效率的影响）进行裁剪
项目维度	根据复杂性、技术不确定性、产品新颖度、进度对控制的影响进行裁剪
技术支持	考虑是否采用技术，制定、记录、传输、存储项目进度模型的信息

敏捷型（适应型）环境中需要考虑的因素：通过团队规模、物理分布、合法合规性、组织复杂度、技术复杂度等规模参数，管理项目组或者项目集。

13.9　课堂巩固练习题

1. 项目进度管理的定义活动过程是确定完成项目各项可交付成果而需要开展的具体活动。下面不是定义活动过程的输出的是___(1)___。

（1）A. 活动清单　　　B. 活动属性　　　　　C. 里程碑清单　　D. WBS

【攻克要塞软考团队讲评】从题目要求来看需要找出不是定义活动过程的输出，而题目给出的选项中 WBS 是定义活动过程的输入，故选 D 选项。

参考答案：（1）D

2. ___(2)___是完成阶段性工作的标志，通常指一个主要可交付成果的完成。一个项目中应该有几个用作___(2)___的关键事件。

（2）A. 里程碑　　　　B. 需求分析完成　　　C. 项目验收　　　D. 设计完成

【攻克要塞软考团队讲评】从试题术语的定义来看应当是选项 A。选项 B、C、D 一般是项目的里程碑之一，故最优的答案选 A 选项。

参考答案：（2）A

3. 在箭线图中，___(3)___是既不消耗时间也不消耗资源的活动，它只表示相邻活动之间的逻辑关系。

（3）A. 实活动　　　　B. 虚活动　　　　　C. 节点　　　　　D. 箭线

【攻克要塞软考团队讲评】从题目的定义来看，选项中给出的术语应当是用虚线来表示的，所以应该选 B 选项。

参考答案：（3）B

4. 在关键路径上的活动 A 的 FF 值为___(4)___。

（4）A. 总工期　　　　B. A 的历时　　　　　C. 0　　　　　　　D. 以上都不是

【攻克要塞软考团队讲评】关键路径上的活动是不能延迟的，故自由时差 FF 值均为 0。

参考答案：（4）C

5. 在单代号网络图中，用节点表示___(5)___。

（5）A. 事件　　　　　B. 活动　　　　　　C. 历时　　　　　D. 人力资源投入数量

【攻克要塞软考团队讲评】单代号网络图中，用节点表示活动，用箭线表示活动之间的逻辑关系，历时一般标在节点的上方。

参考答案：（5）B

6. 以下没有使用网络图技术的是___(6)___。

（6）A. CPM　　　　　B. PERT　　　　　　C. PDM　　　　　D. S 曲线

【攻克要塞软考团队讲评】CPM、PERT、S 曲线都是控制进度的工具与技术中的比较分析工具，CPM 和 PERT 都用到了网络图技术，S 曲线中使用的是按计划时间累计完成任务量的 S 曲线，并不是网络图。PDM 指的是前导图，又叫单代号网络图，是网络图的一种。所以答案选 D 选项。

参考答案：（6）D

7. PERT 网络是一种类似流程图的___(7)___。

（7）A. 箭线图　　　　B. 单代号网络图　　　C. S 曲线　　　　D. 横道图

【攻克要塞软考团队讲评】PERT 网络中使用的是箭线图。

参考答案：（7）A

第14学时　项目质量管理

项目质量管理是十大知识领域中的核心知识领域之一。本学时要学习的主要知识点如图 14-0-1 所示。

图 14-0-1　知识图谱

14.1　质量、质量管理及相关术语

国际标准化组织所制定的《质量　术语》（ISO 8402：1994）标准中，对质量作了如下的定义："质量是反映实体满足明确或隐含需要能力的特征和特征的总和。"根据 GB/T 19000—2000 中的定义，质量是一组固有特性满足要求的程度。

质量通常是指产品的质量，广义上的质量还包括工作质量。产品质量是指产品的使用价值及其属性；而工作质量则是产品质量的保证，它反映了与产品质量直接有关的工作对产品质量的保证程度。

质量管理是指在质量方面指挥和控制组织的协调活动，通常包括**制定质量方针、目标、策略、标准的规划**，质量保证、质量控制和质量改进等活动。项目质量管理包括执行组织确定质量政策、目标与职责的各过程和活动，从而使项目满足预先设定的需求。项目质量管理确保项目能满足项目需求，包括产品需求。项目的质量要求已反映在项目合同中，因此项目合同通常是进行项目质量管理的主要依据。

14.2　质量管理的原则与流程

ISO 9000 质量管理有 8 条原则：

（1）**以顾客为中心**：组织依存于他们的顾客，因而组织应理解顾客当前和未来的需求，满足

顾客需求并争取超过顾客的期望。

（2）**领导作用**：领导者建立组织相互统一的宗旨、方向和内部环境。所创造的环境能使员工充分参与实现组织目标的活动。

（3）**全员参与**：各级人员都是组织的根本，只有他们的充分参与才能使其才干为组织带来收益。

（4）**过程方法**：将相关的资源和活动作为过程来进行管理，可以更高效地达到预期的目的。

（5）**系统管理**：针对制定的目标，识别、理解并管理一个由相互联系的过程所组成的体系，有助于提高组织的有效性和效率。

（6）**持续改进**：持续改进是一个组织永恒的目标。

（7）**以事实为决策依据**：有效的决策是建立在对数据和信息进行合乎逻辑和直观的分析基础上的。

（8）**互利的供方关系**：组织和供方之间保持互利关系，可增进两个组织创造价值的能力。

【攻克要塞专家提示】质量管理的 8 条原则参考记忆口诀为："**顾领全过系持以互**"。

质量管理的流程有以下 4 个环节：

（1）确立质量标准体系：是进行质量管理的**前提性的关键性**工作。

（2）对项目实施进行质量监控：收集项目实施过程中的相关信息，观察、分析实际情况以便监控。

（3）将实际与标准对照：进展如何？如果发生了偏差，是什么原因造成的？从而为客观评价项目质量状况提供依据。

（4）纠偏纠错：根据具体情况采取合理的纠正措施，让项目实施回到正轨。

14.3 质量管理理论

（1）**ISO 9000 系列**。ISO 9000 系列为项目管理工作提供了一个基础平台，为实现质量管理的系统化、文件化、法制化、规范化打下基础。ISO 9000 系列提供了一个组织满足其质量认证标准的最低要求。

ISO 9000 系列可帮助各种类型和规模的组织实施并运行有效的质量管理体系，能够帮助组织增进顾客满意度，包括 ISO 9000、ISO 9001、ISO 9004、ISO 19011 等标准。ISO 9000 具体标准见表 14-3-1。

表 14-3-1 ISO 9000 系列标准

名称	概念
ISO 9000	表述质量管理体系基础知识并规定质量管理体系**术语**
ISO 9001	规定质量管理体系**要求**
ISO 9004	提供考虑质量管理体系的有效性和效率两方面**指南**
ISO 19011	提供**审核**质量和环境管理体系指南

（2）GB/T 19000—2000。GB/T 19000—2000（等同 ISO 9000:2000）中的质量定义：质量是一组固有特性满足要求的程度。质量管理是指在质量方面指挥和控制组织的协调的活动，通常包括制定质量方针、质量目标、质量策略、质量标准、质量保证、控制质量和质量改进。

质量方针：组织管理者正式发布的质量宗旨和方向。

质量目标：质量目的，落实质量方针的具体要求，属于质量方针。

质量策略：通过提高产品性能、服务质量来获取竞争优势的一种策略。

质量标准：产品生产、检验和评定质量的技术依据，包括各种技术标准，还包括管理标准以确保各项活动的协调进行。

（3）**全面质量管理**（Total Quality Management，TQM）。以质量为核心，以**全员参与**为基础，通过让**顾客满意**和本组织所有成员及社会受益而达到永续经营的目的。

TQM 是指在全面社会的推动下，企业中所有部门、所有组织、所有人员都以产品质量为核心，把专业技术、管理技术、数理统计技术集合在一起，建立起一套科学的、严密的、高效的质量保证体系，控制生产过程中影响质量的因素，以优质的工作、最经济的办法提供满足用户需要的产品的全部活动。

TQM 的 4 个核心特征是：**全员参加的质量管理、全过程的质量管理、全面方法的质量管理**（科学的管理方法、数理统计、电子技术、通信技术等）、**全面结果的质量管理**（产品质量/工作质量/工程质量/服务质量）。

（4）**六西格玛**。六西格玛（6σ）旨在提高用户满意度的同时，降低经营成本和周期。六西格玛把工作看作流程，采用量化方法分析影响质量因素，改进关键因素，提高客户满意度。

六西格玛的优势包括从项目实施中改进（不是结果中改进）、保证质量；减少了检控质量的步骤；减少了由于质量问题带来的返工成本；培养了员工的质量意识，并融入企业文化。

六西格玛（6σ）用 **DPMO（100 万个机会中出现缺陷的机会）**表示质量。6σ 各级别划分见表 14-3-2。

表 14-3-2　6σ 各级别的划分　　　　　　　单位：缺陷数/百万机会

1σ	2σ	3σ	4σ	5σ	6σ
690000	308000	66800	6210	230	3.4

一般企业的缺陷率大约是 3σ～4σ。

DMAIC 是六西格玛管理中流程改善的重要工具。六西格玛管理不仅是理念，同时也是一套业绩突破的方法，它将理念变为行动，将目标变为现实。这套方法就是六西格玛改进方法 DMAIC 和六西格玛设计方法 DFSS。

- DMAIC 是指定义（Define）、测量（Measure）、分析（Analyze）、改进（Improve）、控制（Control）五个阶段构成的过程改进方法，一般用于对现有流程的改进，包括制造过程、服务过程以及工作过程等。
- DFSS（Design for Six Sigma）是指对新流程、新产品的设计方法。

14.4　质量管理的过程

项目质量管理主要包括**规划质量管理**、**管理质量**和**控制质量** 3 个过程。

1. 规划质量管理

规划质量管理主要是制订质量计划。质量计划确定适合于项目的质量标准并决定如何满足和符合这些标准。质量计划主要结合企业的质量方针、产品描述以及质量标准和规则，通过收益、成本分析和流程设计等工具制定出实施方略，其内容全面反映用户的要求，为质量小组成员的有效工作提供指南，为项目小组成员以及项目相关人员了解在项目进行中如何实施质量管理和控制提供依据，为确保项目质量得到保障提供坚实的基础。

质量计划应该重点考虑三个方面的问题：

（1）**明确质量标准**，即确定每个独特项目的相关质量标准，把质量计划到项目的产品和管理项目所涉及的过程之中。

（2）**确定关键因素**，即理解哪个变量影响结果是质量计划的重要部分。

（3）**建立控制流程**，即以一种能理解的、完整的形式传达为确保质量而采取的纠正措施。

2. 管理质量

管理质量是用于有计划的、系统的质量活动，确保项目中的所有过程满足项目干系人的期望。管理质量是**贯穿整个项目全生命周期**的、有计划的、系统的活动，它经常性地针对整个项目质量计划的执行情况进行评估、检查与改进工作。质量管理包括与满足一个项目相关的质量标准有关的所有活动，它的另一个目标是不断地改进质量。

3. 控制质量

控制质量监控具体项目结果以确定其是否符合相关质量标准，制定有效方案，以消除产生质量问题的原因。控制质量是对**阶段性的成果**进行检测、验证，为质量管理提供参考依据。控制质量是**一个计划、执行、检查、改进**的循环过程，它通过一系列的工具与技术来实现。

14.5　规划质量管理

规划质量管理是识别项目及其可交付成果的质量要求、标准，并书面描述项目将如何证明符合质量要求、标准的过程。本过程的主要作用：在整个项目期间，为管理和核实质量提供指南和方向。规划质量管理的主要内容：①编制依据；②质量宗旨与质量目标；③质量责任与人员分工；④项目的各个过程及其依据的标准；⑤控制质量的方法与重点；⑥验收标准。

规划质量管理的输入、工具与技术、输出如图 14-5-1 所示。

14.5.1　输入

项目管理计划：包括需求管理计划、风险管理计划、干系人参与计划、范围基准等。

项目文件：包括假设日志、需求文件、需求跟踪矩阵、风险登记册、干系人登记册等。

项目章程：项目章程中影响项目质量管理的审批要求，可测量的项目目标和相关的成功标准等高层级要求。

组织过程资产：略。

事业环境因素：略。

输入	工具与技术	输出
1. 项目管理计划 2. 项目文件 3. 项目章程 4. 组织过程资产 5. 事业环境因素	1. 专家判断 2. 数据收集 3. 数据分析 4. 决策技术 5. 数据表现 6. 测试与检查的规划 7. 会议	1. 质量管理计划 2. 质量测量指标 3. 项目管理计划（更新） 4. 项目文件（更新）

图 14-5-1　规划质量管理的输入、工具与技术、输出

14.5.2　工具与技术

（1）专家判断。略。

（2）数据收集。相关技术包括：

● 标杆对照（基准比较）：将实际做法或计划做法与其他项目的实践比较，产生改进思路并提出考核绩效的标准。其他项目可能是内外部或本/其他领域。

● 头脑风暴：向团队成员或主题专家收集数据，制订质量管理计划的方法。

● 访谈：略。

（3）数据分析。相关技术包括：

● **效益成本分析**：一种财务分析工具，用于估算各种备选方案优劣势，从而得到最佳效率的方案。质量相关的效益指标包括减少返工、降低成本、提高满意度等。

● 质量成本（COQ）：包含产品生命周期中预防不合格、评价产品或服务是否达标，以及未达标（返工）而产生的所有成本。**质量成本是指一致性成本和非一致性成本的总和。**一致性成本包含**预防成本、评估成本**等，是用于预防项目失败的成本。预防成本（例如培训、文件过程等）是指在项目成果产生前为满足质量特性做出的活动；评估成本（例如测试、检查等）是指在项目成果产生后，为评估项目是否达到质量进行测试而产生的成本。非一致性成本包含**内部失败成本（例如返工、报废等）、外部失败成本（例如保修、丢失业务、负债等）**，是为纠错而付出的成本。

（4）决策技术：主要是多标准决策分析。

（5）数据表现：包括流程图（显示相关要素之间关系的示意图）、逻辑数据模型（对组织数据可视化，并用业务语言进行描述，可发现出现数据完整性等问题的源头。）、矩阵图、思维导图等。

（6）测试与检查的规划：略。

（7）会议：略。

项目团队可召开规划会议来制订质量管理计划。参会者包括项目经理、项目发起人、选定的项目团队成员、选定的干系人、项目质量管理活动的负责人以及其他必要人员。

14.5.3　质量管理新老 7 种工具

旧教程中质量管理和控制工具分为老 7 种工具和新 7 种工具，由于这些工具仍然在使用，仍然可能考查到，我们保留了这部分内容。

我们用**"流控只因怕见伞""相亲先锯树过河"**来帮助记忆老、新 7 种工具。

1. 老 7 种工具

（1）因果图：又称为石川图、鱼刺图。因果图显示各项因素如何与各种潜在问题或结果联系起来，如图 14-5-2 所示。利用因果图可以将在产品后端发现的有关质量问题一直追溯到负有责任的生产行为，从生产源头找出质量原因，真正获得质量的改进和提高。

图 14-5-2　因果图

（2）控制图：有控制界限的质量管理图。图 14-5-3 是典型的控制图。控制图最上面一条虚线称上控制界限（Upper Control Limit，UCL）；最下面一条虚线称下控制界限（Lower Control Limit，LCL）；中间实线叫中心线（Central Line，CL），是统计计量的平均值。通过观察控制图上产品质量特性值的分布状况，可以分析和判断生产过程是否发生了异常。

【攻克要塞专家提示】7 点法则：如果出现连续 7 个点在中心线一侧，即使这些点都没超过控制线，也称为异常。

（3）散点图：散点图表示两个变量之间的关系，如图 14-5-4 所示。散点图中各点越接近对角线，两个变量的关系越紧密。

图 14-5-3　控制图

图 14-5-4　散点图

（4）流程图：显示相关要素之间关系的示意图，如图 14-5-5 所示。流程图通过工作流的逻辑分支（为符合要求而开展的一致性工作和非一致性工作）及频率估算质量成本。

（5）直方图：是一种垂直的条形图，显示特定情况发生的次数，描述集中趋势、分散程度和统计分布形状，如图 14-5-6 所示。每个柱形都代表某因素，柱形高度表示发生次数。

图 14-5-5　流程图　　　　　　　　　　图 14-5-6　直方图

（6）帕累托图：是按发生频率大小从左到右依次排列的直方图，又称排列图或主次因素分析图，如图 14-5-7 所示。在帕累托图中，将累计频率曲线的累计百分数分为三级，与此对应的因素分为三类：频率 0%～80% 为 **A 类因素**，是影响项目质量的主要因素；频率 80%～90% 为 **B 类因素**，是影响项目质量的次要因素；频率 90%～100% 为 **C 类因素**，是影响项目质量的一般因素。

（7）检查表：是一种简单的工具，收集反映事实的数据，如图 14-5-8 所示。

图 14-5-7　帕累托图

错误	供应商		
	A	B	C
错误发货单	5	1	0
材料问题	2	0	1
库存与发货单不一致	3	1	4
总计	10	2	5

图 14-5-8　检查表

2．新 7 种工具

新 7 种工具是借鉴了运筹学、系统工程原理，用于质量管理的方法，是老 7 种工具的补充方法。

（1）相互关系图：是一种用**连线**来表示事物相互关系的方法。如图 14-5-9 所示，把 A～H 复杂而又相互关联的因素用箭线连接起来，最终找出主要问题。

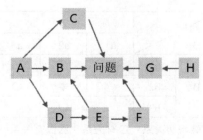

图 14-5-9　相互关系图

（2）亲和图：又称 KJ 法，收集大量的事实、意见或构思等语言资料，按相互亲和性（相似性）整理归纳，从而明确问题，统一认识。亲和图用于整理思路，用事实说话。

图 14-5-10 是一种亲和图。得到该图的方法是先定主题，即如何快速通过软考；然后，堆积各类杂乱无章的事实；最后归纳整理，得到解决方法。

图 14-5-10　亲和图

（3）树状图：又称为系统图，类似树形的图。树状图把目的或者手段作为根节点，系统展开，以明确问题的重点，寻找最佳手段或措施的一种方法。图 14-5-11 就是一种树状图。

图 14-5-11　树状图

（4）矩阵图：是在问题项中找出成对的因素群，排成行和列；同时用符号表示表中行与列的关系或相关程度的大小，探讨问题点的一种方法。图 14-5-12 就是一种矩阵图。

B		A		
		a1	a2	a3
B	b1	△		
	b2		●	○
	b3		○	

●密切关系　○有关系　△像有关系

图 14-5-12　矩阵图

（5）优先矩阵图：又称为矩阵数据分析法，和矩阵图法类似。不同之处是，优先矩阵图的行与列关系不填符号，而填数据，形成一个分析数据的矩阵。图 14-5-13 就是一种优先矩阵图。

B		A		
		a1	a2	a3
B	b1	1	1.1	1
	b2	2.2	2	0.5
	b3	3.5	0	-1

图 14-5-13　优先矩阵图

（6）过程决策程序图（Process Decision Program Chart，PDPC）：是在制订计划阶段或进行系统设计时，事先预测可能发生的障碍（不理想事态或结果），从而设计出一系列对策措施以最大的可能引向最终目标（达到理想结果）。图 14-5-14 就是一种过程决策程序图。过程决策程序图用于理解一个目标与达成此目标的步骤之间的关系。

图 14-5-14　过程决策程序图

（7）活动网络图：又称为箭线图，每一项活动都用一根箭线和两个节点来表示，每个节点都编以号码，箭线的箭尾节点和箭头节点是该项活动的起点和终点。图 14-5-15 就是一种活动网络图。活动网络图用于找关键路径。

图 14-5-15　活动网络图

【攻克要塞专家提示】一般来说，"老 7 种工具"的特点是强调用数据说话，重视对制造过程的控制质量；而"新 7 种工具"则基本是整理、分析语言文字资料的方法，着重解决全面质量管理中 PDCA 循环的 P 计划阶段的有关问题。

14.5.4　输出

质量管理计划：用于描述如何实施质量政策，如何满足项目质量要求。该计划属于项目管理计划的组成部分，计划形式可以是正式的也可以是非正式的，计划内容可以是详细的也可以是概要的。

质量测量指标：描述项目、产品属性的指标，包括故障率、缺陷数、完成比、停机时间、代码错误率等。

项目管理计划（更新）：更新的文件包括风险管理计划、范围基准等。

项目文件（更新）：更新的项目文件主要包括经验教训登记册、需求跟踪矩阵、风险登记册、干系人登记册等。

14.6　管理质量

管理质量是把组织的质量政策用于项目，并将质量管理计划转化为可执行的质量活动的过程。本过程的主要作用：①提高实现质量目标的可能性；②识别无效过程和导致质量低劣的原因；③基于控制质量过程的数据和结果，形成项目的总体质量状态报告。

质量管理（QA）与控制质量（QC）的区别：质量管理和控制质量都属于质量管理的范畴。质量管理致力于**增强**满足质量要求的**能力**，而控制质量致力于**满足**具体的质量**要求**。管理质量有时被称为"质量保证"，"管理质量"可用于非项目工作，因此比"质量保证"范围更广。

管理质量的输入、工具与技术、输出如图 14-6-1 所示。

输入	工具与技术	输出
1. 项目管理计划 2. 项目文件 3. 组织过程资产	1. 数据收集 2. 数据分析 3. 决策技术 4. 数据表现 5. 审计 6. 面向 X 的设计 7. 问题解决 8. 质量改进方法	1. 变更请求 2. 项目管理计划（更新） 3. 项目文件（更新） 4. 测试与评估文件 5. 质量报告

图 14-6-1　管理质量的输入、工具与技术、输出

14.6.1　输入

项目管理计划：包括质量管理计划（计划定义了可接受的项目及产品质量水平，如何确保可交付成果和过程达到这一质量水平，不合格产品处理方式及必须的纠正措施）等。

项目文件：主要包括经验教训登记册、质量控制测量结果、质量测量指标、风险报告等。

组织过程资产：略。

14.6.2　工具与技术

数据收集：主要技术是**核对单**。核对单是一种结构化工具，用于检查一系列条件是否满足需求。

数据分析：主要数据分析技术包括备选方案分析、文件（控制过程输出文件，例如质量报告、测试报告、绩效报告等）分析、过程分析、根本原因分析等。

决策技术：略。

数据表现：主要技术包括亲和图、因果图、流程图、直方图、矩阵图、散点图。

审计：一种确定项目活动是否遵循了组织和项目的政策、程序的独立过程。

面向 X 的设计：降低成本、改进质量、提高客户满意度的一系列技术指南。X 可以是质量、可靠性、安全性、可用性、成本、制造、调配、装配、服务等。

问题解决：给出解决问题或挑战的方案。

质量改进方法：主要工具有计划-实施-检查-行动（PDCA）和六西格玛。

14.6.3　输出

变更请求：略。

项目管理计划（更新）：包括质量管理计划、范围基准、进度基准、成本基准等。

项目文件（更新）：包括问题日志、经验教训登记册、风险登记册等。

测试与评估文件：评估质量目标的实现情况。

质量报告：质量报告内容可以是团队上报的质量管理问题，项目和产品的改善建议，纠正措施建议（包括返工、缺陷/漏洞补救、检查等），控制质量过程发现问题的概述等。

14.7　控制质量

控制质量是监督并记录质量活动执行结果，以便评估绩效，并采取必要变更的过程。本过程的主要作用：①核实项目可交付成果和工作是否已经达到主要干系人的质量要求，确保其可用于最终验收；②确定项目输出满足所有适用的标准、法规和规范、要求，判断输出是否达到预期。

1. 项目控制质量的活动

（1）确保由内、外部机构质量检测的一致性。

（2）找出与质量标准的差异。

（3）消除产品、服务中性能不被满足的原因。

（4）审查质量标准，推测目标成本。

（5）判断是否可以修订项目的质量标准、目标。

2. 控制质量的基本步骤

（1）选择控制质量对象。对象是质量相关的一切因素，可以是工序、环节、某因素、成果等。

（2）为控制对象确定标准、目标。

（3）制订实施计划，确定保证措施。

（4）按计划执行。

（5）项目实施中监督、检查，并将结果与计划、标准比较，找出偏差。

（6）采取相应对策。

控制质量的输入、工具与技术、输出如图 14-7-1 所示。

输入	工具与技术	输出
1. 项目管理计划 2. 项目文件 3. 可交付成果 4. 工作绩效数据 5. 批准的变更请求 6. 组织过程资产 7. 事业环境因素	1. 数据收集 2. 数据分析 3. 检查 4. 测试/产品评估 5. 数据表现 6. 会议	1. 工作绩效信息 2. 控制质量测量结果 3. 核实的可交付成果 4. 变更请求 5. 项目管理计划（更新） 6. 项目文件（更新）

图 14-7-1　控制质量的输入、工具与技术、输出

14.7.1　输入

项目管理计划：主要组件是质量管理计划（定义了如何开展质量控制）。

项目文件：包括测试与评估文件、质量测量指标、经验教训登记册。

可交付成果：项目某阶段所必须产生的、独特且可核实的产品、服务等。

工作绩效数据：包括产品状态数据（观察结果、绩效测量数据、进度绩效、成本绩效）及关于进度绩效和成本绩效的项目质量信息等。

批准的变更请求：略。

组织过程资产：略。

事业环境因素：略。

14.7.2　工具与技术

数据收集：数据收集技术包括核对单、核查表、统计抽样、问卷调查。

数据分析：包括绩效审查、根本原因分析。

检查：检查是指通过对工作产品进行检视来判断是否符合预期标准。一般来说，检查的结果包含度量值。检查可在任意工作层次上进行，可以检查单个活动，也可以检查项目的最终产品。在软件项目中，检查常常也称评审、同行评审、审计或者走查。

测试/产品评估：测试是一个验证项目实施阶段是否满足需求的逆向过程，在所有的信息系统开发过程中都是最重要的部分。测试通常指软件测试，是为了发现错误而执行程序的过程，是在软件投入运行前，对软件需求分析、软件设计、编码的最终复审，是软件质量控制的关键步骤。

数据表现：包括因果图、控制图、直方图、散点图等。

会议：略。

14.7.3　输出

工作绩效信息：包括项目需求实现情况、要求的返工、纠正建议、核实的可交付成果列表、质量测量指标的状态等。

控制质量测量结果：略。

核实的可交付成果：略。

变更请求：略。

项目管理计划（更新）：略。

项目文件（更新）：包括问题日志、经验教训登记册、风险登记册、测试与评估文件等。

14.8 裁剪考虑因素

项目经理裁剪项目质量管理过程应考虑的因素参见表 14-8-1。

表 14-8-1 质量管理过程的裁剪因素

裁剪方向	裁剪所考虑的具体因素
政策合规与审计	选择质量政策和程序；选择质量工具、技术和模板
标准与法规合规性	确定遵守的质量标准、法律法规
持续改进	如何管理质量改进；选择组织层面进行还是单项目层面进行
干系人参与	确定项目环境是否利于干系人合作

敏捷型（适应型）环境中需要考虑的因素：变更应该贯穿整个项目，而不是项目结束；定期检查质量过程效果，确定问题根本原因，然后实施质量改进的新方法，评估过程，确认新方法的可行性；为了频繁增量交付，尽早发现质量问题，尽可能进行小批量工作。

14.9 课堂巩固练习题

1. ___(1)___ 是由组织最高管理者正式发布的该组织总的质量宗旨和方向。

（1）A．质量方针 B．质量目标 C．TQM D．SQA

【攻克要塞软考团队讲评】从题目的定义来看指的是质量方针。TQM 指的是全面质量管理，SQA 指的是软件质量保证。

参考答案：（1）A

2. 质量管理有 8 条原则：以 ___(2)___ 为中心、领导作用、全员参与、过程方法、系统管理、持续改进、以事实为决策依据、互利的供方关系。

（2）A．项目团队 B．项目成功 C．顾客 D．项目管理

【攻克要塞软考团队讲评】看到题目马上想起质量管理的 8 条原则参考记忆口诀"**顾领全过系持以互**"，故这里缺的是"顾客"，即以顾客为中心。

参考答案：（2）C

3. ISO 9000 系列标准中，___(3)___ 是为企业或组织机构建立有效质量体系提供全面、具体指导的标准。

（3）A．ISO 9000 B．ISO 9001 C．ISO 9002 D．ISO 9004

【攻克要塞软考团队讲评】ISO 9000 系列中，ISO 9000 是一个指导性的总体概念标准；ISO 9001、ISO 9002、ISO 9003 是证明企业能力所使用的三个外部质量管理模式标准；ISO 9004 是为企业或组织机构建立有效质量体系提供全面、具体指导的标准。

参考答案：（3）D

4. 六西格玛意为"六倍标准差"，在质量上表示 DPMO（100 万个机会中出现缺陷的机会）少

于 ___(4)___。

(4) A. 2 　　　　　　B. 3 　　　　　　C. 3.4 　　　　　　D. 6

【攻克要塞软考团队讲评】根据题目，答案应为选项 C。

参考答案：（4）C

5. 以下不是项目质量管理的质量计划过程应重点考虑的问题的是 ___(5)___。

(5) A. 明确质量标准 　　　　　　　　　　B. 确定关键因素

　　　C. 建立控制流程 　　　　　　　　　　D. 管理质量

【攻克要塞软考团队讲评】按题意，是要找出不是质量计划应重点考虑的问题。4 个选项中，选项 D 管理质量是质量管理的另一个过程。

参考答案：（5）D

6. 为找出影响项目质量的因果关系，应使用 ___(6)___；为监控项目质量是否稳定应使用 ___(7)___。

(6)(7) A. 石川图 　　B. 控制图 　　C. 统计抽样 　　D. 帕累托图

【攻克要塞软考团队讲评】因果图又叫石川图或鱼刺图，用于找出因果关系；控制图用于监控质量是否稳定；统计抽样在需要降低控制质量费用时可以使用；帕累托图又称排列图或主次因素分析图，是用于帮助确认问题和对问题进行排序的一种常用的统计分析工具。

参考答案：（6）A 　　（7）B

7. 图 14-9-1 给出了某项目的项目管理过程中出现的问题的帕累托图，其中 B 类因素是 ___(8)___。

图 14-9-1 　某项目的项目管理过程中出现的问题的帕累托图

(8) A. 业务流程不清和员工职责不明 　　　　B. 用户方不配合

　　　C. 经费不足 　　　　　　　　　　　　　D. 没有合适的工具

【攻克要塞软考团队讲评】帕累托图中，频率 80%～90%为 B 类因素，从题目给出的图中可以看出，B 类因素为用户方不配合。

参考答案：（8）B

8. 质量管理成本属于质量成本中的 ___(9)___ 成本

(9) A. 一致性 　　B. 内部失败 　　C. 非一致性 　　D. 外部失败

【攻克要塞软考团队讲评】一致性成本是用来防止项目失败的费用；非一致性成本是用于处理失败的费用。

参考答案：（9）A

第 15 学时　项目资源管理

项目资源管理就是识别、获取、管理资源，用于完成项目的各过程。这些过程能帮助项目经理和项目团队在正确时间、地点使用正确的资源。项目资源是指项目所需的客观资源，分为实物资源和团队资源。实物资源是指项目所需的人力、材料、基础设施、资金等。团队资源是指人力资源。

资源管理是十大知识领域的辅助知识领域之一。本学时要学习的主要知识点如图 15-0-1 所示。

图 15-0-1　知识图谱

15.1 资源管理的过程

项目人力资源管理的过程有：**规划资源管理、估算活动资源、获取资源、建设团队、管理团队、控制资源**。

15.2 规划资源管理

规划资源管理是定义如何估算、获取、管理、利用资源（实物资源和团队资源）的过程。本过程的主要作用：根据项目类型和复杂程度，确定合适的项目资源管理方法和管理程度。该过程的输入、工具与技术、输出如图 15-2-1 所示。

输入	工具与技术	输出
1. 项目管理计划 2. 项目章程 3. 项目文件 4. 组织过程资产 5. 事业环境因素	1. 数据表现 2. 组织理论 3. 会议 4. 专家判断	1. 资源管理计划 2. 团队章程 3. 项目文件（更新）

图 15-2-1 规划资源管理的输入、工具与技术、输出

15.2.1 输入

项目管理计划：主要包括质量管理计划（定义为达到项目质量标准所需资源的水平）、范围基准（确定需要管理资源类型和数量）等。

项目章程：包括项目高层描述及要求、批准的财务资源、关键干系人、里程碑信息等。

项目文件：主要包括需求文件、项目进度计划、风险登记册、干系人登记册等。

组织过程资产：略。

事业环境因素：略。

15.2.2 工具与技术

（1）数据表现：使用各种方式（图表、文字）描述规划资源管理过程的数据。

1）层级型图表。高层管理人员和项目经理应该根据 IT 项目的特点和实际项目的需求，以及已识别的项目角色、职责、报告关系，在已经明确项目所需要的重要技能和何种类型的人员的基础上，为项目创建一个项目组织机构图。组织结构图属于典型的层次结构图，用于从上至下描述团队的角色和关系。层次结构图包含工作分解结构（Work Breakdown Structure，WBS）、组织分解结构（Organizational Breakdown Structure，OBS）和资源分解结构（Resource Breakdown Structure，RBS）。

- WBS：把项目可交付物分解为工作包。
- OBS： OBS 按照组织现有的部门、单元或团队排列，并在每个部门下列出项目活动或工作包，是一种用于表示各个组织单元负责哪些工作内容的特定图形。OBS 与 WBS 类似，区别在于 **OBS 不是按照项目可交付成果的分解组织的，而是按照组织所设置的部门、单位和团队组织的。**

● RBS：用于分解项目中各种类型的资源，包含人力资源、设备资源、材料资源等。

2）矩阵型图表。矩阵型图表用于展示项目资源在各工作包中的任务分配，其典型应用是职责分配矩阵（Responsibility Assignment Matrix，RAM），又称责任分配矩阵。在制作完 OBS 之后，项目经理就可以开发 RAM 职责分配矩阵了。RAM 为项目工作（WBS）和负责完成工作的人（OBS）建立了一个映射关系，即将 WBS 中的每一项工作指派到 OBS 中的执行人员，从而形成的一个矩阵。

RAM 按期望的详细程度将工作分配给负责具体工作的组织、团队或者个人。RAM 还可以用来定义项目的角色和职责，这种 RAM 包括了项目干系人，使得项目经理与项目干系人之间的沟通更加方便有效。表 15-2-1 给出了一个 RAM 示例，显示了项目干系人是项目的负责人还是只是项目一部分的参与者，此外 RAM 还反映出是否要求项目干系人提供项目的输入、审查或者给项目签字。

表 15-2-1　RAM 示例

活动	人员				
	人员 1	人员 2	人员 3	人员 4	人员 5
单元测试	S	P	A	I	R
整体测试	S	P	A	I	R
系统测试	S	P	I	A	R
用户确认测试	S	P	I	A	R

注：A=负责人；P=参与者；R=要求审查；I=要求输入；S=要求签字。

RACI 也是一种常见的职责分配矩阵。RACI 用以明确组织变革过程中的各个角色及其相关责任。RACI 各字母分别表示谁负责（Responsible）、谁批准（Accountable）、咨询谁（Consulted）、通知谁（Informed）的意思。RACI 通常用于帮助讨论、交流各个角色及相关责任。表 15-2-2 给出了一个 RACI 矩阵的范例。

表 15-2-2　RACI 示例

对比项	汤姆	杰瑞	本杰明
规划人力资源管理	A	R	I
项目团队组建	I	A	R
项目团队建设	A	A	R
项目团队管理	A	C	I

3）文本型图表。文本型图表可用于详细描述团队成员职责。

（2）组织理论：阐述个人、团队、组织的行为方式。

（3）会议：略。

（4）专家判断：略。

15.2.3　输出

资源管理计划：分类、分配、管理和释放项目资源的指南。其主要内容包括识别资源、获取资源、角色与职责、项目组织图、项目团队资源管理、培训、团队建设、资源控制、认可奖励计划等。

团队章程：体现项目价值观、共识，提供共识的文件。其主要内容包括决策标准和过程、沟通指南、冲突处理过程、团队共识、团队价值观、会议指南等。

项目文件（更新）：包括假设日志、风险登记册等。

15.3　估算活动资源

估算活动资源是估算项目所需的团队资源、材料、设备的类型和数量的过程。本过程的主要作用：明确完成项目所需的资源种类、数量、特性。该过程的输入、工具与技术、输出如图 15-3-1 所示。

输入	工具与技术	输出
1．项目管理计划 2．项目文件 3．事业环境因素 4．组织过程资产	1．专家判断 2．自下而上估算 3．类比估算 4．参数估算 5．数据分析 6．项目管理信息系统 7．会议	1．资源需求 2．估算依据 3．资源分解结构 4．项目文件（更新）

图 15-3-1　估算活动资源的输入、工具与技术、输出

15.3.1　输入

项目管理计划：包括范围基准、资源管理计划等。

项目文件：包括假设日志、风险登记册、活动属性、活动清单、成本估算、资源日历（识别了每种具体资源可用时段，团队上下班时间、假期及班次）等。

事业环境因素：略。

组织过程资产：略。

15.3.2　工具与技术

专家判断：略。

自下而上估算：先从活动级别上估算资源，然后依次从工作包、控制账户、总项目级别上汇总。

类比估算：略。

参数估算：基于历史数据、项目参数，分析逻辑关系，推算出所需资源数量。

数据分析：主要是备选方案（资源自制、租赁或购买决策；手工或自动；规模选择等）分析。

项目管理信息系统：略。

会议：略。

15.3.3　输出

资源需求：识别出的每个工作包所需资源类型与数量。

估算依据：资源估算所需的支撑信息，包括估算方法、类似项目信息、假设条件、制约因素、估算范围等。

资源分解结构：资源类别的层级展现。

项目文件（更新）：主要包括假设日志、活动属性、经验教训登记册。

15.4　获取资源

获取资源过程是获取项目所需的团队成员、设备、材料、用品等资源的过程。本过程的主要作用：①概述和指导资源选择；②将选择的资源分配给相应的活动。该过程的输入、工具与技术、输出如图 15-4-1 所示。

输入	工具与技术	输出
1. 项目管理计划 2. 项目文件 3. 事业环境因素 4. 组织过程资产	1. 决策 2. 人际关系与团队技能 3. 预分派 4. 虚拟团队	1. 物质资源分配单 2. 项目团队派工单 3. 资源日历 4. 变更请求 5. 项目管理计划（更新） 6. 项目文件（更新） 7. 事业环境因素（更新） 8. 组织过程资产（更新）

图 15-4-1　获取资源的输入、工具与技术、输出

15.4.1　输入

项目管理计划：包括资源管理计划、成本基准、采购管理计划等。

项目文件：包括项目进度计划、资源需求、干系人登记册等。

事业环境因素：略。

组织过程资产：略。

15.4.2　工具与技术

决策：适用于获取资源过程的决策技术是多标准决策分析，这里的标准可以是可用性、成本、能力、经验、知识、技能、态度、国际因素等。

人际关系与团队技能：主要技术是谈判，谈判的对象有职能经理、执行组织中的其他项目管理团队、外部组织和供应商等。

预分派：预先指定资源。

虚拟团队：通过新技术（电子邮件、网络视频会议、电话等）构建团队，开展工作。

15.4.3　输出

物质资源分配单：略。

项目团队派工单：记录团队成员角色和职责，根据需要插入项目管理计划（项目组织图和进度计划等）。

资源日历：略。

变更请求：略。

项目管理计划（更新）：包括资源管理计划、成本基准等。

项目文件（更新）：包括经验教训登记册、项目进度计划、资源分解结构、资源需求、风险登记册、干系人登记册等。

事业环境因素（更新）：略。

组织过程资产（更新）：略。

15.5　建设团队

建设团队是提高工作能力，促进团队成员互动，改善团队整体氛围，以提高项目绩效的过程。本过程的主要作用：增进团队协作、提高人际关系技能、激励员工、减少摩擦以及提升整体项目绩效。组建一个成功的团队，获取适合的项目人员是对人力资源管理最关键的挑战。

1. 项目经理的选择

IT 项目成败的关键人物是项目经理，他在项目管理中起着决定性的作用，既是领导者又是管理者。对项目经理的选择一般有三种方式：由企业高层领导委派、由企业和用户协商选择、竞争上岗。

一个优秀的 IT 项目经理至少需要具备三种基本能力：解读项目信息的能力、发现和整合项目资源的能力、将项目构想变成项目成果的能力。

对项目经理的选择首先应从有丰富项目经验的工程师开始，发掘和培养那些不但专业技能熟练，而且有较强领导能力的人。

2. 项目团队成员的选择

项目团队成员的选择一般采用招聘的形式，在进行招聘之前，应根据人力资源计划做好招聘计划，即确定项目对人员的需求以及如何来满足这些需求。也可从组织内部提升（内部招聘）和从组织外部雇佣（外部招聘），或者内部招聘与外部招聘结合等几种方式。

建设团队的输入、工具与技术、输出如图 15-5-1 所示。

输入	工具与技术	输出
1. 项目管理计划 2. 项目文件 3. 事业环境因素 4. 组织过程资产	1. 集中办公 2. 虚拟团队 3. 沟通技术 4. 人际关系与团队技能 5. 认可与奖励 6. 培训 7. 个人和团队评估 8. 会议	1. 团队绩效评价 2. 变更请求 3. 项目管理计划（更新） 4. 项目文件（更新） 5. 事业环境因素（更新） 6. 组织过程资产（更新）

图 15-5-1　建设团队的输入、工具与技术、输出

15.5.1　输入

项目管理计划：主要包括资源管理计划。

项目文件：主要包括团队章程、项目进度计划、项目团队派工单、资源日历、经验教训登记册等。

第 3 天

事业环境因素：略。

组织过程资产：略。

15.5.2　工具与技术

集中办公：集中办公是指把许多或全部最活跃的项目团队成员安排在同一个地点工作，以增强团队沟通、工作能力及集体感。

虚拟团队：指通过现代通信技术形成的远程办公团队。

沟通技术：相关技术包括共享门户、视频会议、音频会议、电子邮件/聊天软件等。

人际关系与团队技能：相关技能包括冲突管理、影响力、激励、谈判、团队建设等。

认可与奖励：略。

培训：略。

个人和团队评估：略。

会议：略。

15.5.3　输出

团队绩效评价：评价团队有效性，评价指标包括个人技能改进、团队能力改进、团队离职率、凝聚力等。

变更请求：略。

项目管理计划（更新）：包括资源管理计划等。

项目文件（更新）：包括项目进度计划、项目团队派工单、资源日历、经验教训登记册、团队章程等。

事业环境因素（更新）：略。

组织过程资产（更新）：略。

15.5.4　建设团队阶段与目标

项目团队建设一般要依次经历**形成阶段、震荡阶段、规范阶段、成熟（发挥）阶段、解散（结束）阶段**五个阶段，具体如图 15-5-2 所示。

● 形成阶段：成员相互了解，并了解各自角色定位。成员间交流比较保守。

● 震荡阶段：团队开始工作，开始遇到困难和挑战。成员间可能出现各类冲突。

● 规范阶段：团队协同工作。成员开始信任对方。

● 成熟（发挥）阶段：团队工作非常有序。成员间相互理解，沟通高效。

● 解散（结束）阶段：团队解散。

团队建设的目标包括：提高个人和团队技能、提高团队凝聚力、创建团队文化。

成功的团队具有如下共同特点：团队的**目标明确**，成员清楚自己的工作对目标的贡献；团队的**组织结构清晰**，岗位明确；有成文或习惯的工作流程和方法，而且流程简明有效；项目经理对团队成员**有明确的考核和评价标准**，工作结果公正公开，赏罚分明；共同制订并遵守**组织纪律；协同工作**，也就是一个成员的工作需要依赖于另一成员的结果，善于总结和学习。

图 15-5-2　项目团队建设五个阶段

15.6　激励理论

要有效地利用项目人力资源，调动每个成员的积极性，项目经理首先就要了解项目团队成员的行为动机，从而找到激发人力资源最有效的途径。

本部分的主要知识点如图 15-6-1 和图 15-6-2 所示。

图 15-6-1　激励理论

图 15-6-2　X 理论和 Y 理论及其他知识

1. 激励理论

激励理论是激发员工积极性的方法体系。

（1）马斯洛需求层次理论（Maslow's Hierarchy of Needs）。该理论将人的需求分为五种，具体如图 15-6-3 所示。

图 15-6-3　马斯洛需求层次理论

马斯洛需求层次理论中，五种需求按层次逐级递升；只有低层次需求被满足之后，才会转而寻求实现更高层次的需要。

马斯洛需求层次特点见表 15-6-1。

表 15-6-1　马斯洛需求层次特点及对应激励措施

需求层次	特点	缺乏需求的表现	激励措施
自我实现（最高）	至高人生境界		
尊重需求	对成就、名声、地位和晋升机会的需求	很爱面子，虚荣，强烈希望他人认同	公开奖励和表扬，强调任务的艰巨性，颁发荣誉奖章、优秀员工光荣榜
社交需求	对友谊、爱情以及隶属关系的需求	没有感受到关怀，认为自己活着没有意义	鼓励同事间往来，支持与赞许员工，举办体育比赛和聚会
安全需求	对人身安全、生活稳定以及避免痛苦、威胁或疾病的需求	受到威胁，觉得世界不安全	强调规章制度、职业保障、各类保险
生理需求（最低）	最低需求。如食物、水、空气、性欲、健康	什么都不想，只想活下去。道德、思考都是浮云	增加工资和待遇、改善劳动条件、给予更多休息时间

（2）赫茨伯格的双因素理论。赫茨伯格的双因素理论包含两个因素：一是保健因素；二是激励因素。

● 保健因素：造成员工不满的因素。该因素未得到满足，易使员工出现不满、怠工甚至罢工等对抗行为。该因素改善后，再深入改进也难使得员工满意。保健因素包含工作环境、工资薪水、公司政策、个人生活、管理监督、人际关系等。

● 激励因素：使员工感到满意的因素。改善该因素使得员工满意并变得热情，大大提升工作效率。激励因素属于高层次需要，包括成就、认可、工作本身、责任、发展机会等。

（3）期望理论。维克托·弗鲁姆的期望理论（又称效价-手段-期望理论），该理论认为行动的动力取决于其对行动结果的价值评价和预期达成该结果可能性的估计。即

$$激励力=期望值×目标效价$$

期望值指主观估计目标实现的可能性；目标效价指主观判断目标对个人的价值。

（4）ERG 理论。克雷顿·奥尔德弗在马斯洛需求层次理论的基础上，提出了 ERG 理论。该理论将人的需要分为三种：生存（Existence）的需要、相互关系（Relatedness）的需要和成长发展（Growth）的需要。

2．X 理论和 Y 理论

麦格雷戈的 X 理论和 Y 理论是基于两种完全相反假设的理论。

（1）X 理论：认为人是懒惰的。X 理论的管理手段有设定严厉制度或者奖励。

（2）Y 理论：认为人是积极的。Y 理论的管理手段有充分授权、充分发挥能力。

3．领导行为理论和管理权变理论

（1）领导行为理论：该理论认为，让工作更有效，领导者应该知道做什么和怎么做。

● 领导关注点：是工作绩效还是人际关系？

● 领导决策方式：专断、民主、放任。

（2）管理权变理论：该理论认为世间没有普遍的、唯一的领导方式，只有合适的领导方式。

4. 影响工作的心理因素

影响工作的心理因素有：

（1）激励：涉及各类激励理论。

（2）影响：项目经理影响员工的方法包含权力、任务分配、预算分配、升职、薪金、实施处罚、工作挑战、专门技术（PM 具备其他人认为很重要的专业技术知识）、友谊。

（3）权力：权力是改变行为、事情、态度的能力。权力分为法定权力（职位权力、正式权力）、强制权力（惩罚权力）、奖励权力、专家权力、感召权力（参照权力、参考权力、潜示权力、仗势权力）。职位权力、惩罚权力、奖励权力来自于组织的授权，专家权力（来源于个人的专业技能）和参照权力（成为榜样而拥有的力量）来自于管理者自身。

（4）效率：建立各类优良习惯，帮助项目组和项目成员。

15.7 管理团队

管理团队是指跟踪团队成员绩效，提供反馈，解决问题并管理团队变更，以提高优化项目绩效的过程。本过程的主要作用：影响团队行为、管理冲突以及解决问题。该过程的输入、工具与技术、输出如图 15-7-1 所示。

输入	工具与技术	输出
1. 项目管理计划 2. 项目文件 3. 工作绩效报告 4. 团队绩效评价 5. 事业环境因素 6. 组织过程资产	1. 人际关系与团队技能 2. 项目管理信息系统	1. 变更请求 2. 项目管理计划（更新） 3. 项目文件（更新） 4. 事业环境因素（更新）

图 15-7-1 管理团队的输入、工具与技术、输出

15.7.1 输入

项目管理计划：主要是资源管理计划。

项目文件：包括团队章程、问题日志、项目团队派工单、经验教训登记册等。

工作绩效报告：报告内容包含进度控制、成本控制、质量控制和范围确认中得到的结果等。

团队绩效评价：略。

事业环境因素：略。

组织过程资产：略。

15.7.2 工具与技术

人际关系与团队技能。主要技能如下：

（1）冲突管理。解决冲突的方法包含撤退/回避；缓和/包容；妥协/调解；强迫/命令；合作/解决问题等。

（2）制定决策能力。包含谈判能力、影响组织与管理团队能力。

（3）情商。管理个人、他人情绪的能力。

（4）影响。说服他人；清晰表达观点和立场；积极且有效的倾听；了解并综合考虑各种观点；在维护相互信任的关系下，解决问题并达成一致意见等能力。

（5）领导力。领导、激励团队做好本职工作的能力。

项目管理信息系统：略。

15.7.3　输出

变更请求：略。

项目管理计划（更新）：变更的项目管理计划包含资源管理计划、进度基准、成本基准等。

项目文件（更新）：包括问题日志、经验教训登记册、项目团队派工单等。

事业环境因素（更新）：略。

15.8　控制资源

控制资源是为了按计划分配和使用实物资源、监督资源使用并采取必要的纠正措施的过程。本过程的主要作用：①确保所分配的资源适时、适地用于项目；②释放不再使用的资源。该过程的输入、工具与技术、输出如图 15-8-1 所示。

输入	工具与技术	输出
1. 项目管理计划 2. 项目文件 3. 工作绩效数据 4. 协议 5. 组织过程资产	1. 数据分析 2. 问题解决 3. 人际关系与团队技能 4. 项目管理信息系统	1. 工作绩效信息 2. 变更请求 3. 项目管理计划（更新） 4. 项目文件（更新）

图 15-8-1　控制资源的输入、工具与技术、输出

15.8.1　输入

项目管理计划：主要是资源管理计划，是控制、使用资源的指南。

项目文件：主要包括项目进度计划、问题日志、资源需求、资源分解结构、经验教训登记册、物质资源分配单、风险登记册。

工作绩效数据：包含项目状态（已使用资源数量、类型）数据。

协议：帮助获取外部资源的依据。

组织过程资产：略。

15.8.2　工具与技术

数据分析：包括备选方案分析、成本效益分析、绩效审查、趋势分析等。

问题解决：帮助解决控制资源中出现的问题。

人际关系与团队技能：包含谈判、影响力等能力。

项目管理信息系统：略。

15.8.3　输出

工作绩效信息：包含项目工作进展信息。

变更请求：略。

项目管理计划（更新）：包括资源管理计划、进度基准、成本基准等。

项目文件（更新）：包括假设日志、问题日志、经验教训登记册、物质资源分配单、资源分解结构、风险登记册等。

15.9　冲突管理

冲突表示的是计划与现实、人与人之间的矛盾。冲突的根源在于资源分配的不平衡、工作方式的不同、责任模糊、多头领导、高压、新技术使用等。项目冲突管理是指运用管理理论管理项目冲突，引导冲突朝积极的方向发展，减少负面影响，保证项目目标的实现。

冲突管理的常用方法如图 15-9-1 所示。

图 15-9-1　冲突管理的常用方法/策略

（1）问题解决：冲突各方积极行动，选择一个最合适的方案来解决冲突，结果皆大欢喜，是最理想的方案。

（2）强制：牺牲其他方，强制采用一方观点。结果是非赢即输，一家欢喜其他忧。

（3）合作：多人接受。集合多方观点，得到多数人认可的冲突解决方案。

（4）妥协：各方协商均让步，又均有所获。

（5）求同存异：各方重点关注一致的观点，而忽略不一致的观点。

（6）撤退（让步）：先搁置冲突，避免争端。

15.10　裁剪考虑因素

项目经理裁剪项目资源管理过程应考虑的因素参见表 15-10-1。

表 15-10-1　资源管理过程的裁剪因素

裁剪方向	裁剪所考虑的具体因素
生命周期方法	项目采用哪些生命周期方法
多元化	团队多元化背景
物理位置	确定人员和物资的物理位置
行业特定资源	所在行业所需的特定资源
人员获得	如何获得团队人员；确定人员是兼职还是全职
团队管理	如何管理团队建设，是否考虑使用工具；团队是否存在特殊需求的成员；是否提供多元化管理的培训

敏捷型（适应型）环境中需要考虑的因素：针对变化较大的项目，适合采用集中、协作的团队模式。

15.11　课堂巩固练习题

1. 虚拟团队的使用能带来很多好处，其中不包括＿＿＿(1)＿＿＿。

（1）A. 减少出差及搬迁费用　　　　　　B. 减少信息分享带来的安全风险

　　　C. 利用技术来营造在线团队环境　　D. 拉近团队成员与客户或其他重要干系人的距离

【攻克要塞软考团队讲评】 虚拟团队需要通过互联网、电话等方式分享信息，这并不能减少信息泄露的风险，反而可能会增加安全风险。

参考答案：（1）B

2. 数据表现属于规划资源管理的工具，其方式又可以分为层级型、矩阵型、文本型，以下不是规划资源管理的层次型工具的是＿＿＿(2)＿＿＿。

（2）A. OBS　　　　B. RAM　　　　C. RBS　　　　D. WBS

【攻克要塞软考团队讲评】 规划资源管理的层次型的工具包含工作分解结构（WBS）、组织分解结构（OBS）和资源分解结构（RBS）。RAM 即职责分配矩阵，属于规划资源管理的矩阵型数据表现工具。

参考答案：（2）B

3. 项目团队建设一般要依次经历形成阶段、震荡阶段、规范阶段、发挥阶段、结束阶段 5 个阶段，一般在＿＿＿(3)＿＿＿团队的绩效最高。

（3）A. 发挥阶段　　B. 震荡阶段　　C. 规范阶段　　　D. 结束阶段

【攻克要塞软考团队讲评】 项目团队在形成阶段还需要组合形成合力，开始绩效还比较低；在震荡阶段和规范阶段团队进行磨合，绩效得到逐步提高；在发挥阶段，团队成员各自发挥潜力，故绩效最高。

参考答案：（3）A

4. 马斯洛的需求层次理论将人的需要分为 5 个层次：生理的需要、安全的需要、＿＿＿(4)＿＿＿、尊重的需要、自我实现的需要。

（4）A．保健的需求　　B．发展的需要　　　C．互相关系的需要　　D．社会的需要

【攻克要塞软考团队讲评】这里考的是马斯洛需求层次理论的 5 个层次。题目提供的选项中，选项 A 是双因素理论的一个因素；选项 B、C 分别是 ERG 理论中的 R、G，故答案选 D 选项。考生要注意理解这些激励理论，不可混为一谈。

参考答案：（4）D

5．以下不是项目团队建设的常用方法的是＿＿＿（5）＿＿＿。

（5）A．培训　　　　B．同地办公　　　C．就事论事　　　　D．认可和奖励

【攻克要塞软考团队讲评】项目团队建设常用的方法有一般管理技能、培训、团队建设活动、基本原则、同地办公（集中）、认可和奖励，所以答案选 C 选项。

参考答案：（5）C

6．关于团队建设和管理的描述，不正确的是＿＿＿（6）＿＿＿。

（6）A．在团队发展的 5 个阶段中，震荡阶段之后是规范阶段

　　　B．团队发展不一定按 5 个阶段顺序进行，可能会跳过某个阶段

　　　C．项目经理应注重运用奖励权力和惩罚权力，尽量避免使用专家权力

　　　D．成功的冲突管理可以提高生产力，改进工作关系

【攻克要塞软考团队讲评】项目经理的权力有：职位权力、惩罚权力、奖励权力、专家权力、参照权力。每种权力都可以灵活运用。

参考答案：（6）C

第 16 学时　项目合同与采购管理

　　项目采购管理工作是项目管理十大知识领域中的辅助知识领域之一，合同管理虽不是十大知识领域之中的，却在项目管理中显得十分重要。项目采购的过程中就要签合同，合同是项目最重要的文档之一，故这个学时里将项目合同与采购管理放到一起讲解。

　　本学时要学习的主要知识点如图 16-0-1 所示。

图 16-0-1　知识图谱

16.1 项目合同与合同管理

1. 合同的定义

合同有广义合同、狭义合同之说。**广义合同观点**认为，合同是指以确定各种权利与义务为内容的协议，即只要是当事人之间达成的确定权利义务的协议均为合同，不管它涉及哪个法律部门和何种法律关系。因此，合同除应包括民法中的合同外，还包括行政法上的行政合同、劳动法上的劳动合同、国际法上的国家合同。**狭义合同观点**认为，合同专指民法上的合同，"合同（契约）是当事人之间确立、变更、终止民事权利义务关系意思表示一致的法律行为"。

《中华人民共和国民法典》规定合同是民事主体之间设立、变更、终止民事权利义务关系的协议，根据订立合同领域的不同，有时也将合同称为**"采购单""协议"**或**"子合同"**等。

合同概念中的自然人指依照宪法和法律相关规定享有权利和承担义务的自然人；**法人**指法律赋予民事权利能力和民事行为能力，依法独立享有民事权利和承担民事义务的社会组织；其他组织指不具有法人资格，但可以以自己名义进行民事活动的组织，也称为"非法人组织"。

合同必须包括以下要素：第一，合同的成立必须要有**两个以上当事人**；第二，各方当事人须互相做出**意思表示**；第三，各个**意思表示达成一致**。

2. 具有法律效力的条件

有效合同是法律承认其效力的合同。合同具有法律效力必须具备 3 个条件：

（1）当事人具有相应的民事行为能力。

（2）当事人意思表示真实，当事人的行为应当真实地反映其内心的想法。

（3）不违反法律或社会公共利益。

3. 合同的分类

以信息系统工程项目的范围为标准划分，项目合同可分为**项目总承包合同、项目单项承包合同、项目分包合同**。

（1）项目总承包合同。业主方将该信息系统工程项目的全过程作为一个整体发包给同一个承建方的合同。需要特别注意的是，总承包合同要求只与同一个承建方订立承包合同，但并不意味着只订立一个总合同。可以采用订立一个总合同的形式，也可以采用订立若干个合同的形式。例如业主方与同一承建方分别就项目的咨询论证、方案设计、硬件建设、软件开发、实施及运行维护等订立不同的合同。

采用**总承包合同**的方式一般**适用于经验丰富、技术实力雄厚且组织管理协调能力强的承建方**，这样有利于发挥承建方的专业优势，保证项目的质量和进度，提高投资效益。采用这种方式，业主方只需与一个承建方沟通，容易管理与协调。

（2）项目单项承包合同。一个承建方只承建信息系统工程项目中咨询论证、方案设计、硬件建设、软件开发、实施及运行维护等的某一项或某几项建设内容，业主方分别与不同承建方订立项目单项承包合同。

采用项目单项承包合同的方式有利于吸引更多的承建方参与投标竞争，使业主方可以选择在某一单项上实力强的承建方。同时也有利于承建方专注于自身经验丰富且技术实力雄厚部分的建设，但这种方式对业主方的组织管理协调能力提出了较高的要求。

（3）项目分包合同。经合同约定和业主方认可，总承建方将其承包的信息系统工程项目的某一部分或某几部分项目（非项目的主体结构）再发包给具有相应资质条件的子承建方，与子承建方订立的合同称为"项目分包合同"。

【攻克要塞专家提示】订立项目分包合同必须同时满足5个条件：经过**业主方认可**；分包的项目必须是**非主体结构**；只能**分包部分**项目，而**不能转包全部**项目；子承建方必须具备**相应的资质条件**；子承建方**不能再次分包**。

分包合同涉及两种合同关系，即业主方与总承建方的承包合同关系，以及总承建方与子承建方的分包合同关系。总承建方在原承包合同范围内向业主方负责，而子承建方与总承建方在分包合同范围内向业主方承担连带责任。如果分包的项目出现问题，业主方既可以要求总承建方承担责任，也可以直接要求子承建方承担责任。

以信息系统工程项目付款方式为标准划分，项目合同可分为**项目总价合同、项目单价合同、项目成本加酬金合同**。

（1）项目总价合同。**项目总价合同**确定完成信息系统工程项目的总价，承建方据此完成项目全部内容的建设，这种合同又称为**"固定价格合同"**。

项目总价合同的优点是易于使业主方在招标时选择报价较低的单位，缺点是一些比较大的工程项目很复杂，精确计算总价不现实。因此项目总价合同仅**适用于一些工期较短、不太复杂的小风险项目**。

（2）项目单价合同。**项目单价合同**，也称**工时和材料合同**，合同以信息系统工程项目各个单项的工作量等指标为标准，确定完成单项项目的价格，承建方据此完成单项项目的建设。

项目单价合同的优点是可以使整个工程项目的风险得到合理的分摊，项目单价合同要求业主方和承建方对整个工程项目各个部分的单价及工作量的划分达成一致的意见，形成统一的标准。

（3）项目成本加酬金合同。**项目成本加酬金合同**由业主方支付项目的实际成本，并按约定的方式向承建方支付酬金。

项目成本加酬金合同的特点是项目的酬金会比较低，这是因为业主方承担了项目的全部风险，而承建方为零风险。这类合同主要适用于风险大的项目，容易出现的问题是由于业主方支付建设项目的全部实际成本，而导致承建方往往不注意降低项目的成本。

总地说来，固定总价合同中采购方的风险最小，因为他们确切地知道需要付给供应方多少费用。项目成本加酬金合同中采购方的风险最大，因为他们事先不知道供应方的成本，而且供应方可能有增加成本的动机。

4．合同的主要内容

合同的主要内容包括：**项目名称**；**标的内容和范围**；**项目的质量要求**：通常情况下，采用技术指标限定等各种方式来描述信息系统工程的整体质量标准以及各部分质量标准，它是判断整个工程项目成败的重要依据；**项目的计划、进度、地点、地域和方式**；**项目建设过程中的各种期限**；**技术情报和资料的保密**；**风险责任的承担**；**技术成果的归属**；**验收的标准和方法**；**价款、报酬（或使用费）及其支付方式**；**违约金或者损失赔偿的计算方法**；**解决争议的方法**：该条款中应尽可能地明确在出现争议与纠纷时采取何种方式来协商解决；**名词术语解释**等。

信息系统工程项目中软件系统的著作权和所有权不同。一般来说，业主方支付开发费用之后，**软件的所有权将转给业主方，但软件的著作权仍然属于承建方**。如果要将软件著作权也转给业主方或者双方共有著作权，则在合同中应明确写明相关条款。软件系统开发过程中，除合同条款另有说明外，已经完成的里程碑所涵盖的软件产品的所有权归当事人双方共有。为了防止发生知识产权方面的纠纷，对于项目中承建方独立开发的软件系统，应在合同中明确写明承建方承担软件系统的合法性责任；对于已经产品化的软件系统，则应当在合同中记载该软件的著作权登记版本号。

5. 合同管理流程

合同管理是管理双方关系、保证承建方的交付物满足合同条款的过程。

合同管理流程主要包括签订管理、履行管理、变更管理、档案管理以及违约管理。

（1）合同签订管理。合同签订管理步骤包含：合同前期调查（市场调查、对手和伙伴调查、风险分析）、合同谈判与签署两步。

合同签署应注意以下几点：

● 当事人法律资格：具有相应民事权力能力和民事行为能力的自然人、法人或其他组织。

● 验收时间。

● 验收标准：避免承建单位过分夸大，建设方预期过高；避免建设单位临时提高标准。

● 维护和技术支持：技术质量问题，有期限约定（一般为半年到一年），厂商无偿解决；若无时间约定，则所有维护均要收费。

● 遭受损失后的赔偿。

● 保密约定。

● 合同附件：签订合同后的补充条款，确定不明确事项。附件内容应该与主合同内容保持一致，不能相互矛盾。

● 可进行合同公证。

● 达成各方对合同的一致理解，避免用语含混不清。

● 合同标的提供服务的，须写明具体的服务质量、标准或效果要求，切忌只写"按照行业的通常标准提供服务或达到行业通常的服务标准要求等"之类的内容。

（2）合同履行管理。合同履行管理包含合同执行、合同纠纷处理、合同控制。其中，合同控制指企业的合同管理组织为保证合同约定的义务完成及权利实现，以合同分析结果为基准，对合同实施过程进行全面的监控、检查、对比、引导及纠正。

（3）合同变更。合同变更的处理原则是**公平合理**，其步骤如下：

1）**提出**变更。

2）**审查**变更请求。

3）**批准**变更。

4）**实施**变更。

变更合同价款的步骤如下：

1）确定**合同变更量清单**，再定变更合同价款。

2）项目变更在合同中，**能找到适用价格**，则按已有价变更合同价款。

3）项目变更在合同中，**找到类似价格**，则按类似价格变更合同价款。

4）项目变更在合同中，**没有适用、类似的价格**，则由**承建单位**提出适当的变更价格，经**监理工程师和业主**确认后执行。

（4）合同档案管理。合同档案管理是合同管理的基础。合同执行过程中应做好记录、保存工作。

（5）合同违约管理。合同违约管理包含对建设单位、承建单位违约的管理。

6. 合同索赔

索赔是在合同执行的过程中，合同当事人一方给另一方造成经济损失、工期延误，通过合法途径向对方要求补偿或赔偿。索赔以合同为依据，可协商解决，**不属于经济惩罚行为**。

（1）索赔分类。索赔分类见表 16-1-1。

表 16-1-1　索赔分类

分类方式	子类	特点
索赔方向	索赔	承建单位向建设方提出赔偿
	反索赔	建设方向承建单位提出赔偿
索赔目的	工期索赔	索赔内容为延长施工时间
	费用索赔	赔偿经济损失
索赔依据	合同规定索赔	涉及合同内容条款，争议性小
	非合同规定索赔	根据合同条款推论，争议性大
索赔业务性质	工程索赔	工程建设中，由于施工条件、技术、范围等变化引起的索赔；频率高，索赔费用高
索赔业务性质	商务索赔	工程实施中物资采购、运输、保管等引起的索赔
索赔处理方式	单项索赔	一事一索赔，不和其他索赔事项混合
	总索赔	又称综合索赔或一揽子索赔，对综合工程中发生的多个索赔事项进行索赔

（2）索赔流程。索赔流程如下：

1）提出索赔要求。索赔事项发生 **28 天**内，以书面方式向监理方提出索赔要求。

2）提交索赔资料。索赔通知书发出后 **28 天**内，向**监理方提交延长工期或者补偿经济损失**的索赔报告。索赔报告组成有总论、依据、计算、证据。

3）索赔答复。监理方应在收到索赔报告的 **28 天**内予以响应。

4）索赔认可。监理方在收到索赔报告的 **28 天**内未能响应，视为认可该索赔。

5）提交索赔报告。索赔终止 **28 天**后，索赔方提交最终索赔报告。监理方 **28 天**内应响应，否则视为该索赔成立。

或：

4）索赔分歧。

5）提请仲裁或者提起诉讼。

索赔流程如图 16-1-1 所示。

图 16-1-1   索赔流程

16.2   采购管理的过程

项目采购管理就是采购项目团队外的产品、服务、成果的所有过程。项目采购管理是围绕**合同**进行的。项目采购管理的过程包括：**规划采购管理、实施采购、控制采购**。

16.3   规划采购

规划采购（又称编制采购计划）是指记录采购决策、明确采购方式及识别潜在卖方的过程。本过程的主要作用是解决是否需要采购、如何采购、采购什么、采购多少以及何时采购的问题。

采购管理过程中合同可以分为总价合同、成本补偿合同、工料合同。

（1）总价合同：为既定产品、服务或成果的采购设定一个总价。总价合同可以设定目标（如交付日期、成本、绩效等可量化的目标），达到或超过目标，可以实施奖励；反之，扣除一定费用。采用总价合同，买方需要准确定义采购的产品或者服务。如遇变更，常会导致合同价格提高。

（2）成本补偿合同：此类合同向卖方支付为完成工作，而发生的合法实际成本；除此之外，还付给卖方一笔费用作为人工费和利润。该合同也可以设定目标（如交付日期、成本、绩效等可量化的目标），达到或超过目标，可以实施奖励；反之，扣除一定费用。

（3）工料合同：各合同特点和细分见表 16-3-1。

表 16-3-1　采购管理过程中的合同分类

合同名称	子类	定义、特点
总价合同	固定总价合同（FFP）	最常用的合同类型。一开始就确定采购价格，不允许改变（除非工作范围发生变更）。 买方风险小，但需要准确定义拟采购的产品和服务；卖方风险较大，需承担所有工作，并全部承担风险（如不良绩效）导致的成本增加
	总价加激励费用合同（FPIF）	该总价合同为买方和卖方提供一定灵活性，允许一定绩效偏差，并对实现既定目标（如成本、进度、技术绩效）给予财务奖励 这种方式需一开始就制定好绩效目标，卖方全部工作结束后，还需要确定卖方绩效。合同要设定价格上限，卖方承担超过上限的全部成本
总价合同	总价加经济价格调整合同（FP-EPA）	适合卖方履约期较长的项目。允许根据条件变化（如通货膨胀、某些特殊商品的成本增降），以事先确定的方式对合同价格进行最终调整。 EPA 条款必须规定用于准确调整最终价格的、可靠的财务指数。 FP-EPA 合同试图保护买方和卖方免受外界不可控情况的影响
成本补偿合同	成本加固定费用合同（CPFF）	报销卖方为履行合同而发生的全部可列支成本，并向卖方支付一笔固定费用（某一百分比计算×项目初始估算成本），并且不因卖方的绩效而变化。除非项目范围发生变更，否则费用金额维持不变
	成本加激励费用合同（CPIF）	报销卖方为履行合同而发生的全部可列支成本，并在卖方达到合同规定的绩效时，向卖方支付预先商定的激励费用。 如果项目最终成本低于或高于原始估算成本，则买卖双方需根据事先商定的比例分摊结余或者超支成本。 成本加激励费用合同下，当实际成本大于目标成本时，卖方可得的付款总数为"目标成本+目标费用+买方应负担的成本超支"
	成本加奖励费用合同（CPAF）	报销卖方一切合法成本，只有卖方满足合同规定的、某些笼统主观的绩效标准的情况下，才向卖方支付大部分费用。 买方主观支付绩效奖励，卖方通常无权申诉
	成本加百分比合同（成本加酬金合同，CPF）	买方报销卖方实际项目成本。卖方的费用以实际成本的百分比来计算。这种方式，卖方强势，卖方没有控制成本的动力，在一些国家这种合同是非法的
工料合同	工料合同（T&M）	工料合同兼具成本补偿合同和总价合同的特点。 工料合同与成本补偿合同都是开口合同，合同价因成本增加而变化。在授予合同时，买方可能并未确定合同的总价值和采购的准确数量。和成本补偿合同一样，工料合同的合同价值可以增加。 工料合同中确定了最高价值和时间限制，防止无限增加成本。合同确定一些参数，这与固定单价合同相似。当买卖双方就特定资源的价格（如人工小时价格或材料的单位价格）达成一致意见时，买卖双方也就预先设定了单位人力或材料费率

注：成本加百分比合同（成本加酬金合同）没有出现在 PMBOK 中。

1．自制、外购决策分析

决定项目是自行开发还是外购，应该根据成本来进行分析。可以将内部提供产品和服务的成本进行估算，再与外部成本进行比较，如果外包的成本比自制的成本更低，应考虑外包。但有时也需要考虑一些其他的因素，如某些企业对数据保密性、系统安全性、软件的可靠性要求较高，当自己有足够的人力资源保障时，就应当考虑自行研发。

2．SOW

工作说明书（Statement of Work，**SOW**）是对项目所要提供的产品、成果或服务的描述。对内部项目而言，项目发起者或投资人基于业务需要、产品或服务的需求提出工作说明书。内部的工作说明书有时也叫任务书。SOW 包括的主要内容有前言、服务范围、方法、假定、服务期限和工作量估计、双方角色和责任、交付资料、完成标准、顾问组人员、收费和付款方式、变更管理等。

SOW 与范围说明书的区别在于，工作说明书是对项目所要提供的产品或服务的叙述性的描述，项目范围说明书则通过明确项目应该完成的工作而确定了项目的范围。

采购工作说明书：依据项目范围基准，为每次采购编制工作说明书（SOW），对将要包含在相关合同中的那一部分项目范围进行定义。采购 SOW 应该详细描述拟采购的产品、服务或成果，以便潜在卖方确定他们是否有能力提供这些产品、服务或成果。

采购工作说明书样例如图 16-3-1 所示。

一张小卡片公司采购工作说明书样本

1．采购目标

2．采购工作范围

（1）采购各阶段需完成的工作；

（2）详细说明采购物的功能、性能。

3．工作地点（工作、采购、交付地点）

4．供货周期

5．验收条款

……

第 3 天

图 16-3-1　采购工作说明书样例

3．采购文件（招标文件）

采购文件（招标文件）是征求卖方的建议书。在采购中，潜在卖方的报价建议书是根据买方的**采购文件**制定的。采购文件包括采购活动记录、采购预算、招标文件、投标文件、评标标准、评估报告、定标文件、合同文本、验收证明、质疑答复、投诉处理决定及其他有关文件、资料。

（1）不同情况采购文件有不同的俗称。

● 采购主要考虑价格，采购文件俗称"标书""投标""报价"；

● 当采购主要考虑非价格因素（如技术、技能或方法）时，采购文件俗称"建议书"。

（2）不同情况采购文件有不同的书面名称。

● 信息索取书（Request For Information，RFI）：获得所需产品/服务/供应商的信息。

- 请求方案建议书（Request For Proposal，RFP）：要求供应商对问题提出最好解决方案的建议。
- 请求报价邀请书（Request For Quotation，RFQ）：要求供应商报价，作为招标底价及比价的参考。
- 投标邀标书（Invitation For Bid，IFB）：为所有供应商报价提供他们最佳方案的平等的机会。

规划采购的输入、工具与技术、输出如图 16-3-2 所示。

输入	工具与技术	输出
1. 立项管理文件 2. 项目章程 3. 项目管理计划 4. 项目文件 5. 事业环境因素 6. 组织过程资产	1. 供方选择分析 2. 专家判断 3. 数据收集 4. 会议 5. 数据分析	1. 采购管理计划 2. 采购策略 3. 采购工作说明书 4. 招标文件 5. 自制或外购决策 6. 独立成本估算 7. 供方选择标准 8. 变更请求 9. 项目文件（更新） 10. 组织过程资产（更新）

图 16-3-2　规划采购的输入、工具与技术、输出

16.3.1　输入

立项管理文件：立项阶段批准的用于规划采购管理的依据文件。立项管理包含商业需求和成本效益分析，项目合理性论证，确定项目边界等活动。

项目章程：包含项目描述、目标、总体里程碑，及预先批准资源等。

项目管理计划：主要包括范围管理计划、质量管理计划、资源管理计划、范围基准等。

项目文件：主要包括风险登记册、干系人登记册、需求文件、需求跟踪矩阵、里程碑清单、资源需求、项目团队派工单等。

事业环境因素：略。

组织过程资产：包括总价合同、成本补偿合同、工料合同等。

16.3.2　工具与技术

供方选择分析：选择供方的方法有最低成本、仅凭资质、基于质量或技术方案得分、基于质量和成本、唯一来源、固定预算等。

专家判断：略。

数据收集：主要技术是市场调研。

会议：略。

数据分析：主要是自制或外购分析。

16.3.3　输出

采购管理计划：包含采购过程中开展的各种活动。采购管理计划的主要内容包含协调采购与项

目其他工作（例如制订项目进度计划）；重要采购活动时间表；采购干系人或者部门的责权利；预审合格的卖方；管理合同的采购测量指标；与采购相关的制约因素和假设条件；约定的货币种类；是否需要编制独立估算；相关风险管理等。

采购策略：规定项目交付方法（专业服务项目的交付方法、工业或商业施工项目的交付方法）、具有法律约束力的合同，采购阶段推动采购进展的方法。

采购工作说明书：即 SOW，本节已经介绍。

招标文件：本节已经介绍。

自制或外购决策：略。

独立成本估算：略。

供方选择标准：略。

变更请求：略。

项目文件（更新）：主要包括经验教训登记册、里程碑清单、需求文件、需求跟踪矩阵、风险登记册、干系人登记册等。

组织过程资产（更新）：略。

16.4　实施采购

实施采购是获取潜在卖方（如承包商、供应商）的需求答复（如投标书、建议书），选择卖方并授予合同的过程。本过程的主要作用：选定合格卖方，签署关于货物或服务交付协议。在这个过程中，潜在的供应商将要做大部分的工作，采购方和潜在的供应商需要不断地进行沟通，包括召开招投标会议来回答潜在的供应商的问题。此过程的结果就是收到潜在的供应商提供的建议书或标书。

在大多数情况下，会有多家潜在供应商提供采购方所需要的产品或服务，并能收到多份标书，这时采购方可以利用这种竞争性的环境，以更低的价格获得更好的服务。

必要的话，招标方（即采购方）可以通过一些媒体刊登广告公开招标，如报纸、专业期刊等出版物，网站、电视等媒体，以吸引更多的、更好的潜在供应商。在我国，对政府部门和企业，明确要求标的在一定金额以上的 IT 项目必须进行公开招标。

实施采购的输入、工具与技术、输出如图 16-4-1 所示。

输入	工具与技术	输出
1. 项目管理计划	1. 投标人会议	1. 选定的卖方
2. 采购文档	2. 数据分析	2. 协议
3. 卖方建议书	3. 专家判断	3. 变更请求
4. 项目文件	4. 广告	4. 组织过程资产（更新）
5. 事业环境因素	5. 人际关系与团队技能	5. 项目文件（更新）
6. 组织过程资产		6. 项目管理计划（更新）

图 16-4-1　实施采购的输入、工具与技术、输出

16.4.1　输入

项目管理计划：包括范围管理计划、需求管理计划、沟通管理计划、风险管理计划、采购管理计划、配置管理计划、成本基准等。

采购文档：包括招标文件、采购工作说明书、独立成本估算、供方选择标准等。

卖方建议书：卖方为响应采购文件而编制的建议书。

项目文件：主要包括需求文件、项目进度计划、风险登记册、干系人登记册、经验教训登记册等。

事业环境因素：略。

组织过程资产：略。

16.4.2　工具与技术

投标人会议：又称投标前会议，卖方提交建议书前，由买方和潜在卖方参与的会议，其目的是确保所有潜在卖方清楚理解采购要求并确保没有任何人会有特别对待。

数据分析：主要包括建议书评估。

专家判断：略。

广告：略。

人际关系与团队技能：主要技能是谈判。

16.4.3　输出

选定的卖方：投标中判断为最有竞争力的投标人。

协议：对买卖方都有义务、权利约束的协议。

变更请求：略。

组织过程资产（更新）：包括卖方清单；与卖方合作经验等。

项目文件（更新）：包括经验教训登记表、需求文件、需求跟踪矩阵、资源日历、风险登记册、干系人登记册等。

项目管理计划（更新）：主要包括需求管理计划、质量管理计划、沟通管理计划、风险管理计划、采购管理计划、范围基准、进度基准、成本基准。

16.5　控制采购

控制采购过程是管理采购关系、监督合同执行情况，并根据需要实施变更和采取纠正措施的过程。本过程的主要作用：确保买卖双方履行协议，满足项目需求。

采购中产品不符合采购计划、合同所要求的规格、标准的，均应看成不合格品。控制采购过程应加强不合格品控制，具体方法有：

（1）识别不合格产品，并进行"不合格"标识。

（2）加强验货，发现的不合格产品应采取退货、换货、降级使用等措施。

控制采购的输入、工具与技术、输出如图16-5-1所示。

输入	工具与技术	输出
1. 项目管理计划 2. 项目文件 3. 采购文档 4. 协议 5. 工作绩效数据 6. 批准的变更请求 7. 事业环境因素 8. 组织过程资产	1. 专家判断 2. 索赔管理 3. 数据分析 4. 检查 5. 审计	1. 采购关闭 2. 采购文档（更新） 3. 工作绩效信息 4. 变更请求 5. 项目管理计划（更新） 6. 项目文件（更新） 7. 组织过程资产（更新）

图 16-5-1　控制采购的输入、工具与技术、输出

16.5.1　输入

项目管理计划：主要包括需求管理计划、风险管理计划、采购管理计划、变更管理计划、进度基准等。

项目文件：主要包括假设日志、需求文件、需求跟踪矩阵、里程碑清单、风险登记册、干系人登记册、质量报告、经验教训登记册等。

采购文档：记录和支持采购过程的文档，包括工作说明书、支付信息、承包商绩效信息、往来信件等。

协议：对买卖双方的义务、权利约束。

工作绩效数据：包含项目状态相关的卖方数据。

批准的变更请求：略。

事业环境因素：略。

组织过程资产：主要是采购政策。

16.5.2　工具与技术

专家判断：略。

索赔管理：通常按照合同条款对索赔进行处理，但谈判是解决所有索赔和争议的首选方法。

数据分析：主要包括绩效审查、挣值分析、趋势分析等。

检查：对承包商正在执行的工作进行的结构化审查。

审计：对采购过程的审查。

16.5.3　输出

采购关闭：买方向卖方发出的用于表明合同已完成的正式书面通知。

采购文档（更新）：略。

工作绩效信息：卖方履行工作的绩效情况。

变更请求：略。

项目管理计划（更新）：主要包括风险管理计划、采购管理计划、进度基准、成本基准。

项目文件（更新）：主要包括经验教训登记册、资源需求、需求跟踪矩阵、风险登记册、干系人登记册等。

组织过程资产（更新）：主要包括支付计划和请求、卖方绩效评估文件、预审合格卖方清单更新、经验教训知识库、采购档案等。

16.6　裁剪考虑因素

项目经理裁剪项目采购管理过程应考虑的因素参见表 16-6-1。

表 16-6-1　采购管理过程的裁剪因素

裁剪方向	裁剪所考虑的具体因素
采购的复杂性	考虑一批性采购还是多批采购
物理地点	是否考虑买卖双方的位置
治理和法规环境	采购政策是否符合当地法律
承包商的可用性	承包商是否具备相关能力

敏捷型（适应型）环境中需要考虑的因素：可让卖方参与到团队工作中，降低风险，共享收益；用主体协议（例如主要服务协议）管理整体协作关系，用补充协议描述敏捷工作，这样可避免频繁的变更影响主体协议。

16.7　课堂巩固练习

1.　以下不是项目采购管理的规划采购过程的输入的是＿＿＿（1）＿＿＿。

（1）A．项目管理计划　　　　　　　B．组织过程资产

　　　C．项目章程　　　　　　　　　D．合同

【攻克要塞软考团队讲评】 在规划采购过程开始时，合同尚未签订，故不能作为编制采购计划过程的输入。

参考答案：（1）D

2.　项目固定价合同适用于＿＿＿（2）＿＿＿的项目。

（2）A．工期较长、变动较小　　　　B．工期较短、变动较小

　　　C．工期较长、变动较大　　　　D．工期较短、变动较大

【攻克要塞软考团队讲评】 项目总价合同的优点是易于使业主方在招标时选择报价较低的单位，缺点是一些比较大的工程项目很复杂，精确计算总价不现实。因此项目总价合同仅适用于一些工期较短、不太复杂的小风险项目。故答案选 B 选项。

参考答案：（2）B

3.　对软件项目来说，如果合同中没有就软件著作权作出明确的约定，业主方支付开发费用之后，软件的所有权将转给业主方，软件的著作权属于＿＿＿（3）＿＿＿。

（3）A．业主方　　　　　　　　　　B．承建方

　　　C．监理方　　　　　　　　　　D．业主方和承建方共同所有

【攻克要塞软考团队讲评】 信息系统工程项目中软件系统的著作权和所有权不同。一般来说，业主方支付开发费用之后，软件的所有权将转给业主方，但软件的著作权仍然属于承建方。如果要

将软件著作权也转给业主方或者双方共有著作权，则在合同中应明确写明相关条款。

参考答案：（3）B

4. 询价文件中，___(4)___是用来征求潜在供应商建议的文件。

（4）A. RFP　　　　　B. RFQ　　　　　C. SOW　　　　　D. 招标书

【攻克要塞软考团队讲评】常见的询价文件有方案邀请书、报价邀请书、征求供应商意见书、投标邀请书、招标通知、洽谈邀请、承包商初始建议征求书等。RFP 是用来征求潜在供应商建议的文件，也称为请求建议书。RFQ 又称为请求报价单，是一种主要依据价格选择供应商时，用于征求潜在供应商报价的文件。SOW 是指工作说明书。招标书不会出现在询价过程中。

参考答案：（4）A

第 17 学时　项目沟通管理和干系人管理

项目沟通管理和干系人管理分是 PMBOK6.0 中十大知识领域中的两个知识领域。本学时要学习的主要知识点如图 17-0-1 所示。

图 17-0-1　知识图谱

17.1　沟通管理的过程

项目沟通管理包括为确保项目信息及时且恰当地规划、收集、生成、发布、存储、检索、管理、控制、监督和最终处置所需的各个过程。项目沟通管理包括**规划沟通管理**、**管理沟通**、**监督沟通**等过程。

1. 沟通及沟通管理的含义

沟通渗透在项目生命周期的全过程，改善沟通在 IT 项目管理中具有重要意义。沟通是为了特定的目标，在人与人之间、组织或团队之间进行的信息、思想和情感的传递或交互的过程。

项目沟通管理建立在管理沟通的基础上，服务于项目管理及项目干系人的共同利益。它在人员与信息、思想、情感等项目因素之间建立关键联系，成为项目成功所必需的过程。项目沟通管理的目标是及时而适当地**创建**、**收集**、**发送**、**储存**和**处理**项目的信息。

2. 沟通过程的一般模型

沟通过程的一般模型包括发送方、信息、接收方、传递渠道几个部分，而且沟通模型往往是一个循环的过程，如图 17-1-1 所示。

图 17-1-1　沟通过程的一般模型

发送方首先需要确定要发送的信息内容，并进行必要的处理，即编码或翻译。处理后的信息被译成接收者能够理解的一系列符号。

接收方是信宿，根据传递符号、媒体和传递方式的不同选择对应的接收方式，通过解码或翻译将这些符号译成具有特定意义的信息，还需要通过汇总、整理和推理等主观努力加以理解，再将理解后的信息进行总结、补充或加工，形成新的信息内容，并确定反馈信息，传递给发送者。

反馈过程是一个逆向的沟通过程，主要用来检查沟通双方对传输信息的理解。在这一过程中，原来的信息接收方变为信息发送方，原来的信息发送方变为信息的接收方，构成了信息双向循环流动。

在一般情况下，沟通过程存在着许多干扰和影响信息传递的因素，通常将这些因素称为噪声，图中用"//"表示噪声。噪声主要来源于发送与接受双方的相关专业知识或业务素质等的欠缺。

主要的噪声有：物理距离、环境因素、没有清晰的沟通渠道、复杂的组织结构、复杂的技术术语、不利的态度。

认知障碍产生于个人的学历、经历、经验等方面，不同的人对同一事物（信息源）有不同的认知。**语义障碍**也称为**个性障碍**，是指由于人们的修养不同和表达能力的差别，对于同一思想、事物的表达（理解）有清楚和模糊之分。

沟通模型包含 5 种状态：已发送、已收到、已理解、已认可、已转化为积极的行动。

3．沟通的基本原则

在 IT 项目管理中，项目经理为了能顺利地达到沟通的目的，在沟通过程中要遵循如下基本原则：①尽早沟通；②主动沟通；③内外有别（如内部虽然有分歧但对外要一致）；④采用对方能接受的沟通风格（传递合作和双赢的态度）；⑤沟通的升级（升级次序为：与对方沟通，与对方的上级沟通，与自己的上级沟通，自己的上级与对方的上级沟通）。

【攻克要塞专家提示】沟通升级的原则参考记忆口诀为："早主别接升"。

4．沟通途径条数的计算

沟通途径条数的计算首先要记住计算公式：**沟通途径条数=[$n \times (n-1)$]/2**

n 指的是人数。比如，当项目团队有 3 个人时，沟通渠道数为[$3 \times (3-1)$]/2=3；而当项目团队有 6 个人时，沟通渠道数为[$6 \times (6-1)$]/2=15。由于沟通是需要花费项目成本的，所以应尽量控制团队规模，避免大规模团队中常常出现的沟通不畅问题。

5．沟通的分类

根据不同的标准，沟通可以有不同的分类，常见的有如下几种。

（1）**正式沟通和非正式沟通**。正式沟通是通过组织或项目团队规定的渠道进行的信息传递，如通知、指示、内部文件，以及规定的汇报制度、例会制度、报告制度、组织与其他组织之间的公函来往等。

非正式沟通是通过非正式或个人渠道进行的信息传递，如项目成员之间私下议论某人某事、项目客户的临时电话询问等。

（2）**纵向沟通和横向沟通**。按照方向划分，沟通分为纵向沟通和横向沟通。纵向沟通包括上行沟通和下行沟通，横向沟通也称平行沟通。

上行沟通是下级将信息传递给上级的一种由下而上的沟通，主要表现为提交绩效报告、建议、请示等供上级审阅或批示。

下行沟通是上级将信息传达给下级的一种由上而下的沟通，是上级向下级发布命令、计划、政策、规定和批示的过程，其正式行文格式有通知、命令、批复等。

横向沟通包括组织中各平行部门之间的信息交流和处于不同层次的没有直接隶属关系的组织或成员之间的沟通，其正式行文格式主要是函件。

（3）**口头沟通、书面沟通及非言语沟通**。按照表达方式或方法划分，沟通可分为口头沟通、书面沟通及非言语沟通。它们之间的优缺点见表 17-1-1。

随着通信与网络技术的发展与普及，除了面对面交谈和集中碰头会议外，在项目沟通中，书面、口头甚至非言语沟通常常通过网络或电话来实现，而且不同的沟通方式在同一次沟通过程中交叉在一起，互为补充，以达到最佳的沟通效果。

表 17-1-1　各种不同表达方式或方法的沟通比较

沟通方式	举例	优点	缺点
口头沟通	交谈、讲座（演讲）、讨论会、音频或视频通话或会议	传递、反馈速度快，信息量大	沟通效果受人为因素影响大；传递层越多，信息失真越严重；可追溯性差
书面沟通	纸质及其电子形式的书面报告、备忘录、邮件（电子留言）、文件、期刊等	持久，可追溯；电子形式的快速高效	纸质的效率低、缺乏反馈，借助网络的电子形式可反馈，但没有表情，不亲近
非言语沟通	声、电、光信号（红绿灯、警笛、旗语、标志语言）、体态语言（手势等肢体动作、表情）、语调	信息意义明确，内容丰富，含义隐含灵活	传递距离有限，界限含糊；有的只可意会，不可言传

（4）交互式沟通、推式沟通、拉式沟通。常见的沟通方式有交互式沟通、推式沟通、拉式沟通，这些沟通方式的定义、优缺点见表 17-1-2。

表 17-1-2　交互式沟通、推式沟通、拉式沟通

沟通方式	定义	实例	优点	缺点
交互式	在两方或多方之间进行多向信息交换	会议、电话、即时通信、视频会议	确保全体参与者对特定话题达成共识的最有效的方法，快速传递与反馈，信息量大	传递途径、层次多；信息失真严重，核实困难
推式	把信息发送给需要接收这些信息的特定接收方，但不确保信息送达受众或被目标受众理解	信件、备忘录、报告、电子邮件、传真、语音邮件、日志、新闻稿等	持久、可核实	效率低、缺乏反馈
拉式	用于信息量很大或受众很多的情况，要求接收者自主地、自行地访问信息内容	企业内网、电子在线课程、经验教训数据库、知识库等	信息明确，内核丰富	传输距离短

6.　绩效报告

绩效报告是一个收集并发布项目绩效信息的动态过程，包括**状态报告、进展报告和项目预测**。

状态报告介绍项目在某一特定时间点上所处的位置，主要从范围、进度和成本三方面讲明目前所处的状态。进展报告介绍项目部在一定时间内完成的工作，可看作一月一次的状态报告，但更细致、更微观一些。项目预测用于预测未来的项目状况，一般包括范围、进度、成本、质量等方面，有时也包括风险和采购方面。状态评审会议是绩效报告的工具和技术。在多数项目上，将以不同的频繁程度在不同的层级上召开项目状态审查会议。如项目管理团队内部可以每周召开审查会议，而与客户就可以每月召开一次会议。

7.　高效会议

项目的协调大多是以会议方式来进行的，举行高效的会议能化解项目的许多问题。要举行高效

的会议，应注意以下问题：①事先制订一个例会制度；②放弃可开可不开的会议；③明确会议的目的和期望结果；④发布会议通知；⑤在会议之前将会议资料发给参会人员；⑥可以借助视频设备；⑦明确会议议事规则；⑧会议要有纪要；⑨会后要有总结，提炼结论。

【攻克要塞专家提示】了解这些注意事项对解答下午有关会议管理方面的案例分析题很有帮助。

8. 有效的沟通

有效的沟通活动和成果的 3 个基本属性：①沟通目的明确；②尽量了解沟通接收方，满足其需求及偏好；③监督并衡量沟通的效果。

书面沟通的 5C 原则：正确的语法和拼写，简洁的表述，清晰的目的和表述，连贯的思维逻辑，善用控制语句和承接。

其他沟通原则：积极倾听，理解文化和个人差异，识别并管理干系人期望，强化技能。

17.2 规划沟通管理

规划沟通管理是根据干系人的信息需要及组织的可用资源情况，制订合适的项目沟通方式和计划的过程。本过程的主要作用：①及时为干系人提供相关信息；②引导干系人有效参与项目；③编制书面沟通计划。

规划沟通管理的输入、工具与技术、输出如图 17-2-1 所示。

输入	工具与技术	输出
1. 项目章程	1. 专家判断	1. 沟通管理计划
2. 项目管理计划	2. 沟通需求分析	2. 项目文件（更新）
3. 项目文件	3. 沟通技术	3. 项目管理计划（更新）
4. 事业环境因素	4. 沟通模型	
5. 组织过程资产	5. 沟通方法	
	6. 人际关系与团队技能	
	7. 数据表现	
	8. 会议	

图 17-2-1　规划沟通管理的输入、工具与技术、输出

17.2.1　输入

项目章程：这部分主要涉及项目章程中的干系人清单。

项目管理计划：主要包括资源管理计划、干系人参与计划等。

项目文件：主要包括需求文件、干系人登记册等。

事业环境因素：略。

组织过程资产：略。

17.2.2　工具与技术

专家判断：略。

沟通需求分析：分析并确定干系人的沟通需求，沟通信息的格式、类型、内容、价值等。

沟通技术：常见沟通技术有书面文件、对话、会议、网站等。

沟通模型：用于描述沟通的过程。基本模型可以只包含发送方和接收方，复杂模型可以包含反馈、人性等因素。

沟通方法：主要方法包括交互式（互动）沟通、推式沟通、拉式沟通等。实现沟通管理计划所规定的沟通需求的方法包括人际（个人间）沟通、小组沟通、公众沟通、大众传播、网络和社交工具沟通等。

人际关系与团队技能：相关技能包括沟通风格评估、政策意识、文化意识。

数据表现：主要技术是干系人参与度评估矩阵，该矩阵可反映干系人当前参与度与期望之间的差距。

会议：略。

17.2.3　输出

沟通管理计划：沟通管理计划属于项目管理计划的一部分，包括干系人的沟通需求、沟通信息、原因、保密级别、沟通分配的资源等。

项目文件（更新）：更新项目文件主要包括干系人登记册、项目进度计划。

项目管理计划（更新）：主要是更新干系人参与计划。

17.3　管理沟通

管理沟通是依据沟通管理计划，生成、收集、分发、储存、检索及最终处置项目信息的过程。本过程的主要作用：促进项目干系人之间实现有效率的且有效果的信息流动。管理沟通的输入、工具与技术、输出如图 17-3-1 所示。

输入	工具与技术	输出
1. 项目管理计划	1. 沟通技术	1. 项目沟通记录
2. 项目文件	2. 沟通方法	2. 项目管理计划（更新）
3. 工作绩效报告	3. 沟通技能	3. 组织过程资产（更新）
4. 事业环境因素	4. 项目管理信息系统	4. 项目文件（更新）
5. 组织过程资产	5. 项目报告	
	6. 人际关系与团队技能	
	7. 会议	

图 17-3-1　管理沟通的输入、工具与技术、输出

17.3.1　输入

项目管理计划：主要包括资源管理计划、沟通管理计划、干系人参与计划等。

项目文件：主要包括变更日志、问题日志、经验教训登记册、质量报告、风险报告、干系人登记册等。

工作绩效报告：包含状态报告和进展报告。

事业环境因素：略。

组织过程资产：略。

17.3.2 工具与技术

沟通技术：沟通技术选用考虑的因素有团队是否集中办公、信息是否需要保密、团队可用沟通资源有哪些，组织文化会影响会议和讨论的程度。。

沟通方法：项目干系人之间分享信息的沟通方法包括互动沟通、推式沟通、拉式沟通（人际沟通、小组沟通、公众沟通、大众传播、网络和社交工具沟通）等。可用于沟通的方法或成果主要包括：公告板；新闻通讯、内部杂志和电子杂志；信件；新闻稿；年度报告；电子邮件；门户网站和其他信息库；电话；演示；团队简述或小组会议；焦点小组；干系人之间的正式或非正式的面对面会议；咨询小组或员工论坛；社交工具和媒体等。。

沟通技能：主要包括沟通胜任力、反馈、非口头技能（比如手势、眼神）、演示。

项目管理信息系统：略。

项目报告：包含项目各类信息，可以裁剪发给不同的干系人。项目报告发布是收集和发布项目的行为。

人际关系与团队技能：主要技能包括积极倾听、冲突管理、文化意识、会议管理、人际交往、政策意识等。

会议：略。

17.3.3 输出

项目沟通记录：主要包括绩效报告、进度信息、发生的成本、交付物的状态等。

项目管理计划（更新）：主要包括沟通管理计划、干系人参与计划。

组织过程资产（更新）：包括项目记录（会议纪要、函件等）。

项目文件（更新）：更新的项目文件主要包括问题日志、经验教训登记册、项目进度计划、风险登记册、干系人登记册等。

17.4 监督沟通

监督沟通是**在整个项目生命周期**中对沟通进行监督和控制的过程，以确保满足项目干系人对信息的需求。本过程的主要作用：依据沟通管理计划和干系人参与计划，优化信息流动。

监督沟通的输入、工具与技术、输出如图 17-4-1 所示。

输入	工具与技术	输出
1. 项目管理计划 2. 项目文件 3. 工作绩效数据 4. 事业环境因素 5. 组织过程资产	1. 专家判断 2. 项目管理信息系统 3. 数据表现 4. 人际关系与团队技能 5. 会议	1. 工作绩效信息 2. 变更请求 3. 项目管理计划（更新） 4. 项目文件（更新）

图 17-4-1 监督沟通的输入、工具与技术、输出

17.4.1 输入

项目管理计划：包括资源管理计划、沟通管理计划、干系人参与计划等。

项目文件：主要包括问题日志、经验教训登记册、项目沟通记录等。

工作绩效数据：已开始的沟通类型和数量。

事业环境因素：略。

组织过程资产：略。

17.4.2 工具与技术

专家判断：略。

项目管理信息系统：为收集干系人信息而设计的系列工具。

数据表现：主要技术是干系人参与度评估矩阵。

人际关系与团队技能：主要技能是观察、交谈。

会议：略。

17.4.3 输出

工作绩效信息：包括计划沟通实际进展和沟通后的反馈。

变更请求：略。

项目管理计划（更新）：主要包括沟通管理计划、干系人参与计划等。

项目文件（更新）：主要包括问题日志、经验教训登记册、干系人登记册等。

17.5 项目沟通管理裁剪考虑因素

项目经理裁剪项目沟通管理过程应考虑的因素参见表 17-5-1。

表 17-5-1 项目沟通过程的裁剪因素

裁剪方向	裁剪所考虑的具体因素
干系人	干系人处于组织内部还是外部
物理地点	办公地点；是否集中办公
沟通技术	哪些技术可以创建、记录、存储沟通结果；哪些技术沟通效益最高
语言	沟通是否设计多语言；多语言是否安排资金支持
知识管理	是否需要知识管理库

敏捷型（适应型）环境中需要考虑的因素：尽量简化团队沟通渠道；尽量集中办公；定期邀请干系人评审项目成果。

17.6 干系人管理的过程

项目干系人管理包括用于开展下列工作的各过程：识别能影响项目或受项目影响的全部人员、群体或组织，分析干系人对项目的期望和影响，制定合适的管理策略来有效调动干系人参与项目决策和执行。干系人包括所有项目团队成员及组织内外部与项目有利益关系的实体。

　　项目干系人管理的目标是"满足项目干系人的需求"。项目干系人管理实质上就是指对沟通进行管理，以满足项目干系人的需求并解决他们之间的问题。各个项目干系人常有不同的目标，这些目标可能会发生冲突。**规划干系人参与是一个反复的过程，应由项目经理定期开展。**

　　在项目启动阶段，干系人对项目影响最大，随着项目的进展逐步减弱。

　　干系人管理包括识别干系人、规划干系人参与、管理干系人参与、监督干系人参与等过程。

17.7　识别干系人

　　识别干系人过程是识别影响项目决策、结果、活动的个人或者组织，并分析他们的利益、参与度、依赖度、影响力等信息的过程。该过程的主要作用是找出各类干系人，并记录各类干系人对项目的影响。

　　识别干系人的输入、工具与技术、输出如图 17-7-1 所示。

输入	工具与技术	输出
1. 立项管理文件 2. 项目章程 3. 项目管理计划 4. 项目文件 5. 协议 6. 事业环境因素 7. 组织过程资产	1. 专家判断 2. 数据收集 3. 数据分析 4. 数据表现 5. 会议	1. 干系人登记册 2. 变更请求 3. 项目管理计划（更新） 4. 项目文件（更新）

图 17-7-1　识别干系人的输入、工具与技术、输出

17.7.1　输入

立项管理文件：立项管理阶段经批准的结果或相关的文件，可用于作为识别干系人的依据。

项目章程：包含项目目标、成功标准等信息。

项目管理计划：包括资源管理计划、沟通管理计划、风险管理计划。

项目文件：包括假设日志、风险登记册、干系人登记册、项目进度计划、问题日志、变更日志。

协议：略。

事业环境因素：略。

组织过程资产：略。

17.7.2　工具与技术

专家判断：略。

数据收集：主要技术有问卷和调查、头脑风暴等。

数据分析：主要包括干系人分析、文件分析。

数据表现：主要技术是干系人映射分析和表现（一种对干系人进行分类的方法）。

会议：略。

干系人分类方法有以下几种：

（1）权力利益方格。依据干系人职权（权力）大小、对项目结果的关注程度（利益）程度进行分类。权力利益方格工具中，对不同利益、权力程度的干系人采取的措施如图 17-7-2 所示。

图 17-7-2　针对不同干系人应采取的措施

（2）权力影响方格。依据干系人的职权（权力）大小、主动参与（影响）项目程度进行分类。

（3）影响作用方格。依据干系人主动参与项目的程度、改变项目计划或执行的能力进行分类。各类方格方法合适关系简单的项目。

（4）凸显模型。依据干系人的权力、紧急程度和合法性对干系人进行分类。凸显模型适用于复杂大型群体，或内部关系复杂的项目。

（5）干系人立方体：把权力利益方格、权力影响方格、影响作用方格组合成三维模型，然后分析并引导相关方参与项目。

（6）影响方向：按干系人对项目团队影响的方向进行分类，分为向上（影响领导层）、向下（影响临时的团队或专家）、向外（影响项目外部干系人）、横向（影响项目经理同级人员）4 种。

（7）优先级排序：如对干系人进行优先级排序。

17.7.3　输出

干系人登记册：包含记录干系人信息（身份、姓名等）、评估信息（需求、期望、影响力）、干系人分类、识别干系人过程的主要输出。

变更请求：略。

项目管理计划（更新）：更新的文件包括需求管理计划、沟通管理计划、风险管理计划、干系人参与计划等。

项目文件（更新）：更新的文件包括假设日志、问题日志、风险登记册等。

17.8　规划干系人参与

规划干系人参与（又称编制项目干系人管理计划），基于分析干系人的利益、项目参与度、项目依赖度、项目影响力等信息，制定恰当的管理策略，调动干系人参与项目的全过程。本过程的主要作用是：制订可行的干系人互动计划。

规划干系人参与的输入、工具与技术、输出如图 17-8-1 所示。

图 17-8-1　规划干系人参与的输入、工具与技术、输出

17.8.1　输入

项目章程：项目章程中与规划干系人相关信息。

项目管理计划：主要包括资源管理计划、沟通管理计划、风险管理计划等。

项目文件：主要包括假设日志、风险登记册、干系人登记册、项目进度计划、问题日志、变更日志等。

协议：略。

事业环境因素：略。

组织过程资产：略。

17.8.2　工具与技术

专家判断：略。

数据收集：主要技术是标杆对照。

数据分析：主要技术是假设条件和制约因素分析、根本原因分析。

决策：主要技术是优先级排序或分级。

数据表现：主要技术包括思维导图、干系人参与度评估矩阵（干系人参与度可以分为不了解、抵制、中立、支持、领导型）。干系人参与度评估矩阵如表 17-8-1 所示。

表 17-8-1　干系人参与度评估矩阵示例

干系人	不了解	抵制	中立	支持	领导
干系人 A			D		
干系人 B			D		
干系人 C			DC		

注：C 代表干系人当前参与水平，D 是项目团队评估出来的、为确保项目成功的期望参与水平。

会议：略。

17.8.3　输出

干系人参与计划：包含干系人参与、执行项目政策的策略或者方法。

17.9　管理干系人参与

管理干系人参与属于执行过程。管理干系人参与过程就是在整个项目生命周期中，依据项目干系人管理计划，与干系人进行沟通和协作，促使干系人合理参与项目，并满足干系人需求，解决项目问题的过程。本过程的主要作用：尽可能提高干系人的支持度，减少干系人的抵制。管理干系人参与的输入、工具与技术、输出如图 17-9-1 所示。

输入	工具与技术	输出
1. 项目管理计划 2. 项目文件 3. 事业环境因素 4. 组织过程资产	1. 专家判断 2. 沟通技能 3. 人际关系与团队技能 4. 基本规则 5. 会议	1. 变更请求 2. 项目管理计划（更新） 3. 项目文件（更新）

图 17-9-1　管理干系人参与的输入、工具与技术、输出

17.9.1　输入

项目管理计划：包括沟通管理计划、风险管理计划、干系人参与计划、变更管理计划等。

项目文件：包括问题日志、干系人登记册、变更日志、经验教训登记册等。

事业环境因素：略。

组织过程资产：略。

17.9.2　工具与技术

专家判断：略。

沟通技能：针对每个干系人使用特定沟通的方法。

人际关系与团队技能：包括冲突管理、文化意识、谈判、观察和交谈、政策意识。

基本规则：确定团队成员和其他干系人参与的行为。

会议：略。

17.9.3　输出

变更请求：变更请求作为管理干系人参与的结果，当项目范围或产品范围需要变更时，应该通过实施整体变更控制过程，对所有变更请求进行审查和处理。

项目管理计划（更新）：包含沟通管理计划、干系人参与计划等。

项目文件（更新）：包括变更日志、问题日志、经验教训登记册、干系人登记册等。

17.10　监督干系人参与

监督干系人参与过程是全面监控项目干系人的关系，及时调整计划和策略，调动干系人参与的过程。本过程的主要作用：随着项目进展和环境变化，维持并提升干系人参与项目的效率和效果。监督干系人参与的输入、工具与技术、输出如图 17-10-1 所示。

229

输入	工具与技术	输出
1. 项目管理计划 2. 项目文件 3. 工作绩效数据 4. 事业环境因素 5. 组织过程资产	1. 数据分析 2. 决策 3. 数据表现 4. 沟通技能 5. 人际关系与团队技能 6. 会议	1. 工作绩效信息 2. 变更请求 3. 项目管理计划（更新） 4. 项目文件（更新）

图 17-10-1　监督干系人参与的输入、工具与技术、输出

17.10.1　输入

项目管理计划：包括资源管理计划、沟通管理计划、干系人参与计划。

项目文件：包括风险登记册、干系人登记册、问题日志、项目沟通记录、经验教训登记册。

工作绩效数据：包含项目状态数据，比如干系人对项目的支持度、干系人的水平等。

事业环境因素：略。

组织过程资产：略。

17.10.2　工具与技术

数据分析：包括备选方案分析、根本原因分析、干系人分析。

决策：主要包括多标准决策分析、投票。

数据表现：主要技术是干系人参与度评估矩阵。

沟通技能：主要包括反馈、演示。

人际关系与团队技能：主要包括积极倾听、文化意识、领导力、人际交往、政策意识。

会议：略。

17.10.3　输出

工作绩效信息：包括与干系人参与状态有关的信息。

变更请求：包含改变干系人项目参与度的各种措施。

项目管理计划（更新）：更新的文件包括资源管理计划、沟通管理计划、干系人参与计划等。

项目文件（更新）：更新的项目文件包括问题日志、经验教训登记册、风险登记册、干系人登记册等。

17.11　项目干系人管理裁剪考虑因素

项目经理裁剪项目干系人管理过程应考虑的因素参见表 17-11-1。

表 17-11-1　项目干系人管理过程的裁剪因素

裁剪方向	裁剪所考虑的具体因素
干系人多样性	现有的干系人数量
干系人关系的复杂性	干系人内部关系是否复杂
沟通技术	可用哪些沟通技术

敏捷型（适应型）环境中需要考虑的因素：需要干系人有效参与和互动；建议与干系人直接互动，信息分享高度透明，而不是行政管理方式的上传下达。

17.12　课堂巩固练习题

1. 下列有关项目沟通管理的说法错误的是＿＿（1）＿＿。

（1）A. 编制沟通计划的核心就是了解项目干系人的需求

B. 项目沟通管理的目标是及时而适当地创建、收集、发送、储存和处理项目的信息

C. 项目经理主要负责对外的工作，所以项目经理不需要和项目组内部人员沟通

D. 项目沟通管理包括规划沟通管理、管理沟通、监督沟通等过程

【攻克要塞软考团队讲评】从题目提供的选项来看，C 选项明显不正确，项目经理有 70%～80% 是在做沟通工作，这其中包括与项目组内部的沟通，也包括与项目组外部的沟通。

参考答案：（1）C

2. 项目经理在沟通过程中需要遵循一定的沟通原则，以下不是这些原则的是＿＿（2）＿＿。

（2）A. 内外有别　　　　　　　　　B. 尽早沟通

C. 主动沟通　　　　　　　　　D. 内外一致

【攻克要塞软考团队讲评】A、D 选项矛盾，故答案必是 A、D 选项之一。项目组应当内部团结，一致对外，所以沟通是"内外有别"的。

参考答案：（2）D

3. 某大型信息系统集成项目拥有一个 120 人的项目团队，这个团队的沟通途径有＿＿（3）＿＿条。

（3）A. 120　　　　　　　　　　　B. 7140

C. 14280　　　　　　　　　　D. 240

【攻克要塞软考团队讲评】沟通途径条数计算的公式为 $[n\times(n-1)]/2$，因此 120 人的团队沟通途径条数为 $[120\times(120-1)]/2=14280/2=7140$。

参考答案：（3）B

4. 以下有关沟通方式分类的说法，错误的是＿＿（4）＿＿。

（4）A. 正式沟通的优点是沟通效果好、比较严肃、约束力强、易于保密，并能使信息保持权威性

B. 沟通方式按照表达方式或方法划分，可分为书面沟通、口头沟通及非言语沟通

C. 横向沟通包括组织中各平行部门之间的信息交流和处于不同层次的没有直接隶属关系的组织或成员之间的沟通，其正式行文格式主要是函件

D. 书面沟通比口头沟通更具有亲和力

【攻克要塞软考团队讲评】书面沟通看不到人的表情，亲和力比口头沟通差一些，答案选 D 选项。

参考答案：（4）D

5. 高效的会议应注意一些问题，以下错误的做法是＿＿（5）＿＿。

（5）A. 放弃可开可不开的会议

B. 在会议之前将会议资料发给参会人员

　　　C. 将有争议的问题抛出激烈争论

　　　D. 会议要有纪要

【攻克要塞软考团队讲评】 C 选项是把热点有争议的问题提出来讨论，容易将矛盾激化。因此应事先征求双方的意见，再开会；或尽量在会后解决，而激烈的争论可尽量在会场外部解决。

　　参考答案：（5）C

第 18 学时　项目风险管理

　　项目风险管理是项目管理的十大知识领域中的辅助知识领域之一。本学时要学习的主要知识点如图 18-0-1 所示。

图 18-0-1　知识图谱

18.1　风险的特征与分类

　　风险是指某一特定危险情况发生的可能性和后果的组合。风险具有以下特征：

　　（1）风险存在的**客观性**和**普遍性**。

　　（2）由于信息不对称，难以预测未来风险是否发生，这是风险的**偶然性**。

　　（3）大量风险发生的**必然性**。

　　（4）风险的**可变性**。

（5）风险的**多样性**和**多层次性**。

另外，风险有以下三个属性：

（1）**随机性**：每个具体风险的发生与后果都具有偶然性，但大量风险的发生是符合统计规律的。

（2）**相对性**：这类性质反映了风险会因各种时空因素变化而变化。同样的风险对不同主体有不同的影响。相对性体现在三个方面：**收益越大，风险承受能力越大；收益越小，风险承受能力越小。投入越多，风险承受能力越小；投入越少，风险承受能力越大。地位越高、资源越多，风险承受能力越大；地位越低、资源越少，风险承受能力越小。**

（3）**可变性**：包括风险性质的变化、风险后果的变化以及出现的新的风险。

项目风险管理总的目标是要最小化风险对项目目标的负面影响，抓住风险带来的机会，增加项目干系人的收益。

风险按不同的分类角度有多种分类的方法。风险按风险后果可以分为**纯粹风险**和**投机风险**。纯粹风险是指不能带来机会、无获得利益可能的风险，这种风险只有两种可能后果：造成损失和不造成损失。投机风险是指既可能带来机会、获得利益，又隐含威胁、造成损失的风险，有三种可能后果：造成损失、不造成损失、获得利益。纯粹风险和投机风险在一定条件下可以相互转化，项目经理必须避免投机风险转化为纯粹风险。

风险按风险来源可分为**自然风险**和**人为风险**。自然风险是指由于自然力的作用，造成财产损毁或人员伤亡的风险。人为风险是指由于人的活动而带来的风险，可细分为行为、经济、技术、政治和组织风险。

风险按可管理性可分为**可管理风险**和**不可管理风险**。风险按影响范围可分为**局部风险**和**总体风险**。局部风险的影响范围小，总体风险的影响范围大。

风险按可预测性可分为**已知风险**、**可预测风险**、**不可预测风险**。不可预测风险不能预见，也称为未知风险、未识别风险，一般是外部因素作用的结果。

18.2　风险管理的过程

项目风险管理旨在识别和管理未被项目计划及其他过程所管理的风险。项目风险管理包括以下过程：**规划风险管理、识别风险、实施定性风险分析、实施定量风险分析、规划风险应对、实施风险应对、监督风险。**

18.3　规划风险管理

规划风险管理的依据是**环境和组织因素、组织过程资产、项目范围说明书、项目章程和项目管理计划**。**规划风险管理的主要工作内容是**制订风险管理计划，是项目风险管理的首要工作。通常采用会议的形式来制订风险管理计划。

风险管理计划应包括**简介、风险概要、风险管理的任务、组织和职责、预算、工具和技术、要管理的风险项**等。

规划风险管理的输入、工具与技术、输出如图 18-3-1 所示。

输入	工具与技术	输出
1. 项目管理计划 2. 项目章程 3. 项目文件 4. 事业环境因素 5. 组织过程资产	1. 数据分析 2. 专家判断 3. 会议	风险管理计划

图 18-3-1 规划风险管理的输入、工具与技术、输出

18.3.1 输入

项目管理计划：应考虑所有已批准的项目管理子计划应与风险管理计划相协调；分析项目管理子计划的方法论对规划风险管理的影响。

项目章程：项目章程中的项目描述、需求、边界、风险。

项目文件：主要是干系人登记册。

事业环境因素：略。

组织过程资产：略。

18.3.2 工具与技术

数据分析：主要技术是干系人分析法，分析项目干系人的风险偏好。

专家判断：略。

会议：略。

18.3.3 输出

风险管理计划：内容主要包括风险管理策略、方法论、角色与职责、资金、时间安排、风险类别、干系人风险偏好、概率和影响矩阵、报告格式、跟踪等。

18.4 识别风险

识别风险是识别单个项目风险以及整体项目风险的来源，并记录风险特征的过程。本过程的主要作用：①记录现有的单个项目风险，整体项目风险的来源；②汇总信息，方便团队能应对已识别的风险。

识别风险的主要内容有：

（1）**识别并确定项目有哪些潜在的风险**。这是识别风险的第一目标。确定项目可能会遇到哪些风险，才能进一步分析这些风险的性质和后果。

（2）**识别引起这些风险的主要因素**。只有识别清楚各个项目风险的主要影响因素，才能把握风险发展变化的规律，才能度量风险的可能性与后果的大小，从而便于对风险进行应对和控制。

（3）**识别风险可能引起的后果**。全面分析项目风险可能带来的后果和这种后果的严重程度。

识别风险的特点有**全员参与、系统性、动态性和信息依赖性**。系统性主要是指项目全生命周期内的风险都属于识别风险的范围；动态性主要是指识别风险并不是一次性的，在项目的计划、实施乃至收尾都在进行风险的识别，**识别风险是个不断迭代的过程**，迭代的频率和每次迭代所需的参

与程度因情况而异；信息依赖性是指信息是否全面、及时、准确，决定了识别风险的质量和结果的可靠性、精确性。

与识别风险容易混淆的两个概念：

（1）风险储备（风险预留、风险预存、管理储备）：风险储备包含成本或进度储备，以降低偏离成本或进度目标的风险。

（2）风险分析（又分为定性风险分析和定量风险分析）：风险分析是指对已识别风险的可能性及影响大小的评估过程，并按风险对项目目标潜在影响的轻重缓急进行优先级排序。

识别风险的输入、工具与技术、输出如图 18-4-1 所示。

图 18-4-1　识别风险的输入、工具与技术、输出

18.4.1　输入

项目管理计划：主要包含各种子计划（需求管理计划、进度管理计划、成本管理计划、质量管理计划、资源管理计划、风险管理计划）；各种基准（范围基准、进度基准、成本基准）。

项目文件：包括假设日志、干系人登记册、需求文件、持续时间估算、成本估算、资源需求、问题日志、经验教训登记表。

采购文档：包含初始采购文档、卖方绩效报告、核准的变更请求等。

协议：略。

事业环境因素：略。

组织过程资产：略。

18.4.2　工具与技术

（1）专家判断：略。

（2）数据收集：相关数据收集技术主要**有头脑风暴法**（又叫集思广益法，可以**充分发挥集体的智慧，提高识别风险的正确性和效率**）、**核查单**（列举项目可能发生的潜在风险供识别人员核对，以判别项目中是否存在所列的或类似的风险）、**访谈**。

（3）数据分析：相关数据分析技术主要有：①根本原因分析（发现问题、找到其深层原因并制定预防措施的技术）；②假设条件和制约因素分析（检验假设有效性的一种技术，可辨认不精确、不一致、不完整的假设对项目所造成的风险）；③SWOT（Strength/Weakness/Opportunity/Threat，竞争优势/竞争劣势/机会/威胁）分析法。

（4）人际关系与团队技能：略。

（5）提示清单：可能引发风险的预设清单。

（6）会议：略。

【攻克要塞专家提示】注意区分德尔菲法和头脑风暴法的应用效果。德尔菲（Delphi）法本质上是一种匿名反馈的函询法，是专家就某一专题达成一致意见的一种方法。项目风险管理专家以匿名方式参与此项活动，主持人用问卷的方式征询对有关重要项目风险的见解，再把这些意见进行综合整理、归纳、统计，然后匿名反馈给各专家，再次征求意见、再集中、再反馈，直到得到稳定的意见。德尔菲法**有助于减少数据方面的偏见，并避免由于个人因素对项目识别风险的结果产生不良的影响。**

18.4.3 输出

风险登记册：记录已识别项目风险的详细信息，主要内容有已识别风险的清单、潜在风险责任人、潜在风险应对措施清单等。

风险报告：给出项目整体风险信息及已经识别出的单个项目的风险概述。

项目文件（更新）：主要包括假设日志、问题日志、经验教训登记表等。

18.5 定性风险分析

定性风险分析是指对已识别风险的**可能性**及**影响大小**的评估过程，该过程按风险对项目目标潜在影响的轻重缓急进行**优先级排序**，并为定量风险分析奠定基础。本过程的主要作用：重点关注高优先级风险。该过程的输入、工具与技术、输出如图 18-5-1 所示。

输入	工具与技术	输出
1. 项目管理计划 2. 项目文件 3. 事业环境因素 4. 组织过程资产	1. 专家判断 2. 数据收集 3. 数据分析 4. 人际关系与团队技能 5. 风险分类 6. 数据表现 7. 会议	项目文件（更新）

图 18-5-1　定性风险分析的输入、工具与技术、输出

18.5.1 输入

项目管理计划：主要为风险管理计划。

项目文件：包括假设日志、风险登记册、干系人登记册等。

事业环境因素：略。

组织过程资产：略。

18.5.2 工具与技术

（1）专家判断：略。

（2）数据收集：主要技术是访谈。

（3）数据分析。相关数据分析技术有：①风险数据质量评估（评估有关风险的数据对风险管理的有用程度的一种技术，包括检查人们对风险的理解程度，以及风险数据的精确性、质量、可靠性和完整性）；②风险概率和影响评估（有助于识别需要优先进行管理的风险，风险概率及影响可以用极高、高、中、低、极低等定性术语加以描述）；③其他风险参数评估（包括紧迫性、邻近性、潜伏期、可管理性、可控性、可监测性、关联度、战略影响力、密切度）。

（4）人际关系与团队技能：主要技能是引导。

（5）风险分类：可按照风险来源（使用风险分解结构）、受影响的项目区域（使用工作分解结构）或其他分类标准（如项目阶段）对项目风险进行分类，以确定受不确定性影响最大的项目区域。根据共同的根本原因对风险进行分类，可有助于制定有效的风险应对措施。

（6）数据表现。相关数据表现技术有概率和影响矩阵、层级图。

概率和影响矩阵即风险级别评定矩阵，是将概率与对目标影响映射起来的表格，并以此为依据建立一个对风险或风险情况评定等级（例如极低、低、中、高、极高）的矩阵。高概率与高影响风险可能需要作进一步分析，包括量化且积极的风险管理。概率和影响矩阵的示例如图 18-5-2 所示。

概率	威胁				机会			
0.9	0.05	0.09	0.36	0.72	0.72	0.36	0.09	0.04
0.5	0.03	0.1	0.2	0.4	0.56	0.16	0.12	0.02
0.1	0.01	0.02	0.04	0.08	0.08	0.02	0.01	0.01

图 18-5-2　概率和影响矩阵

层级图可以用两个以上的参数对风险进行分类。气泡图是一种常见的层级图，是散点图的变体，通过气泡及其大小展示不同分组数据的变化趋势。气泡图形式如图 18-5-3 所示。

图 18-5-3　气泡图示例

（7）会议：略。

18.5.3 输出

项目文件（更新）：更新的项目文件包括假设日志、问题日志、风险登记册、风险报告等。

18.6 定量风险分析

在定性风险分析之后，为了进一步了解风险发生的可能性到底有多大、后果到底有多严重，就需要对风险进行定量分析。**定量风险分析也用于分析项目总体风险的程度。**

实施定量风险分析是对已识别单个项目的风险和不确定性对整体项目目标影响进行定量分析的过程。定量风险分析是在定性风险分析过程后，对排序在先的风险进行分析并**为风险分配一个数值**。本过程的主要作用：①量化整体项目风险最大可能性；②提供额外的定量风险信息，以支持风险应对规划。

定量风险分析的输入、工具与技术、输出如图 18-6-1 所示。

图 18-6-1　定量风险分析的输入、工具与技术、输出

18.6.1 输入

项目管理计划：主要包括风险管理计划、基准（范围基准、进度基准、成本基准）。

项目文件：主要包括假设日志、里程碑清单、估算依据、持续时间估算、成本估算、资源需求、成本预测、风险登记册、风险报告、进度预测等。

事业环境因素：略。

组织过程资产：略。

18.6.2 工具与技术

（1）专家判断：略。

（2）数据收集：主要技术是访谈。访谈用于针对单个项目风险收集信息，成为定量风险分析的输入。

（3）人际关系与团队技能：主要技术是引导。好的引导可更好地收集输入数据。

（4）不确定性表现方式：通常用概率分布（三角分布、正态分布、对数正态分布、贝塔分布、均匀分布或离散分布）来反映单个项目风险对项目成本、时间的影响。

（5）数据分析。常用的数据分析技术有：

1）决策树。其目的是从若干备选方案中选出最佳方案，方法是通过计算每条分支的期望货币值（Expected Monetary Value，EMV）然后选出最优路径。EMV 是一个统计概念，用以计算在将来某种情况发生或不发生的情况下的平均结果（即不确定状态下的分析）。机会的期望货币价值一

般表示为正数，而风险的期望货币价值一般表示为负数。每个可能结果的数值与其发生概率相乘之后加总，即得出期望货币价值。各种情况的损益期望值的计算公式为：

$$EMV = \sum_{i=1}^{m} P_i X_i$$

式中，P_i 为情况 i 发生的概率；X_i 为 i 情况下风险的期望货币价值。

图 18-6-2 给出了供应商 1 和 2 的供货发生概率及对应的盈利情况。

图 18-6-2　供应商 EMV 实例

选择供应商 1 的 EMV=60%×A+40%×B（A、B 值盈利为正，损失为负）

选择供应商 2 的 EMV=50%×C+50%×D（C、D 值盈利为正，损失为负）

【攻克要塞专家提示】期望货币值分析一般和决策树结合起来应用。图 18-6-2 即为决策树。

2）模拟：使用模型来模拟、评估单个项目风险对项目目标潜在的综合影响。

模拟通常采用蒙特卡罗分析法。蒙特卡罗分析法又称统计实验法，是运用概率论及数理统计的方法来预测和研究各种不确定性因素对项目的影响，分析系统的预期行为和绩效的一种定量分析方法。蒙特卡罗分析法通过随机地从每个不确定性因素中抽取样本，对整个项目进行一次计算。这种抽取与技术重复进行多次，以模拟各式各样的不确定性组合并获得各种组合下的结果。然后再通过统计和处理这些结果数据，找出项目变化的规律。蒙特卡罗结果的表示形式可以是直方图或者累积概率分布曲线（S 曲线）。图 18-6-3 是代表某项目成本风险的蒙特卡罗分析图的 S 曲线示例。

图 18-6-3 表示 30 万～65 万元的投资均有可能完成项目；30 万元以下的投资完成项目的概率为 0；65 万元以上的项目完成概率为 100%；50 万元的完成概率为 75%；41 万元的完成概率为 12%。

3）敏感性分析：用于分析一系列单个项目风险对项目的潜在影响，其结果常用龙卷风图表示。图 18-6-4 为常见的龙卷风图。

4）影响图：不确定条件下决策制定的图形辅助工具。如果需要确定单个项目风险某些要素的影响力，可以用区间或者概率分布表示要素，通过模拟技术（例如蒙特卡罗）分析要素对项目的影响。影响图分析结果可以是 S 曲线图和龙卷风图。

图 18-6-3　蒙特卡罗分析图

图 18-6-4　龙卷风图示例

18.6.3　输出

项目文件（更新）主要是更新风险报告。风险报告内容包括：①对整体项目风险的评估结果（主要包括项目成功的可能性、项目固有的变化性）；②项目详细概率分析的结果（主要有所需的应急储备；影响项目关键路径的单个风险清单；整体项目风险的主要因素）；③单个项目风险优先级清单；④定量风险分析后的风险发展趋势；⑤风险应对建议。

18.7　规划风险应对

规划风险应对是针对项目风险制定可选方案、选择应对策略并商定应对行动的过程。本过程的主要作用：①确定应对整体项目风险和单个项目风险的适当方法；②分配资源，并根据需要将相关活动添加进项目文件和项目管理计划中。

风险应对是指针对项目目标制定一系列措施，以降低风险、提高有利机会。风险应对应该在定性风险分析和定量风险分析之后。风险应对包含威胁（消极风险）、机会（积极风险）两种。

（1）消极风险与威胁应对。应对消极风险有多种策略，比较常见的有**减轻、预防、转移、规避、接受、上报**等。应该为每项风险选择最有可能产生效果的策略或策略组合，可通过风险分析工具（如决策树分析方法）选择最适当的应对方法。常见的消极风险应对策略见表 18-7-1。

表 18-7-1　消极风险应对策略

应对风险策略	定义	常见方式
规避	改变项目计划，排除风险；改变风险目标	排除风险起源；延长进度；减少范围；改变策略；取消整个项目；澄清需求、改善沟通、获取信息
转移	将部分或者全部风险连同应对的责任转移到他方身上	保险、履约保证书、担保书、保证书
减轻	降低风险概率，降低影响到可接受范围	采用简单工艺、更多测试、选择可靠卖方、增加冗余
接受	主动接受	建立应急储备，安排资源应对风险
	被动接受	记录，并不采取行动
上报	威胁不在项目范围内，或者应对措施超过项目经理权限，则可使用上报	上升至项目集层面、项目组合层面或其他部门层面来管理风险

（2）积极风险与机会应对。常见的积极风险应对策略见表 18-7-2。

表 18-7-2　积极风险应对策略

应对风险策略	定义	常见方式
开拓	消除不确定，确保机会 100% 出现	分配组织中最好的资源，升级技术
分享	把应对部分或者全部机会交给最合适的第三方，各方收益	成立联合体或者公司
提高	提高机会发生概率，识别并最大化影响积极风险的关键因素	增加资源
接受	主动接受	建立应急储备（时间、资金、资源）
	被动接受	审查机会，确定没有重大变化
上报	机会不在项目范围内，或者应对措施超过项目经理权限，则可使用上报	上升至项目集层面、项目组合层面或其他部门来管理机会

（3）整体项目风险应对。风险应对措施不只针对单个项目风险，还应针对整体项目风险。常见的整体项目风险应对策略跟威胁、机会应对措施基本一致，具体见表 18-7-3。

表 18-7-3　整体项目风险应对策略

应对风险策略	定义	常见方式
规避	整体项目出现严重问题，已经无法承受	取消项目（属于最极端的措施）
开拓	对整体项目有显著正面影响	增加高收益工作
转移或分享	（1）风险负面时：转移 （2）风险正面时：多方分享	建立分享整体项目风险的协作业务结构、成立合资公司、关键工作分包

应对风险策略	定义	常见方式
减轻或提高	（1）风险负面时：减轻 （2）风险正面时：提高	重新规划项目、改变项目范围和边界、改变资源配置、调整交付时间
接受	主动接受	建立整体应急储备（时间、资金、资源）
	被动接受	审查整体项目风险，确定没有重大变化

规划风险应对的输入、工具与技术、输出如图 18-7-1 所示。

图 18-7-1　规划风险应对的输入、工具与技术、输出

18.7.1　输入

项目管理计划：主要组件包括资源管理计划、风险管理计划、成本基准。

项目文件：主要包括干系人登记册、风险登记册、风险报告、资源日历、项目团队派工单、项目进度计划、经验教训登记册。

事业环境因素：略。

组织过程资产：略。

18.7.2　工具与技术

专家判断：略。

数据收集：主要技术是访谈。

人际关系与团队技能：主要手段是引导。

威胁应对策略：略。

机会应对策略：略。

应急应对策略：预先设计应对措施应对特定事件，应急应对策略制订的风险应对计划称为应急计划。

整体项目风险应对策略：本小节中，已经做解释。

数据分析：可用技术有备选方案分析、成本收益分析。

决策：主要技术有多标准决策分析。

18.7.3 输出

变更请求：略。

项目管理计划（更新）：更新的项目管理计划组件包括计划（进度管理计划、成本管理计划）、基准（范围基准、进度基准、成本基准）。

项目文件（更新）：更新的文件包括假设日志、成本预测、经验教训登记册、项目进度计划、项目团队派工单、风险登记册、风险报告等。

18.8　实施风险应对

实施风险应对是执行风险应对计划的过程。本过程的主要作用：①确保按计划执行风险应对措施；②管理整体项目风险，最小化单个项目的威胁、最大化单个项目的机会。该过程的输入、工具与技术、输出如图 18-8-1 所示。

图 18-8-1　实施风险应对的输入、工具与技术、输出

18.8.1 输入

项目管理计划：特指风险管理计划。

项目文件：包括经验教训登记册、风险登记册、风险报告等。

组织过程资产：略。

18.8.2 工具与技术

专家判断：略。

人际关系与团队技能：主要技能是影响力。

项目管理信息系统：包括管理进度、资源和成本的软件。

18.8.3 输出

变更请求：略。

项目文件（更新）：更新的项目文件包括经验教训登记册、问题日志、项目团队派工单、风险登记册、风险报告等。

18.9　监督风险

监督风险是在整个项目中实施风险应对计划、跟踪已识别风险、监督残余风险、识别新风险，以及评估风险管理有效性的过程。本过程的主要作用：确保基于整体项目风险和单个项目风险信息进行项目决策。该过程的输入、工具与技术、输出如图 18-9-1 所示。

输入	工具与技术	输出
1．项目管理计划 2．项目文件 3．工作绩效数据 4．工作绩效报告	1．数据分析 2．审计 3．会议	1．工作绩效信息 2．变更请求 3．项目管理计划（更新） 4．项目文件（更新） 5．组织过程资产（更新）

图 18-9-1 监督风险的输入、工具与技术、输出

18.9.1　输入

项目管理计划：主要涉及的组件是风险管理计划。

项目文件：主要包括问题日志、经验教训登记册、风险登记册、风险报告等。

工作绩效数据：包含关于项目状态的信息，如已实施的风险应对措施、已发生的风险、仍活跃及已关闭的风险。

工作绩效报告：通过分析绩效测量结果而得出，能够提供关于项目工作绩效的信息，包括偏差分析结果、挣值数据和预测数据，在监督与绩效相关的风险时，需要使用这些信息。

18.9.2　工具与技术

（1）数据分析。相关的数据分析技术如下：

1）技术绩效分析：在项目期间内，对项目的计划和实际技术成果进行比较来预测项目成功度。技术绩效测量指标包括缺陷数量、处理时间等。

2）储备分析：在项目任何时间点比较剩余应急储备、剩余风险量，判断当前剩余储备是否合理。

（2）审计：检查并记录风险应对措施在处理已识别风险及其根源的有效性以及风险管理过程的有效性。

（3）会议：相关的会议形式是风险审查会。在定期的审查会议中应讨论项目风险管理，会议的长短取决于已识别的风险的优先级和难度。

18.9.3　输出

工作绩效信息：比较单一风险实际和预期的情况，得出风险管理绩效信息。

变更请求：略。

项目管理计划（更新）：全部项目管理计划组件都有可能更新。

项目文件（更新）：更新的项目文件包括假设日志、问题日志、经验教训登记册、风险登记册、风险报告。

组织过程资产（更新）：略。

18.10　裁剪考虑因素

项目经理裁剪项目风险管理过程应考虑的因素参见表 18-10-1。

表 18-10-1　风险管理过程的裁剪因素

裁剪方向	裁剪所考虑的具体因素
项目规模	项目规模（资金、进度、范围、人员数）是否采取更详细或者更简化的风险管理
项目复杂性	新技术、创新、新界面是否影响项目复杂性；是否采用更稳健的项目管理方法；是否可以简化风险管理
项目重要性	项目风险级别高是否影响创新，阻碍经营
开发方法	是否可以按开发阶段开展风险管理；风险管理过程是否可以重复开展

敏捷型（适应型）环境中需要考虑的因素：①变化越多风险越多；②迭代过程均要识别、分析、管理风险；③风险优先级会随着项目进展而变化。

18.11　课堂巩固练习题

1．风险具有 3 个属性：随机性、___（1）___、可变性。___（2）___，风险承受能力越小。

（1）A．相对性　　　　B．绝对性　　　　　　C．客观性　　　　D．不确定性

（2）A．收益越大　　　B．投入越多　　　　　C．地位越高　　　D．资源越多

【攻克要塞软考团队讲评】风险具有 3 个属性：随机性、相对性、可变性。相对性是指同样的风险对不同主体有不同的影响。相对性又体现在 3 个方面。收益越大，风险承受能力越大；收益越小，风险承受能力越小。投入越多，风险承受能力越小；投入越少，风险承受能力越大。地位越高、资源越多，风险承受能力越大；地位越低、资源越少，风险承受能力越小。

参考答案：（1）A　（2）B

2．风险按风险后果可以分为___（3）___。

（3）A．局部风险和总体风险　　　　　　　B．自然风险和人为风险

　　　C．可管理风险和不可管理风险　　　　D．纯粹风险和投机风险

【攻克要塞软考团队讲评】风险按风险后果可以分为纯粹风险和投机风险。纯粹风险是指不能带来机会、无获得利益可能的风险，这种风险只有两种可能后果：造成损失和不造成损失。投机风险是指既可能带来机会、获得利益，又隐含威胁、造成损失的风险，有三种可能后果：造成损失、不造成损失、获得利益。考生同时也应当注意掌握其他分类方法。

参考答案：（3）D

3．以下不是项目风险管理知识领域的规划风险应对过程输入的是___（4）___。

（4）A．项目文件　　　　　　　　　　　B．项目管理计划

　　　C．事业环境因素　　　　　　　　　D．十大风险事项跟踪

【攻克要塞软考团队讲评】规划风险应对是针对项目风险制定可选方案、选择应对策略并商定应对行动的过程。该过程的输入包括项目管理计划、项目文件、事业环境因素、组织过程资产。故选择 D 选项。

参考答案：（4）D

4．以下有关识别风险的说法，错误的是___（5）___。

（5）A. 德尔菲法有助于减少数据方面的偏见，并避免由于个人因素对项目识别风险的结果产生不良的影响

　　B. 头脑风暴法可以充分发挥集体的智慧，提高识别风险的正确性和效率

　　C. 所有风险都可以被识别出来

　　D. 识别风险的特点有全员参与、系统性、动态性和信息依赖性

【攻克要塞软考团队讲评】 并不是所有的风险都是可以被识别出来的。

参考答案：（5）C

5. 某 IT 项目的项目经理正在组织开会讨论确定各种风险发生的概率，并评定极低、低、中、高、极高的等级，这表明该项目的风险管理正处于___（6）___过程。

（6）A. 识别风险　　　　　　　　　　B. 定性风险分析

　　C. 定量风险分析　　　　　　　　　D. 风险监控

【攻克要塞软考团队讲评】 定性风险分析是指对已识别风险的可能性及影响大小的评估过程，该过程按风险对项目目标潜在影响的轻重缓急进行优先级排序，并为定量风险分析奠定基础。而题目中指出，项目经理正组织开会讨论，想要确定各种风险发生的概率并确定等级，这正是定性风险分析的工作内容。

参考答案：（6）B

6. 在风险的应对策略中，___（7）___是指将风险的责任分配给最能为项目的利益获取机会的第三方，包括建立风险分享合作关系。

（7）A. 开拓　　　　　　B. 分享　　　　　　C. 提高　　　　　　D. 回避

【攻克要塞软考团队讲评】 通常使用三种策略应对可能对项目目标存在消极影响的风险或威胁，这些策略分别是回避、转移、减轻。使用三种策略应对可能对项目目标存在积极影响的风险，这些策略分别是开拓、分享、提高。从题意来看，应当是积极影响的，所以排除选项 D。而选项 A、B、C 中，选项 B 符合题意。

参考答案：（7）B

7. 关于项目风险的描述，不正确的是___（8）___。

（8）A. 已知风险与未知风险都可以进行管理

　　B. 风险既有可能对项目产生正面的影响，也有可能产生负面的影响

　　C. 同样的风险对于不同的主体有不同的影响

　　D. 收益越大，人们愿意承担的风险也就越大

【攻克要塞软考团队讲评】 未知风险是无法管理的。未知风险的应对措施就是分配应急储备。

参考答案：（8）A

第 19 学时　项目管理原则与项目绩效域

　　项目管理原则与绩效域将会是考试的重点内容之一，本学时要学习的主要知识点如图 19-0-1 所示。

图 19-0-1　知识图谱

19.1　项目管理知识体系（PMBOK）

项目管理知识体系（Project Management Body of Knowledge，PMBOK）是美国项目管理协会（PMI）对项目管理所需的知识、技能和工具进行的概括性描述。《PMBOK 指南》则是 PMI 指定的项目管理工具书，最新版为第七版。

相对于《PMBOK 指南》（第六版），《PMBOK 指南》（第七版）有了较大的变化。第六版的内容是项目管理五大过程管理组和十大知识领域，第七版的内容是 12 个项目管理原则，以及 8 个项目绩效域。而信息系统项目管理师考试内容会涉及《PMBOK 指南》（第六版）和《PMBOK 指南》（第七

247

版）的重要知识。绩效域是对有效交付项目成果至关重要的一组相关活动。项目管理原则是项目绩效域中的工作、项目组成员行为的指导。项目管理原则与项目绩效域之间的关系如图 19-1-1 所示。

图 19-1-1　项目管理原则与项目绩效域之间的关系

《PMBOK 指南》（第六版）聚焦时间（进度）、范围、成本、质量四要素，认为四要素是项目成功的标准；《PMBOK 指南》（第七版）则认为影响项目成功的因素包含范围、进度、预算、质量、资源、风险等，并把"干系人满意与否"定为项目成功的重要指标。

19.2　12 个项目管理原则

项目管理原则用于指导项目参与者的行为，确保项目参与者在项目执行过程中保持一致性。主要原则包括：成为勤勉、尊重和关心他人的管家；营造协作的项目团队环境；有效的干系人参与；聚焦于价值；识别、评估和响应系统交互；展现领导力行为；根据环境进行裁剪；将质量融入过程和可交付物中；驾驭复杂性；优化风险应对；拥抱适应性和韧性；为实现预期的未来状态而驱动变革。

第 3 天

19.2.1　成为勤勉、尊重和关心他人的管家

项目管理者提供管家式服务。项目管理者应遵守内部和外部准则，以负责任的方式行事，以正直、关心和可信的态度开展活动，并对所负责的项目的财务、社会和环境影响做出承诺。

项目管理者在坚持本原则时，应关注的关键点包括：关注组织内部和外部的职责；做到诚信、关心、可信、合规；整体考虑财务、社会、技术和可持续等因素。

19.2.2　营造协作的项目团队环境

项目团队是由具备多种技能、经验、知识的个人组成的。协同工作的团队比单独工作的个人可以更有效率、更有效果地实现共同目标。项目管理者在坚持本原则时，应关注的关键点包括：项目由项目团队交付；项目团队在组织文化和准则范围内开展工作，通常会建立自己的"本地"文化；个人和团队的学习和发展；协作的项目团队环境有助于与其他组织文化和指南保持一致；为交付期望成果作出最佳贡献。

19.2.3　有效的干系人参与

积极主动地让干系人参与进项目管理，尽最大可能保证项目成功，让客户满意。

项目管理者在坚持本原则时，应关注的关键点包括：干系人能影响项目、绩效和成果；干系人主动的参与可推进价值交付；项目团队通过与干系人互动来为干系人服务。

19.2.4　聚焦于价值

持续评估项目是否符合商业目标以及预期收益和价值，根据评估结果进行调整。价值可以通过可交付物的预期成果来体现。

项目管理者在坚持该原则时，应关注的关键点包括：价值是项目成功的最终指标；价值可以进行定性和/或定量的定义和度量；价值可以在项目期间、结束或完成后实现；聚焦成果可帮助项目团队获得预期收益；评估项目进展并进行调整，保证期望价值最大化。

19.2.5　识别、评估和响应系统交互

从整体的角度识别、评估、响应项目的内外部环境，从而积极地影响绩效。

项目管理者在坚持该原则时，应关注的关键点包括：项目是由多个相互依赖和作用的活动域组成的一个系统；系统会不断变化，需要一直关注内外部环境；从系统角度进行思考，即从整体了解项目各组成部分的相互作用及与外部系统的交互；项目团队对系统交互作出响应，从而能够充分利用积极的成果。

19.2.6　展现领导力行为

展现并调整领导力行为，为个人及团队提供支持。

项目管理者在坚持本原则时，应关注的关键点包括：有效的领导力有助于项目成功并取得积极的成果；领导力与职权不同；任何项目团队成员都可以展现出领导力；领导者应该采取相应措施，鼓励和奖励诚实、正直和道德的行为；有效的领导者会根据情况灵活调整风格；有效的领导者会认识到不同的团队成员动机不同。

19.2.7　根据环境进行裁剪

根据不同的项目背景、目标、干系人环境，采用使其"刚刚好"的开发方法和过程，实现预期成果，同时最大化价值、最小化管理成本并加快进度。

项目管理者在坚持本原则时，应关注的关键点包括：每个项目都具有独特性；裁剪工作应在整个项目期间持续进行；项目成功取决于适合项目的独特环境和方法。

19.2.8　将质量融入过程和可交付物中

持续关注可交付物（产品、服务或结果）的质量，确保可交付物符合项目目标与干系人所提出的需求、用途、验收标准保持一致。

项目管理者在坚持本原则时，应关注的关键点包括：项目质量要求符合干系人期望和产品需求；项目质量要求是确保项目过程尽可能适当、有效；衡量质量可以依据成果验收标准。

19.2.9　驾驭复杂性

在整个项目生命周期中，需持续评估，确定项目的复杂性，并找到正确的方法应对复杂情况。

项目管理者在坚持本原则时，应关注的关键点包括：复杂性是由人类行为、系统交互、不确定性和模糊性造成的；复杂性可能在整个项目生命周期任何时间点发生；范围、沟通、影响价值、干系人、风险和技术创新的因素都可能造成复杂性；识别复杂性要素时，项目团队要采用各种方法来降低复杂性的数量及影响。

19.2.10　优化风险应对

持续评估风险（机会和威胁），采取应对措施，控制影响（机会最大化，威胁最小化）。

项目管理者在坚持本原则时，应关注的关键点包括：项目团队要在整个项目生命周期中不断应对风险；风险可以分为积极风险（机会）和消极风险（威胁）；单个和整体的风险都会影响项目；组织的风险态度、偏好和临界值会影响风险的应对方式；项目团队的风险应对措施应和风险重要性匹配，应切合实际并考虑成本效率；应和干系人达成共识；应明确风险责任人。

19.2.11　拥抱适应性和韧性

项目团队方法应融入适应性和韧性，从而适应变革。

项目管理者在坚持本原则时，应关注的关键点包括：适应性是指应对不断变化的能力；韧性是接受冲击的能力和从挫折或失败中快速恢复的能力；聚焦于成果而非输出有助于增强适应性。

19.2.12　为实现预期的未来状态而驱动变革

让受影响者做好准备，采用新过程、新方法，从当前状态过渡到预期的未来状态。

项目管理者在坚持本原则时，应关注的关键点包括：采用结构化变革方法，帮助个人、组织从当前状态过渡到预期的未来状态；变革具有挑战性，并非所有人都接受变革；变革源于内外部；在短时间内尝试过多变革会导致疲劳，容易受抵制；干系人参与、激励有助于变革顺利进行。

19.3　8 个项目绩效域

绩效域是对有效交付项目成果至关重要的一组相关活动。项目不能只是输出，更重要的是通过输出得到成果并交付价值。基于这种考虑，《PMBOK 指南》（第七版）将"十大知识领域"转向到了"8 个绩效域"，因此，**绩效域简单说来就是项目管理中与项目绩效密切相关的一系列知识领域**。《PMBOK 指南》（第七版）中的 8 个绩效域分别是干系人、团队、开发方法和生命周期、规划、项目工作、交付、测量、不确定性绩效域。

8个绩效域相互依赖，并组成一个统一的整体，促成项目的成功交付。8个绩效域没有固定的执行顺序和权重。

19.4 干系人绩效域

干系人绩效域涉及与干系人相关的活动和职能。干系人是影响或者自认为会影响项目、项目集或项目组合决策、活动的个人或组织。

干系人分析是收集和分析各种定量与定性信息，确定项目应考虑哪些人的利益的一种方法。

19.4.1 预期目标

干系人绩效域预期目标及检查方法见表19-4-1。

表 19-4-1　干系人绩效域预期目标及检查方法

预期目标	检查方法
与干系人建立的高效工作关系	通过观察、记录的方式，度量干系人参与的连续性
干系人认同项目目标	如果项目范围、产品需求出现大量的变更则表明干系人没有参与进来或者项目目标不一致
支持项目的干系人满意并获得收益；不支持的干系人不对项目产生负面影响	干系人的行为可以反映其态度（满意、支持、反对），可通过调研、访谈和焦点小组的方式，确定和判断干系人态度（满意、支持、反对）；审查问题日志、风险登记册，可识别与单个干系人相关的问题和风险

19.4.2 绩效要点

干系人绩效要点就是促进干系人参与，具体工作过程如图19-4-1所示。

图 19-4-1　促进干系人参与过程

（1）识别。组建项目团队前，可以先识别高层干系人；之后，逐层识别更多的干系人。

（2）理解和分析。识别干系人后，项目团队应尽力了解干系人感受、情绪、价值观，并分析可能产生的威胁或者机会。干系人分析考虑的因素有：权力、作用、影响程度、期望、信念、态度、项目邻近度、项目中的利益、干系人和项目互动等。

（3）优先级排序。依据环境变化，项目团队不断对干系人进行优先级排序，将管理焦点聚焦于权力及利益皆大的干系人。

（4）参与。项目团队尽力促使干系人参与到项目中，启发出需求并一起管理需求、解决问题并进行决策。争取干系人参与需要采用各种沟通技能。

（5）监督。项目期间不断有新干系人被识别，旧干系人会退出，干系人态度和权力也在不断变化。因此，项目期间需要监督干系人参与数量和有效性，并对参与策略进行评估和调整。

19.5 团队绩效域

团队绩效域涉及项目团队、人员的活动和职能。

19.5.1 预期目标

团队绩效域预期目标及检查方法见表 19-5-1。

表 19-5-1　团队绩效域预期目标及检查方法

预期目标	检查方法
共享责任	项目团队都了解愿景和目标，可以为项目的可交付物和项目成果承担责任
组建高绩效团队	彼此信任，相互协作；适应变化，应对挑战有韧性；彼此赋能并认可
所有团队成员展现出的领导力和人际关系技能	项目团队成员灵活运用批判性思维和人际关系技能；项目团队成员管理和领导力风格符合项目背景和环境

19.5.2 绩效要点

1. 项目团队文化

项目团队文化反映了项目团队中个体的行为与互动方式。项目经理维护尊重、无偏见、安全的团队文化的方法主要有透明、诚信、尊重、积极的讨论、支持、勇气、庆祝成功等。

2. 高绩效项目团队

构建高绩效项目团队的方法有开诚布公的沟通、共识、共享责任、信任、协作、适应性、韧性、赋能、认可等。

3. 领导力技能

领导力相关的特征包括：①建立和维护愿景（项目愿景包含项目目标和项目预期成果）；②批判性思维（基于证据和逻辑的思维，包括直觉、想象力、洞察力、反思性思维、元认知）；③激励（激励因素有外在激励和内在激励，外在激励因素有奖金等，内在激励因素有成就、挑战、改变现状、个人成长、工作信念、自我指导和自主权、成为项目团队一员等）。

4. 人际关系技能

常见的人际关系技能包括情商、决策、冲突管理等。情商指识别自己和他人情绪的能力；决策包含单方面决策和群体决策两种。冲突管理中，解决冲突的方法有开诚布公地进行沟通、聚焦问题、聚焦当前和未来、共寻备选方案。情商关系如图 19-5-1 所示。

图 19-5-1　情商关系

自我意识

现实中自我评估的能力，包括了解情绪、目标、动机、优势和劣势

- 你如何影响团队
- 团队如何影响你

自我管理

采取行动之前进行思考，控制破坏性感受，避免冲动判断和决策的能力

- 三思而后行
- 建立信任

社交意识

同理心及考虑他人感受的能力，包括读懂暗示和肢体语言的能力

- 体现同理心
- 积极倾听

社交技能

情商的最高境界。建立社交网络、寻找与干系人的共同基础以及建立融洽的关系

- 建设高效团队
- 建立融洽关系
- 管理态度

19.6　开发方法和生命周期绩效域

开发方法和生命周期绩效域涉及项目开发方法、生命周期相关的活动和功能。

19.6.1　预期目标

开发方法和生命周期绩效预期目标及检查方法见表 19-6-1。

表 19-6-1　开发方法和生命周期绩效域预期目标及检查方法

预期目标	检查方法
开发方法和项目可交付物相符合	采用适宜的开发方法，变更成本小
项目交付与干系人价值紧密关联	从启动到收尾的项目工作用项目阶段表示，这些阶段包含适当的退出标准
由促进生成项目可交付物所需的交付节奏和开发方法的阶段组成的项目生命周期	如果项目具有多个可交付物，且交付节奏和开发方法不同，则生命周期阶段可以重叠或重复

19.6.2　绩效要点

（1）交付节奏：包含交付时间和频率，可以分为一次性交付、多次交付、定期交付和持续交付。

（2）开发方法：项目生命周期内创建产品、服务的方法。项目管理定义的常见开发方法有预测型方法、适应型方法和混合型方法。

1）预测型方法（瀑布型方法）：这种方法适合范围、进度、成本、风险等在项目早期阶段已经

确定，有类似项目可借鉴的、确定性较强的项目。

2）适应型方法（敏捷型方法）：这种方法适合具有高度不确定性和易变性，需要用户、环境不断反馈和完善的项目。

3）混合型方法：预测型方法和适应型方法的结合。适用于需求存在不确定性或风险，或者由不同项目团队开发可交付物的项目。

三种方法的迭代性和增量性如图 19-6-1 所示。

图 19-6-1　三种方法的迭代性和增量性

（3）开发方法的选择：选择开发方法需考虑产品、服务或成果、项目和组织等因素。

1）产品、服务或成果。这部分中选择开发方法的子因素参见表 19-6-2。

表 19-6-2　产品、服务或成果中选择开发方法的子因素

子因素	适合的开发方法	
	适合采用预测型方法的情况	适合采用适应型方法的情况
创新程度	充分了解范围和需求，项目团队以前完成的工作且能够提前规划的项目	创新程度高或无类似项目借鉴
需求确定性	需求易于定义	需求不确定、易变、复杂
范围稳定性	项目范围稳定且变化小	项目范围不稳定且变化大
变更的难易程度	交付物不适合变更	交付物更适合变更
交付物的性质	大型项目，不能以组件形式交付	交付物可以以组件形式交付
风险	高风险项目，需要大量前期规划和严格流程来降低风险的项目	低风险项目
安全需求	有严格安全需求，需要进行预先规划确保所有安全需求都得到识别、规划、创建、整合和测试的产品	无严格安全需求的产品
法规	具有重大监管、监督的环境项目	无须重大监管、监督的环境项目

2）项目。这部分选择开发方法的子因素包括干系人、进度、资金可用情况。

● 干系人：采用适应型方法时需要干系人大量参与。

- 进度：需要尽早交付项目，可选择适应型方法。
- 资金可用情况：资金不确定的环境中运行的项目，可选择适应型方法。

3）组织。这部分选择开发方法的子因素参见表 19-6-3。

表 19-6-3　组织中选择开发方法的子因素

子因素	适合的开发方法	
	适合采用预测型方法的情况	适合采用适应型方法的情况
组织结构	多层级、严格汇报结构、官僚作风浓厚的组织	扁平式结构
文化	具有管理和指导文化的组织	项目团队自管理的组织
组织能力	组织不具有敏捷性	组织具有敏捷性，高层转变思维模式；组织政策、汇报结构、工作方式保持一致
项目团队的规模和所处位置	大型项目团队和主要通过虚拟方式工作的项目团队	团队处于同一物理空间、团队规模不大（建议 7±2 名成员）

（4）协调交付节奏和开发方法：综合选择交付节奏和开发方法。

19.7　规划绩效域

规划绩效域涉及整个项目期间组织与协调相关的活动与职能，这些活动和职能是最终交付项目和成果所必需的。

19.7.1　预期目标

规划绩效域预期目标及检查方法见表 19-7-1。

表 19-7-1　规划绩效域预期目标及绩效检查方法

预期目标	检查方法
协调一致、有条理地推进项目	对照项目基准和其他度量指标确定项目正按计划进行，绩效偏差没有超出许可范围
具备一套系统地交付项目成果的方法	从资金提供、交付进度、采购、资源可用性等方面表明项目是从整体进行规划的，没有偏差或不一致
详细说明演变情况	比较当前信息，可交付物和需求的初步信息是适当且详尽的；经过可行性研究与评估，当前信息表示可以生成项目预期的可交付物
规划投入的时间是合适的	项目计划表明预期规划适合于项目
规划的信息足够管理干系人期望	沟通管理计划和干系人信息表示沟通能够满足干系人期望
可以根据新变化的需求进行调整	采用待办事项列表的项目表明项目期间会对计划做出调整。项目具有变更控制委员会、会议变更日志和文档则表示项目具有变更控制管理过程

19.7.2 绩效要点

1. 规划的影响因素

影响因素包括开发方法、项目可交付物、组织需求、市场条件、法律或法规限制。

2. 项目估算

规划时需要定量估算工作所需的时间、人力、资源、成本。影响估算的因素包括区间、准确度、精确度、信心。可采用的估算方法如下：

（1）确定性估算和概率估算。确定性估算（点估算）的结果为数字或者金额，比如 12 万元；概率估算的结果是区间估算及落在区间的概率，概率估算的方法包括根据可能结果计算加权平均值，模拟并对结果进行概率分析等。

（2）绝对估算和相对估算。绝对估算结果是具体信息，用具体数值表示，比如项目投资 12 万元，项目需 12 人工作 12 天等；相对估算则是依据某一特定基准进行。

（3）基于工作流的估算。估算工作依据产品周期和产量来完成工作量估算。

（4）对不确定性的调整估算。指为了应对风险而进行的估算，根据估算结果，应调整应急储备、可交付物的交付日期、成本等。

3. 项目团队组成和结构规划

规划团队估算项目组人员数量、所需技能、经验；考虑是同地还是以虚拟方式开展工作；权衡外聘人员的收益和成本并决策。

4. 沟通规划

识别干系人，并对干系人排序；识别干系人所需信息，确定分享信息的人员、方式，确定沟通频次等。

5. 实物资源规划

规划除人力资源之外的物资资源（包括软件、硬件、设备等），制订采购计划以获得资源。

6. 采购规划

预先规划采购，确保采购顺利进行。

7. 变更规划

规划变更，制定变更流程，便于出现变更时进行控制。

8. 度量指标和一致性

度量指标是规划、度量、交付之间的自然联系，制定度量指标工作包括设定临界值，确定度量目标和频率，指明工作绩效是否符合预期或者出现偏离等。度量目标的原则是"只测量重要的东西"。一致性是指保证规划和实际的一致，例如交付物与需求一致，采购计划要和交付需求一致等。

19.8 项目工作绩效域

项目工作绩效域涉及与项目工作相关的各种活动及职能。

19.8.1 预期目标

项目工作绩效域预期目标及执行效果的检查方法见表 19-8-1。

表 19-8-1　项目工作绩效域预期目标及执行效果的检查方法

预期目标	检查方法
高效率且有效果的项目绩效	检查状态报告后证实项目工作既有效率又有效果
适合项目和环境的项目过程	通过证据证明项目过程是为满足项目和环境需要进行裁剪的；通过过程审计和质量保证活动，确定过程具备相关性且被有效使用
干系人适度沟通和参与	项目沟通管理计划和沟通文件表明所计划的沟通信息已发送给了干系人。如果出现新沟通需求或者误解，说明沟通活动有缺陷或者遗留
有效管理了实物资源	通过检查已用材料和废料数量、返工量，确定资源是否被高效利用
有效管理了采购	通过采购审计，确定采购流程是否足以支持采购工作，承包商是否正按计划开展工作
有效处理了变更	采用预测型方法的项目：建立变更日志，通过审查日志，项目组对变更已进行了全面评估，同时考虑了范围、预算、进度、资源、干系人和风险等影响因素。采用适应型方法的项目：建立待办事项列表，通过该列表显示完成范围和新增范围的比率
持续性的学习、过程改进、提高团队的能力	检查团队状态报告，发现错误和返工已经减少，速度有所提高

19.8.2　绩效要点

（1）项目过程。建立并定期审查项目过程，排除过程中的瓶颈和工作阻碍、项目工作是否按计划进行，检测过程是否高效。优化过程方法包含精益生产法、召开回顾会议、价值导向审查等。

（2）项目制约因素。制约因素包括法律法规、预算、质量政策、交付日期等。整个项目生命周期过程中，项目制约因素是变化的。

（3）专注于工作过程和能力。专注于工作过程（交付价值）和能力（团队满意度和效率），可以保证项目团队专注价值交付，了解项目进度、成本变化等。项目经理应评估和平衡团队的专注点和注意力，使他们保持被激励状态。

（4）管理沟通和参与。依据沟通管理过程执行项目管理工作，并与干系人绩效域进行关联。

（5）管理实物资源。管理实物资源的规划、采购、运输、存储、分配、控制等工作。有效管理实物资源可以减少材料的运输和存储，避免项目停工等待材料，降低报废率，减少浪费等。当待管理的实物资源较多时，可以采用物流计划进行管理。物流计划包含的内容有项目中物流管理实施方案，材料类型和数量的估算，估算依据，材料交付时间和地点，项目期间材料使用规划等。

（6）处理采购事宜。依据采购管理过程，开展采购工作。

（7）监督新工作和变更。在敏捷或适应型项目中，项目工作会不断变更。项目经理借助待办事项列表，添加新工作，对代办工作进行优先级排序。项目经理同时根据进度、预算限制，确保完成优先级高的事项。

在预测型项目中，项目团队和变更控制委员会协作，根据情况变化（范围、资源、进度、预算等）评估新风险，控制管理变更，审批范围基准中的变更。

（8）学习和持续改进。项目团队定期学习，总结经验教训，回顾以往工作，持续改进工作方式和过程，可以更好地完成项目。

19.9 交付绩效域

交付绩效域涉及与交付相关的活动以及职能。

19.9.1 预期目标

交付绩效域的预期目标及检查方法见表 19-9-1。

表 19-9-1 交付绩效域的预期目标及检查方法

预期目标	检查方法
项目助力业务目标及组织战略的实现	检查组织战略计划、可行性研究报告、项目授权文件，确认项目可交付物和业务目标是否保持一致
项目实现了预期成果	检查项目基础数据，确认项目仍处于正常状态
计划时间内实现项目收益	分析进度，确定财务指标、计划交付物是否正按计划实现
项目团队能清晰理解需求	预测型项目：如果初始的需求变更少，说明团队已经清楚地认识了需求。 适应型项目：由于需求不断演变，可以通过阶段性需求确认判断干系人是否清楚理解了需求
干系人满意地接受项目可交付物	通过访谈、反馈、观察，确定干系人的满意度。 通过投诉、退货等问题的数量，确定干系人的满意度

19.9.2 绩效要点

（1）价值的交付：项目发布、部署可交付物后，项目就可以产生价值。可行性研究和评估可以预测项目预期价值；项目授权文件（项目章程、详细的基准计划）可以辅助量化项目预期成果（生命周期、里程碑、关键可交付物、其他顶层信息等），便于定期测量。

（2）可交付物：是指项目的产品、服务、结果，反映了干系人的各种需求。

1）需求获取。获取干系人需求的方法如下：

● 启发需求。通过引导获取、记录干系人需求。记录的需求应具备清晰、简洁、可核实、一致性、完整、可跟踪等特性。

● 演变发现需求。通过原型、模型、演示等方式，通过多次迭代和演变，不断获取需求。

2）管理需求。有效管理、记录需求，确保需求相对稳定，并有效管理需求。有效需求可以减少返工、节约投资、提高客户满意度、得到客户认同等。

（3）范围定义和管理变更：项目团队通过范围管理过程管理范围，使用变更系统处理项目的"范围蔓延"。

（4）质量：范围和需求重点关注交付的内容，质量重点关注绩效水平达标。无限的质量要求会导致成本无限增加，因此在管理项目中，要在质量和成本二者中寻找平衡。**质量管理中，缺陷发现得越晚，纠正缺陷产生的成本就越高。**

19.10　测量绩效域

测量绩效域涉及与评估项目绩效和采取适当活动维持可接受绩效相关的活动和职能。

19.10.1　预期目标

测量绩效域预期目标及检查方法见表 19-10-1。

表 19-10-1　测量绩效域预期目标及检查方法

预期目标	检查方法
充分理解项目状况	审计度量结果和报告，确定数据是否可靠
产生充分的、支持决策的有价值数据	检查度量结果，确定项目是否按计划进行，是否存在偏差
及时采取行动，确保项目最佳绩效	检查度量结果的提前指标及当前状态，支持及时的决策和行动
通过可靠的预测和评估进行决策，实现项目目标，产生项目价值	对比分析计划和实际绩效，判断预测的准确性。 对比分析计划和实际绩效，结合评估业务文档，表明项目实现预期项目价值的可能性

19.10.2　绩效要点

（1）制定有效的度量指标。**度量指标**是对项目、产品属性及其测量方式的描述，有效的度量指标可以跟踪、评估项目状态，为干系人提供正确的信息。度量指标又分为关键绩效指标（KPI）和有效度量指标两种。

1）KPI 作为评估项目是否成功的量化指标，可以细分为提前指标和滞后指标。

- 提前指标：预测项目的变化或趋势。提前指标有些容易被量化，比如项目规模、待办列表中正在进行的事项数等，但更多的是不容易被量化的，比如干系人未到位、缺乏风险管理手段、项目成功标准定义不准等。
- 滞后指标：反映过去的绩效，用于测量可交付物或重大事件。常见的滞后指标有进度/成本偏差、可交付物数、消耗资源数等。

2）有效的度量指标应遵循 SMART 特性，即 Specific（指标明确、具体）、Measurable（指标可测量）、Attainable（指标可实现）、Relevant（指标与项目相关）、Time-based（有时间限制）。

（2）度量内容。度量内容包括可交付物、交付、基准绩效、资源、价值、干系人和预测型度量指标。

常见的可交付物度量指标包括：有关错误或缺陷的信息，如缺陷来源、已经识别和已解决的缺陷数量等；绩效度量指标，如描述系统的物理属性（规格尺寸等）或功能属性（可靠性、效率等）；技术绩效度量指标，即以量化方式测量系统组件满足技术要求程度的指标。

交付的度量指标：在制品（正在进行的产品或工作事项）数量；提前期（从待办状态到迭代周期或发布结束的实际用时）；周期时间（完成任务时间）；队列大小；批量大小（一次迭代的预期工作量）；过程效率（增值时间和非增值活动时间的比率）。

基准绩效的度量指标：包含进度基准和成本基准。进度基准的相关指标有开始时间和完成时间，人力投入和持续时间，进度偏差与进度绩效指标。成本基准的相关指标有实际成本和估算成本的比例（又称燃烧率），成本偏差与成本绩效指标。

资源的度量指标：资源实际利用率与计划利用率的比值，资源实际成本与计划成本的比值。

价值的度量指标：成本与效益的比值、计划收益与实际收益的比值、投资回报率、净现值等。

干系人的度量指标：净推荐值、情绪图、士气、离职率等。

预测型度量指标：完工尚需估算（ETC）、完工估算（EAC）、完工偏差（VAC）、完工尚需绩效指数（TCPI）、回归分析、产量分析等。这部分的具体内容参见本书"12.7 挣值分析"部分。

（3）展示度量信息。展示度量信息常用的图表类型有仪表盘、大型可见图表、任务板、燃烧图（包含燃起图和燃尽图）等。

（4）度量陷阱。度量陷阱是指错误地使用不适当的度量指标。比如，一些度量事务的活动会对事务的行为产生影响，称为**霍桑效应陷阱**；一些指标是为了虚荣心的表现，对决策没有帮助，称为**虚荣指标陷阱**；一些指标根本无法达到，从而会导致士气低落，称为士气低落陷阱；一些指标不太重要，或者是为了短期效益而牺牲长期效益，或者是为了改善绩效而进行的无序度量活动，这些都称为误用度量指标陷阱；人们倾向于寻找支持原有观点的信息，可能会导致数据的错误解释称为确认偏见。除此之外，还有相关性与因果关系混淆等度量陷阱。

（5）基于度量进行诊断。根据各种度量指标（比如进度、成本等）制定临界值，超出临界值则进行故障诊断。

（6）持续改进。度量的目的是进行持续性改进，优化绩效，提升效率。

19.11 不确定性绩效域

不确定性绩效域主要包含与不确定性相关活动与职能。

19.11.1 预期目标

不确定性绩效域预期目标及检查方法见表 19-11-1。

表 19-11-1 不确定性绩效域预期目标及检查方法

预期目标	检查方法
掌握了项目运行环境（技术、市场与经济、政治环境等）	项目团队在分析不确定性、风险并确定应对措施时，是否考虑了环境因素
积极识别、应对不确定性	检查风险应对措施，确定其是否和项目制约因素（如进度、预算和绩效）的优先级排序保持一致
了解项目中多种因素间的依赖关系	检查应对风险、复杂性、模糊性的措施是否适合本项目
能预测威胁和机会并知道其后果	用于识别、应对风险的系统十分强大
不确定性对项目交付的负面影响降至最小	交付日期，预算执行情况均在偏差许可范围内
利用机会改进项目绩效和成果	团队使用已有机制识别和利用机会
能够有效利用进度和成本储备，与项目目标保持一致	团队采取措施有效使用了进度或成本储备，主动预防威胁

19.11.2 绩效要点

（1）风险。具体参见本书"风险管理"部分。

（2）模糊性。模糊性是指对于项目当前相关情况的了解处于不清晰的状态，无法识别事件的起因。模糊性可以分为概念模糊性和情景模糊性。

概念模糊性：指对概念不能做出正确有效的理解。解决方法是共同制定规则、统一术语。

情景模糊性：当一件事可能出现多个结果时容易产生情景性模糊。解决方法有渐进明细、实验、原型法等。

（3）复杂性。复杂性是由于人、系统的行为以及模糊性，造成的项目难以管理的特性。复杂性解决方法参见表 19-11-2。

表 19-11-2　复杂性解决方法

复杂性解决方法	具体子方法
基于系统的复杂性	解耦。解开系统各部分的联系，减少关联变量的数量
	模拟。通过模拟寻找类似场景
重新构建的复杂性	多样性。与项目团队进行头脑风暴，通过德尔菲法把发散思维转为收敛思维
	平衡。指平衡使用多种数据（预测数据、已报告数据、滞后指标、可能抵消潜在负面影响的数据等）
基于过程的复杂性	迭代。以迭代或者增量方式构建系统，每次迭代后确定每个特性的有效性
	参与。争取干系人多多参与，减少不必要的假设
	故障保护。系统关键部分增加冗余，降低故障率

（4）不确定性。不确定性是缺乏对问题、事件、解决方案的正确理解和认知。不确定性解决方法参见表 19-11-3。

表 19-11-3　不确定性解决方法

不确定性解决方法	解释
收集信息	规划信息收集和分析工作，得到更多信息，减少不确定性
为多种结果做好准备	使用备份或应急计划等方案应对不确定性
集合设计	综合权衡各种因素（时间、成本、进度、风险等），选出最佳的解决方案
增加韧性	韧性是快速应对变化的能力。当发生变化，项目团队能通过快速学习适应变化

19.12　课堂巩固练习题

1. 有效执行团队绩效域可以实现的预期目标，不包括___(1)___。

（1）A. 共享责任

　　 B. 建立高绩效团队

C．团队成员都展现出相应的领导力和人际关系技能

D．项目以有条理的、协调一致的方式推进

【攻克要塞软考团队讲评】有效执行团队绩效域可以实现的预期目标有共享责任、高绩效团队、所有团队成员都展现出领导力和人际关系技能。

参考答案：D

2．对事物进行度量会对其行为产生影响，因此需要谨慎制定度量指标。这表明度量具有___（2）___。

（2）A．霍桑效应　　　　　　　　　　　B．蝴蝶效应

　　　C．木桶效应　　　　　　　　　　　D．青蛙效应

【攻克要塞软考团队讲评】霍桑效应是特指度量活动会对行为产生影响。

参考答案：A

第**4**天
分析案例，指导论文

前面我们已经学习了项目管理的十个知识领域中的八个，现在还将继续学习风险管理这个辅助知识领域，以及安全管理，文档、配置与变更管理，知识产权、法律法规、标准和规范。此外，还将用两个学时的时间来重点突破案例分析，最后用一个学时来清理项目管理的主要术语。学习完这些内容，就相当于把考试的主要知识点梳理了一遍，后续再进入模拟考试来检验学习成效。

第 20 学时　文档、配置与变更管理

文档与配置管理虽然不是十大知识领域之一，但是却非常重要，也是考试的热点内容之一。本学时要学习的主要知识点如图 20-0-1 所示。

图 20-0-1　知识图谱

项目变更管理，就是在项目实施过程中，对项目的架构、性能、功能、进度、技术指标、集成方法等方面的改变。变更管理的目的是为了让**项目基准**与项目实际执行相一致。变更的实质就是随着项目的深入，认知更加清晰，因此调整项目需求，提升项目价值，变更管理的作用与操作原则，在整合管理、范围管理中均有涉及。

变更管理的原则有项目基准化、变更管理过程规范化。具体工作有基准管理、变更控制流程化、明确组织分工、评估变更的可能影响、保存变更产生的相关文档。

20.1 文档的分类与管理

信息系统相关信息（文档）是指某种数据媒体和其中所记录的数据。它具有永久性，并可以由人或机器阅读，通常仅用于描述人工可读的东西。在软件工程中，文档常常用来表示对活动、需求、过程或结果，进行描述、定义、规定、报告或认证的任何书面或图示的信息。

《计算机软件产品开发文件编制指南》中明确了软件项目文档的具体分类，提出文档从重要性和质量要求方面可以分为**非正式文档**和**正式文档**；从项目周期角度可以分为**开发文档**（可行性研究报告和项目任务书、需求规格说明、功能规格说明、设计规格说明等）、**产品文档**（培训手册、产品手册、用户手册等）、**管理文档**（变更记录、团队的职责定义、配置管理计划等）。

文档的规范化管理要点如下：

（1）文档书写规范。文本、图形和表格等包含符号使用、图表含义、注释使用等均应该遵循统一的书写规范。

（2）图表编号规则。有规则地对图表进行编号，方便查找。图表一般采用分类结构，具体参见图 20-1-1 所示。

图 20-1-1 分类结构图表编号

（3）文档目录编写标准。文档编号一般采用分类结构，文档名称要书写完整、规范。文档目录中应包含文档编号、文档名称、份数、每份页数或件数、存档时间和地点、保管人等信息。

（4）文档管理制度。建立文档的相关规范、文档借阅记录的登记制度、文档使用权限控制规则等。

20.2 配置管理的相关术语

配置管理就是一套方法，用这套方法来对软件开发期间产生的资产（代码、文档、数据等东西）

进行管理，包括管理它的**存储、变更**，将所有的变更记录下来，通过适当的机制来控制它的变更，使得这些更改合理、有序、完整、一致，并可以追溯历史。

1. 配置项

凡是纳入配置管理范畴的工作成果统称为配置项，包括软件、硬件和各种文档，如变更请求、服务、服务器、环境、设备、网络设施、台式机、移动设备、应用系统、协议、电信服务等。

所有配置项目的操作权限应该由 CMO（配置管理员）严格统一管理；基线配置项向开发人员开放读取权限；非基线配置项向 PM、CCB 及相关人员开放。

每个配置项用一组特征信息（**名字、描述、一组资源、实现**）唯一地标识。配置项通常可以分为以下六种类型：

- **环境类**。软件开发、运行和维护的环境，如编译器、操作系统、编辑软件、管理系统、开发工具、测试工具、项目管理工具、文档编制工具等。
- **定义类**。需求分析与系统定义阶段结束后得到的工件，如需求规格说明书、项目开发计划、设计标准或设计准则、验收测试计划等。
- **设计类**。设计阶段得到的工件，如系统设计说明书、程序规格说明、数据库设计、编码标准、用户界面设计、测试标准、系统测试计划、用户手册。
- **编码类**。编码及单元测试结束后得到的工件，如源代码、目标码、单元测试用例、数据及测试结果。
- **测试类**。系统测试完成后的工作，系统测试用例、测试结果、操作手册、安装手册。
- **维护类**。维护阶段产品的工作，以上任何需要变更的软件配置项。

2. 配置项状态与配置项版本号

配置项状态有三种，对应的版本号格式也不同，具体见表 20-2-1。

表 20-2-1　版本管理配置项状态

状态	定义	版本号格式
草稿	配置项刚建的状态	0.YZ，YZ 范围（01～99）
正式	配置项通过评审后的状态	X.Y，X 为主版本号，范围 1～9；Y 为次版本号，范围 1～9。第一次正式版本号为 1.0
修改	正式需要更正，则状态为"修改"	格式为 X.YZ，修改状态只增加 Z 值

配置项状态变化过程如图 20-2-1 所示。

图 20-2-1　配置项状态变化图

3. 基线

基线是软件生存期各开发阶段末尾的特定点，也称为**里程碑**。在这些特定点上，阶段工作已经结束，并且已经形成了正式的阶段产品。

建立基线的概念是为了把各开发阶段的工作划分得更加明确，使得本来连续开展的开发工作在这些点上被分割开，从而更加有利于检验和肯定阶段工作的成果，同时有利于进行变更控制。有了基线的规定就可以禁止跨越里程碑去修改另一开发阶段的工作成果，并且认为建立了里程碑，有些完成的阶段成果就已被冻结。

基线可看作是一个相对稳定的逻辑实体，其组成部分不能被任何人随意修改。常见的基线如图 20-2-2 所示。

图 20-2-2　常见基线

4. 配置状态报告

配置状态报告也称为**配置状态说明与报告**，它是配置管理的一个组成部分，其任务是有效地记录报告管理配置所需要的信息，目的是及时、准确地给出配置项的当前状况，供相关人员了解，以加强配置管理工作。

5. 配置审核

配置审核（又称配置审计）的任务便是验证配置项对配置标识的一致性。实施配置审计的目的：保证配置管理的有效性；防止向用户提交不适合的产品；发现不完善的情况，比如没有变更申请的变更；避免出现不相容或者不匹配的配置项；确认配置项已经过了质量控制审核，并纳入了基线；确保记录和文档的可追溯性。

6. 配置标志

确定配置项如何命名，用哪些信息来描述该配置项。

7. 变更控制委员会

变更控制委员会（Configuration Control Board，CCB）也可称为**配置控制委员会**，是配置项变更的监管组织。其任务是对建议的配置项变更做出评价、审批，以及监督已批准变更的实施。

CCB 的成员通常包括项目经理、用户代表、软件控制质量人员、配置控制人员。这个组织不必是常设机构，完全可以根据工作的需要组成。

8. 配置管理系统

配置管理系统用于控制工作产品的配置管理和变更管理。该系统包括存储媒体、规程和访问配置系统的工具，用于记录和访问变更请求的工具。CMO 建立并维护用于控制工作产品的配置管理系统和变更管理系统。

常见的用于创建配置管理系统的软件有 VSS、CVS、SVN。

配置项是受配置管理控制和管理的基本单位。**配置标识**是软件生命周期中划分选择各类配置项、定义配置项的种类，为它们分配标识符的过程。配置项标识的重要内容就是对配置项进行标识和命名。**配置标识**是配置管理的基础性工作，是管理配置管理的前提。配置标志是确定哪些内容应该进入配置管理形成配置项、确定配置项如何命名、用哪些信息来描述该配置项。

建立配置管理系统的步骤如下：

（1）**版本管理**要解决的第一个问题是**版本标志**，也就是为区分不同的版本，要给它们科学地命名。

（2）**配置状态报告**也称为**配置状态说明与报告**，它是配置管理的一个组成部分，其任务是有效地记录报告管理配置所需要的信息，目的是及时、准确地给出配置项的当前状况，供相关人员了解，以加强配置管理工作。

（3）**配置审核**（又称**配置审计**）。配置审核的实施是为了确保软件配置管理的有效性，体现配置管理的最根本要求，不允许出现任何混乱现象。

20.3 配置库

配置库也称**配置项库**，是配置管理的有力工具。采用配置库实现软件配置管理，就可以把软件开发过程的各种工作产品（包括半成品、阶段产品和最终产品）放入配置库中进行管理。软件配置工具包含追踪工具、版本管理工具和发布工具。

在软件工程中主要有以下三类配置库：

（1）**开发库（动态库）**。存放开发过程中需要保留的各种信息，供开发人员个人专用。库中的信息可能有较为频繁的修改，只要开发库的使用者认为有必要，无须对其作任何限制（因为这通常不会影响到项目的其他部分）。

（2）**受控库（主库）**。在软件开发的某个阶段工作结束时，将工作产品存入或将有关的信息存入。存入的信息包括计算机可读的以及人工可读的文档资料。应该对库内信息的读写和修改加以控制。

（3）**产品库（静态库、发行库）**。在开发的软件产品完成系统测试之后，作为最终产品存入库内，等待交付用户或现场安装。库内的信息也应加以控制。

三种配置库的相互转化过程如图 20-3-1 所示。

软件产品升级过程中，配置库的转化过程如下：

（1）从产品库中取出基线，放入受控库。

（2）程序员从受控库中检出（Check out）代码，放入个人的开发库。此时，受控库的代码被"锁定"，其他程序员无法再检出代码。

（3）程序员修改好代码，检入（Check in）受控库。

（4）产品全部完成，形成新基线，标记新版本号后存入产品库，原有基线仍保存在产品库中。

一般情况下，开发中的配置项尚未稳定下来，对于其他配置项来说是处于不处理工作状态下，或称自由状态下，此时它并未受到配置管理的控制，开发人员的变更并未受到限制。但当开发人员认为工作已经完成，可供其他配置项使用时，它就开始趋于稳定；把它交给评审，就开始进入评审状态；若通过评审，可作为基线进入配置库（实施检入）开始冻结，此时开发人员不允许对其任意修改，因为它已处于受控状态。通过评审表明它确已达到质量要求；但若未能通过评审，则将其回归到工作状态，重新进行调整。可以通过图 20-3-2 看到上述配置项的状态变化过程。

图 20-3-1　三种配置库的相互转化过程

图 20-3-2　配置项的变化过程

处于受控状态下的配置项原则上不允许修改，但这不是绝对的，如果由于多种原因需要变更，就需要提出变更请求。在变更请求得到批准的情况下，允许配置项从库中检出，待变更完成并经评审后，确认变更无误方可重新入库，使其恢复到受控状态。

配置库的建库模式有两种：按配置项类型建库和按任务建库。

（1）按配置项类型建库：适用于通用软件开发。

（2）按任务建库：适用于专业软件开发。

1. 配置管理活动各类人员角色

配置管理最合适的负责角色见表 20-3-1。

表 20-3-1　配置管理各活动最合适的角色

负责人	工作					
	编制配置管理计划	创建配置管理环境	审核变更计划	变更申请	变更实施	变更发布
CCB			√			
CMO	√	√		√		√
项目经理				√		
开发人员				√	√	

其中：

● CCB（变更控制委员会）：用于审批配置管理计划、配置管理变更。CCB 由项目经理、用户代表、控制质量人员、配置控制人员等组成，组成人员可以是一个人，也可以是兼职。

- CMO（配置管理员）：管理所有配置项的操作权限。管理原则：基线配置项向软件开发人员开放读取的权限；非基线配置项向项目经理（PM）、CCB 及相关人员开放；不删除草稿版本，避免无法回溯。

2. 配置库操作权限

产品库操作权限见表 20-3-2。

表 20-3-2　产品库操作权限

权限　　　　人员	项目经理	项目成员	QA	测试人员	配置管理员
只读、检查	√	√	√	√	√
修改	×	×	×	×	√
追加、重命名、删除	×	×	×	×	√
彻底删除、回滚	×	×	×	×	√

20.4　配置管理活动

配置管理活动包含：制订配置管理计划、配置标识、配置控制、配置状态报告、配置审计、发布管理和交付、配置管理回顾与改进等。

1. 配置管理计划

全面有效的配置管理计划包括：建立配置管理环境、组织结构、成本、进度等。配置管理计划应详细描述：建立示例配置库、配置标识管理、配置库控制、配置的检查和评审、配置库的备份、配置管理计划附属文档等。

2. 配置标识

配置标识的工作内容有：

（1）识别需要受控配置项。

（2）配置项分配唯一标识。

（3）定义配置项特性、所有者及责任。

（4）各成员根据自己的权限操作配置库。

（5）确定配置项进入配置管理的时间和条件。

（6）构建控制基线，并得到 CCB 授权。

（7）维护文档修订与产品版本之间的关系。

3. 配置控制

配置控制即配置项和基线的变更控制，包含如下工作：

（1）变更申请。

（2）变更评估。

（3）通告评估结果。

（4）变更实施。

（5）变更的验证与确认。

（6）变更的发布。

（7）基于配置库的变更控制。

4. 配置状态报告

配置状态报告（配置状态统计）根据配置项操作的记录，报告项目进展。

5. 配置审核

配置审核（又称配置审计）的定义在前文中已有描述。配置审核可以分为**功能配置审核（功能配置审计）**和**物理配置审核（物理配置审计）**。

功能配置审计验证配置项的一致性，判断配置项的实际功效是否与需求一致。功能配置审核的内容包括：

（1）配置项的开发是否已圆满完成。

（2）配置项是否已达到规定的性能和功能特定特性。

（3）配置项的运行和支持文档是否已完成、是否符合要求。

物理配置审计验证审计配置项的完整性，判断配置项的物理存在是否与预期一致。物理配置审核的内容包括：

（1）要交付的配置项是否存在。

（2）配置项中是否包含了所有必需的项目。

6. 配置管理回顾与改进

配置管理回顾与改进是定期回顾配置管理活动的进展情况，发现问题并及时改进与优化。

20.5 版本发布和回退

项目变更后需要进行版本发布并制定应急回退方案。发布准备工作的流程如图 20-5-1 所示。

图 20-5-1　发布准备工作流程

为了保证版本成功发布，需要进行对应的风险评估，并严格检查评审版本发布的过程检查单（Checklist）。当版本发布失败时，应启动回退策略。回退过程如图 20-5-2 所示。

图 20-5-2　回退过程

20.6　课堂巩固练习题

1. 信息系统项目完成后，最终产品或项目成果应置于___(1)___内，当需要在此基础上进行后续开发时，应将其转移到___(2)___后进行。

(1)(2) A. 开发库　　B. 服务器　　　　　C. 受控库　　　　　D. 产品库

【攻克要塞软考团队讲评】配置库有三类：开发库、受控库、产品库。信息系统项目完成后，最终产品或项目成果应置于产品库内，当需要在此基础上进行后续开发时，应将其转移到受控库后进行。

参考答案：(1) D　　(2) C

2. 在需求变更管理中，CCB 的职责是___(3)___。

(3) A. 决定采纳或拒绝针对项目需求的变更请求

B. 负责实现需求变更

C. 分析变更请求所带来的影响

D. 判定变更是否正确地实现

【攻克要塞软考团队讲评】CCB 是配置项变更的监管组织，其任务是对建议的配置项变更做出评价、审批，以及监督已批准变更的实施，但 CCB 并不去实施变更。而在选项 A、C、D 中要选出最为恰当的，相比之下，A 选项更为恰当一些。

参考答案：(3) A

3. 项目配置管理的主要任务中，不包括___(4)___。

(4) A. 版本管理　　　B. 发行管理　　　　C. 检测配置　　　D. 变更控制

【攻克要塞软考团队讲评】对配置项进行检测属于开发中的测试工作，不属于配置管理范畴。但配置管理可以通过测试结果来判断配置项是否合格。

参考答案：(4) C

4. 配置管理系统通常由___(5)___组成。

(5) A. 动态库、静态库和产品库　　　　　B. 开发库、备份库和产品库

C. 动态库、主库和产品库　　　　　　D. 主库、受控库和产品库

【攻克要塞软考团队讲评】配置管理系统的组成通常如下：

● 动态库（或者称为开发库）：包含正在创建或修改的配置元素。它们是开发者的工作空间，

第
4
天

受开发者控制。动态库中的配置项处于版本控制之下。

- 主库（或者称为受控库）：包含基线和对基线的更改。主库中的配置项被置于完全的配置管理之下。
- 静态库（备份库、产品库）：包含各种基线的档案。静态库被置于完全配置管理之下。

参考答案：（5）C

5．在配置管理的主要工作中，不包括下列中的_____（6）_____。

（6）A．标识配置项   B．控制配置项的变更

       C．对工作结束的审核   D．缺陷分析

【攻克要塞软考团队讲评】缺陷分析是指当发现产品或生产过程中存在缺陷后对其进行原因分析，一般认为属于质量管理范畴。

参考答案：（6）D

6．下列_____（7）_____是不包含在项目配置管理系统的基本结构中的。

（7）A．开发库   B．知识库   C．受控库   D．产品库

【攻克要塞软考团队讲评】配置分为三类，明显选项 B 不在其中。

参考答案：（7）B

第 21 学时　知识产权、法律法规、标准和规范

　　知识产权、法律法规、标准和规范涉及的内容特别多，如著作权法、计算机软件保护条例（软件著作权）、商标法、专利法、民法典、招投标法、政府采购法等，不过在本学时的学习过程中稍有侧重点，也还需要一些平时的积累。从考试试题考点分布的角度来看，常从保护期限、知识产权人确定、侵权判断、适用环境这些方面来设计考题。本学时要学习的主要知识点如图 21-0-1 所示。

图 21-0-1　知识图谱

21.1　著作权

　　著作权法学习卡片如图 21-1-1 所示。

图 21-1-1 著作权法学习卡片

著作权法及实施条例的客体是指受保护的作品。这里的作品是指文学、艺术和自然科学、社会科学、工程技术领域内具有独创性并能以某种有形形式复制的智力成果，其中包括以下 9 种类型：

（1）文字作品：包括小说、诗词、散文、论文等以文字形式表现的作品。

（2）口述作品：指即兴的演说、授课、法庭辩论等以口头语言形式表现的作品。

（3）音乐、戏剧、曲艺、舞蹈、杂技作品。

（4）美术、建筑作品。

（5）摄影作品。

（6）电影作品和以类似摄制电影的方法创作的作品。

（7）工程设计图、产品设计图、地图、示意图等图形作品和模型作品。

（8）计算机软件。

（9）法律、行政法规规定的其他作品。

公民为完成法人或者其他组织工作任务所创作的作品是**职务作品**。**职务作品著作权由作者享有**，但法人或者其他组织有权在其业务范围内优先使用。作品完成**两年内**，未经单位同意，**作者不得许可第三人以与单位使用的相同方式使用该作品**。有下列情形之一的职务作品，作者享有署名权，著作权的其他权利由法人或者其他组织享有，法人或者其他组织可以给予作者奖励：①主要是利用法人或者其他组织的物质技术条件创作，并由法人或者其他组织承担责任的工程设计图、产品设计图、地图、计算机软件等职务作品；②法律、行政法规规定或者合同约定著作权由法人或者其他组织享有的职务作品。

著作权法及实施条例的主体是指著作权关系人，通常包括著作权人和受让者两种。

（1）**著作权人**，又称为**原始著作权人**，是根据创作的事实进行确定的创作者、开发者。

（2）**受让者**，又称为**后继著作权人**，是指没有参与创作，通过著作权转移活动成为享有著作权的人。

著作权法在认定著作权人时，是根据创作的事实进行的，而创作就是指直接产生文学、艺术和科学作品的智力活动。而为他人创作进行组织、提供咨询意见、物质条件或者进行其他辅助工作不属于创作的范围，不被确认为著作权人。

如果在创作的过程中有多人参与，那么该作品的著作权将由合作的作者共同享有。合作的作品是可以分割使用的，作者对各自创作的部分可以单独享有著作权，但不能在侵犯合作作品整体著作权的情况下行使。

如果遇到作者不明的情况，作品原件的所有人可以行使除署名权以外的著作权，直到作者身份明确。

另外值得注意的是，如果作品是委托创作的话，著作权的归属应通过委托人和受托人之间的合同来确定。如果没有明确的约定，或者没有签订相关合同，则著作权仍属于受托人。

根据著作权法及实施条例规定，著作权人对作品享有的权利有：

（1）**发表权**：即决定作品是否公之于众的权利。

（2）**署名权**：即表明作者身份、在作品上署名的权利。

（3）**修改权**：即修改或者授权他人修改作品的权利。

（4）**保护作品完整权**：即保护作品不受歪曲、篡改的权利。

（5）**复制权、发行权、出租权、展览权 、表演权、放映权、广播权、信息网络传播权、摄制权、改编权、翻译权、汇编权、应当由著作权人享有的其他权利**。

根据著作权法的相关规定，著作权的保护是有一定期限的。

（1）**著作权属于公民**。署名权、修改权、保护作品完整权的保护期没有任何限制，永远属于保护范围。而发表权、使用权和获得报酬权的保护期为作者终生及其死亡后的 **50 年**（第 **50** 年的 **12 月 31 日**）。作者死亡后，著作权依照继承法进行转移。

（2）**著作权属于单位**。发表权、使用权和获得报酬权的保护期为 **50 年**（首次发表后的第 **50** 年的 **12 月 31 日**），**对 50 年内未发表的，不予保护**。但单位变更、终止后，其著作权由承受其权利义务的单位享有。

（3）著作权人向报社、期刊社投稿的，自稿件发出之日起十五日内未收到报社通知决定刊登的，或者自稿件发出之日起三十日内未收到期刊社通知决定刊登的，可以将同一作品向其他报社、期刊社投稿。

21.2 专利权

专利权的主体（即专利权人）是指有权提出专利申请并取得专利权的人，包括以下几种人：

（1）**发明人或设计人**。他们是直接参加发明创造活动的人，应当是自然人，不能是单位或者集体等。如果是多人共同做出的，应当将所有人的名字都写上。在完成发明创造的过程中，只负责组织工作的人、为物质技术条件的利用提供方便的人或者从事其他辅助工作的人，不应当被认为是发明人或者设计人。发明人可以就非职务发明创造申请专利，申请被批准后该发明人为专利权人。

（2）**发明人的单位**。职务发明创造申请专利的权利属于单位，申请被批准后该单位为专利权人。

（3）**合法受让人**。合法受让人指以转让、继承方式取得专利权的人，包括合作开发中的合作方、委托开发中的委托方等。

（4）外国人。具备以下四个条件中任何一项的外国人，便可在我国申请专利：①其所属国为巴黎公约成员国；②其所属国与我国有专利保护的双边协议；③其所属国对我国国民的专利申请予以保护；④该外国人在中国有经常居所或者营业场所。

专利权人拥有如下权利：

（1）**独占实施权**。发明或实用新型专利权被授予后，任何单位或个人未经专利权人许可，都不得实施其专利。

（2）**转让权**。转让是指专利权人将其专利权转移给他人所有。专利权转让的方式有出卖、赠与、投资入股等。

（3）**实施许可权**。实施许可是指专利权人许可他人实施专利并收取专利使用费。

（4）专利权人的义务。专利权人的主要义务是缴纳专利年费。

（5）专利权的期限。**发明专利权的期限为 20 年，使用新型专利权、外观设计专利权的期限为 10 年**，均自申请日起计算。此处的申请日，是指向国务院专利行政主管部门提出专利申请之日。

21.3　商标权

商标是指能够将不同的经营者所提供的商品或者服务区别开来，并可为视觉所感知的标记。商标权的内容有**使用权、禁止权、许可权**和**转让权**。

注册商标的有效期为 10 年，但商标所有人需要继续使用该商标并维持专用权的，可以通过续展注册延长商标权的保护期限。续展注册应当在有效期满前 6 个月内办理；在此期间未能提出申请的，有 6 个月的宽展期。宽展期仍未提出申请的，注销其注册商标。每次续展注册的有效期为 10 年，自该商标上一届有效期满的次日起计算。续展注册没有次数的限制。

21.4　中华人民共和国民法典

《中华人民共和国民法典》于 2020 年 5 月 28 日正式通过，并于 2021 年 1 月 1 日正式施行。婚姻法、继承法、民法通则、收养法、担保法、合同法、物权法、侵权责任法、民法总则同时废止。

《中华人民共和国民法典》相关的重要考点主要在合同篇，具体如下。

1．合同的定义

第四百六十四条　合同是民事主体之间设立、变更、终止民事法律关系的协议。婚姻、收养、监护等有关身份关系的协议，适用有关该身份关系的法律规定；没有规定的，可以根据其性质参照适用本编规定。

2．合同的订立

第四百六十九条　当事人订立合同，可以采用书面形式、口头形式或者其他形式。

书面形式是合同书、信件、电报、电传、传真等可以有形地表现所载内容的形式。

以电子数据交换、电子邮件等方式能够有形地表现所载内容，并可以随时调取查用的数据电文，视为书面形式。

第四百七十条　合同的内容由当事人约定，一般包括下列条款：

（一）当事人的姓名或者名称和住所；

（二）标的；

（三）数量；

（四）质量；

（五）价款或者报酬；

（六）履行期限、地点和方式；

（七）违约责任；

（八）解决争议的方法。

当事人可以参照各类合同的示范文本订立合同。

第四百七十一条 当事人订立合同，可以采取要约、承诺方式或者其他方式。

第四百七十二条 要约是希望与他人订立合同的意思表示，该意思表示应当符合下列条件：

（一）内容具体确定；

（二）表明经受要约人承诺，要约人即受该意思表示约束。

第四百七十三条 要约邀请是希望他人向自己发出要约的表示。拍卖公告、招标公告、招股说明书、债券募集办法、基金招募说明书、商业广告和宣传、寄送的价目表等为要约邀请。

商业广告和宣传的内容符合要约条件的，构成要约。

第四百七十九条 承诺是受要约人同意要约的意思表示。

第四百八十三条 承诺生效时合同成立，但是法律另有规定或者当事人另有约定的除外。

3. 合同的效力

第五百零二条 依法成立的合同，自成立时生效，但是法律另有规定或者当事人另有约定的除外。

4. 合同的履行

第五百一十条 合同生效后，当事人就质量、价款或者报酬、履行地点等内容没有约定或者约定不明确的，可以协议补充；不能达成补充协议的，按照合同相关条款或者交易习惯确定。

第五百一十一条 当事人就有关合同内容约定不明确，依据前条规定仍不能确定的，适用下列规定：

（一）质量要求不明确的，按照强制性国家标准履行；没有强制性国家标准的，按照推荐性国家标准履行；没有推荐性国家标准的，按照行业标准履行；没有国家标准、行业标准的，按照通常标准或者符合合同目的的特定标准履行。

（二）价款或者报酬不明确的，按照订立合同时履行地的市场价格履行；依法应当执行政府定价或者政府指导价的，依照规定履行。

（三）履行地点不明确，给付货币的，在接受货币一方所在地履行；交付不动产的，在不动产所在地履行；其他标的，在履行义务一方所在地履行。

（四）履行期限不明确的，债务人可以随时履行，债权人也可以随时请求履行，但是应当给对方必要的准备时间。

（五）履行方式不明确的，按照有利于实现合同目的的方式履行。

（六）履行费用的负担不明确的，由履行义务一方负担；因债权人原因增加的履行费用，由债权人负担。

第五百一十二条 通过互联网等信息网络订立的电子合同的标的为交付商品并采用快递物流

方式交付的，收货人的签收时间为交付时间。电子合同的标的为提供服务的，生成的电子凭证或者实物凭证中载明的时间为提供服务时间；前述凭证没有载明时间或者载明时间与实际提供服务时间不一致的，以实际提供服务的时间为准。

电子合同的标的物为采用在线传输方式交付的，合同标的物进入对方当事人指定的特定系统且能够检索识别的时间为交付时间。

电子合同当事人对交付商品或者提供服务的方式、时间另有约定的，按照其约定。

第五百二十七条 应当先履行债务的当事人，有确切证据证明对方有下列情形之一的，可以中止履行：

（一）经营状况严重恶化；

（二）转移财产、抽逃资金，以逃避债务；

（三）丧失商业信誉；

（四）有丧失或者可能丧失履行债务能力的其他情形。

当事人没有确切证据中止履行的，应当承担违约责任。

第五百一十三条 执行政府定价或者政府指导价的，在合同约定的交付期限内政府价格调整时，按照交付时的价格计价。逾期交付标的物的，遇价格上涨时，按照原价格执行；价格下降时，按照新价格执行。逾期提取标的物或者逾期付款的，遇价格上涨时，按照新价格执行；价格下降时，按照原价格执行。

5．违约责任

第五百七十七条 当事人一方不履行合同义务或者履行合同义务不符合约定的，应当承担继续履行、采取补救措施或者赔偿损失等违约责任。

6．其他考点

第五百九十五条 买卖合同是出卖人转移标的物的所有权于买受人，买受人支付价款的合同。

第六百四十八条 供用电合同是供电人向用电人供电，用电人支付电费的合同。

第六百五十七条 赠与合同是赠与人将自己的财产无偿给予受赠人，受赠人表示接受赠与的合同。

第六百六十七条 借款合同是借款人向贷款人借款，到期返还借款并支付利息的合同。

第六百八十一条 保证合同是为保障债权的实现，保证人和债权人约定，当债务人不履行到期债务或者发生当事人约定的情形时，保证人履行债务或者承担责任的合同。

第七百零三条 租赁合同是出租人将租赁物交付承租人使用、收益，承租人支付租金的合同。

第七百三十五条 融资租赁合同是出租人根据承租人对出卖人、租赁物的选择，向出卖人购买租赁物，提供给承租人使用，承租人支付租金的合同。

第七百七十条 承揽合同是承揽人按照定作人的要求完成工作，交付工作成果，定作人支付报酬的合同。

第八百四十三条 技术合同是当事人就技术开发、转让、许可、咨询或者服务订立的确立相互之间权利和义务的合同。

第八百四十五条 技术合同的内容一般包括项目的名称，标的的内容、范围和要求，履行的计划、地点和方式，技术信息和资料的保密，技术成果的归属和收益的分配办法，验收标准和方法，名词和术语的解释等条款。

与履行合同有关的技术背景资料、可行性论证和技术评价报告、项目任务书和计划书、技术标准、技术规范、原始设计和工艺文件，以及其他技术文档，按照当事人的约定可以作为合同的组成部分。

技术合同涉及专利的，应当注明发明创造的名称、专利申请人和专利权人、申请日期、申请号、专利号以及专利权的有效期限。

第八百七十八条　技术咨询合同是当事人一方以技术知识为对方就特定技术项目提供可行性论证、技术预测、专题技术调查、分析评价报告等所订立的合同。

第九百六十七条　合伙合同是两个以上合伙人为了共同的事业目的，订立的共享利益、共担风险的协议。

21.5　中华人民共和国招标投标法

《中华人民共和国招标投标法》是为了规范招标投标活动，保护国家利益、社会公共利益和招标投标活动当事人的合法权益，提高经济效益，保证项目质量而制定的法律。招标投标法学习卡片如图 21-5-1 所示。

图 21-5-1　招标投标法学习卡片

该法律重要条款如下：

第三条　在中华人民共和国境内进行下列工程建设项目包括项目的勘察、设计、施工、监理以及与工程建设有关的重要设备、材料等的采购，必须进行招标：（一）大型基础设施、公用事业等关系社会公共利益、公众安全的项目；（二）全部或者部分使用国有资金投资或者国家融资的项目；（三）使用国际组织或者外国政府贷款、援助资金的项目。前款所列项目的具体范围和规模标准，由国务院发展计划部门会同国务院有关部门制订，报国务院批准。法律或者国务院对必须进行招标的其他项目的范围有规定的，依照其规定。

1. 招标

第八条　招标人是依照本法规定提出招标项目、进行招标的法人或者其他组织。

第十条　招标分为**公开招标和邀请招标**。公开招标，是指招标人以招标公告的方式邀请不特定的法人或者其他组织投标。邀请招标，是指招标人以投标邀请书的方式邀请特定的法人或者其他组织投标。

第十一条　国务院发展计划部门确定的国家重点项目和省、自治区、直辖市人民政府确定的地方重点项目不适宜公开招标的，经国务院发展计划部门或者省、自治区、直辖市人民政府批准，可以进行邀请招标。

第十二条　招标人有权自行选择招标代理机构，委托其办理招标事宜。**任何单位和个人不得以任何方式为招标人指定招标代理机构**。招标人具有编制招标文件和组织评标能力的，可以自行办理招标事宜。任何单位和个人不得强制其委托招标代理机构办理招标事宜。依法必须进行招标的项目，招标人自行办理招标事宜的，应当向有关行政监督部门备案。

第十三条　招标代理机构是依法设立、从事招标代理业务并提供相关服务的社会中介组织。招标代理机构应当具备下列条件：（一）有从事招标代理业务的营业场所和相应资金；（二）有能够编制招标文件和组织评标的相应专业力量。

第十六条　招标人采用公开招标方式的，应当发布招标公告。依法必须进行招标的项目的招标公告，应当通过国家指定的报刊、信息网络或者其他媒介发布。招标公告应当载明招标人的名称和地址、招标项目的性质、数量、实施地点和时间以及获取招标文件的办法等事项。

第十七条　招标人采用邀请招标方式的，应当向**三个以上**具备承担招标项目的能力、资信良好的特定的法人或者其他组织发出投标邀请书。投标邀请书应当载明本法第十六条规定的事项。

第十八条　招标人可以根据招标项目本身的要求，在招标公告或者投标邀请书中，要求潜在投标人提供有关资质证明文件和业绩情况，并对潜在投标人进行资格审查；国家对投标人的资格条件有规定的，依照其规定。招标人不得以不合理的条件限制或者排斥潜在投标人，不得对潜在投标人实行歧视待遇。

第二十三条　招标人对已发出的招标文件进行必要的澄清或者修改的，应当在招标文件要求提交投标文件截止时间至少**十五日前**，以书面形式通知所有招标文件收受人。该澄清或者修改的内容为招标文件的组成部分。

第二十四条　招标人应当确定投标人编制投标文件所需要的合理时间；但是，依法必须进行招标的项目，自招标文件开始发出之日起至投标人提交投标文件截止之日止，最短**不得少于二十日**。

2. 投标

第二十五条　投标人是响应招标、参加投标竞争的法人或者其他组织。依法招标的科研项目允许个人参加投标的，投标的个人适用本法有关投标人的规定。

第二十六条　投标人应当具备承担招标项目的能力；国家有关规定对投标人资格条件或者招标文件对投标人资格条件有规定的，投标人应当具备规定的资格条件。

第二十八条　投标人应当在招标文件要求提交投标文件的截止时间前，将投标文件送达投标地点。招标人收到投标文件后，应当**签收保存，不得开启**。投标人少于三个的，招标人应当依照本法重新招标。在招标文件要求提交投标文件**的截止时间后送达的投标文件，招标人应当拒收**。

第三十一条　两个以上法人或者其他组织可以组成一个联合体，以一个投标人的身份共同投标。联合体各方均应当具备承担招标项目的相应能力；国家有关规定或者招标文件对投标人资格条件有规定的，联合体各方均应当具备规定的相应资格条件。由同一专业的单位组成的联合体，**按照资质等级较低的单位确定资质等级**。联合体各方应当签订共同投标协议，明确约定各方拟承担的工作和责任，并将共同投标协议连同投标文件一并提交招标人。联合体中标的，联合体各方应当共同与招标人签订合同，就中标项目向招标人承担连带责任。招标人不得强制投标人组成联合体共同投标，不得限制投标人之间的竞争。

第三十三条　**投标人不得以低于成本的报价竞标，也不得以他人名义投标或者以其他方式弄虚作假，骗取中标。**

3．开标

第三十四条　开标应当在招标文件确定的**提交投标文件截止时间的同一时间公开进行**；开标地点应当为招标文件中预先确定的地点。

第三十五条　**开标由招标人主持，邀请所有投标人参加。**

第三十六条　开标时，由投标人或者其推选的代表检查投标文件的密封情况，也可以由招标人委托的公证机构检查并公证；经确认无误后，由工作人员当众拆封，宣读投标人名称、投标价格和投标文件的其他主要内容。

4．评标

第三十七条　评标由招标人依法组建的评标委员会负责。依法必须进行招标的项目，其评标委员会由招标人的代表和有关**技术、经济等方面的专家**组成，成员人数为**五人以上单数**，其中**技术、经济等方面的专家不得少于成员总数的三分之二**。前款专家应当从事相关领域工作满八年并具有高级职称或者具有同等专业水平，由招标人从国务院有关部门或者省、自治区、直辖市人民政府有关部门提供的专家名册或者招标代理机构的专家库内的相关专业的专家名单中确定；一般招标项目可以采取随机抽取方式，特殊招标项目可以由招标人直接确定。与投标人有利害关系的人不得进入相关项目的评标委员会；已经进入的应当更换。评标委员会成员的名单在中标结果确定前应当保密。

第三十九条　评标委员会可以要求投标人对投标文件中含义不明确的内容作必要的澄清或者说明，但是澄清或者说明不得超出投标文件的范围或者改变投标文件的实质性内容。

5．中标

第四十一条　中标人的投标应当符合下列条件之一：（一）能够最大限度地满足招标文件中规定的各项综合评价标准；（二）能够满足招标文件的实质性要求，并且经评审的投标价格最低；但是投标价格低于成本的除外。

第四十二条　评标委员会经评审，认为所有投标都不符合招标文件要求的，可以否决所有投标。依法必须进行招标的项目的所有投标被否决的，招标人应当依照本法重新招标。

第四十五条　中标人确定后，招标人应当向中标人发出中标通知书，并同时将中标结果通知所有未中标的投标人。中标通知书对招标人和中标人具有法律效力。中标通知书发出后，招标人改变中标结果的，或者中标人放弃中标项目的，应当依法承担法律责任。

第四十六条　招标人和中标人应当自中标通知书发出之日起**三十日内**，按照招标文件和中标人的投标文件**订立书面合同**。招标人和中标人不得再行订立背离合同实质性内容的其他协议。招标文件要求中标人提交履约保证金的，中标人应当提交。

第四十七条　依法必须进行招标的项目，招标人应当自确定中标人之日起**十五日内**，向有关行政监督部门提交招标投标情况的**书面报告**。

　　第四十八条　中标人应当按照合同约定履行义务，完成中标项目。中标人不得向他人转让中标项目，也不得将中标项目肢解后分别向他人转让。中标人按照合同约定或者经招标人同意，可以将中标项目的部分非主体、非关键性工作分包给他人完成。接受分包的人应当具备相应的资格条件，并**不得再次分包**。中标人应当就分包项目向招标人负责，接受分包的人就分包项目**承担连带责任**。

　　6.《中华人民共和国招标投标法实施条例》

　　第一条　为了规范招标投标活动，根据《中华人民共和国招标投标法》（以下简称招标投标法），制定本条例。

　　第三十九条　禁止投标人相互串通投标。

　　有下列情形之一的，属于投标人相互串通投标：

　　（一）投标人之间协商投标报价等投标文件的实质性内容；

　　（二）投标人之间约定中标人；

　　（三）投标人之间约定部分投标人放弃投标或者中标；

　　（四）属于同一集团、协会、商会等组织成员的投标人按照该组织要求协同投标；

　　（五）投标人之间为谋取中标或者排斥特定投标人而采取的其他联合行动。

　　第四十条　有下列情形之一的，视为投标人相互串通投标：

　　（一）不同投标人的投标文件由同一单位或者个人编制；

　　（二）不同投标人委托同一单位或者个人办理投标事宜；

　　（三）不同投标人的投标文件载明的项目管理成员为同一人；

　　（四）不同投标人的投标文件异常一致或者投标报价呈规律性差异；

　　（五）不同投标人的投标文件相互混装；

　　（六）不同投标人的投标保证金从同一单位或者个人的账户转出。

　　第四十一条　禁止招标人与投标人串通投标。

　　有下列情形之一的，属于招标人与投标人串通投标：

　　（一）招标人在开标前开启投标文件并将有关信息泄露给其他投标人；

　　（二）招标人直接或者间接向投标人泄露标底、评标委员会成员等信息；

　　（三）招标人明示或者暗示投标人压低或者抬高投标报价；

　　（四）招标人授意投标人撤换、修改投标文件；

　　（五）招标人明示或者暗示投标人为特定投标人中标提供方便；

　　（六）招标人与投标人为谋求特定投标人中标而采取的其他串通行为。

　　第五十一条　有下列情形之一的，评标委员会应当否决其投标：

　　（一）投标文件未经投标单位盖章和单位负责人签字；

　　（二）投标联合体没有提交共同投标协议；

　　（三）投标人不符合国家或者招标文件规定的资格条件；

　　（四）同一投标人提交两个以上不同的投标文件或者投标报价，但招标文件要求提交备选投标的除外；

　　（五）投标报价低于成本或者高于招标文件设定的最高投标限价；

（六）投标文件没有对招标文件的实质性要求和条件做出响应；

（七）投标人有串通投标、弄虚作假、行贿等违法行为。

7. 招标评分标准

制定招标评分标准遵循的准则有：

- 依据客观事实：标准尽可能客观。不用"好、一般、较少"等无法量化概念。
- 得分明显区分高低。如招标人业绩应该在 100 万～1000 万元间，则不能出现超过 150 万元得 5 分标准，因为这样可能导致大部分招标者均满分。
- 严控自由裁量权：控制评委酌情打分，尽可能控制评委自由裁量权，量化评分。如技术方案、现场答辩等确实无法描述的评分因素，则应设定因素的最低得分值，且最低得分不少于满分值的 50%。
- 评分标准应便于评审。不能太烦琐，分档不要太多。

细则横向比较：确保各因素的单位分值大体相当。

21.6　中华人民共和国政府采购法

《中华人民共和国政府采购法》是为了规范政府采购行为，提高政府采购资金的使用效益，维护国家利益和社会公共利益，保护政府采购当事人的合法权益，促进廉政建设，而制定的法律。政府采购法学习卡片如图 21-6-1 所示。

图 21-6-1　政府采购法学习卡片

1. 政府采购当事人

第二十四条　两个以上的自然人、法人或者其他组织可以组成一个联合体，以一个供应商的身份共同参加政府采购。

以联合体形式进行政府采购的，参加联合体的供应商均应当具备本法第二十二条规定的条件，并应当向采购人提交联合协议，载明联合体各方承担的工作和义务。**联合体各方应当共同与采购人**

签订采购合同，就采购合同约定的事项对采购人承担连带责任。

2. 政府采购形式

第二十六条 政府采购采用以下方式：

（一）公开招标；

（二）邀请招标；

（三）竞争性谈判；

（四）单一来源采购；

（五）询价；

（六）国务院政府采购监督管理部门认定的其他采购方式。

各类采购形式的特点见表 21-6-1。

表 21-6-1　各类采购形式的特点

采购形式	应用环境
公开招标	政府采购的主要采购方式
邀请招标	1. 特殊性，只能从特殊供应商处采购 2. 公开招标费用占总采购费用的比例过大
竞争性谈判	1. 没有投标者、没有合格标的、重新招标未成立 2. 技术复杂，不能确定详细规格 3. 时间紧急 4. 无法事先计算总价
单一来源	1. 只能从唯一供应商处采购 2. 发生了不可预见的紧急情况，不能从其他供应商处采购 3. 必须保证原有采购项目的一致性或者服务配套的要求，需要继续从原供应商处添购，且**添购资金总额不超过原合同采购金额 10%** 的
询价	采购的货物规格、标准统一、现货货源充足且价格变化幅度小

3. 政府采购程序

第三十四条 货物或者服务项目采取邀请招标方式采购的，采购人应当从符合相应资格条件的供应商中，通过随机方式选择三家以上的供应商，并向其发出投标邀请书。

第三十五条 货物和服务项目实行招标方式采购的，自招标文件开始发出之日起至投标人提交投标文件截止之日止，不得少于 **20 日**。

第三十六条 在招标采购中，出现下列情形之一的，应予废标：

（一）符合专业条件的供应商或者对招标文件作实质响应的供应商不足三家的；

（二）出现影响采购公正的违法、违规行为的；

（三）投标人的报价均超过了采购预算，采购人不能支付的；

（四）因重大变故，采购任务取消的。

废标后，采购人应当将废标理由通知所有投标人。

第三十七条　废标后，除采购任务取消情形外，应当重新组织招标；需要采取其他方式采购的，应当在采购活动开始前获得设区的市、自治州以上人民政府采购监督管理部门或者政府有关部门批准。

第三十八条　采用竞争性谈判方式采购的，应当遵循下列程序：

（一）成立谈判小组。谈判小组由采购人的代表和有关专家共**三人以上的单数**组成，其中专家的人数**不得少于成员总数的三分之二**。

（二）制定谈判文件。谈判文件应当明确谈判程序、谈判内容、合同草案的条款以及评定成交的标准等事项。

（三）确定邀请参加谈判的供应商名单。谈判小组从符合相应资格条件的供应商名单中确定不少于三家的供应商参加谈判，并向其提供谈判文件。

（四）谈判。谈判小组所有成员集中与单一供应商分别进行谈判。在谈判中，谈判的任何一方不得透露与谈判有关的其他供应商的技术资料、价格和其他信息。谈判文件有实质性变动的，谈判小组应当以书面形式通知所有参加谈判的供应商。

（五）确定成交供应商。谈判结束后，谈判小组应当要求所有参加谈判的供应商在规定时间内进行最后报价，采购人从谈判小组提出的成交候选人中，根据符合采购需求、质量和服务相等且报价最低的原则确定成交供应商，并将结果通知所有参加谈判的未成交的供应商。

采用竞争性谈判方式的流程如图 21-6-2 所示。

第四十条　采取询价方式采购的，应当遵循下列程序：

（一）成立询价小组。询价小组由采购人的代表和有关专家共三人以上的单数组成，其中专家的人数不得少于成员总数的三分之二。询价小组应当对采购项目的价格构成和评定成交的标准等事项作出规定。

（二）确定被询价的供应商名单。询价小组根据采购需求，从符合相应资格条件的供应商名单中确定不少于三家的供应商，并向其发出询价通知书让其报价。

（三）询价。询价小组要求被询价的供应商一次报出不得更改的价格。

（四）确定成交供应商。采购人根据符合采购需求、质量和服务相等且报价最低的原则确定成交供应商，并将结果通知所有被询价的未成交的供应商。

采用竞询价方式的流程如图 21-6-3 所示。

图 21-6-2　采用竞争性谈判方式的流程

图 21-6-3　采用竞询价方式的流程

4. 监督检查

第六十条　政府采购监督管理部门不得设置集中采购机构，不得参与政府采购项目的采购活动。采购代理机构与行政机关不得存在隶属关系或者其他利益关系。

21.7　标准化

按照国务院授权，在国家质量监督检验检疫总局的管理下，国家标准化管理委员会统一管理全国标准化工作。全国信息技术标准化技术委员会在国家标管委的领导下，负责信息技术领域国家标准的规划和制定工作。

标准的代号和名称：

（1）中国国家标准代号：强制性标准代号为 GB、推荐性标准代号为 GB/T、指导性标准代号为 GB/Z、实物标准代号 GSB。国家标准有效期为 5 年。

（2）行业标准代号：由汉语拼音大写字母组成（如电力行业为 DL）。

（3）地方标准代号：由 DB 加上省级行政区划代码的前两位。

（4）企业标准代号：由 Q 加上企业代号组成。

我国标准与国际标准的对应关系有以下几种：

（1）等同采用：技术内容相同，编写方法完全对应，没有或仅有编辑性修改。

（2）修改采用：与国际标准之间存在技术性差异，清楚标明差异并解释原因，可以包含编辑性修改。

（3）等效采用：技术内容相同，编写方法有少许差异。

（4）非等效采用（not equivalent，NEQ）：与相应国际标准在技术内容和文本结构上不同，它们之间的差异没有被清楚地标明。非等效不属于采用国际标准。

具体的标准内容实在太多，只能列出常见标准和常考标准，供大家复习。

1. 软件工程产品质量第 1 部分 GB/T 16260

该标准属于管理标准。本部分知识学习卡片如图 21-7-1 所示。

图 21-7-1　软件工程产品质量第 1 部分 GB/T 16260 学习卡片

"软件质量"是软件特性的总和，软件满足规定或潜在用户需求的能力。该标准认为软件生命周期中，不同阶段关注不同的产品质量，度量质量的方法也不同。

（1）质量分类。软件质量分为内部质量（开发中）、外部质量（开发过程外）和使用质量（用户角度来看）三部分，具体如图 21-7-2 所示。

1）用户质量要求：用户对质量的要求可以是使用质量的度量、外部度量，也可以是内部度量。用户质量要求将成为产品确认准则。

2）外部质量需求：从外部视角来规定需求的质量级别，包括用户质量需求派生的需求（包括使用质量需求）。

3）内部质量需求：从产品的内部视角来规定要求的质量级别。内部质量需求用来规定中间产品的特性。这些可以包括静态和动态的模型，以及其他文档和源代码。

图 21-7-2　质量分类

4）外部质量：是基于外部视角的软件产品特征的总和。

5）内部质量：是基于内部视角的软件产品特征的总和。

6）使用质量：基于用户观点的质量。使用质量的获得依赖于必需的外部质量，而外部质量的获得则依赖于取得必需的内部质量。

（2）质量模型框架。该标准规定了质量模型框架，将软件质量分为 6 个主要特性和若干个子特性。质量模型如图 21-7-3 所示。

图 21-7-3　外部和内部质量的质量模型

MTBF（平均无故障时间）=无故障总时间/故障次数，是指相邻两次故障之间的平均工作时间。例如，正在运行中的 100 块硬盘，一年之内出了两次故障，则每块硬盘的故障率为 0.02 次/年。"可靠性"可用故障次数指标来简单替代。

可用性=可用时间/总时间，是指在某特定时间段内，系统能正常工作的时间占总时间的百分比。"可用性"可用平均修复时间来简单替代。

（3）使用质量的质量模型。使用质量的属性分为四个特性：有效性、生产率、安全性和满意度。模型如图 21-7-4 所示，简称"有效生产，安全满意"。

图 21-7-4   使用质量特性

（4）度量。度量分为内部度量和外部度量。

1）内部度量。内部度量可以应用于设计和编码期间的非执行软件产品（标书、需求定义、规格说明、源代码）。

内部度量用于测试软件产品的中间产品。使得用户、评价者、测试人员和开发者可以在软件产品**可执行之前**就能评价软件产品质量和尽早地提出质量问题。

2）外部度量。外部度量测试、运行和观察可执行的软件或系统。外部度量使得用户、评价者、测试人员和开发者可以在**测试或操作期间**评价软件产品质量。

外部度量可以通过测量该软件产品作为其一部分的系统行为来测量软件产品的质量。外部度量只能在生存周期过程中的测试阶段和任何运行阶段使用。

2.   软件文档管理指南 GB/T 16680

本部分知识学习卡片如图 21-7-5 所示。

图 21-7-5   软件文档管理指南 GB/T 16680 学习卡片

该协议帮助管理者在机构中产生有效文档。文档讲述了软件文档的作用、管理者的作用、制定文档的策略与计划、制定文档的标准与流程。

（1）项目周期中的文档。软件文档分类见表 21-7-1。

表 21-7-1　软件文档分类

文档名	文档作用	基本文档
开发文档	描述开发过程本身	《可行性研究和项目任务书》 《需求规格说明》 《功能规格说明》 《设计规格说明》《程序说明》《数据规格说明》 《开发计划》 《软件集成和测试计划》 《质量保证计划、标准、进度》 《安全和测试信息》
产品文档	描述开发过程的产物	《培训手册》 《参考手册和用户指南》 《支持手册》 《产品手册》
管理文档	记录项目管理的信息	《开发过程的每个阶段的进度和进度变更的记录》 《软件变更情况的记录》 《相对于开发的判定记录》 《职责定义》

（2）文档质量分级。每个文档的质量必须在文档计划期间就有明确的规定。文档的质量可以按文档的形式和列出的要求划分为四级，可以笼统划分为正式文档和非正式文档。

文档质量分级见表 21-7-2。

表 21-7-2　文档质量分级

质量级别	适用情况	备注
最低限度文档 （1级文档）	适合开发工作量低于一个人月的开发者自用程序	该文档应包含程序清单、开发记录、测试数据和程序简介
内部文档 （2级文档）	精心研究后被认为似乎没有与其他用户共享资源的专用程序	除1级文档提供的信息外，2级文档还包括程序清单内足够的注释以帮助用户安装和使用程序
工作文档 （3级文档）	适于由同单位若干人联合开发的程序，或可被其他单位使用的程序	
正式文档 （4级文档）	适于要正式发行供普遍使用的软件产品	关键性程序或具有重复管理应用性质（如工资计算）的程序需4级文档。 应遵守 GB 8567 的有关规定

（3）文档评审。

需求评审：进一步确认开发者和设计者已了解用户要求什么，及用户从开发者一方了解某些限制和约束。

设计评审：通常安排两个主要的设计评审——概要设计评审和详细设计评审。

1）概要设计评审：主要详细评审每个系统组成部分的基本设计方法和测试计划。系统规格说明应根据概要设计评审的结果加以修改。

2）详细设计评审：主要评审计算机程序和程序单元测试计划。

（4）文档编制计划。文档计划一般包括以下几方面内容：

1）列出应编制文档的目录。

2）提示编制文档应参考的标准。

3）指定文档管理员。

4）提供编制文档所需要的条件，落实文档编写人员、所需经费以及编制工具等。

5）明确保证文档质量的方法，为了确保文档内容的正确性、合理性，应采取一定的措施，如评审、鉴定等。

6）绘制进度表，以图表形式列出在软件生存期各阶段应产生的文档、编制人员、编制日期、完成日期、评审日期等。

（5）文档归档。文档归档应满足：

1）归档的文档是经过鉴定或评审的。

2）文档应签署完整、成套、格式统一、字迹工整。

3）印制本、打印本以及各种报告应装订成册，并按规定进行编号和签署。

3．计算机软件质量保证计划规范 GB/T 12504—1990

本部分知识学习卡片如图 21-7-6 所示。

图 21-7-6　计算机软件质量保证计划规范 GB/T 12504—1990 学习卡片

《计算机软件质量保证计划规范》（GB/T 12504—1990）主要考查的条目如下：

（1）验证（Verification）。验证是指确定软件开发周期中，一个给定阶段的产品是否达到在上一阶段确立的需求的过程。

（2）确认（Validation）。确认是指在软件开发过程结束时，对软件进行评价以确定它是否和软件需求相一致的过程。

（3）测试（Testing）。测试是指通过执行程序来有意识地发现程序中的设计错误和编码错误的过程。测试是验证和确认的手段之一。

为了确保软件的实现满足需求，至少需要下列基本文档：

- 软件需求规格说明书（Software Requirements Specification）。
- 软件设计说明书（Software Design Description）。
- 软件验证与确认计划（Software Verification and Validation Plan）。
- 软件验证和确认报告（Software Verification and Validation Report）。
- 用户文档（User Documentation）。
- 其他文档。

除基本文档以外，还应包括：项目实施计划、项目进展报表、项目开发各阶段的评审报表。

4. 软件工程术语 GB/T 11457—2006

本部分知识学习卡片如图 21-7-7 所示。

图 21-7-7　软件工程术语 GB/T 11457—2006 学习卡片

《软件工程术语》（GB/T 11457—2006）主要考查的条目如下：

- 软件开发方法是软件开发过程所遵循的方法和步骤，它是规则、方法和工具的集成，既支持开发，也支持以后的演化过程。

- 基线是已经过正式审核与同意，可用作下一步开发的基础，并且只有通过正式的修改管理步骤方能加以修改的规格说明或产品。配置管理有以下三种基线：**功能基线、分配基线和产品基线**。
- **确认**是在开发过程期间或结束时对系统或部件进行评价，通过检查和提供客观证据，以确定它是否满足特定预期用途的需求的过程。
- **验证**是评价系统或部件，以确定软件开发周期中一个给定阶段的产品是否满足在阶段的开始确立的需求的过程。
- 审计是为评估工作产品或工作产品是否符合软件需求、规格说明、基线、过程、指令、代码以及合同和特殊要求而进行的一种独立的检查。

5. 其他知识点

软件工程标准涉及的其他相关考点有：

（1）计算机软件可靠性和可维护性 GB/T 14394—2008。

《计算机软件可靠性和可维护性管理》（GB/T 14394—2008）考过的相关条目如下：

在软件运作过程和维护过程中，应分析和提高软件可靠性：

1）制定并实施软件可靠性数据采集规程。

2）实施软件 FRACAS。

3）测量可靠性，分析现场可靠性是否达到要求。

4）跟踪用户满意程度。

5）用可靠性测量数据指导产品和工程过程的改进。

6）软件产品维护时执行适当的维护规程并参照基本文档中实施适用的管理活动。

详细设计评审包含的内容有：各单位可靠性和可维护性目标、可靠性和可维护性设计、测试文件、软件开发工具。

（2）《信息处理 数据流程图、程序流程图、系统流程图、程序网络图和系统资源图的文件编制符合及约定》（GB 1526—1989）。

《信息处理 数据流程图、程序流程图、系统流程图、程序网络图和系统资源图的文件编制符合及约定》（GB 1526—1989）考过的相关条目如下：

- **数据流程图：** 表示求解某一问题的数据通路。同时规定处理的主要阶段和所用的各种数据媒体。
- **程序流程图：** 表示程序中的操作顺序。
- **系统流程图：** 表示系统的操作控制和数据流。
- **程序网络图：** 表示程序激活路径和程序与相关数据的相互作用。在系统流程图中，一个程序可能在多个控制流中出现；但在程序网络图中，每个程序仅出现一次。
- **系统资源图：** 表示适合于一个问题或一组问题求解的数据单元和处理单元的配置。

（3）计算机软件需求说明编制指南 GB/T 9385—2008。

《计算机软件需求说明编制指南》（GB/T 9385—2008）考过的相关条目如下：

1）软件需求规格说明（Software Requirements Specifications，SRS）的编制者。

软件开发的过程是由**开发者和客户双方**同意开发什么样的软件协议开始的。这种协议要使用 SRS 的形式，应该由双方联合起草。

2）SRS 的基本要求。SRS 是对要完成一定功能、性能的软件产品、程序或一组程序的说明。

3）在 SRS 中嵌入了设计。在 SRS 中嵌入设计说明，会过多地约束软件设计，并且人为地把具有潜在危险的需求放入 SRS 中。

4）在 SRS 中嵌入了一些项目要求。SRS 应当是描写一个软件产品，而不是描述生产软件产品的过程。

（4）计算机软件产品开发文件编制指南 GB/T 8567—2006。

《计算机软件产品开发文件编制指南》（GB/T 8567—2006）考过的相关条目如下：

1）软件生存周期与各种文件的编制。

2）在需求分析阶段内，由系统分析人员对被设计的系统进行系统分析，确定该软件的各项功能、性能需求和设计约束，确定对文件编制的要求。作为本阶段工作的结果，一般来说，软件需求说明书、数据要求说明书和初步的用户手册应该编写出来。

3）系统需求是指功能、业务（包括接口、资源、性能、可靠性、安全性等）和数据需求。

21.8 课堂巩固练习题

1．著作权人对作品享有多种权利，以下不属于著作权人权利中的是___（1）___。

（1）A．发表权　　　　　　　　　　B．署名权

　　　C．独占实施权　　　　　　　　D．修改权

【攻克要塞软考团队讲评】著作权人对作品享有包含指发表权，署名权，修改权，保护作品完整权，使用权、使用许可权和获取报酬权、转让权。独占实施权是专利权人拥有的权利。

参考答案：（1）C

2．注册商标的有效期为___（2）___年。

（2）A．5　　　　　　　　　　　　B．8

　　　C．10　　　　　　　　　　　　D．没有限制

【攻克要塞软考团队讲评】根据商标法的规定，注册商标的有效期为 10 年。

参考答案：（2）C

3．根据著作权法相关规定，著作权属于公民时，发表权的保护期为___（3）___。

（3）A．10 年　　　　　　　　　　　B．20 年

　　　C．50 年　　　　　　　　　　　D．作者终生及其死亡后 50 年

【攻克要塞软考团队讲评】根据著作权法相关规定，著作权的保护是有一定期限的。著作权属于公民时，署名权、修改权、保护作品完整权的保护期没有任何限制，永远属于保护范围；而发表权、使用权和获得报酬权的保护期为作者终生及其死亡后的 50 年（第 50 年的 12 月 31 日）；作者死亡后，著作权依照继承法进行转移。

参考答案：（3）D

4. 根据《中华人民共和国政府采购法》的规定，当___(4)___时不采用竞争性谈判方式采购。

(4) A. 技术复杂或性质特殊，不能确定详细规格或具体要求

B. 采用招标所需时间不能满足用户紧急需要

C. 发生了不可预见的紧急情况不能从其他供应商处采购

D. 不能事先计算出价格总额

【攻克要塞软考团队讲评】根据政府采购法第三十条规定，符合下列情形之一的货物或者服务，可以依照本法采用竞争性谈判方式采购：①招标后没有供应商投标或者没有合格标的或者重新招标未能成立的；②技术复杂或者性质特殊，不能确定详细规格或者具体要求的；③采用招标所需时间不能满足用户紧急需要的；④不能事先计算出价格总额的。

参考答案：(4) C

5. 下列有关《中华人民共和国政府采购法》的陈述中，错误的是___(5)___。

(5) A. 政府采购可以采用公开招标方式

B. 政府采购可以采用邀请招标方式

C. 政府采购可以采用竞争性谈判方式

D. 公开招标应作为政府采购的主要采购方式，政府采购不可从单一来源采购

【攻克要塞软考团队讲评】政府采购法第二十六条规定，政府采购采用以下方式：①公开招标；②邀请招标；③竞争性谈判；④单一来源采购；⑤询价；⑥国务院政府采购监督管理部门认定的其他采购方式。其中公开招标应作为政府采购的主要采购方式。

参考答案：(5) D

6. 根据《软件文档管理指南》(GB/T 16680—1996)，___(6)___不属于基本的开发文档。

(6) A. 可行性研究和项目任务书　　　　　B. 培训手册

C. 需求规格说明　　　　　　　　　　D. 开发计划

【攻克要塞软考团队讲评】《软件文档管理指南》(GB/T 16680—1996)把软件文档分为三类，分别是开发文档、管理文档和产品文档。其中基本的开发文档有可行性研究和项目任务书、需求规格说明、功能规格说明、设计规格说明（包括程序和数据规格说明）、开发计划、软件集成和测试计划、质量保证计划（标准、进度）、安全和测试信息；基本的产品文档有培训手册、参考手册和用户指南、软件支持手册、产品手册和信息广告。从试题给出的选项来看，B选项应当属于产品文档。

参考答案：(6) B

第 22 学时　项目管理高级知识

本学时是与项目管理工程师基础知识区别的重要部分，要求理解和记住许多高级知识。本学时要学习的主要知识点如图 22-0-1 所示。

图 22-0-1　知识图谱

22.1　大型、复杂项目管理

大型、复杂项目管理都属于"**组织级**"的项目管理，具有以下几个特征：

（1）**分级管理与分工管理**。项目经理很难直接管理到项目团队的每一个成员和项目的每一项目标，一般需要建立一个管理团队，实行分级管理和分工管理，项目经理一般采用间接管理的方式。

（2）**强化协调机制**。复杂的团队构成会使团队之间的协作、沟通所需要的成本大幅度上升，如何建立有效的协调机制就成了整个项目成败的关键。例如，OPM3 计划团队成员涉及几十个国家、近千位不同领域的专家。这种情况下，构建有效协调机制成为该项目成功的前提条件。

（3）规模巨大、投资巨大、建设时间长。大型复杂项目可以依据组织结构、产品结构、生命周期三个角度制定分解结构。

大型复杂项目与一般项目都是项目，两者在管理原理、管理方法和工具、管理程序等方面也没有本质区别，只有在管理范围上有不同。其细微的对比见表 22-1-1。

表 22-1-1　大型复杂项目与一般项目的异同

对比项	一般项目	大型复杂项目
范围、周期	较短	长
多项目	否	是
复杂度	简单	复杂
管理模式	直接	间接

大型、复杂项目一般均可分解为若干个子项目，在制订大型、复杂项目的项目计划时，不仅应制订整个项目的范围、质量、进度和成本计划，还应确定每一个子项目的范围、质量、进度和成本要求，以及各个子项目之间的相互依赖、相互配合和相互约束关系，为每一个子项目的绩效测量和控制提供一个明确的基准线，使整个项目的实施和控制更易操作，责任分工更加明确。

22.1.1　大型复杂项目的项目过程计划

大型复杂项目与一般项目不同，在制订项目计划之前，还需制订项目过程计划。大型复杂项目需先制订过程体系，判断采用过程收益率后，再确定各项目采用的具体方法与过程。

22.1.2　大型复杂项目的控制过程

大型复杂项目投资大、牵涉面广、组成复杂，因此在实施中更要注重监督、控制。大型复杂项目控制的目标：获取项目绩效与状态，对比计划的项目基准，方便及时纠正偏差。大型复杂项目控制更注意项目协调。

（1）范围控制。大项目目标既要关注效果（范围、质量），也要关注效率（进度、成本）。大型复杂项目范围变更经常发生，需要采用科学策略控制范围变更，对范围偏差实施纠偏，实现范围变更流程化。项目范围是否完成，以在项目管理计划、项目范围说明书、WBS 和 WBS 字典中规定的任务是否完成作为衡量标志。

项目各阶段应由项目管理办公室组织客户代表等项目干系人进行范围确认。项目需求定义和需求实现通常是由不同的组织完成的。

（2）控制质量。控制质量具体监控项目进程、状态，确定是否符合质量标准；分析产生质量问题的原因；制定措施改进，确保质量。

（3）进度控制。大型复杂项目进度控制依据项目现有进度情况采取措施，使得项目能按时完成。

（4）控制成本。项目组织保证在变化的条件下实现其资源计划和预算成本，按照事先拟定的计划和标准，对项目实施过程中发生的各种实际成本与计划成本进行对比、检查、监督、引导和纠正，尽量使项目的实际控制成本在计划和预算范围内的管理过程。

大型项目控制的三要素：项目绩效跟踪、外部变更请求、变更控制。

22.1.3　大型复杂项目的协作管理

大型复杂项目机构庞大，人员众多，尤其需关注协作管理。协作管理可分为组织内部协调和组织外部协调。大型项目团队协作的效率取决于良好的团队纪律。

项目的协作管理包括共享资源、项目集中配置管理、统一收集和汇总项目信息。

22.1.4　大型复杂项目的风险管理

项目立项，尽量避免高风险、低收益的项目，尽量采用低风险、高收益项目。正确评估高风险、高收益项目和低风险、低收益项目。要考虑组织及参与项目的人员的风险态度和风险承受度。

22.1.5　CIO

CIO 这种职务与公司中其他最高层管理人如 CEO、CFO 相对应。尽管 CIO 权力比 CEO 小，但也属于企业决策层，因此有义务对企业的长期发展负责，通过组织起一支专业队伍来完成其使命，而整合外部资源也是其中之一。因此 CIO 被视为企业信息化的推动者。可以从 4 个层面来分析 CIO 的职责：**战略层面、执行层面、变革层面、沟通层面**。

（1）战略层面。CIO 的职责是挖掘企业的信息资源、制定企业的信息化战略、为企业信息化合理布局、评估信息化对企业的价值等。信息资源规划是 CIO 的首要职责，信息化的第一步应该是信息资源规划，而不是产品选型。

（2）执行层面。负责信息流、物流、资金流的整合，完成信息系统的选型实施，收集研究企业内外部的信息，为决策提供依据；另外还要担当信息系统工程的监理工作。

（3）变革层面。协助企业完成业务流程重组，运用信息管理技术重建企业的决策体系和执行体系，同时要对信息编码和商务流程统一标准；推动企业信息化的软硬环境优化，而且要为 CEO 当好参谋，促进企业内外部商务环境的改善。

（4）沟通层面。安排企业信息化方面的培训，发现信息运用的瓶颈，观察研究企业运作中的信息流及其作用；协调沟通上下级关系，打造优秀的 IT 团队。

22.1.6　项目管理办公室（PMO）

项目管理办公室（Project Management Office，PMO）又称为**项目管理办公室或者项目管理部**。PMO 是在组织内部将实践、过程、运作形式化和标准化的部门，是提高组织管理成熟度的核心部门，它根据业界最佳实践和公认的项目管理知识体系，结合企业自身的业务和行业特点，为组织量身定制项目管理流程，培养项目经理团队，建立项目管理信息系统，对项目提供顾问式指导，开展多项目管理，以此确保项目成功率的提高和组织战略的有效贯彻执行。

PMO 的职能分为日常职能和战略职能。其日常职能包括：培养项目经理，提供项目指导；制定项目管理规范、标准；多项目资源共享、项目间协调；建立组织内项目管理的支撑环境；监控项目，管理项目风险。其 PMO 战略职能包括：项目组合管理；提高组织项目管理能力；统一项目实施流程，形成文档模板，提供项目管理工具、系统。

22.2　组织级项目管理、项目集管理、项目组合管理、项目成熟度模型

多项目管理确保组织在项目选择、计划、实施，以及在处理项目之间的冲突时，以**组织战略目标**为导向，从而保证整个组织在大方向上的一致性。

22.2.1　组织级项目管理

组织级项目管理（Organizational Project Management，OPM）是立足于企业管理角度，从实现企业运营价值最大化的目标出发，考虑如何筹建项目管理体系、实现资源优化整合、提高项目成功率，并在项目立项和执行过程中及时把握市场和客户需求的变化，从而帮助企业快速调整经营目标和经营策略，最终实现战略目标。

OPM 框架的关键要素包括：OPM 治理、OPM 方法论、知识管理和人才管理。

（1）OPM 治理：审查与决策机构在权限范围内签批有关 OPM 要素，使得组织能够持续管理项目并最大化项目价值。

（2）OPM 方法论：OPM 方法论帮助组织建立共同的项目工作方式，提供标准化项目的一致性结构，提供共同的项目语言和数据字典，促进团队和部门间的有效协作，传播最佳实践和经验教训等。

（3）知识管理：知识管理实现了改进绩效、分享经验教训、记录最佳实践、记录流程整合和持续改进的组织目标。

（4）人才管理：为组织提供评估和反馈个人绩效，由集中化的职能部门执行。

22.2.2　项目集管理

项目集是一组相互关联且被协调管理的项目、子项目集和项目集活动，以便获得分别管理所无法获得的利益。

项目集管理就是在项目集中应用知识、技能、工具与技术来满足项目集的要求，获得分别管理各项目所无法实现的利益和控制。项目集由**组件**构成。组件可分为两种：一种是项目集内的单个项目，另一种是管理项目集所必需的管理工作和基础结构。

项目集管理重点关注项目间的依赖关系，找到管理这些依赖关系的最佳方法。

（1）项目集管理过程。项目集管理过程包含：评估项目集与组织战略一致性；制订项目集远景和计划；规划项目集路线。

（2）项目集治理。项目集治理是发起组织对项目集战略进行定义、授权、监督和支持的体系和方法，是项目集发起组织确保项目集有效和持续管理而执行的实践和流程。

项目集的主要内容有：

- 规划和建立项目集治理结构，确定如何监控项目集，说明项目集为实现目标需要被授权的程度和范围。
- 规划项目集审计，确保项目集目标与发起组织战略、运营能力、资源承诺一致。

- 签署和启动项目集，确定项目集启动权限和审批流程。
- 提供治理监管。
- 监控项目集变更。
- 管理项目集成本。
- 规划和监控项目集质量。
- 协调每个项目集干系人管理。

项目集管理中涉及的相关角色主要包括：项目集发起人、项目集指导委员会、项目集经理、其他影响项目集的干系人。项目集发起人负责将组织资源用于项目集，并致力于项目集取得成功。项目集经理负责执行组织授权，组建并带领团队实现项目集目标。其他影响项目集的干系人指影响项目集或者受影响的个人或组织。

项目集指导委员会（又称项目集治理委员会）负责定义并执行恰当的项目集治理体系和方法，保证项目集执行与组织的战略目标保持一致，并为指导项目集的正常管理提供支持，批准和启动项目集、批准项目集章程和批准项目集商业论证。项目集指导委员会通常由决策层干系人组成，能够为实现项目集目标收益提供足够资源。

项目集过程活动可以分为 5 个绩效域，具体如图 22-2-1 所示。

图 22-2-1　项目集管理绩效域

项目集战略一致性：识别项目集输出与成果并确保其与组织目标保持一致的绩效域，该绩效域贯穿整个项目集管理绩效域始终。

项目集效益管理：定义、创建、最大化并交付项目集效益的绩效域。主要活动：效益识别、效益分析和规划、效益交付、效益移交和效益维持。

项目集干系人参与：识别、分析干系人需求，管理干系人期望，与干系人沟通，目标是得到干系人的认同和支持。

项目集治理：实现及执行项目集决策的绩效域，其重点是建立系统及方法，以定义、授权、监督、支持项目集，从而实现项目集效益的交付。

项目集生命周期管理：分为项目集定义、项目集收益交付、项目集收尾三个过程。

一般来说，批准资金或任命项目集经理可以看成项目集定义阶段的开始。项目集定义阶段的主要目的是进行详尽的项目集商业论证、阐述战略计划目标及期望。项目集定义可以分为项目集构建与项目集准备两个阶段，这两个阶段有一定重合。该阶段成果是批准的项目集管理计划。项目集定义阶段结束的标志包括：①计划的项目集收益交付并被接受；②高层干系人终止项目集。

项目集收益交付阶段包括了为产生项目集管理计划的预期成果而进行的所有的项目集活动。它分为组件授权与规划、组件监督与整合、组件移交与收尾三个子阶段。

项目集收尾是指交付项目集效益并以可控方式结束项目集的过程，主要工作是项目集移交和收尾（或者项目集的提前终止，或者将工作移交给另一个组织）。

22.2.3　项目组合管理

项目组合是指为了实现战略目标而组合在一起管理的项目、项目集、子项目组合及其运营工作。项目组合中的项目或项目集不一定彼此依赖或直接相关。项目组合管理重在对项目进行优先级排序，并提供所需资源，并使之与组织战略保持一致。

项目组合管理实施的内容包括：①评估项目组合管理过程的当前状态；②定义项目组合管理的愿景和计划；③实施项目组合管理过程；④改进项目组合管理过程。

项目组合管理可以分为 3 个过程组和 5 个管理知识域的 16 个项目组合管理过程。具体组成参见表 22-2-1。

表 22-2-1　项目组合管理过程组和知识领域

知识域	过程组		
	定义过程组	调整过程组	授权与控制过程组
项目组合战略管理	制订项目管理战略计划 制定项目组合章程 定义项目组合路线图	管理战略变更	
项目组合质量管理	制订项目组合管理计划 定义项目组合	优化项目组合	授权项目组合 规定项目组合监督
项目组合绩效管理	制订项目组合绩效管理计划	管理供应与需求 管理项目组合价值	
项目组合沟通管理	制订项目组合沟通管理计划	管理项目组合信息	
项目组合风险管理	制订项目组合风险管理计划	管理项目组合风险	

项目组合管理的相关干系人包括项目组合管理经理；发起人；项目组合治理机构；项目组合、项目集和项目管理办公室；项目组合分析师；项目集经理；项目经理；变更控制委员会等。

项目组合管理经理负责建立和实施项目组合管理。发起人负责为项目组合提供资源和支持，是项目组合的捍卫者。项目组合治理机构由有权限、有经验的人员组成，指导和监督项目组合管理活动，保证管理活动可控，评估活动绩效，并对相应的投资和优先级做决策。项目组合、项目集和项目管理办公室都是提供多种能力和流程并支持项目组合管理的组织实体，主要工作是集中管理和协调其控制下的项目、项目集或项目组合。项目组合分析师主要是识别、分析、跟踪项目组合组件间的依赖关系，分析管理过程差距，提出改进并实施。项目集经理主要是确保项目集结构、管理过程与项目组合管理计划相一致。项目经理主要管理指定项目。变更控制委员会主要是审查、批准（否决）变更请求。

项目组合管理绩效域具体如图 22-2-2 所示。

图 22-2-2　项目组合管理绩效域

（1）项目组合生命周期：由启动、规划、执行与优化 4 个阶段组成。启动阶段的主要活动是识别项目组合组件，验证业务和运营战略，确定项目组合长期目标，包含财务目标、绩效标准、干系人定义与沟通、持续管理计划等。规划阶段的主要活动是制订干系人同意的项目组合管理计划。执行阶段主要活动是项目组合各个组件的运营和实施。优化阶段的主要活动是充分利用条件、制约因素、资源使项目组合尽可能高效。

（2）项目组合战略管理：让项目组合战略与管理保持一致，让组织行动符合组织高层的期望。

（3）项目组合治理：执行组合治理的一套规则，以实现组织战略、优化投资。

（4）项目组合产能与能力管理：识别资源、优化分配，实现项目组合层面最小资源占用，减少资源冲突。产能包含人力资本、财务成本、资产、智力资本（专利、版权）等。产能管理的主要活动包括产能规划、供应与需求管理、供应与需求优化、平衡产能与能力。能力管理是为交付产品或者服务而形成的整体组织执行水平。

（5）项目组合干系人参与：核心过程有干系人的定义和识别、项目组合干系人分析、规划干系人参与、识别沟通管理方法、管理项目组合沟通。

（6）项目组合价值管理：关键活动包括协商期望的价值、最大化价值、实现价值、测量价值和报告价值等。价值是衡量实体、服务的指标（如收入、利润、风险等）。

（7）项目组合风险管理：有效管理积极风险和消极风险，保证项目组合的组件尽可能成功实现。

22.2.4　项目管理成熟度模型

项目管理成熟度模型是一种新概念，是提高企业项目管理水平的评估与改进的工具。项目管理成熟度模型描述组织从混乱、无序到有序、成熟的发展过程。

目前，业界提出了不下 30 种成熟度模型。这些模型中比较知名的有美国卡内基梅隆大学软件研究院（SEI）从软件过程能力的角度提出的 CMM 模型、美国项目管理学会（PMI）从组织级项目管理角度提出的 OPM3、Harold Kerzner 提出的 K-PMMM 等。

（1）CMM。CMM 项目基于全面质量管理思想和产品质量管理思想。TQM 在制造业取得了巨大成功，就职于 IBM 公司的 Watts S.Humphrey 将"过程管理""持续改进"的思想应用于软件开发，他退休后加入 SEI，把全面质量管理带入到 CMM 中。CMM 是应美国政府要求所开发的，一种能提高软件产品质量的软件模型。

（2）OPM3。1998 年美国项目管理学会（Project Management Institute，PMI）启动了 OPM3 计划，该计划由来自全球 30 多个国家、不同行业的 800 多专业人员参与。经过 5 年的努力，OPM3 问世。

OPM3 评估组织通过管理单一项目、组合项目来实施战略目标的能力，还是提高市场竞争力的方法。OPM3 的目标是帮助组织提升开发能力，确保圆满交付项目实现战略。OPM3 提供了大量知识与自我评估标准，可以用来评价组织当前状态，组织可根据评价结果做出改进。

OPM3 模型是一个三维的模型。

第一维：成熟度的四个梯级。四个梯级为标准化的（Standardizing）、可测量的（Measuring）、可控制的（Controlling）、持续改进的（Continuously Improving）。

第二维：项目管理的九大领域和五个基本阶段。九大领域指的是整合管理、范围管理、时间管理、成本管理、质量管理、人力资源管理、沟通管理、风险管理和采购管理。五个基本阶段指启动、计划、执行、控制、收尾阶段。

第三维：项目管理的三个版图层次，即单个项目管理（Project Management）、项目组合管理（Program Management）和项目投资组合管理（Portfolio Management）。

（3）K-PMMM。Kerzner 提出的 K-PMMM 成熟度分为五层，每个层次都有评估方法和评估题，可以汇总评估梯级的成熟度，分析不足和制订改进措施，确定是否进入下一梯级。

K-PMMM 具体梯级如下：

- 通用术语：组织各层次、各部门共同使用的管理术语。
- 通用过程：一个项目中成功积累的、可重复应用到其他项目的管理过程。
- 单一方法：集成了全面质量管理、风险管理、变更管理等各种管理手段。
- 基准比较：对比同类组织的管理因素，提取比较结果。
- 持续改进：从基准比较中积累经验、知识库，在项目管理办公室指导下改进项目管理战略规划。

由于越来越多的企业从智能型转为项目型，因此战略规划越发重要。K-PMMM 不仅仅从项目的时间、成本、性能角度考虑，还要考虑项目最少变更，尽量不打断组织进程，不影响组织价值观与企业文化。

22.3　量化项目管理

量化管理是一种管理方法，它把实用数学、统计学、计算机科学和系统分析等技术应用于业务管理之中，强调数据驱动的决策，可以使管理者更好地了解其业务并最大化效率和盈利能力。

成熟的量化理论有六西格玛管理体系和 CMMI 模型。

22.3.1　组织级量化管理

组织级量化管理体系的内容包括：定义组织量化目标、识别关键过程、建立度量体系及数据收集、建立过程性能基线和性能模型。

（1）定义组织量化目标：组织级项目管理目标包含质量和过程性能两个方面，指标有客户满意度、生产率、缺陷率、交付工期偏差等。

量化目标的定义过程中，组织应该根据战略规划、目标影响程度，对量化目标进行优先级排序。量化目标的定义完成后，应由组织评审确认，并在实施组织级项目管理过程中进行检查。

组织级量化管理中，可以采用过程能力指数（Process Capability Index，CPK）判断目标能否完成。$CPK \geq 1.33$，表示组织过程能力可以完成目标且过程能力状态稳定；$1.00 \leq CPK < 1.33$，表示可以完成目标但过程能力状态一般；$0.67 < CPK < 1.00$，表示完成目标存在一定的风险，要采取改进措施才能完成目标；$CPK \leq 0.67$，表示完成目标有较大风险，能力严重不足。

（2）识别关键过程：根据已定义的质量和过程性能目标，选出关键因素，定义度量属性，进行量化管理。

（3）建立度量体系及数据收集。根据组织质量和过程性能目标、组织度量与分析技术以及被选定的过程，定义适合这些过程属性的度量。

（4）建立过程性能基线。该过程的步骤包括获取所需数据、分析数据特征、建立过程性能基线、发布和维护过程性能基线。

（5）建立过程性能模型。该过程的步骤包括识别建模因子以及建立、检验、评审、发布过程性能模型。

22.3.2　项目级量化管理

项目启动时，项目经理及项目团队应依据组织级质量与过程性能目标要求、客户要求，结合项目与项目团队自身情况，制定项目的质量与过程性能目标。

1. 过程优化与组合

项目各过程不同的执行组合可带来不同的结果，项目经理采用蒙特卡罗方法遍历每一种过程组合，可以找出最优的过程组合方案。

2. 过程性能监控

性能目标分解的过程是先将性能目标分解到各过程，然后得到影响过程性能的关键因子。过程性能监控则是目标分解逆向过程，先监控关键因子是否满足分解要求，然后监控过程性能的符合性与稳定性，最后监控项目质量与过程性能目标的完成情况。

项目团队可以使用控制图监控质量和性能。控制图标出规格范围上限（Upper Specification Limit，USL）和规格范围下限（Lower Specification Limit，LSL），通过对过程能力控制的上限（Upper Control

Limit，UCL）和下限（Lower Control Limit，LCL）进行对比，判断质量和性能是否满足规格要求。

22.4　战略管理

战略：经营中使用该词，表示组织打算如何实现自身的目标。企业战略：企业各种战略的统称，企业为了赢得竞争，求得长期生存并不断发展的策略。企业战略关注企业外部胜于企业内部。

战略类型可以分为发展型战略、稳定型战略、紧缩型战略、其他类型战略等。

为了企业战略的正确实施和执行，需要制定企业战略计划。制定企业战略计划更有利于企业面对瞬息万变的内、外部环境。企业战略计划的工作方式可以是自上而下、自下而上、上下结合或者设立特别小组等方式。

战略管理是组织根据未来某个方向制定并执行政策。

22.4.1　战略制定

战略制定分析企业内、外部环境，明确企业中长期的目标和设想。战略制定分为战略分析、战略梳理、战略选择、战略评估、战略匹配 5 步。具体如图 22-4-1 所示。

图 22-4-1　战略制定

（1）战略分析。战略分析分为外部分析、内部分析、内外结合分析。具体如图 22-4-2 所示。

1）外部分析。外部分析主要分析企业外部环境，具体手段如下：

- 宏观趋势分析：具体方法有 PEST 分析和 SCP 范式。PEST 由政治（Political）、经济（Economic）、社会文化（Social cultural）和技术（Technological）四个英文词首字母组成。SCP 范式属于产业组织理论的基本模型，SCP 主要研究市场结构（Market Structure）、市场行为（Market Conduct）和市场绩效（Market Performance）三个方面。

- 行业分析：具体方法有行业集中度（行业集中率）分析、价值链分析、五力模型。

图 22-4-2　战略分析

　　行业集中度是指规模前几位企业的相关数值 X（销售额、增加值、职工人数和资产额等）占整个行业的份额。行业集中度较小，表明该行业为竞争型；行业集中度较大，则表明该行业为寡占型。集中度曲线上升迅速表明行业竞争激烈，而稳定的集中度曲线则表明市场竞争结构相对稳定。

　　价值链分析将企业完整经营活动划分为若干独立的经济活动，是研究活动如何组合的工具。

　　五力模型将竞争力分为五类：潜在行业新进者、现有竞争者的竞争力、替代品的威胁、买方还价能力、供应商的讨价能力。这五种力量对比，构成了市场竞争程度。

　　2）内部分析。内部分析主要分析企业自身优劣、面临的威胁，具体手段如下：

- 竞争态势矩阵（CPM）：确定竞争对手的优劣，相对企业的战略位置。
- 企业资源与能力分析：按重要性排列竞争要素，据此逐一分析自身企业，找出真正竞争力。

　　3）内外结合分析。内外结合分析具体手段有 SWOT 分析：综合分析优势、劣势、机会、威胁（Strength/Weakness/ Opportunity/Threat）。利用 SWOT 分析可以制定四类战略：

- SO 战略：抓住机会、发挥优势。
- ST 战略：利用优势、减少威胁。
- WO 战略：克服弱点、利用机会。
- WT 战略：弥补缺点、规避威胁。

　　（2）战略梳理。

　　1）战略层次。战略包含三个层次：公司战略、业务战略、职能战略。

2）综合战略。分为加强战略、防御战略和扩张战略。

3）竞争战略。分为差异化战略、领先战略、目标集中战略。

（3）战略选择。

（4）战略评估。

（5）战略匹配。

22.4.2 战略执行

企业通过建立组织、配置资源、制定政策、实施领导，以及创造企业文化等手段确保战略执行。战略执行与战略组织结构如图 22-4-3 所示。

1. 战略管理 组织根据未来某个方向制定并执行政策

战略

组织打算如何实现自身的目标

A 企业　　B 企业

企业战略

企业为了赢得竞争
求得长期生存并不断发展的策略

2. 战略执行的手段

建立组织　配置资源　制定政策　实施领导　创造企业文化

3. 战略与组织结构 企业实施战略的重要保证

开拓型	防御型	分析型	被动反应型
看重创新、适应性强，效率低	稳定经营环境、效率较高，易产生价格战	介于防御型与开拓型组织之间	消极无效组织，对市场、技术变化采取不正确的应对方式

图 22-4-3　战略执行与战略组织结构

22.4.3 战略与组织结构

组织结构是企业实施战略的重要保证。

战略组织类型可分为开拓型、防御型、分析型和被动反应型。

● 开拓型组织：该组织看重创新、适应性强、效率低。

● 防御型组织：该组织建立稳定经营环境，效率较高、市场适应性不强。往往产生价格战、高质量产品竞争。

● 分析型组织：介于防御型组织与开拓型组织之间，以最小风险获取最大机会利润。

● 被动反应型组织：消极无效组织，对市场、技术变化采取不正确的应对方式。

22.4.4 组织战略

组织战略应该为项目管理提供指导和方向。组织战略通常由以下几个因素组成：

（1）战略目标：组织战略行动所要达到的预期结果，是制定和实施战略的依据和出发点。战略目标需要依据特定时间的战略形式和组织利益来具体确定。

（2）战略方针：指导组织全局的方针，是指导组织行动的纲领和制订组织战略计划的基本依据。

（3）战略实施能力：是组织战略实施的物质基础。可以是自身的，也可以是外部的，通过组织协商获得的资源。

（4）战略措施：为准备和进行战略管理而实行的具有全局意义的实施战略的重要保障，是组织决策机构根据战略实施的需要，在组织架构、权利分配、监督机制、授权环境、财务管理和流程管理等方面的安排，以及其他所采取的各种全局性的切实可行的方法和步骤。

22.4.5 组织战略的实施

组织战略实施可以分为五种类型，具体见表 22-4-1。其中，指挥型和合作型更侧重于战略制定，而把战略实施看成事后行为，文化型和增长型更侧重战略实施。

表 22-4-1　组织战略实施类型

组织模式	定义	特点
指挥型	组织的高层制定最佳战略，然后依据该战略进行实施	需要的约束条件：高层尤其"一把手"要有较高的权威；组织战略简单，容易实施；组织结构通常属于高度集权类型；组织业务较为单一。缺点是战略制定者和执行者分开了
变革型	战略实施过程中，组织高层需要对组织进行一系列的变革	一般比指挥型更加有效，但也没有解决指挥型的如何获取信息的问题；组织通过建立新机构支持战略实施的同时，可能会丧失灵活性，不能适应外部变化
合作型	组织的最高层要与其他高层管理人员分担战略责任，发挥集体智慧。高层内部要充分讨论，形成一致意见	高层能够接近一线管理人员，获得比较准确的信息；由于战略制定是基于集体参与的，因此提高了战略实施成功的概率。缺点是由于战略是不同观点、不同目的的参与者相互妥协的结果，有可能会降低经济性
文化型	运用组织文化手段，不断向全体成员传播思想，便于组织内部构建起共同的价值观与行为准则	组织战略实施迅速，风险较小。缺点是实践中员工很难达到价值观和行为的一致；耗费较多的人力和时间；还可能因为高层不愿意放权而流于形式
增长型	战略的实施和制定围绕如何提高员工对于实施战略的积极性及主动性而展开。该模式不是自上而下推行，而是自下而上产生的	缺点是组织高层不可能控制所有重大机会和威胁，给基层人员宽松的环境，可能存在一定风险

22.5　用户业务流程管理

流程就是一组输入转化为对用户有用的输出的过程。

流程的六个要素：输入资源、活动、活动的相互作用（结构）、输出结果、顾客、价值。

企业中的流程可以分为**生产流程**和**管理流程**，统称**业务流程**。从本质上讲，企业的业务流程就是由一系列具有先后顺序且互相关联的活动所组成的经营过程，由于企业业务流程的整体目标是为顾客创造价值，因此**以顾客利益为中心，以员工为中心，以及以效率和效益为中心**是业务流程的核心。对企业现有的业务流程进行分析是企业信息系统项目建设的必要前提条件。所谓业务流程分析，就是要运用多种不同的技术和方法来理解业务流程。业务流程分析的主要方法如下。

22.6　管理咨询

管理咨询是一种高度专业化的系统服务，它服务于企业战略及管理体系。若按照服务内容划分，可分为**综合性咨询服务和专项咨询服务**。综合性咨询服务是为企业提供较全面的、综合的咨询和服务，包括帮助企业制定总体战略，以及各职能战略、企业组织结构与业务流程咨询服务、企业变革与发展咨询服务、长期管理改善与提升服务；而专项咨询服务是按企业需求提供某一方面的专项咨询服务，可分为管理信息系统、人力资源、市场营销、财务系统、生产作业及质量管理等。

22.7　业务流程建模

业务流程建模分为三个层次：第一个层次是**模型的要素**，即目标、知识和数据。其中，目标也就是模型研究的目的，知识是指现实系统的知识和模型构造知识，数据是指系统的原始信息，这三方面构成了建模过程的输入；第二个层次是**模型的构造**，它是具体建模技术的运用过程；第三个层次是**对模型的可信性分析**，它是指分析所建模型能否满足系统目标。

描述业务流程模型最常见的方法是**形式化描述和图示化描述**。形式化描述方法的特点是精确、严谨、易于系统以后的实现，但难以掌握和理解，模型可读性差，往往只有专业人员才会使用，因而难以推广。图示化描述方法直观、自然、易于描述系统的层次结构、功能组成，且简单易学，通常还有工具软件支持，因而成为业务流程的主要描述工具，但这种方法的精确性和严谨性不够。

企业业务流程包含三个要素：**实体、对象和活动**。

（1）实体，业务流程发生在企业实体之间。它们可以是企业间的、功能间的、人与人之间的。

（2）对象，业务流程的功能就是对对象进行操作，这些对象可以是物理的或信息的。

（3）活动，业务流程涉及管理活动和业务操作活动。

目前有许多企业业务流程建模技术与工具，如 RAD（Role Activity Diagram，角色行为图）、IDEF（ICAM DEFinition method，集成计算机辅助制造）、Petri-net、STD（State Transition Diagram，状态迁移图）、PML（流程建模语言）等。

1．标杆瞄准

标杆瞄准（Benchmarking）是一个连续地、系统化地对外部领先企业进行评价的过程，通过分析评价确定出代表最佳实践的经营过程和工作过程，以便合理地确定本企业的业绩目标。

2．IDEF

IDEF 是用于描述企业内部运作的一套建模方法。IDEF 是由美国空军发明的，现在则根据知识基础系统开发。它本来只是运用在制造业上的，经过改造后用途变得广泛而适用于一般的软件开发。

3. 企业动态本质建模

企业动态本质建模（Dynamic Essential Modeling of Organization，DEMO）法是一个交叉学科理论，它采用语言/行为观点描述和解释企业的业务流程，为业务流程改造提供技术支持。DEMO适用于任何组织系统进行建模。

DEMO 采用了白箱建模方法，以企业中人们之间的交流为基础，主要研究人们在**对话过程中发生的行为**。执行式交流的显著特征是对客观世界产生影响或带来变化。

DEMO 方法是由 5 种模型构成的，它们分别是**接口模型、业务流程模型、行为模型、信息模型、事实模型**。业务流程模型（**Business Process Model，BPM**）是 DEMO 方法的主要实用工具，它显示了所有识别的事务类型，以及它们之间的因果及条件关系。

4. Petri

Petri 网作为一种从过程的角度出发描述和分析复杂系统的模型工具，具有形式语义定义、图形表达的直观性、数学的理论严密性等优点。Petri 网是适用于多种系统的图形化、数学化建模工具，为描述和研究具有并行、异步、分布式和随机性等特征的信息加工系统提供了强有力的手段。作为一种图形化工具，可以把 Petri 网看作与数据流图和网络相似的通信辅助方法。作为一种数学化工具，Petri 网可以建立各种状态方程、代数方程和其他描述系统行为的数学模型。

Petri 网的主要功能是为各种与并行系统有关的特性和问题提供分析方法。利用 Petri 网模型可以研究两类特性：**依赖于初始状态和独立于初始状态的特性**。前者指状态的行为特性，后者指状态的结构特性。Petri 网可以分析的状态行为特性有可达性、有界性、可逆性、包容性和持续性等。

5. UML 活动图

UML 活动图展现了系统内一个活动到另一个活动的流程。

6. 业务建模语言

业务建模语言有 BPEL、BPML、BPMN、XPDL、XML 等。

7. 业务流程重组

业务流程重组（Business Process Rebuilding，BPR），与 BPM 不同的是 BPR 是激进型的创造。BPR 的实施会引发企业多方面的变化：①企业文化变化；②业务流程变化；③组织管理变化。

多层 BPR 实施体系分为观念重建层、流程重建层和组织重建层。

BPR 实施步骤：启动 BPR 项目、制订变革计划、建立项目团队、分析目标流程、重新设计目标流程、实施新设计、持续改进、重新开始。

在企业业务流程管理和重组过程中，及时的和有效的评估是企业重要的学习途径。评估标准和指标来源于公司的业务目标和流程要求，评估的方法主要关注业务流程的遵循性评估、有效性评估和绩效评估。

业务流程管理信息化是将生产流程、业务流程、各类行政审批流程、认识处理流程、财务管理流程等需要多人协作实施的任务，交由计算机处理的过程。信息系统规划要以流程改进为前提；面向流程的信息系统规划驱动企业的业务流程改进。

8. 业务流程评估

业务流程评估是业务流程管理的重要环节，用于评估业务流程实施效果。业务流程评估手段如下：

（1）业务流程方案评估：措施有增值性分析、流程设计的正确性检验、业务流程方案的评价。增值性分析从流程角度衡量流程的"瓶颈"活动，通过分析 r（价值系数）、f（贡献）、c（成本）三个参数，衡量活动运行的效果。所谓"瓶颈"活动，是指制约业务流程运行的关键活动。

（2）业务流程实施条件评估：企业业务流程实施条件有管理基础、人本管理传统、企业信息化。

（3）业务流程实施效果评估：关键指标有顾客满意度、产品和服务质量、成本及工作效率、销售增长率、员工工作效率等。

22.8　知识管理

知识就是设计开发成果、各种专利、非专利技术、设计开发能力、项目成员所掌握的技能等智力资源。

知识可以分为显性知识和隐性知识。

（1）显性知识：可以表达、确切的、物质存在的信息。显性知识管理步骤：采集、过滤、组织、传播、应用。

按照一定方式建立显性知识索引库，可以方便组织内部知识分享。

（2）隐性知识：是个人技能的基础，如经验、映像、组织文化、风俗等。隐性知识的共享方法：编码化、面对面交流、人员轮换、网络传播等。隐性知识的特点有：不容易保存、传递和掌握；非正式的和零散的；没有编码和格式化等。

知识价值链是一个包含知识输入、知识活动运行、价值输出的整合模式。知识价值链过程主要包知识创造、知识分类、知识审计、知识储存、知识分享、知识更新等。

知识管理是管理自然演化到现阶段以后的新的管理思想，是一个系统化、程序化的过程。知识管理过程包括知识获取与采集、知识组织与存储、知识交流与共享、知识转移与应用、知识管理审计与评估。

知识管理遵循 3 条基本原则：①积累原则：知识积累是实施知识的管理基础；②共享原则：组织内部的信息和知识要尽可能公开，让每个员工都能接触和使用；③交流原则：组织内部建立有利于交流的组织结构和文化气氛，使人员之间的交流毫无障碍。

22.9　项目绩效考核与绩效管理

绩效考核是企业开展绩效管理的一项重要基础工作，目的是在员工价值创造和价值回报之间构建公正合理、适度激励的价值评价机制，以提高工作效率和企业绩效。员工绩效是部门和企业绩效的组成部分，员工绩效的实现有助于部门绩效的完成，但员工绩效的完成并不一定保证部门绩效的达成。

项目绩效评估（Performance Appraisal）是以员工与组织的共同发展为目标，利用正式的结构化的制度或方法，评价和测量在一定时间周期内团队或个人的工作行为和成果，全面了解团队成员的发展潜力。绩效评估工作通常由人力资源部门牵头组织。绩效评估是绩效治理过程中技术性最强的一个环节，其关键是制定科学评价方法。

22.9.1　绩效计划

绩效计划是组织管理者对员工在考核期内需要完成的工作有要达到的绩效进行书面约定的过程。

绩效计划的三要素包括绩效标准、绩效目标、绩效内容。

绩效标准为员工明确了其工作需要完成的程度和质量标准。

绩效内容确定了员工的工作任务的方向、范围。绩效内容由绩效项目和绩效指标组成，具体参见图 22-9-1 所示。

图 22-9-1　绩效内容组成

绩效目标基于绩效标准和员工实际绩效水平，体现了管理者对员工的具体要求。绩效目标由绩效内容和绩效标准组成。绩效目标确定方法可以分为传统目标设定法和参与性目标设定方法。传统目标设定法特点是上级给下级单向下达目标；参与性目标设定方法是上级与下级共同商定目标。

绩效计划可以分为经营业绩计划、员工绩效计划等。组织经营业绩目标层层分解后形成各部门的经营业绩计划，它需要组织与各部门就关键绩效指标、权重和目标值达成一致。经营业绩计划要素和内容参见表 22-9-1。

表 22-9-1　经营业绩计划要素和内容

计划要素	具体内容
绩效计划及评估内容容	各类关键绩效指标
权重	根据绩效计划和评估内容划分的类别并设定类别权重，以体现工作的量化及对组织整体绩效的影响程度
目标值设定	关键绩效指标设定目标值和加分值，代表目标实际完成情况与加分项完成情况
绩效评估周期	每年 1 次

员工绩效计划是评估者和被评估者双方经过充分沟通，确定的绩效标准、绩效目标和绩效内容，并以过去的绩效表现及组织目标为参照，设定每个关键绩效指标的目标指标及挑战指标，作为被评估者在绩效考核时的奖惩基础。员工绩效计划要素和内容参见表 22-9-2。

表 22-9-2　员工绩效计划要素和内容

计划要素	具体内容
被评估者信息	职位、工号及级别
评估者信息	通常为上一级正职
关键职责	制订绩效计划和评估内容的基本依据
绩效计划及评估内容	一般包括关键绩效指标、工作目标完成效果评价
权重	根据绩效计划和评估内容划分的类别设定的类别权重,体现工作的量化及对组织整体绩效的影响程度
指标值设定	关键绩效指标设定为目标值和加分项两类
绩效评估周期	一般有日评估、月度评估、年度评估、项目制评估、工程制评估等
能力发展计划	将能力要求落实到人,明确为实现绩效指标而需进行的个人能力提升的方向

22.9.2　绩效治理

绩效治理是指为实现组织制定的战略和目标，通过对员工个人或群体的行为、态度、业绩以及综合素养的全面监测、考核、评估，充分调动员工的积极性、主动性和创造性，不断改善员工和组织的行为，提高员工和组织的素养，挖掘员工和组织潜力的活动过程。

科学、全面的绩效治理通常包含的 8 个步骤：统一组织目标，明确职位职责，设定职位考核指标值，执行中的跟踪、监督和指导，绩效评估，分析问题和建议方法，绩效反馈。

22.9.3　绩效评估

绩效评估是以员工与组织的共同发展为目标，利用正式的结构化的制度或方法，评价和测量一定时间周期内团队或个人的工作行为和成果。

绩效评估的内容如下：①上一周期内实际完成绩效的结果与所设定的衡量标准的对比；②为下一周期制定或改进的绩效标准、绩效目标、绩效内容；③报酬调整和奖励方案。

绩效评估的因素包括被评估者、评估者、评估时间和周期、评价指标、评价形式、绩效评估数据的收集。

根据内容的不同绩效评估可以分为 3 类：①效果主导型——依据工作结果而不是过程进行考评，具有短期性和表现性，不适合于对管理型或事务性员工进行绩效评估；②品质主导型——依据人员品质和能力进行考评,适合于对管理人员的发展潜力、职业精神和人际沟通能力进行综合评估；③行为主导型——依据工作过程而不是结果进行考评,适合于对管理型或事务性工作员工进行绩效评估。

比较常用的绩效评估方法如下：

（1）排序法。根据工作绩效评估的高低对具有相同工作性质的员工进行排序。

（2）硬性分布法。评估者对绩效评估结果进行分档，根据档次和比例对被评估者进行分派。

（3）尺度评价表法。评估者通过评估表的形式对绩效评估的每项内容进行定量分解，对被评估者的工作绩效进行打分，最后将考评分值合计得到评估总分。

（4）关键事件法。评估者通过在日常收集的与被评估者绩效评估相关的"重要事件"形成书面记录，通过整理和分析，最终形成评估结果。

（5）平衡计分卡法。通过财务、客户、内部运营、学习与成长 4 个角度将组织的战略目标落实为可操作的衡量指标和目标值，对被评估者进行综合考评。

（6）目标管理法。通过事先设定目标、制订计划对被评估者的工作目标完成情况进行绩效评估。

22.9.4 绩效评价结果反馈及应用

绩效评价结果反馈的作用是让员工看到自己的成就和优点，了解主管对自己绩效的看法，指出员工有待改进的方面，共同确定下一周期的绩效目标和改进点。

绩效反馈通常包括的内容：通报被评估人当期绩效评估结果，分析被评估人的绩效差距及确定的改进措施，沟通协商下一个绩效评估周期的工作任务与目标，确定与工作任务和目标相匹配的资源配置。

绩效评价是指通过合理的评价及分配制度来激发员工的积极性、创造性，以此获取组织价值的最大化。绩效评价可用于薪酬调整、职位变动、培训教育、员工荣誉、绩效改进等方面。

22.10 最小生成树

在一个具有几个顶点的连通图 G 中，如果存在子图 G′ 包含 G 中所有顶点和一部分边，且不形成回路的情况，则称 G′ 为图 G 的生成树，代价最小生成树则称为最小生成树。

许多应用问题都是一个求无向连通图的最小生成树问题。例如，要在 n 个城市之间铺设光缆，主要目标是要使这 n 个城市的任意两个之间都可以通信，但铺设光缆的费用很高，且各个城市之间铺设光缆的费用不同；另一个目标是要使铺设光缆的总费用最低，这就需要找到带权的最小生成树。

下面给出 Prim 算法的基本思想供参考：通过每次添加一个新节点加入集合，直到所有点加入停止的最小生成树的算法，每次连出该集合到其他所有点的最短边，保证生成树的边权总和最小。

（1）随便选一个点加入集合。

（2）用该点的所有边去刷新到其他点的最短路径。

（3）找出最短路径中最短的一条连接（且该点未被加入集合）。

（4）用该点去刷新到其他点的最短路径。

（5）重复以上操作 $n-1$ 次。

（6）最小生成树的代价就是连接的所有边的权值之和。

【攻克要塞专家提示】在上午考试时，如果实在不会运用算法，就用选项中的答案去一个个验证，也许会更快一些。

假设有如图 22-10-1 所示的无向图，求最小生成树。

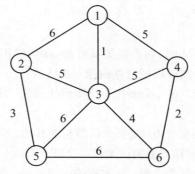

图 22-10-1   求最小生成树的图

Prim 算法求解的过程：

（a）找到无向图中最短路径，未选路径 1-3，长度为 1 最短。更新已选节点集合 A 为{1、3}。

（b）包含节点集合 A{1、3}的路径中，未选路径 3-6，长度为 4 最短。更新已选节点集合 A 为{1、3、6}。

（c）包含节点集合 A{1、3、6}的路径中，未选路径 6-4，长度为 2 最短。更新已选节点集合 A 为{1、3、4、6}。

（d）包含节点集合 A{1、3、4、6}的路径中，未选路径 2-3，长度为 5 最短。更新已选节点集合 A 为{1、3、4、5、6}。

（e）包含节点集合 A{1、3、4、5、6}的路径中，未选路径 2-5，长度为 3 最短。更新已选节点集合 A 为{1、2、3、4、5、6}。

此时所有节点均已加入到集合 A 中，算法结束。

使用 Prim 算法求解的步骤如图 22-10-2 所示。

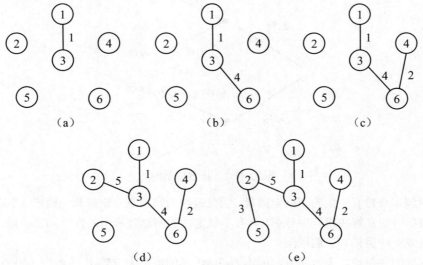

图 22-10-2   使用 Prim 算法求解的步骤

22.11 决策树

决策树一般都是自上而下生成的。每个决策或事件（即自然状态）都可能引出两个或多个事件，导致不同的结果，把这种决策分支画成图形则很像一棵树的枝干，故称决策树。

决策树提供了一种展示类似"在什么条件下会得到什么值"这类规则的方法。其基本组成部分有决策节点、分支和叶子。

决策树中最上面的节点称为根节点，是整个决策树的开始。决策树的每个子节点的个数与决策树运用的算法有关。如 CART 算法得到的决策树每个节点有两个分支，这种树称为二叉树。允许节点含有多于两个子节点的树称为多叉树。决策树的内部节点（非树叶节点）表示在一个属性上的测试。

每个分支要么是一个新的决策节点，要么是树的结尾，这种分支称为叶子。在沿着决策树从上到下遍历的过程中，在每个节点都会遇到一个问题，对每个节点上问题的不同回答导致不同的分支，最后会到达一个叶子节点。这个过程就是利用决策树进行分类的过程，利用几个变量（每个变量对应一个问题）来判断所属的类别（最后每个叶子会对应一个类别）。

下面来看一个例子。

某电子商务公司要从 A 地向 B 地的用户发送一批价值为 90000 元的货物。从 A 地到 B 地有水、陆两条路线。走陆路时比较安全，其运输成本为 10000 元；走水路时，一般情况下的运输成本只要 7000 元，不过一旦遇到暴风雨天气，则会造成相当于这批货物总价值的 10%的损失。根据历年情况，这期间出现暴风雨天气的概率为 1/4，那么该电子商务公司该如何选择呢？

这是一个不确定性决策问题，其决策树如图 22-11-1 所示。

图 22-11-1　决策树示例

由于该问题本身带有外生的不确定因素，因此最终的结果不一定能预先确定。不过，该电子商务公司应该根据一般在解决带概率分布、具有不确定性的问题时常用的数学期望值进行决策，而不是盲目碰运气或一味害怕、躲避风险。

根据本问题的决策树，走水路时，成本为 7000 元的概率为 75%，成本为 16000 元的概率为

25%，因此走水路的期望成本为(7000×75%)+(16000×25%) = 9250 元。走陆路时，其成本确定为10000 元。因此，走水路的期望成本小于走陆路的成本，所以应该选择走水路。

22.12　线性规划

线性规划：组合有限资源，达到预期目标。

例题：某企业需要采用甲、乙、丙三种原材料生产Ⅰ、Ⅱ两种产品。生产两种产品所需原材料数量、单位产品可获得利润以及企业现有原材料数见表 22-12-1。

表 22-12-1　例题表

对比项		产品/吨		现有原材料/吨
		Ⅰ	Ⅱ	
资源	甲	1	1	4
	乙	4	3	12
	丙	1	3	6
单位利润/万元每吨		9	12	

则公司可以获得的最大利润是＿＿＿（1）＿＿＿万元。取得最大利润时，原材料＿＿＿（2）＿＿＿尚有剩余。

（1）A. 21 　　　　　　B. 34 　　　　　　C. 39 　　　　　　D. 48

（2）A. 甲 　　　　　　B. 乙 　　　　　　C. 丙 　　　　　　D. 乙和丙

第一步：将题干变为不等式。

设生产Ⅰ、Ⅱ两种产品分别为 x 吨、y 吨，公司获利 $z = 9x+12y$ 万元，依据题意有：

$$\begin{cases} x+y \leqslant 4 & (1) \\ 4x+3y \leqslant 12 & (2) \\ x+3y \leqslant 6 & (3) \\ x,y \geqslant 0 & (4) \end{cases} \quad \rightarrow 约束条件$$

$$\max z=9x+12y \qquad\qquad \rightarrow 目标函数$$

第二步：依据不等式作图。

将不等式（1）变为等式，即 $x+y=4$，依据该等式画直线。同法，画出 $4x+3y=12$，$x+3y=6$，$x=0$，$y=0$ 对应的直线。

全部约束条件相应部分，交集即为线性规划问题的可行域。具体如图 22-12-1 所示。

第三步：作一条目标函数的平行线，平移。

依据目标函数 $9x+12y=z$ 任选一平行线，例如 $9x+12y=3$，作直线。然后，平行移动该平行线，移动到阴影部分最边缘即找出最大值。过程如图 22-12-2 所示。

顶点（2,4/3）为最优点（阴影部分最边缘），这样得到产品Ⅰ、Ⅱ分别为 2 吨、4/3 吨，能取得最大利润。

对应值代入目标函数 $\max z=9x+12y$，得到 $\max z = 9x+12y = 18+16 = 34$。

图 22-12-1　各直线与坐标轴的交集

图 22-12-2　作一条目标函数的平行线并平移

甲原料需要花费 2+4/3 吨，乙原料需要花费 2×4+4/3×3=12 吨，丙原料需要花费 2+4/3×3=6 吨，因此只有甲原料还有剩余。

22.13　课堂巩固练习题

1. 大型、复杂项目管理和多项目管理都属于"组织级"的项目管理，项目经理很难管理到项目团队的每一个成员和项目的每一项目标，一般需要建立一个管理团队，实行分级管理和分工管理，项目经理一般采用____(1)____的方式。

（1）A. 直接管理　　　　　　　　　　　B. 间接管理

　　　C. 绩效考核　　　　　　　　　　　D. 人力资源管理

【攻克要塞软考团队讲评】大型、复杂项目管理和多项目管理的两个特征就是分级管理与分工管理、强化协调机制。在这种情况下，项目经理一般采用间接管理方式。

参考答案：（1）B

2．企业战略一旦形成，战略管理的关键就是战略的执行，企业战略的执行不包括___（2）___。

（2）A．建立组织　　　B．配置资源　　　C．实施领导　　　D．制定制度

【攻克要塞软考团队讲评】企业战略的执行一般包括建立组织、配置资源、制定政策、实施领导及创造企业文化等。由此可见，D 选项不正确。

参考答案：（2）D

3．企业中的流程可以分为生产流程和___（3）___，统称业务流程。从本质上讲，企业的业务流程就是由一系列具有先后顺序且互相关联的活动所组成的经营过程，因为企业的业务流程的整体目标是为顾客创造价值。

（3）A．工艺流程　　　B．上岗流程　　　C．活动　　　D．管理流程

【攻克要塞软考团队讲评】企业的流程可分为生产流程和管理流程两个部分。

参考答案：（3）D

4．以下不能用于企业业务流程建模的技术的是___（4）___。

（4）A．RAD　　　B．IDEF　　　C．Pareto　　　D．Petri

【攻克要塞软考团队讲评】目前有许多的企业业务流程建模技术，如角色行为图（Role Activity Diagram，RAD）、集成计算机辅助制造（ICAM DEFinition method，IDEF）、Petri-net、状态迁移图（State Transition Diagram，STD）、流程建模语言 PML 等。Pareto 图主要用于主次因素分析。

参考答案：（4）C

5．信息系统项目的整体绩效评估方法与一般项目绩效的评估方法大致相同，一般可分为三种类型，即定性评价方法、定量评价方法和定性定量相结合的方法。以下不是定性评价方法的是___（5）___。

（5）A．同行评议法　　　B．回溯分析法　　　C．德尔菲法　　　D．投资回收期法

【攻克要塞软考团队讲评】在四个选项中，选项 D 是定量评价方法。定性评价方法有同行评议法、回溯分析法和德尔菲法等；定量评价方法主要是与财务会计有关的方法，如投资回收期法、内部收益率法、现值法等；定性定量相结合的方法应用比较广泛，主要有功效系数法、平衡记分法等。

参考答案：（5）D

6．某地区的通信线路如图 22-13-1 所示，假设其中标注的数字代表通信线路的长度（单位为千米），至少要架设___（6）___千米长的线路，才能保持 6 个城市的通信连通。

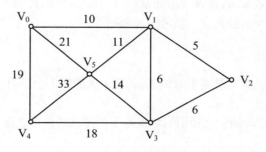

图 22-13-1　6 个城市的通信连通情况

（6）A. 50   B. 53   C. 57   D. 48

【攻克要塞软考团队讲评】本题是最小生成树问题。Prim 算法思想的步骤如图 22-13-2 所示。先随便找个点 V_0，可得到当前顶点集合 $\{V_0\}$ 连接的最小边 $V_0 \rightarrow V_1$；再从顶点集合 $\{V_0,V_1\}$ 出发找最小的边，可得到 $V_1 \rightarrow V_2$；以此类推，可得到最小生成树。线路长为：10+5+6+11+18=50。

图 22-13-2 用 Prim 算法求解的过程

参考答案：（6）A

第 23 学时 案例分析

在前 3 天半的学习过程中，已经将考试的基础知识点梳理了一遍，接下来我们要进入项目案例分析的学习。项目案例分析出现在下午的试题中，下午考试的时长是 90 分钟，一般是 3 道大题，每道大题又有若干道小题，多数情况下每道大题是 25 分，3 道大题共计 75 分。

本学时是这样安排的：先讲述解题的技巧和注意事项；再来看一些案例分析模拟题。做案例分析模拟题时为达到学习的效果，每讲评一道题就练习一道题，练习时请考生一定要自己动手写一写。在讲评练习题时还会给出评卷的思路，供考生参考把握。

23.1 解题技巧与注意事项

解题技巧与注意事项其实也是老生常谈了，在第 1 天的第 1 个学时中和考生一起梳理考试要点时已经讲过了，这里再来复习一遍。

再次提醒考生，项目管理的十大知识领域就是下午考试的重中之重，不要去关注技术方面的问题，这不是考试的范围。

拿到下午的试卷，可以看到有试题和答题纸，先在答题纸上写好姓名、考号，以免遗漏。再花

2~5 分钟将所有试题快速浏览一遍，稍加清理一下，看看难度与所涉及的主要内容。

对整个卷面有了整体把握以后，应考虑先易后难解题。为保持卷面清洁，在答题纸书写正式答案前可在草稿纸（用完了可以再向监考老师要）上先草拟一下。案例分析题中的小题大致有如下几种：

（1）基础知识题。考查的是基本知识点，比如合同的内容有什么？这样可根据要点给分，写中一条就给相应的分数。

（2）找出原因题。给出一个项目案例情况的描述，要考生找出出现问题的原因是什么。比如引发项目进入停滞不前的状况的原因是什么？同样也是根据要点给分。

【攻克要塞专家提示】值得注意的是，一般阅卷者都是专家，不会根据参考答案原原本本地对照给分，毕竟做主观题时，中国文字表达的意思字面可以不同，但含义可以接近。所以主要是看考生给出的回答含义是否接近参考答案中的要点，根据要点来给分，但为了涵盖这些要点，考生应尽量多写一些。

（3）解决方案题。根据题目中项目案例的描述，针对出现的问题，请考生给出解决的办法。比如，如果你是项目经理，将如何解决停滞不前的状况？这时，考生应在理清思路的基础上，有条理地罗列出自己的措施。

（4）经验教训题。比如得到了什么样的经验教训？将来如何改进？如何从公司整体层面上提升管理水平？考生应当进行总结和展望，条理清晰地作答。

（5）计算题。计算题的范围不宽，基本集中在网络图计算、挣值分析计算、投资分析计算这3 个主要功能的领域，因此，考生更应花精力来消化和掌握。

根据以上分析，此学时将把主要学习目的放在以下几个方面：

（1）熟悉考试题型、阅卷方法，对应得出答题方法。

（2）提高分析问题、归纳总结答案要点的能力。

（3）反复练习计算题，做到心中有数。

要做到以上 3 点，对初学者考生来说并非易事。不妨采取"讲一道做一道"的方法。正在读本书的考生，如果不是有教师引导，建议坚持"讲一道做一道"的方法来提高案例分析题的解题能力。

23.2   案例 1

试题（本题共 25 分）：

老刘接手了一个信息系统集成项目，担任项目经理。在这个项目进展过程中出现了下述情况：一个系统的用户向他所认识的一个项目开发人员小李抱怨系统软件中的一项功能问题，并且表示希望能够进行修改。于是，小李直接对系统软件进行了修改，解决了该项功能问题。老刘并不知道小李对系统进行了该项目功能的修改，而这项功能与其他不少功能具有关联关系，在项目的后期出现了其他功能不断出现故障的情况。

针对以上描述的情况，请分析如下问题：

【问题 1】请说明上述情况中可能存在哪些问题？（10 分）

【问题 2】如果你是项目经理老刘，你将采取什么措施？（10 分）

【问题3】请说明配置管理中完整的变更处置流程。（5分）

试题分析：

首先将问题审清，第 1 道小题是要找可能的问题，并列出问题清单；第 2 道小题是要列出措施要点；第 3 道小题则是要给出完整的变更处置流程，这是知识点记忆题。

然后在初步分析问题的基础上再来看如何解题。先看如何解第 1 道，这道小题是要找问题，这种情况大多可以在题目已知信息中直接找出并归纳总结出来；再者，题目还说了是要给出"可能"存在的问题，故考生还要利用所学的知识展开想象，将思路发散开来，再总结出一些要点；另外题目给出的分值是 10 分，估计是 5 个要点，每个要点 2 分，但该小题给分不超过 10 分。这时考生应准备 7 个以上的要点，以便涵盖参考答案中的要点。

一起来仔细阅读题目已知信息，方便的话不妨直接用笔在题目的关键词句下面画线，以加深印象。好在题干并不长，如果长的话，强烈建议考生用笔画线。

题目中有如下关键的已知信息："小李**直接**对系统软件进行了修改""老刘并不知道小李对系统进行了该项目功能的修改""这项功能与其他不少功能具有关联关系"。题目中的已知信息偏向于直白，这些往往也是导致问题发生的直接原因，故可将这 3 句话直接列为第 1 小问的要点。

但 3 个要点明显不够，还得继续归纳总结出一个引起要点。从归纳分析可知，小李是"直接修改"，这种变更没有得到审批、记录，这其实就是变更管理、配置管理的内容。小李修改的功能与其他功能存在关联关系，故修改完后应当进行单元测试、集成测试等测试工作，修改后的功能没有验证，项目程序的版本管理不足。而对小李的修改刘经理并不知情，可见沟通也是存在问题的。于是至少可构造如下有关要点：①有关变更管理流程的要点；②有关变更分析与审批的要点；③有关测试的要点；④有关配置管理的要点；⑤有关文档记录的要点；⑥有关版本管理的要点；⑦有关修订后验证、确认的要点；⑧有关沟通的要点。

再结合直接找出的 3 个要点，共计 11 个要点，足以覆盖参考答案中的要点。当然，写到答题纸上的要点不能像上面这么描述，要用通顺的语句组织说明，比如"有关变更管理流程的要点"可写为"项目在修改过程中没有注意版本管理"。

第 2 道小题是要给出解决问题的措施。从题目来看，这道题是要从项目经理的角度来看怎么解决问题，可见考生在这道题中就是扮演项目经理的角色了。再者，措施与问题可以对应起来，比如与第 1 问给出的 11 个要点结合，即可给出 11 条措施。第 2 道小题共计 10 分，估计也是 5 个要点，但该小题给分不超过 10 分，考生能给出 11 条措施，涵盖参考答案绰绰有余。不过本题还要考虑一个问题，那就是题目是要给出措施，则说明是站在项目的当前时间点，根据题意项目已经进入了后期，因此又不一定和第 1 道小题的答题结果一一对应，还需要适度归纳总结和加工处理。

第 3 道小题就不用再行讲评了，这就看考生前几天的学习和平时的积累了。

【**问题 1 参考答案**】存在的主要问题有：①小李直接对系统软件进行了修改；②老刘并不知道小李对系统进行了该项目功能的修改；③小李修改的这项功能与其他不少功能具有关联关系；④项目没有变更管理的控制流程；⑤对变更的请求没有足够的分析，也没有获得批准；⑥功能修改后，没有进行后续的单元测试、集成测试等测试工作；⑦项目没有进行配置管理；⑧对变更的情况没有文档进行记录；⑨对程序和文档没有进行版本管理；⑩有关功能修订后没有进行验证、确认；

⑪用户的修改要求以及对功能进行的修改没有及时与项目干系人进行沟通。

【问题 2 参考答案】如果我是项目经理，将采取以下措施：①清理历史变更情况，作出详细记录；②理清修改的功能与其他功能之间的关系，及时修改其他功能程序；③及时进行单元测试、系统测试等测试工作；④进行系统功能验证、确定；⑤召集开会，集中讨论功能修改调整的事；⑥控制程序代码和软件文档，如使用配置管理软件 VSS；⑦理顺变更控制的流程并予以实施。

【问题 3 参考答案】配置管理中完整的变更处置流程如下：①变更申请。应记录变更的提出人、日期、申请变更的内容等信息；②变更评估。对变更的影响范围、严重程度、经济和技术可行性进行系统分析；③变更决策。由具有相应权限的人员或机构决定是否实施变更；④变更实施。由管理者指定的工作人员在受控状态下实施变更；⑤变更验证。由配置管理人员或受到变更影响的人对变更结果进行评价，确定变更结果和预期是否相符、相关内容是否进行了更新、工作产物是否符合版本管理的要求。⑥沟通存档。将变更后的内容通知可能会受到影响的人员，并将变更记录汇总归档。如提出的变更在决策时被否决，其初始记录也应予以保存。

阅卷时，以上 6 个要点，答对 1 个给 1 分，但总共不超过 5 分。

23.3 案例 2

【攻克要塞专家提示】请考生花 10 分钟左右的时间分析试题、解答试题，注意先不要看后面的试题分析与参考答案。

试题（本题共 25 分）：

老李所在公司承接了一个信息系统软件开发项目，公司安排老李担任项目经理。老李带领项目团队紧锣密鼓地开始了工作。老李组织人员进行了需求分析和设计后，将系统拆分为多个功能模块。

为加快项目进度，老李按功能模块的拆分将项目团队分成若干个小组，一个小组负责一个模块的开发，各个组分头进行开发工作，期间客户提出的一些变更要求也由各部分人员分别解决。各部分人员再对各自负责部分分别自行组织进行软件测试，因此老李决定直接在客户现场进行集成，但是发现问题很多，针对系统各部分所表现出来的问题，各个组又分别进行了修改，但是问题并未有明显减少，而且项目工作和软件版本越来越混乱，老李显得有点束手无策。

【问题 1】请分析出现这种情况的可能原因。（10 分）

【问题 2】如果你是老李，针对目前的情况可采取哪些补救措施？（10 分）

【问题 3】请简述配置库的类型并作简要说明。（5 分）

试题分析：

从题目来看，可以先划出关键的词句，比如"各个组分头进行开发工作""变更要求也由各部分人员分别解决""直接在客户现场进行集成""分别进行了修改，但是问题并未有明显减少""项目工作和软件版本越来越混乱"。

问题 1 是要找原因，给分是 10 分，估计是 1 个要点 2 分，可构造出 7 个以上的要点，以涵盖全部要点。据此，可先归纳出直接的原因：①各个组分头开发；②变更分别解决；③软件直接在客户现场进行集成；④项目工作和软件版本混乱。其次，可进一步总结、发散得出一些要点；⑤缺乏项目整合管理，尤其是整体问题分析；⑥缺乏整体变更控制规程；⑦项目干系人之间的沟通（包括项目团队内部以及与客户的沟通）不够；⑧配置管理工作不足；⑨测试工作不到位，缺少单元接口测试和集成测试。

问题 2 是要回答从项目经理的角度出发应采取什么样的补救措施。从项目进展情况来看，项目应当处于中等偏后期，编码基本完成，正进行软件测试，因此，补救措施可与问题 1 找出的原因有针对性地提出来，比如针对直接的原因：①将各个分组合并，统一调度工作；②梳理历史变更情况，在统一的工作组下解决变更；③先在项目团队内部进行集成，并完成集成测试；④加强软件和文档的版本管理。对于其他归纳、发散出来的要点也可一一回应；⑤加强整合管理和协调，根据项目的阶段进展情况及时建立起基线；⑥建立起统一的变更控制流程并执行；⑦在项目团队内部以及与客户之间建立起定期的沟通机制；⑧建立起配置库，使用配置工具进行配置管理；⑨制作软件测试工作计划，项目团队在统一的测试工作调度下开展单元接口测试和集成测试。

问题 3 是知识点记忆题，不再讲评。配置库可分为 3 类，每类的描述估计给 2 分，但总给分不超过 5 分。每类名称对了给 1 分，适度描述正确再给 1 分。

【问题 1 参考答案】可能的原因有：①各个组分头开发；②变更分别解决；③软件直接在客户现场进行集成；④项目工作和软件版本混乱；⑤缺乏项目整合管理，尤其是整体问题分析；⑥缺乏整体变更控制规程；⑦项目干系人之间的沟通（包括项目团队内部以及与客户的沟通）不够；⑧配置管理工作不足；⑨测试工作不到位，缺少单元接口测试和集成测试。

【问题 2 参考答案】可采取以下补救措施：①将各个分组合并，统一调度工作；②梳理历史变更情况，在统一的工作组下解决变更；③先在项目团队内部进行集成，并完成集成测试；④加强软件和文档的版本管理；⑤加强整合管理和协调，根据项目的阶段进展情况及时建立起基线；⑥建立起统一的变更控制流程并执行；⑦在项目团队内部以及与客户之间建立起定期的沟通机制；⑧建立起配置库，使用配置工具进行配置管理；⑨制作软件测试工作计划，项目团队在统一的测试工作调度下开展单元接口测试和集成测试。

【问题 3 参考答案】主要有 3 类配置库：①开发库——存放开发过程中需要保留的各种信息，供开发人员个人专用，库中的信息可能有较为频繁的修改，只要开发库的使用者认为有必要，无须对其作任何限制；②受控库——在软件开发的某个阶段工作结束时，将工作产品存入或将有关的信息存入，存入的信息包括计算机可读的和人工可读的文档资料，对库内信息的读写和修改要加以控制；③产品库——在开发的软件产品完成系统测试之后，作为最终产品存入库内，等待交付用户或现场安装，库内的信息也应加以控制。

【攻克要塞专家提示】术语的解释不必强求与书上一模一样，应在有理解的基础上进行记忆，如果自己描述的意思比较切合，阅卷时也能给分。

23.4 案例 3

试题（本题共 25 分）：

张经理作为软件公司的项目经理，最近正负责一家大型企业集团公司的一个管理信息系统项目。项目的售前工作由软件公司的市场部负责，售前工程师李工作为销售代表签订了项目的合同，再将项目的实施工作移交给了张经理。

由于项目前期的需求不明确，李工在和客户签订合同时，在合同中仅简单地列出了几条项目承建方应完成的工作。为进一步明确项目范围，张经理根据合同自行编写了项目的范围说明书。项目进入研发阶段后，客户方不断有人提出各种需求及变更请求，各个部门（包括财务部、工程部、销售部、信息中心以及各子公司）都在不断提出，且需求和变更请求要么不够明确，要么互相矛盾，要么难以实现。

为此，张经理拿出项目范围说明书试图统一意见，但客户方却不予认可，反以合同作为依据讨论。而合同条款实在太不明确，很难达成一致意见。张经理又不想得罪客户方，又想要快速推进项目，至此，项目进入僵局。

【问题1】 请结合你的项目经验，描述产生以上问题的可能原因。（10分）

【问题2】 如果你是张经理，接下来你将采取什么样的措施来化解问题？（10分）

【问题3】 请说明项目合同应包括的内容。（5分）

试题分析：

问题1是要找原因，先从题目已知信息中找出一些可以直接或稍加改造就可以成为要点的原因，比如：①项目的需求不明确；②合同中仅简单地列出了几条项目承建方应完成的工作，说明合同没有清晰明确的条款；③张经理是根据合同自行编写了项目的范围说明书，并未和客户方进行确认；④客户方提出的需求和变更请求要么不够明确，要么互相矛盾，要么难以实现。再通过归纳、发散总结出一些要点，至少可以从以下方面考虑：①有关变更控制方面的要点；②有关客户方的需求和变更统一归口的要点；③有关和客户方沟通的要点，特别是项目范围、合同。

问题2可就前面提出的问题一一采取对策，或适当进行归纳后列出措施要点。

问题3是基础知识题，不再详细讲评。

【问题 1 参考答案】 可能的原因有：①项目的需求不明确；②合同中仅简单地列出了几条项目承建方应完成的工作，说明合同没有清晰明确的条款；③张经理是根据合同自行编写了项目的范围说明书，并未和客户方进行确认；④客户方提出的需求和变更请求要么不够明确，要么互相矛盾，要么难以实现；⑤变更控制没有统一的流程；⑥客户方的需求和变更没有统一归口；⑦和客户方沟通不够，特别是就项目范围、合同的具体条款没有充分讨论达成共识。

【问题 2 参考答案】 可以采取的措施有：①继续会谈，在确定项目的范围后，可签订合同的补充协议，以及双方签字认可的项目范围说明书；②理清项目的需求，编制双方认可的需求规格说明书；③与客户方商定，对客户方的需求和变更进行统一归口，比如归口至客户方的信息中心；④建立起统一的变更管理流程并执行；⑤加强与客户方的沟通，可建立起定期的会商制度。

【问题 3 参考答案】 合同的主要内容包括：①项目名称；②标的内容和范围；③项目的质量要求，通常情况下采用技术指标限定等各种方式来描述信息系统工程的整体质量标准以及各部分质量标准，它是判断整个工程项目成败的重要依据；④项目的计划、进度、地点、地域和方式，项目建设过程中的各种期限；⑤技术情报和资料的保密，风险责任的承担；⑥技术成果的归属；⑦验收的标准和方法；⑧价款、报酬（或使用费）及其支付方式；⑨违约金或者损失赔偿的计算方法；⑩解决争议的方法：该条款中应尽可能地明确在出现争议与纠纷时采取何种方式来协商解决；⑪名词术语解释等。

23.5 案例 4

试题（本题共 25 分）：

2019 年 12 月，某信息技术有限公司中标了某省人力资源与社会保障厅的人才管理系统开发项目。因该省人才管理系统涉及的内容十分广泛，项目开发任务较重，人力资源与社会保障厅归口由该厅信息中心组织项目的实施，并提出明确的时间要求，系统一定要在 2020 年 5 月 1 日前投入使用。

公司以前已经有过多个类似的系统实施项目经验，且项目经理孙某经验十分丰富。孙经理接手这个项目后，为确保项目的进度，采用了一系列的工具和方法制定出进度图、估算出项目的历时及其他资源需求。

根据孙某制定的进度计划，要在 2020 年 5 月 1 日前完成项目是很困难的。经过与客户方及项目团队成员商量后，孙经理又采取了一些措施，满足了客户对进度方面的要求。

【问题 1】请说明孙经理采用了什么样的工具和方法制定出进度图、估算出项目的历时及其他资源需求的。（8 分）

【问题 2】试说明孙经理采取了什么样的措施来满足进度要求。（10 分）

【问题 3】有了进度计划后，试说明孙经理可采取什么样的工具和技术来控制项目进度。（7 分）

试题分析：

这道题考查的是有关项目进度管理的知识与内容。问题是要给出孙经理采用的工具和方法，这其实是考查对基本知识的掌握程度。制定进度图的方法马上就想起网络图，又如前导图、箭线图、PERT 图、甘特图等。讲到估算项目历时，题目中已表明"公司以前已经有过多个类似的系统实施项目经验"，则可以考虑采用类比估算法，再就是具体的历时可采用三点估算法。

问题 2 是要给出孙经理为满足进度所采取的措施，其实就是要给出压缩工期的方法。马上就想起赶工、并行、投入更多的资源、外包、分期交付等这些常用的方法。

问题 3 其实考查的是控制项目进度的工具和技术，可联想起项目进度报告、项目进度变更控制系统、项目进度管理软件，比较法中的横道图比较法、列表比较法、S 型曲线比较法、"香蕉"型曲线比较法等。

【问题 1 参考答案】制定进度图可采用的工具和技术有：网络图（单代号网络图和双代号网络图）、PERT 图、甘特图等。估算项目的工期和资源可采用类比估算法，具体的数量需求可采用三点估算法。

【问题 2 参考答案】孙经理可采取的措施有：①说服项目团队赶工；②重新编排工作任务，使更多的工作任务可以并行；③投入更多的人力、物力、财力资源，以节约每项工作所需消耗的时间；④外包部分工作出去；⑤和客户方商量将最为紧要的工作放在 5 月 1 日前，无关紧要或不重要的工作可放到 5 月 1 日后继续实施。

【问题 3 参考答案】控制进度可采用的工具和技术有：①项目进度报告；②项目进度变更控制系统；③项目进度管理软件；④比较分析法，如横道图比较法、列表比较法、S 型曲线比较法、"香蕉"型曲线比较法等。

23.6　案例 5

试题（本题共 25 分）：

刘经理是某信息系统集成项目的项目经理，在制作 WBS 后，得出项目的所有工作包和活动。刘经理据此制作了前导图，如图 23-6-1 所示。

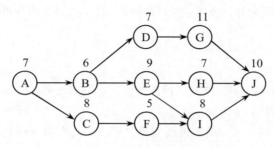

图 23-6-1　刘经理制作的前导图

【**问题 1**】请找出关键路径，并计算出总工期。（8 分）

【**问题 2**】请求解活动 E、F、I 的 FF 和 TF。（12 分）

【**问题 3**】为了加快进度，在进行活动 G 时加班赶工，因此将该项工作的时间压缩了 6 天（历时 5 天）。请指出此时的关键路径是否改变，如果改变，关键路径又是什么？并计算总工期。（5 分）

试题分析：

问题 1 是要找关键路径并计算总工期。从图 23-6-1 中可以看出不同的路径并计算出不同路径的工期：①ABEHJ，工期为 39；②ABEIJ，工期为 40；③ACFIJ，工期为 38；④ABDGJ，工期为 41。关键路径应当是工期最长的路径即 ABDGJ，总工期为 41。关键路径占 2 分，总工期占 2 分。

问题 2 是要求解 E、F、I 的 FF 和 TF，可见共要求解 6 个结果，每个 1 分。做这种题马上想起网络图计算的 3 句口诀"早开大前早完；晚完小后晚开；小后早开减早完"。下面列出求解过程：

$FF_E = \min\{ES_H, ES_I\} - EF_E = \min\{\max\{EF_E\}, \max\{EF_F, EF_E\}\} - EF_E = \min\{EF_E, \max\{EF_F, EF_E\}\} - EF_E$

$\quad = \min\{ES_E + 9, \max\{ES_F + 5, ES_E + 9\}\} - ES_E - 9 = \min\{EF_B + 9, \max\{EF_C + 5, EF_B + 9\}\} - EF_B - 9$

$\quad = \min\{13 + 9, \max\{ES_C + 8 + 5, 13 + 9\}\} - 13 - 9 = \min\{22, \max\{EF_A + 13, 22\}\} - 22$

$\quad = \min\{22, \max\{7 + 13, 22\}\} - 22 = \min\{22, 22\} - 22 = 0$

$TF_E = LS_E - ES_E = LF_E - 9 - EF_B = LF_E - 22 = \min\{LS_H, LS_I\} - 22 = \min\{LF_H - 7, LF_I - 8\} - 22$

$\quad = \min\{LS_J - 7, LS_J - 8\} - 22 = LS_J - 8 - 22 = LS_J - 30 = 41 - 10 - 30 = 1$

$FF_F = \min\{ES_I\} - EF_F = ES_I - EF_F = \max\{EF_E, EF_F\} - EF_F = \max\{ES_E + 9, ES_F + 5\} - ES_F - 5$

$\quad = \max\{EF_B + 9, EF_C + 5\} - EF_C - 5 = \max\{13 + 9, 15 + 5\} - 15 - 5 = 22 - 20 = 2$

$TF_F = LS_F - ES_F = LF_F - 5 - 15 = LF_F - 20 = LS_I - 20 = LF_I - 8 - 20 = LS_J - 28 = 41 - 10 - 28 = 3$

$FF_I = ES_J - EF_I = 41 - 10 - ES_I - 8 = 23 - ES_I = 23 - \max\{EF_E, EF_F\} = 23 - \max\{22, 20\} = 23 - 22 = 1$

$TF_I = LS_I - ES_I = LF_I - 8 - \max\{EF_E, EF_F\} = LSJ - 8 - 22 = LS_J - 30 = 41 - 10 - 30 = 1$

问题 3 将活动 G 的历时修订为 5 天，则此时路径的情况为：①ABEHJ，工期为 39；②ABEIJ，工期为 40；③ACFIJ，工期为 38；④ABDGJ，工期为 35。可见关键路径变为了 ABEIJ，总工期为 40。答出关键路径的变化给 1 分，关键路径正确给 2 分，总工期正确再给 2 分。

【问题 1 参考答案】关键路径为 ABDGJ，总工期为 41。

【问题 2 参考答案】$FF_E=0$　　$TF_E=1$　　$FF_F=2$　　$TF_F=3$　　$FF_I=1$　　$TF_I=1$

【攻克要塞专家提示】建议考生将演算过程写在答题纸上，这样万一结果不对过程可能给分。

【问题 3 参考答案】关键路径改变了，关键路径为 ABEIJ，总工期为 40。

23.7 案例 6

试题（本题共 25 分）：

一个预算 120 万元的项目，为期 12 周，现在工作进行到第 8 周。已知成本预算是 74 万元，实际成本支出是 78 万元，挣值为 64 万元。

【问题 1】请计算成本偏差（CV）、进度偏差（SV）、成本绩效指数（CPI）、进度绩效指数（SPI）。（8 分）

【问题 2】请分析项目目前的进展情况和成本投入情况。（5 分）

【问题 3】对如图 23-7-1 所示的四幅图，分别分析其所代表的效率、进度和成本等情况，针对每幅图表所反映的问题可采取哪些调整措施？（12 分）

（a）

（b）

（c）

（d）

图 23-7-1　例题图

试题分析

第 1 问考查的是挣值分析的计算，共 8 分，CV、SV、CPI、SPI 各 2 分：①CV=EV−AC=64−78=−14（万元）；②SV=EV−PV=64−74=−10（万元）；③CPI=EV/AC=64/78=0.821；④SPI=EV/PV=64/74=0.865。

第 2 问是要分析项目目前的进展情况和成本投入情况。从前面的计算可知 CV<0，可见成本超支；SV<0，可见进度滞后。

第 3 问是要看图识图，会采取对策。图中给出了 EV、PV、AC 三条曲线的相对位置，会影响以下几个关键指标：

- CV 表示成本偏差（CV=EV−AC）。CV>0，表明项目实施处于成本节约状态；CV<0，表明项目处于成本超支状态；CV=0 表明项目成本支出与预算相符。
- SV 表示进度偏差（SV=EV−PV）。SV>0，表明项目实施超前于计划进度；SV<0，表明项目实施落后于计划进度；SV=0 表明项目进度与计划相符。
- CV 和 SV 这两个值，可以转化为效率指数，反映项目的成本与进度计划绩效。
- CPI 表示成本绩效指数（CPI=EV/AC）。CPI>1.0 表示成本节余，资金使用效率较高；CPI<1.0 表示成本超支，资金使用效率较低。
- SPI 表示进度绩效指数（SPI=EV/PV）。SPI>1.0 表示进度超前，进度效率高；SPI<1.0 表示进度滞后，进度效率低。

掌握了以上 4 个公式，就可以分析出当前的进度、成本和效率。

【问题 1 参考答案】关键路径为 ABDGJ，总工期为 41。

CV=−14 万元；SV=−10 万元；CPI=0.821；PI=0.865。

【攻克要塞专家提示】建议将演算过程写在答题纸上，这样万一结果不对过程还可能给分。

【问题 2 参考答案】CV<0，成本超支；SV<0，进度滞后。

【问题 3 参考答案】

从图 23-7-1（a）可以看出 AC>PV>EV，可见效率低、进度拖延、投入超前；可提高效率，如用工作效率高的人员更换一批效率低的人员，赶工、工作并行以追赶进度，加强成本监控。

从图 23-7-1（b）可以看出 PV>AC≥EV，可见效率较低、进度拖延、成本支出与预算相关不大；可增加高效人员投入，赶工、工作并行以追赶进度。

从图 23-7-1（c）可以看出 AC≥EV>PV，可见成本效率较低、进度提前、成本支出与预算相差不大；可提高效率，减少人员成本，加强人员和控制质量。

从图 23-7-1（d）可以看出 EV>PV>AC，可见效率高、进度提前、投入延后；可密切监控，加强控制质量。

23.8　案例7

【说明】某项目由 A、B、C、D、E、F、G、H 活动模块组成，表 23-8-1 给出了各活动之间的依赖关系，以及它们在正常情况和赶工情况下的工期及成本数据。假设每周的项目管理成本为 10 万元，而且项目管理成本与当周所开展的活动多少无关。

表 23-8-1 习题表

活动	紧前活动	正常情况		赶工情况	
		工期/周	成本/万元每周	工期/周	成本/万元每周
A	—	4	10	2	30
B	—	3	20	1	65
C	A、B	2	5	1	15
D	A、B	3	10	2	20
E	A	4	15		80
F	C、D	4	25	1	120
G	D、E	2	30	1	72
H	F、G	3	20	2	40

【问题 1】找出项目正常情况下的关键路径，并计算此时的项目最短工期和项目总体成本。（6 分）

【问题 2】假设项目必须在 9 周内（包括第 9 周）完成，请列出此时项目中的关键路径，并计算此时项目的最低成本。（4 分）

【问题 3】在计划 9 周完成的情况下，项目执行完第 4 周时，项目实际支出 280 万元，此时活动 D 还需要一周才能够结束，计算此时项目的 PV、EV、CPI 和 SPI（假设各活动的成本按时间均匀分配）。（7 分）

【攻克要塞专家提示】近几年的考核趋势是将二者的内容结合起来，在一道题目中，既要计算关键路径，又要计算挣值。这种题目的难度在于，一旦前面关键路径（网络图）环节出现错误，就可能导致后面的挣值分析跟着出错，考生尤其需要注意！

【问题 1】这里使用前导图方法（PDM）来描述网络图。前导图法使用矩形代表活动，活动间使用箭线连接，表示活动之间的逻辑关系。PDM 的节点表示如图 23-8-1 所示。

最早开始时间	持续时间	最早完成时间
活动名称		
最迟开始时间		最迟完成时间

图 23-8-1 PDM 节点表示

绘制的网络图如图 23-8-2 所示。

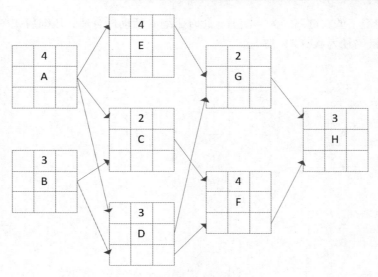

图 23-8-2　项目网络图

正常情况下的关键路径 ADFH，最短工期 14 周。

总成本=各活动成本+管理成本=(4×10+20×3+2×5+3×10+4×15+4×25+2×30+3×20)+14×10 = 560（万元）。

【问题2】

依据题目，活动 A～H 的赶工成本见表 23-8-2。

表 23-8-2　赶工成本表

活动	赶工可压缩/周	增加的总成本/万元	每压缩1周增加的成本/万元	性价比排序
A	4-2=2 周	2×30-4×10=20	20/2=10	4
B	3-1=2 周	65-3×20=5	5/2=2.5	1
C	2-1=1 周	15-2×5=5	5/1=5	2
D	3-2=1 周	2×20-3×10=10	10/1=10	4
E	4-1=3 周	80-4×15=20	20/3	3
F	4-1=3 周	120-4×25=20	20/3	3
G	2-1=1 周	72-2×30=12	12/1=12	5
H	3-2=1 周	2×40-3×20=20	20/1=20	6

题目要求项目必须在 9 周内（包括第 9 周）完成，正常情况下的关键路径最短工期为 14 周，因此需压缩 5 周时间。

假定前提：工期压缩必须是整体的，要么压缩，要么不压缩，不能只压缩一部分。原则：每次必须在关键路径上压缩效率最高的活动。

（1）正常情况下的关键路径为 ADFH，此时压缩 **F 活动**最合适。压缩后如图 23-8-3 所示。压缩后，关键路径为 **AEGH**=13 周。

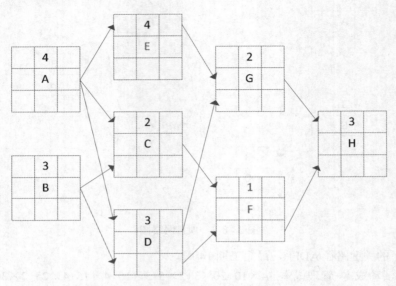

图 23-8-3　F 压缩 3 周的网络图

（2）此时，可以压缩 **E 活动**。压缩后的网络图如图 23-8-4 所示。压缩后，关键路径为 **ADGH**=12 周。

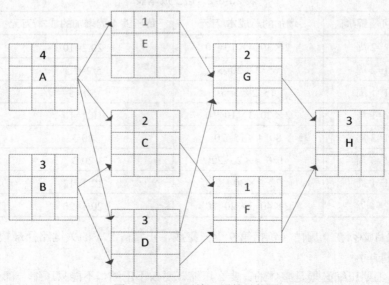

图 23-8-4　E 压缩 3 周的网络图

（3）此时，可以压缩 **A 活动**。压缩后的网络图如图 23-8-5 所示。

压缩后，关键路径为 **BDGH**=11 周。

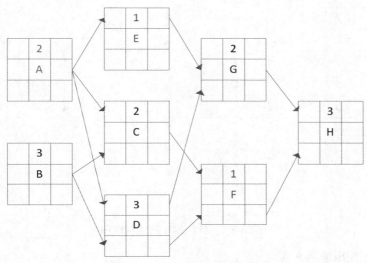

图 23-8-5　A 压缩 2 周的网络图

（4）此时，可以压缩 **B 活动**。压缩后的网络图如图 23-8-6 所示。

压缩后，关键路径为 **ADGH**=10 周。

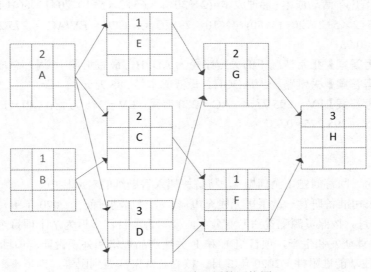

图 23-8-6　B 压缩 2 周的网络图

（5）此时，可以压缩 **D 活动**。压缩后的网络图如图 23-8-7 所示。

压缩后，关键路径为 **ADGH**=9 周。

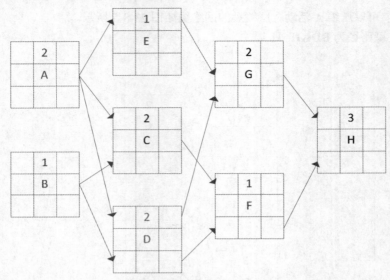

图 23-8-7   D 压缩 1 周的网络图

此时，活动工期压缩到 9 周。

项目总成本=压缩活动（F、E、A、B、D）的总成本+未压缩活动（C、G、H）的总成本+管理成本= (120+80+2×30+65+2×20)+(2×5+2×30+3×20)+(9×10)=585 万元

【问题 3】

AC=280 万元；EV=活动成本+管理成本=(2×30+1×65+2×5+1×20+1×80)+4×10 = 275 万元；PV=(2×30+1×65+2×5+2×20+1×80)+4×10= 295 万元；CPI = EV/AC = 275/280 =0.98；SPI = EV/PV = 295/275 =0.93。

【问题 1 参考答案】正常情况下的关键路径为 ADFH，最短工期 14 周。总成本 = 560 万元。

【问题 2 参考答案】关键路径为 ADGH。最低成本是 585 万元。

【问题 3 参考答案】PV = 295 万元；AC = 280 万元；EV = 275 万元；CPI = EV/AC = 275/280 = 0.98；SPI = EV/PV = 295/275 =0.93。

23.9   案例 8

阅读下列说明，回答问题 1 至问题 4，将解答填入答题纸的对应栏内。

【说明】A 公司准备研发一款手机无线充电器，项目启动时间为 2020 年 1 月，项目整体交付时间为 2020 年 6 月。按照资源配置和专业分工，公司将项目初步拆为 7 个项目组。其中，项目组 A～C 负责产品主体研发和生产，项目组 E 和 F 关注产品规格和外观设计，项目组 D 负责技术攻关，项目组 G 关注功能性附件。2020 年 2 月，核心芯片采购遇到困难，为了不影响整体进度，又单独成立了 H 项目组负责研究可替代芯片的选型和采购。

同时公司专门成立了副总经理牵头的协调小组负责管理这 8 个启动时间不一、关键节点不一、但内部又互有关联的项目。

【问题1】（6分）

（1）请简述项目管理、项目集管理和项目组合管理的概念。

（2）结合案例分析该项目适合用哪种方式进行管理，并简述理由。

【问题2】（6分）

结合案例，从变更、计划、监控三个属性上阐述项目组A的项目经理与协同小组职责的差异。

【问题3】（3分）

请将下面（1）～（3）的答案填写在答题纸的对应栏内（从候选答案中选择一个正确选项，将该选项的编号填入答题纸对应栏内）。

项目组合治理管理包括：制订项目组合管理计划、____（1）____、____（2）____、____（3）____和执行项目组合监督5个子过程。

A．定义项目组合　　　　B．分配项目组合资源　　　　C．优化项目组合

D．批准项目组合　　　　E．指定项目组合预算

【问题4】（10分）

请判断以下描述是否正确（填写在答题纸的对应栏内，正确的选项填写"√"，不正确的选项填写"×"）。

（1）项目集内的所有项目通过共同的目标相关联，该目标对发起组织而言具有非常重要的战略意义。　　　　　　　　　　　　　　　　　　　　　　　　　　　　　　　（　　）

（2）项目集目标可以是短期的，也可以是长期的，可以是定性的，也可以是定量可管理的。　　　　　　　　　　　　　　　　　　　　　　　　　　　　　　　　　　　（　　）

（3）为了获得有效资源，组织应该为每一个项目集提前分配固定的资源池。　（　　）

（4）可以根据项目集收益的实现情况将项目集生命周期划分为项目集定义阶段、项目集收益交付阶段和项目集收尾阶段三个过程。　　　　　　　　　　　　　　　　　（　　）

（5）项目集管理过程中，增加了绩效域这一新概念，重点关注项目集的战略、构建和治理等。　　　　　　　　　　　　　　　　　　　　　　　　　　　　　　　　　　　（　　）

试题分析：

本题考核对项目管理、项目集管理、项目组合管理概念的理解，从下面各题考核的方式来看，问题1考概念，包括对概念的理解；问题2考应用；问题3考记忆。总体来说，该题目对考生还是有一定难度的。

【问题1答案】

（1）（意思相近即给分，每个概念2分）项目管理就是把各种知识、技能、手段和技术应用于项目活动之中，以达到项目的要求。项目集管理综合应用知识、过程、技能、工具以及技术来对其所包含的项目进行管理，以便满足项目集的需求，并能获取采用单一项目管理方式所达不到的收益和控制。项目组合管理是将项目、项目集以及其他方面的工作内容组合起来进行有效管理，以保证满足组织的战略性的业务目标。

（2）参考答案：使用项目集方式管理（1分）。项目集是经过协调管理以获取单独管理所无法取得的收益的一组相关联的项目、子项目集和项目集活动。项目集内的所有项目通过共同的目标相

关联，该目标对发起组织而言具有非常重要的战略意义。本案例的几个子项目是按资源配置和专业分工，它们合起来整体交付的成果是手机无线充电器，符合项目集管理的定义（2 分）。

【问题 2 答案】（每个空 1 分，意思相近即给分）

属性	项目组 A 的项目经理	协同小组
变更	项目经理尽量让变更最小化	要预测并拥抱变化
计划	为交付物提供详细的项目计划	为详细的项目计划提供高层领导
监控	监控产生项目交付物任务和工作	在治理框架下，监控项目工作

【问题 3 答案】
（1）A；（2）C；（3）D

解析：项目组合治理管理主要包含制订项目组合管理计划、定义项目组合、优化项目组合、批准项目组合、执行项目组合这 5 个子过程。

【问题 4 答案】（1）√；（2）×（项目集目标可以长期也可以短期，但必须是可量化、可管理的）；（3）×（项目集应该有资源池，但不是固定的）；（4）√；（5）√

第 24 学时　论文指导

历年考试涉及的论文题目见表 24-0-1。

表 24-0-1　历年信息系统项目管理师论文题

论文范围	历年论文题
立项管理	2010.05 论信息系统工程项目的可行性研究 2012.05 论信息系统工程项目可行性研究
整合管理	2006.11 论项目的整合管理 2007.11 论大型项目的计划与监控 2019.11 论信息系统项目的整合管理
范围管理	2005.05 论信息系统项目的需求管理和范围管理 2010.05 论信息系统工程项目的范围管理 2014.05 论信息系统项目的范围管理 2016.05 论信息系统项目的范围管理 2017.05 论信息系统项目的范围管理 2021.05 论信息系统项目的范围管理
进度管理	2010.11 论大型项目的进度管理 2014.11 论项目的进度管理 2016.05 论信息系统项目的进度管理 2021.11 论信息系统项目的进度管理

论文范围	历年论文题
成本管理	2009.11 论信息系统项目的成本管理 2011.05 论信息系统项目的成本管理 2015.11 论大项目或多项目的成本管理 2017.11 论信息系统项目的成本管理 2020.11 论信息系统项目的成本管理
质量管理	2005.11 论项目的质量管理 2007.11 论评审在项目质量管理过程中的重要作用 2008.05 论项目的质量管理 2009.05 论软件项目质量管理及其应用 2011.11 论信息系统项目的质量控制 2013.11 论信息系统项目的质量管理和提升 2015.05 论信息系统项目的质量管理 2018.05 论信息系统项目的质量管理 2022.11 论信息系统项目的质量管理
资源管理	2006.11 论项目的人力资源管理 2008.05 论项目的团队建设与绩效考核 2010.11 论多项目的资源管理 2011.11 论"如何做好项目团队管理" 2014.11 论多项目的资源管理 2014.05 论信息系统项目的人力资源管理 2016.11 论信息系统项目的人力资源管理 2018.05 论信息系统项目的人力资源管理 2023.11 论信息系统项目的资源管理
沟通管理和干系人管理	2008.11 论项目的沟通管理 2011.05 论项目的沟通管理 2013.05 论大型信息系统项目的沟通管理 2013.11 论信息系统项目的沟通管理 2018.11 论信息系统项目的沟通管理 2019.11 论信息系统项目的沟通管理 2022.05 论信息系统项目的干系人管理 2023.11 论信息系统项目的干系人管理
合同与采购管理	2008.11 论项目的采购管理 2015.11 论项目的采购管理 2017.05 论项目采购管理 2020.11 论信息系统项目的采购管理 2021.05 论信息系统项目的合同管理 2021.11 论信息系统项目的招投标管理 2023.11 论信息系统项目的合同管理

论文范围	历年论文题
风险管理	2005.11 论项目的风险管理 2009.05 论大型信息系统项目的风险管理 2012.05 论信息系统项目的风险管理 2013.05 论大型信息系统项目的风险管理 2015.05 论项目风险管理 2018.11 论项目的风险管理 2023.05 论信息系统项目的风险管理
绩效管理	2007.11 论组织级项目管理的绩效考核 2016.11 论信息系统项目的绩效管理
项目绩效域	2023.11 论信息系统项目绩效域
需求管理	2009.11 论信息系统项目的需求管理
安全管理	2012.11 论构建信息系统安全策略 2017.11 论信息系统项目的安全管理
大型、复杂项目管理	2008.05 论企业级信息系统项目管理体系的建立 2012.11 论大型复杂信息系统项目管理
综合性	2019.05 论信息系统项目的风险管理与安全管理 2019.05 论信息系统项目的人力资源管理和成本管理

24.1　论文训练方法

根据与许多考生交流的情况来看，平时文档写作比较少、管理经验不够丰富或论文写作锻炼很少的考生很容易放弃论文这场考试，因为要在 2 个小时的时间里写出一篇合格的论文，对于初学者来说是很不容易的，需要进行一定的训练和练习。

首先要多看，即看范文，看他人的项目管理经验介绍材料，看现有的项目管理文档，自己没有经验就多看他人的，自己有项目经验也要看他人的范文来整理自己的写作思路。

其次要多写，"讲千万句不如动手写一千字"。一定要在考前动手写几篇，根据历年辅导的情况来看，至少要写 6 篇，不要贪多，也不必太多，如果要相对简化一点，就用项目管理的十大知识领域逐一练习。再就是可以练习写作速度，2 小时要写将近 2200 字，不练习速度的话极可能在考试时文章写不饱满。

最后要"多问"。写完最好请一位老师来批阅，总不能孤芳自赏吧。需要注意的是，这里的论文毕竟不是学术论文，而是更偏向于一篇工作汇报，因此最好请辅导教师来批阅。批阅后再反复修订，直到每一篇都合格为止。

24.2　论文的写作格式

2014 年信息系统项目管理师考试要求，摘要部分字数为 330 字。2019 年 11 月开始，项管考试的论文部分不再要求写摘要。自 2022 年 5 月考试开始，项管论文题目只有 1 道，因此无须选择。自 2023 年 11 月开始，软考实施计算机化考试，考生只需要在对应的文本框部分输写论文即可。

正文字数要求是 2000-3500 字（建议写到 2200～2500 字左右），文中可以分条描述，但不能全篇分条描述。

可先在草稿纸上将论文的写作提纲勾勒出来，搭建好写作框架并理清好思路，然后再在计算机中输入正文。

24.3　建议的论文写作步骤与方法

写作步骤没有规定，如胸有成竹可以直接写。不过，大多数情况下建议按以下步骤展开：①论文构思，写出纲要（15 分钟）；②正文撰写（100 分钟）；③检查修正（5 分钟）。

为了更好的应对论文考试，我们提炼出了论文写作的几种方法。

1.　通过讲故事来提炼素材

一次，我们在杭州教学的过程中反向行之，即先不与考生讲解论文写作，也不需要他们了解论文的写作方法，而是与考生探讨项目如何做，探讨项目过程中的细节问题。采用的形式是考生陈述项目，讲师插入自己的提问，考生作答。

当然这种提问也是本人有意设计的，目的是让考生自己回答出"论文写作的要点"。这种方法极其有效，当第一轮问答结束后，考生实际上就已经回答出了论文的背景、关键控制点、主要经验等关键写作要素。

这个阶段，考生务必不要想论文如何写，仅仅从故事角度来思考，如何来呈现一个精彩的故事即可，完成此阶段的构思则大局已定，后续的精化阶段、成文阶段只是提炼和展现的工作而已。

本书不对该部分详细展开，以下仅提一些常规的问题，烦请读者自己细细揣摩。

Q1：你的角色是什么？

Q2：当你接到任命后，你着手做的工作有？

Q3：你认为主要的工作是？

Q4：实际接手后，你认为主要的工作是？

Q5：如果有偏差，为什么会产生这样的偏差？

Q6：项目有哪些特点？

Q7：项目过程中采取的措施有哪些？

Q8：你计划采取哪些措施？

Q9：你实际采取了哪些措施？

Q10：你觉得哪些经验值得推广？

2.　框架写作法

框架写作法的核心就是提供一个论文框架，让考生去"照葫芦画瓢"，而且框架写作法的核心是从读者的心里总结出来，假设（实际也是）读者在阅读论文的时候，在时间有限的情况下会关注哪些点。

我们把论文分为背景、论点论据、收尾三个部分。

（1）背景。对于背景的写作，无外乎几个关键要素：项目时间、项目干系人、交付的产品或功能的介绍、在论文主题方面的情况。比如，论文主题是关于风险的，则描述风险方面的大致情况。

在背景的准备过程中，要注意将关键点交代清楚。一般来说，不管选择什么论文主题，论文中的"项目"是不建议变动的，即以一个项目来应对所有主题，因此，背景部分的内容几乎是通用的，考前写熟了，进考场后直接默写出来即可。

（2）论点论据。按照框架写作法的要求，论点即每一段的主题句，如果选择 3 个论点，则有 3 个主题句。对于每一个项目，我们建议考生从不同的知识领域（十大知识域、大项目管理等）来练习主题句的写作。当主题句写得得心应手的时候，实际上论文就形成了，剩下的工作就是在主题句后面填充一些无关宏旨的句子了。

（3）收尾。收尾是经验总结部分，这部分近乎通用，而且经验部分其实是可以适用于不同主题的。当然，能和主题紧密相扣更好，如果事前准备好的不能扣主题甚至有偏离，则稍微做些修改，总比临时拼凑强得多。

3．参考框架

（1）成本管理。

例题 1：论信息系统项目的成本管理。

项目成本管理是项目管理的一个重要组成部分，它是指在项目的实施过程中，为了保证完成项目所花费的实际成本不超过其预算成本，而展开的项目估算成本、项目预算编制和项目控制成本等方面的管理活动。

为保证项目能完成预定的目标，必须要加强对项目实际发生成本的控制，一旦项目成本失控，就难以在预算内完成项目，不良的控制成本会使项目处于超出预算的危险境地。在项目的实际实施过程中，项目超预算的现象还是屡见不鲜。实际上，只要在项目成本管理中树立正确思想，采用适当方法，遵循一定程序，严格做好估算、预算和控制成本工作，将项目的实际成本控制在预算成本以内是完全可能的。

请围绕"论信息系统项目的成本管理"论题，分别从以下三个方面进行论述：

1）简要叙述你参与管理和开发的信息系统项目，以及你在其中承担任主要工作。

2）结合你所参与的项目，从估算成本、制定预算和控制成本三个方面论述项目成本管理所应实施的活动。

3）叙述你所参与项目的成本管理过程，并加以评价。

针对上述题目，我们给出参考的写作框架如下：

1）背景（正文部分，500 字左右）。

> 1．项目基本信息（大环境、项目内容、金额、干系人、工期）。
> 2．项目组成（子项目特点、特性、功能）。
> 3．项目团队（人员组成，个人角色）。

2）论点论据（正文部分，1500 字左右）。

本项目的管理中，最重要的环节之一是成本管理。成本管理是确保在预算内完成项目而对成本采取规划、估算、预算、控制等活动。本项目为了保证完成预定的目标，必须要加强成本控制，一旦成本失控，就很难在预算内完成项目，会使项目处于超出预算的危险境地。 　　进行成本管理应实施的活动有：规划成本管理、制定预算和控制成本。 　　（约 200 字）
（1）规划成本管理是对项目的各项活动所需成本进行大概的估算。 　　项目因为＿＿＿＿现状，需要在＿＿＿＿这几个方面，采用＿＿＿＿（方法、步骤、技术、输入、输出）进行成本估算。采用该方法后，取得了＿＿＿＿实际效果。 　　（约 400 字）
（2）项目制定预算是进行项目控制成本的基础，是将项目的估算成本分配到项目的各项具体工作上，以确定项目各项工作和活动的成本定额、制定项目成本的控制标准、规定项目意外成本的划分与使用规则的一项项目管理工作。 　　项目因为＿＿＿＿现状，需要在＿＿＿＿这几个方面，采用＿＿＿＿（方法、步骤、技术、输入、输出）进行预算制定。采用该方法后，取得了＿＿＿＿实际效果。 　　（约 400 字）
（3）控制成本是为保证在变化的条件下实现其预算成本，按照事先拟订的计划和标准，采用各种方法，对项目实施过程中能够发生的各种实际成本与计划成本进行对比、检查、监督、引导和纠正，尽量使项目的实际成本控制在计划和预算范围内的管理过程。 　　项目因为＿＿＿＿现状，需要在＿＿＿＿这几个方面，采用＿＿＿＿（方法、步骤、技术、输入、输出）进行成本控制。采用该方法后，取得了＿＿＿＿实际效果。 　　（约 400 字）

3）收尾（正文部分，300 字左右）。

在＿＿＿＿项目的管理过程中，通过全面采用成本管理的方法，使得项目取得＿＿＿＿正面的效果，并在成本管理方面达到了预期的＿＿＿＿效果。 　　但是，我们仍然不满足于现状，发现了很多的不足： 　　*1．阐述不足；* 　　*2．提出解决方法。* 　　（约 300 字）

（2）质量管理。

例题 2：论信息系统项目的质量管理和提升。

ISO 9000 把质量定义为"一组固有特性满足要求的程度"。项目质量管理主要包括质量规划、质量管理和控制质量三个过程，质量规划用来确定适合于项目的质量标准，并决定如何满足这些标准；质量管理用于有计划的、系统的质量活动，确保项目中的所有必需过程满足项目干系人的期望；控制质量用于监控具体项目结果，以确定其是否符合相关质量标准，制定有效方案，以消除产生质量问题的原因。

请以"信息系统项目的质量管理和提升"为题，分别从以下三个方面进行论述：

1）简要叙述你参与的信息系统项目的背景、目的、项目周期、交付的产品、遵循的质量管理体系标准或技术规范等背景信息，以及你在其中承担的主要工作。

2）详细论述该项目进行质量管理的过程和所实施的活动，以及采用的主要方法和工具。

3）结合你的项目经历，从如何提升 IT 项目质量的角度阐述你的经验体会。

针对上述题目，我们给出参考的写作框架如下：

1）背景（正文部分，500 字左右）。

1．项目基本信息（大环境、项目内容、金额、干系人、工期）。

2．项目组成（子项目特点、特性、功能）。

3．项目团队（人员组成，个人角色）。

2）论点论据（正文部分，1500 字左右）。

项目质量管理包括为确保项目能够满足所要执行的需求的过程，以及质量管理职能的所有活动，这些活动确定质量策略、目标和责任，并在质量体系中凭借质量计划编制、控制质量和质量管理等措施，决定了对质量政策的执行、对质量目标的完成以及对质量责任的履行。

进行质量管理应实施的活动有：质量规划、质量管理和控制质量。

（约 200 字）

（1）质量规划是包括识别与该项目相关的质量标准以及确定如何满足这些标准。

项目因为_____现状，需要在_____这几个方面，采用_____（方法、步骤、技术、输入、输出）进行质量规划。采用该方法后，取得了_____实际效果。

（约 400 字）

（2）质量管理是一项管理职能，包括所有有计划地、系统地为保证项目能够满足相关的质量标准而建立的活动，质量管理应该贯穿于整个项目生命期。

项目因为_____现状，需要在_____这几个方面，采用_____（方法、步骤、技术、输入、输出）进行质量管理。采用该方法后，取得了_____实际效果。

（约 400 字）

（3）控制质量是项目管理组的人员采取有效措施，监督项目的具体实施结果，判断它们是否符合有关的项目质量标准，并确定消除产生不良结果原因的途径。

项目因为_____现状，需要在_____这几个方面，采用_____（方法、步骤、技术、输入、输出）进行质量控制。采用该方法后，取得了_____实际效果。

（约 400 字）

3）收尾（正文部分，300 字左右）。

> 　　在_____项目的管理过程中，通过全面采用质量管理的方法，使得项目取得了_____正面的效果，并在质量管理方面达到了预期的_____效果。
> 　　但是，我们仍然不满足于现状，发现了很多的不足：
> 　　*1．阐述不足；*
> 　　*2．提出解决方法（强有力的领导、建立组织级项目管理体系、建立组织级质量管理体系、理解质量成本、提高文档质量等）。*
> 　　（约 300 字）

（3）沟通管理。

例题 3：论信息系统项目的沟通管理。

在一个信息系统项目中存在多种干系人，他们的关注点和需求各不相同。对承建方项目经理来说，沟通管理尤为重要。项目经理应重视和加强项目的沟通管理工作，包括做好沟通管理计划、向干系人发布项目信息、向客户报告项目绩效、管理和协调包括客户在内的项目干系人，以及解决项目中遇到的问题。项目经理应采用有效的沟通技能与干系人沟通，以达到事半功倍的效果，从而为项目的成功创造良好的环境。

请以"信息系统项目的沟通管理"为题，分别从以下三个方面进行论述：

1）简要叙述你参与管理过的信息系统项目（如项目背景、发起单位、项目目标、项目内容、组织结构、项目周期、交付产品、涉及的主要干系人等）和你在其中承担的主要工作。

2）简要叙述沟通管理对该项目的重要性和作用。

3）请结合项目管理理论和你在项目沟通管理中的具体工作，详细论述在项目中如何做好沟通管理。

针对上述题目，我们给出参考的写作框架如下：

1）背景（正文部分，500 字左右）。

> 　　1．项目基本信息（大环境、项目内容、金额、干系人、工期）。
> 　　2．项目组成（子项目特点、特性、功能）。
> 　　3．项目团队（人员组成，个人角色）。

2）论点论据（正文部分，1500 字左右）。

> 　　沟通管理是对传递项目信息的内容、方法、过程等几个方面的综合管理，它要确定项目干系人的信息交流和沟通需要，确定谁需要信息，需要什么信息，何时需要信息，以及如何将信息发给他们。
> 　　在项目中进行沟通管理应实施的活动有识别干系人、规划沟通、发布信息、管理干系人期望、报告绩效等。

项目沟通管理的 5 个基本原则有：沟通内外有别；非正式的沟通有利于关系的融洽；采用对方能接受的沟通风格；沟通的升级原则；扫清沟通障碍。

（约 200 字）

（1）识别干系人：识别项目相关的人员与组织，记录其利益、参与度、影响项目过程。

项目因为_____现状，需要在_____这几个方面，采用_____（方法、步骤、技术、输入、输出）进行干系人识别。采用该方法后，取得了_____实际效果。

（约 400 字）

（2）规划沟通是确定项目干系人需求，定义沟通的方法。

项目因为_____现状，需要在_____这几个方面，采用_____（方法、步骤、技术、输入、输出）进行规划沟通。采用该方法后，取得了_____实际效果。

（约 400 字）

（3）同上，选择 5 个过程或者 5 个原则中的一个进行详细阐述。

（约 400 字）

3）收尾（正文部分，300 字左右）。

在_____项目的管理过程中，通过全面采用沟通管理的方法，使得项目取得了_____正面的效果，并在沟通管理方面达到了预期的_____效果。

但是，我们仍然不满足于现状，发现了很多的不足：

1．阐述不足；

2．提出解决方法。

（约 300 字）

有了写作框架，论文的写作难度大大降低了，但我们仍然强调实际的练笔。大家可以依据框架写一篇沟通管理方面的论文，并提交到 syhnjs@qq.com 邮箱中，与老师们互动。

（4）范围管理。

例题 4：论信息系统工程项目的范围管理。

项目范围管理对信息系统项目的成功具有至关重要的意义，在项目范围管理方面出现的问题是导致项目失败的一个重要原因。要实现高水平的项目范围管理，就要做好与项目干系人的沟通，明确范围需求说明，管理好范围的变更。

请围绕"信息系统工程项目的范围管理"论题，分别从以下三个方面进行论述：

1）简要叙述你参与的信息系统项目的背景、目的、发起单位的性质、项目周期、交付的产品等相关信息，以及你在其中承担的主要工作。

2）请简要列出该信息系统项目范围说明书的主要内容，并简要论述如何依据项目范围说明书制定 WBS。

3）请结合你的项目经历，简要论述做好项目范围管理的经验。

第 4 天

针对上述题目，我们给出参考的写作框架如下：

1）背景（正文部分，500 字左右）。

> 1．项目基本信息（大环境、项目内容、金额、干系人、工期）。
> 2．项目组成（子项目特点、特性、功能）。
> 3．项目团队（人员组成，个人角色）。

2）论点论据（正文部分，1500 字左右）。

> 范围管理确定成功实施项目所必须做的全部工作，并且确保这些工作完成，即范围管理确定项目内包含与不包含的工作。在项目中进行范围管理应实施的活动有规划范围、定义范围、创建 WBS、确认范围、控制范围。
> 本项目范围管理的重要任务之一是完成范围说明书的编写与分解。
> *（约 200 字）*

> （1）项目范围说明书描述了项目可交付物，以及得到这些可交付物所要做的项目工作。范围说明书是范围定义的主要交付物。
> 项目实施中，通过_____方法，得到了项目和范围的目标，具体为_____。
> 项目实施中，通过_____方法，得到了产品或服务的需求和特性，具体为_____。
> 项目实施中，通过_____方法，产品验收标准，具体为_____。
> 项目实施中，通过_____方法，得到了项目的边界，具体为_____。
> 项目实施中，通过_____方法，得到了项目约束条件、项目假设，具体为_____。
> 项目实施中，通过_____方法，得到了进度里程碑、项目假设，具体为_____。
> 项目实施中，通过_____方法，得到了项目配置管理的需求、项目假设，具体为_____。
> 项目实施中，通过_____方法，得到了项目审批要求，具体为_____。
> ……
> *（约 600 字）*

> （2）创建 WBS：将项目可交付物、项目工作分解为更小的、更容易管理的单元。
> WBS 分解的主要步骤有：
> - 识别项目交付物和相关项目工作。
> - 对 WBS 的结构进行组织。
> - 对 WBS 进行分解。
> - 对 WBS 中的各级工作单元分配标识符或编号。
> - 对当前的分解级别进行检验，以确保它们是必需的，而且是足够详细的。
> *（约 600 字）*

3）收尾（正文部分，300 字左右）。

> 在_____项目的管理过程中，通过全面采用范围管理的方法，使得项目取得了_____正面的效果，并在范围管理方面达到了预期的_____效果。
>
> 但是，我们仍然不满足于现状，发现了很多的不足：
>
> *1．阐述不足；*
>
> *2．提出解决方法。*
>
> *（约 300 字）*

（5）大型、复杂项目。

多数考生缺乏大项目的经验，往往碰到了大项目不知如何下笔，掌握一般项目的写作方法已经不易，何况大项目呢？

下面我们用一道例题来讲解这类文章的框架与写作要点。

例题 5：论大型信息系统项目的风险管理。

项目风险管理应贯穿项目的整个过程，成功的风险管理会大大增加项目成功的概率。对信息系统项目进行有效的风险管理，使用合理的方法、工具，针对不同风险采取相应的防范、化解措施，及时有效地对风险进行跟踪与控制是减少项目风险损失的重要手段。大型项目具有规模大、周期长、复杂度高等特点，一旦出现问题，造成的损失更是难以预料，所以针对大型项目进行有效的风险管理尤为重要。

请围绕"大型信息系统项目的风险管理"论题，分别从以下三个方面进行论述：

1）结合你参与管理过的大型信息系统项目，简要叙述项目的背景（发起单位、目的、项目周期、交付产品等）以及你在其中承担的工作。

2）简要描述你承担的大型信息系统项目中可能存在的风险因素及采取的应对措施。

3）结合你所在组织的情况，论述组织应如何实施大型信息系统项目的风险管理。

这是一道结合项目管理与大项目管理两个方面知识的论文题。写这类论文有一些"讨巧"的方法，能让阅卷者感觉文章阐述的是一个大项目。

比如"强调规模巨大、投资巨大、建设时间长""强调人员众多，构建有效协作机制""强调项目分级与分工，强调 PMO 的引入和作用""强调在制订项目计划之前，还需制订项目过程计划"等。

针对上述题目，我们给出参考的写作框架如下：

1）背景（正文部分，500 字左右）。

> 1．项目基本信息（大环境、项目内容、金额、干系人、工期）。
>
> 2．项目组成（子项目特点、特性、功能）。
>
> 3．项目团队（人员组成，个人角色）。
>
> *注：该部分应该突出项目投资巨大、周期长、人员众多的特性；角色定位可以是大项目经理、重要子项目经理、PMO 成员等，要体现个人的管理职责。*

2）论点论据（正文部分，1500 字左右）。

本项目的管理中，最重要的环节之一是大项目的风险管理。风险管理的目的是提高积极风险的发生概率和影响，降低消极风险的发生概率和影响。但要注意的是，风险管理不能完全避免消极风险。

进行风险管理应实施的活动有：规划风险管理、识别风险、定性风险分析、定量风险分析、风险应对、风险监控。

（约 200 字）

（1）识别风险：识别并记录影响项目的风险。

通过识别风险＿＿＿＿＿＿（方法、步骤、技术、输入、输出），我们发现了＿＿＿＿＿＿风险。我们采取了＿＿＿＿＿＿措施，来（避免/减轻/预防）了风险。

（约 400 字）

（2）定性风险分析：评估、汇总风险发生的概率和影响，并对风险进行排序。

项目因为＿＿＿＿＿＿现状，需要在＿＿＿＿＿＿这几个方面，采用＿＿＿＿＿＿（方法、步骤、技术、输入、输出）进行定性风险分析。采用该方法后，取得了＿＿＿＿＿＿实际效果。

（约 400 字）

（3）选择风险管理的另一个过程进行详细阐述。

（约 400 字）

3）收尾（正文部分，300 字左右）。

在＿＿＿＿＿＿项目的管理过程中，通过全面采用大型项目的风险管理方法，使得项目取得了＿＿＿＿＿＿正面的效果，并在风险管理方面达到了预期的＿＿＿＿＿＿效果。

但是，我们仍然不满足于现状，发现了很多的不足：

1.　阐述不足；

2.　提出解决方法。

（约 300 字）

24.4　阅卷办法

论文阅卷的给分点如下：①全文陈述完整，论文结构合理、语言流畅，字迹清楚（实施机考后可以不考虑字迹的问题），得 5 分；②所述项目切题真实，介绍清楚，得 10 分（项目要真实，描述清晰，并符合题意，文章中的论点和方法是针对该项目展开的）；③对题目所涉及的理论进行阐述，得 5～10 分（比如阐述成本管理概念）；④文章的论点有理论论点的支持，并对对应论点结合项目实际进行阐述，得 25～40 分（一般要涉及 3～5 点与题目相干的理论知识，阐述一条论点得 8 分，精辟的阐述可提高分值）；⑤实践和体会，分析总结得 15～20 分（总结实际工作中的心得与体会、项目实施中的不足以及考虑的解决方法，这部分杜绝空话）。

不及格论文特点如下：①走题；②明显虚构情节或文章明显不真实；③没有体现实际经验、通篇纯理论表述；④文章涉及的内容与方法过于陈旧，或者项目管理水准低下；⑤正文篇幅过于短小；⑥文理很不通顺、错别字很多、条理与思路不清晰等情况相对严重；⑦项目太小；⑧内容有明显的错误。

24.5 总结

很多考生在听完面授的论文课后，突然发现论文写作"如此简单"，但由于没有实际写作，我们所提到的常见问题在实际写作的过程中仍会不断地出现。

因此关键在于"写"，从现在开始练习写作吧！考生可以关注我们的微信公众号，我们将会给大家一些范文供参考，也可以将你写好的文章投递到邮箱 syhnjs@qq.com 中，我们将就文章与考生进行互动。

第5天
模拟考试，检测自我

第 5 天最主要的任务就是做模拟题，熟悉考题风格，检验自己的学习成果。考生一定摩拳擦掌好久了吧？下面就一起来做题吧。

第 25 学时　模拟考试（上午试题）

【攻克要塞专家提示】建议考生全部做完再看讲评，自行批改试卷。

全国计算机技术与软件专业技术资格（水平）考试
信息系统项目管理师模拟考试　上午试卷
（考试时间：150 分钟）

1. 2013 年 9 月，工业与信息化部会同国务院有关部门编制了《信息化发展规划》，作为指导今后一个时期加快推动我国信息化发展的行动纲领提出了我国未来发展的指导思想和基本原则。以下关于信息化发展的叙述中，不正确的是＿＿＿(1)＿＿＿。

（1）A. 信息化发展的基本原则是：统筹发展、有序推进、需求牵引、市场导向、完善机制、创新驱动、加强管理、保障安全

　　B. 信息化发展的主要任务包括促进工业领域信息化深度应用，包括推进信息技术在工业领域全面普及，推动综合集成应用和业务协调创新等

　　C. 信息化发展的主要任务包括推进农业农村信息化

　　D. 目前，我国的信息化建设处于开展阶段

2. 以下对国家信息化体系要素的描述中，不正确的是＿＿＿(2)＿＿＿。

（2）A. 信息技术应用是信息化体系要素中的龙头

B．信息技术和产业是我国进行信息化建设的基础

C．信息资源的开发利用是国家信息化的核心任务

D．信息化政策法规和标准规范属于国家法规范畴，不属于信息化建设范畴

3．以下不是电子商务表现形式的是___（3）___。

（3）A．B2C　　　　B．B2B　　　　C．C2C　　　　D．G2B

4．供应链是围绕核心企业，通过对___（4）___、物流、资金流、商流的控制，从采购原材料开始，制成中间产品以及最终产品，最后由销售网络把产品送到消费者手中的将供应商、制造商、分销商、零售商直到最终用户连成一个整体的功能网链结构。

（4）A．业务流　　　　B．事务流　　　　C．信息流　　　　D．人员流动

5．监理的主要工作内容可概括为"四控三管一协调"，"四控"即投资控制、___（5）___、控制质量、变更控制，"三管"即安全管理、信息管理、___（6）___，"一协调"即沟通协调。

（5）A．业务控制　　　　B．资金控制　　　　C．范围控制　　　　D．控制进度

（6）A．人员管理　　　　B．采购管理　　　　C．合同管理　　　　D．绩效管理

6．物联网技术作为智慧城市建设的重要技术，其架构一般可分为___（7）___，其中___（8）___负责信息采集和物物之间的信息传输。

（7）A．感知层、网络层和应用层　　　　B．平台层、传输层和应用层

　　　C．平台层、汇聚层和应用层　　　　D．汇聚层、平台层和应用层

（8）A．感知层　　　　B．网络层　　　　C．应用层　　　　D．汇聚层

7．在软件开发模型中，螺旋模型以进化的开发方式为中心，螺旋模型沿着螺线旋转，在 4 个象限上分别表达了 4 个方面的活动，即制订计划、___（9）___、实施工程、客户评估，该模型强调___（9）___。特别强调软件测试工作的软件开发模型是___（10）___，在这个模型中，测试人员根据需求规格说明书设计出系统测试用例。

（9）A．风险分析　　　　B．人员分析　　　　C．需求分析　　　　D．制作方案

（10）A．迭代模型　　　　B．RUP　　　　C．V 模型　　　　D．增量模型

8．CMM 是结合了质量管理和软件工程的双重经验而制定的一套针对软件生产过程的规范。CMM 将成熟度划分为 5 个等级，其中___（11）___用于管理的和工程的软件过程均已文档化、标准化，并形成整个软件组织的标准软件过程。

（11）A．初始级　　　　B．已定义级　　　　C．已管理级　　　　D．量化级

9．UML 2.0 的 13 种图中，___（12）___是一种交互图，它展现了消息跨越不同对象或角色的实际时间，而不仅仅是关心消息的相对顺序。

（12）A．活动图　　　　B．对象图　　　　C．类图　　　　D．定时图

10．___（13）___用来定义 Web Service 的接口标准。___（14）___提供了标准的 RPC 方法来调用 Web Service。

（13）A．WSDL　　　　B．UDDI　　　　C．UML　　　　D．JSP

（14）A．HTTP　　　　B．TCP　　　　C．SOAP　　　　D．EJB

11. 以下是网络层协议的是___(15)___。

(15) A. TCP   B. UDP   C. ARP   D. FTP

12. 项目章程的作用中，不包括___(16)___；___(17)___不属于项目章程的内容。

(16) A. 为项目人员效绩考核提供依据 B. 确立项目经理，规定项目经理的权利

    C. 规定项目的总体目标   D. 正式确认项目的存在

(17) A. 项目工作说明书   B. 项目的主要风险，如项目的主要风险类别

    C. 里程碑进度计划   D. 可测量的项目目标和相关的成功标准

13. 项目的组织结构都有一定的形式，可分为3种。其中矩阵型组织可分为___(18)___。

(18) A. 矩阵型、项目型、职能型   B. 弱矩阵型、平衡矩阵型、强矩阵型

    C. 项目经理、程序员、美工   D. 大矩阵、中矩阵、小矩阵

14. ___(19)___的主要任务是确定和细化目标，并规划为实现项目目标和项目范围的行动方针和路线，确保实现项目目标。

(19) A. 启动过程组 B. 规划过程组   C. 执行过程组   D. 监控过程组

15. 下列有关项目干系人的说法，错误的是___(20)___。

(20) A. 项目经理、用户都是重要的项目干系人

    B. 项目干系人都是与项目利益有关的人

    C. 反对项目的人不是项目干系人

    D. 项目干系人又叫项目利益相关者

16. 招标人采用邀请招标方式的，应当向___(21)___个以上具备承担招标项目的能力、资信良好的特定法人或者其他组织发出投标邀请书。

(21) A. 3   B. 5   C. 2   D. 8

17. 某信息系统项目，假设现在的时间是2016年年初，预计投资和收入情况见表25-1-1，单位为万元。假定不考虑资金的时间价值，那么投资回收期为___(22)___，投资回报率为___(23)___。

表25-1-1 某信息系统项目投资和收入的情况

项目	时间				
	2016年	2017年	2018年	2019年	2020年
投资	800	700	200	0	0
收入	0	400	800	1000	1200

(22) A. 4年   B. 3年   C. 3.5年   D. 4.5年

(23) A. 25%   B. 33.3%   C. 28.6%   D. 22.2%

18. 招标人对已发出的招标文件进行必要的澄清或者修改的，应当在招标文件要求提交投标文件截止时间至少___(24)___日前，以书面形式通知所有招标文件收受人。

(24) A. 10   B. 5   C. 18   D. 15

19. 以下不是承建方的立项管理要经历的步骤的是___(25)___。

(25) A. 招标   B. 经历项目识别 C. 项目论证   D. 投标

20．项目整体变更控制管理的流程是：变更请求→___（26）___。

（26）A. 同意或否决变更→变更影响评估→执行

B. 执行变更→变更影响评估→同意或否决变更

C. 变更影响评估→同意或否决变更→执行

D. 同意或否决变更→执行→变更影响评估

21．在项目变更管理中，变更影响分析一般由___（27）___负责。

（27）A. 变更申请提出者　　　　　　　　B. 变更管理者

C. 变更控制委员会　　　　　　　　D. 项目经理

22．项目收尾过程是结束项目某一阶段中的所有活动、正式收尾该项目阶段的过程。___（28）___就是按照合同约定，项目组和业主一项项地核对，检查是否完成了合同所有的要求，是否可以把项目结束掉，也就是我们通常所讲的项目验收。

（28）A. 管理收尾　　　B. 合同收尾　　　C. 项目验收　　　D. 项目结项

23．在范围定义的工具和技术中，___（29）___通过产品分解、系统分析、价值工程等技术理清产品范围，并把对产品的要求转化成项目的要求。

（29）A. 焦点小组　　　B. 备选方案　　　C. 产品分析　　　D. 引导式研讨会

24．WBS 的最底层元素是___（30）___，该元素可进一步分解为___（31）___。

（30）（31）A. 工作包　　　B. 活动　　　C. 任务　　　D. WBS 字典

25．在 WBS 的创建方法中，___（32）___是指近期工作计划细致，远期粗略。因为要在未来远期才能完成的可交付成果或子项目，当前可能无法分解，需要等到这些可交付成果或子项目的信息足够明确后，才能制定出 WBS 中的细节。

（32）A. 类比法　　　B. 自上而下法　　　C. 自下而上法　　　D. 滚动波策划

26．___（33）___是一个单列的计划出来的成本，以备未来不可预见的事件发生时使用。___（34）___是经批准的按时间安排的成本支出计划，并随时反映了经批准的项目成本变更，被用于度量和监督项目的实际执行成本。

（33）A. 全生命周期成本　　　　　　　　B. 直接成本

C. 管理储备　　　　　　　　　　　D. 风险成本

（34）A. 间接成本　　　B. 估算成本　　　C. 成本基准　　　D. 管理储备

27．估算成本有多种方法，下列___（35）___是在数学模型中应用项目特征参数来估算项目成本的方法，并将重点集中在成本影响因子（即影响成本最重要的因素）的确定上。

（35）A. 类比估算法　　　　　　　　　　B. 自上而下估算法

C. 自下而上估算法　　　　　　　　D. 参数估算法

28．某项目当前的 PV=160，AC=130，EV=140，则项目的绩效情况是___（36）___。

（36）A. 进度超前，成本节约　　　　　　B. 进度滞后，成本超支

C. 进度超前，成本超支　　　　　　D. 进度滞后，成本节约

29．___（37）___是完成阶段性工作的标志，通常指一个主要可交付成果的完成。重要的检查点是___（37）___，重要的需要客户确认的___（37）___就是___（38）___。

（37）（38）A．里程碑　　　B．基线　　　　C．需求分析完成　　D．项目验收

30．某项目的项目经理制作了项目的前导图如图 25-1-1 所示，可知总工期为＿＿（39）＿＿天，活动 C 的自由时差为＿＿（40）＿＿天。

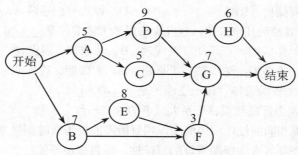

图 25-1-1　某项目的前导图

（39）A．20　　　　　　　B．21　　　　　　　C．25　　　　　　　D．17
（40）A．5　　　　　　　B．8　　　　　　　C．10　　　　　　　D．6

31．ISO 9000 系列标准适用于希望改进质量管理绩效和质量管理能力的组织。ISO 9000 系列组成了一个完整的质量管理与质量管理标准体系，其中＿＿（41）＿＿是一个指导性的总体概念标准。

（41）A．ISO 9000　　B．ISO 9001　　C．ISO 9002　　D．ISO 9003

32．全面质量管理有 4 个核心特征，以下不是这些核心特征的是＿＿（42）＿＿。

（42）A．全员参加的质量管理　　　　B．全过程的质量管理
　　　C．全面方法的质量管理　　　　D．全部采用先进的技术

33．某公司对导致项目失败的原因进行了清理，并制作了如图 25-1-2 所示的帕累托图，根据对这张图的分析可知，＿＿（43）＿＿是 C 类因素。

图 25-1-2　帕累托图示意图

（43）A．需求变动　　B．人力资源不足　　C．技术失误　　D．经费不足
34．在控制质量的工具和技术中，采用＿＿（44）＿＿方法可以降低控制质量费用。
（44）A．直方图　　B．控制图　　C．统计抽样　　D．散点图

35．在项目人力资源计划编制中一般会涉及组织结构图和职位描述。根据组织现有的部门、单位或团队进行分解把工作包和项目的活动列在负责的部门下面的图采用的是___（45）___。

（45）A．工作分解结构（WBS）　　　　B．组织分解结构（OBS）

　　　　C．资源分解结构（RBS）　　　　D．职责分配矩阵（RAM）

36．团队建设一般要经历几个阶段，这几个阶段的大致顺序是___（46）___。

（46）A．震荡期、形成期、正规期、表现期　B．形成期、震荡期、表现期、正规期

　　　　C．表现期、震荡期、形成期、正规期　D．形成期、震荡期、正规期、表现期

37．关于项目的人力资源管理，说法正确的是___（47）___。

（47）A．项目的人力资源与项目干系人二者的含义一致

　　　　B．项目经理和职能经理应协商确保项目所需的员工按时到岗并完成所分配的项目任务

　　　　C．为了保证项目人力资源管理的延续性，项目成员不能变化

　　　　D．人力资源行政管理工作一般不是项目管理小组的直接责任，所以项目经理和项目管理小组不应参与到人力资源的行政管理工作中去

38．下列___（48）___不是建设团队的工具或技术。

（48）A．集中办公　　B．虚拟团队　　C．变更请求　　D．培训

39．由 n 个人组成的大型项目组，人与人之间交互渠道的数量级为___（49）___。

（49）A．n^2　　　　B．n^3　　　　C．n　　　　D．$2n$

40．项目经理在项目管理过程中需要收集多种工作信息，例如完成了多少工作、花费了多少时间、发生什么样的成本，以及存在什么突出问题等，以便___（50）___。

（50）A．执行项目计划　　　　　　B．进行变更控制

　　　　C．报告工作绩效　　　　　　D．确认项目范围

41．项目文档应发送给___（51）___。

（51）A．执行机构所有的干系人　　　B．所有项目干系人

　　　　C．项目管理小组成员和项目主办单位　D．沟通管理计划中规定的人员

42．团队成员第一次违反了团队的基本规章制度，项目经理对他应该采取___（52）___形式的沟通方法。

（52）A．口头　　B．正式书面　　C．办公室会谈　　D．非正式书面

43．某承建单位准备把机房项目中的系统工程分包出去，并准备了详细的设计图纸和各项说明。该项目工程包括：火灾自动报警、广播、火灾早期报警灭火等。该工程宜采用___（53）___。

（53）A．单价合同　　　　　　　B．成本加酬金合同

　　　　C．总价合同　　　　　　　D．委托合同

44．某项工程需要在室外进行线缆敷设，但由于连续大雨造成承建方一直无法施工，开工日期比计划晚了 2 周（合同约定持续 1 周以内的天气异常不属于反常天气），给承建方造成一定的经济损失。承建方若寻求补偿，应当___（54）___。

（54）A．要求延长工期补偿　　　　B．要求费用补偿

　　　　C．要求延长工期补偿、费用补偿　D．自己克服

45. 某项目的建设内容包括机房的升级改造、应用系统的开发以及系统的集成等。招标人于2020年3月25日在某国家级报刊上发布了招标公告，并规定4月20日上午9时为投标截止时间和开标时间。系统集成单位A、B、C购买了投标文件。在4月10日，投标人发现发售的投标文件中某技术指标存在问题，需要进行澄清，于是在4月12日以书面形式通知A、B、C三家单位。根据《中华人民共和国招标投标法》，投标文件截止日期和开标日期应该不早于___（55）___。

（55）A. 5月5日　　B. 4月22日　　C. 4月25日　　D. 4月27日

46. 合同一旦签署了就具有法律约束力，除非___（56）___。

（56）A. 一方不愿意履行义务　　　　B. 损害社会公共利益
　　　C. 一方宣布合同无效　　　　　D. 一方由于某种原因破产

47. 风险的相对性体现在多个方面。收益越大，风险承受能力越大；收益越小，风险承受能力越小。投入越多，风险承受能力___（57）___；投入越少，风险承受能力___（57）___。

（57）A. 越小；越大　B. 越大；越小　　C. 越小；越小　　D. 越大；越大

48. 项目经理在从事以下工作内容中的___（58）___表示正在进行定量的风险分析。

（58）A. 风险核对表　　　　　　　　B. 检查表
　　　C. 风险紧迫性评估　　　　　　D. 蒙特卡罗分析

49. 以下不是定性的风险分析工具和技术的是___（59）___。

（59）A. 风险概率与影响评估　　　　B. Delphi
　　　C. 概率和影响矩阵　　　　　　D. 风险紧迫性评估

50. 既可能带来机会、获得利益，又隐含威胁、造成损失的风险，称为___（60）___。

（60）A. 可预测风险　　　　　　　　B. 人为风险
　　　C. 投机风险　　　　　　　　　D. 可管理风险

51. 《计算机软件产品开发文件编制指南》中明确了软件项目文档的具体分类，从项目周期角度可分为开发文档、产品文档、___（61）___。

（61）A. 需求文档　　　　　　　　　B. 可行性研究报告
　　　C. 管理文档　　　　　　　　　D. 操作手册

52. ___（62）___的任务是验证配置项对配置标志的一致性。软件开发的实践表明，尽管对配置项做了标志，实践了变更控制和版本控制，但如果不做检查或验证仍然会出现混乱。___（62）___可以分为功能___（62）___和___（63）___。

（62）A. 项目验收　　B. 项目评审
　　　C. 项目审计　　　　　　　　　D. 配置审核
（63）A. 项目文档审核　　　　　　　B. 源代码审核
　　　C. 物理配置审核　　　　　　　D. 配置库审核

53. 某开发项目配置管理计划中定义了3条基线，分别是需求基线、设计基线和产品基线，___（64）___应该是需求基线、设计基线和产品基线均包含的内容。

（64）A. 需求规格说明书　　　　　　B. 详细设计说明书
　　　C. 用户手册　　　　　　　　　D. 概要设计说明书

54. ＿＿（65）＿＿是指没有参与创作、通过著作权转移活动成为享有著作权的人。

（65）A. 著作权人　　　B. 专利权人　　　C. 受让者　　　　　D. 版权

55. 发明专利权的期限为＿＿（66）＿＿年，实用新型专利权、外观设计专利权的期限为 10 年，均自申请日起计算。此处的申请日是指向国务院专利行政主管部门提出专利申请之日。

（66）A. 5　　　　　　B. 10　　　　　　C. 15　　　　　　D. 20

56. 按照规范的文档管理机制，程序流程图必须在＿＿（67）＿＿两个阶段内完成。

（67）A. 需求分析、概要设计　　　　　　B. 概要设计、详细设计

　　　C. 详细设计、实现阶段　　　　　　D. 实现阶段、测试阶段

57. 信息系统的软件需求说明书是需求分析阶段最后的成果之一，＿＿（68）＿＿不是软件需求说明书应包含的内容。

（68）A. 数据描述　　　　　　　　　　　B. 功能描述

　　　C. 系统结构描述　　　　　　　　　D. 性能描述

58. 某地区的通信线路图如图 25-1-3 所示，假设其中标注的数字代表通信线路的长度（单位为千米），现在要求至少要架设＿＿（69）＿＿千米长的线路才能保持 6 个城市的通信连通。

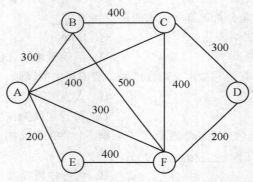

图 25-1-3　某地区的通信线路图

（69）A. 1300　　　　　B. 1200　　　　　C. 1500　　　　　D. 1700

59. 某公司投标一个项目，现在有 3 种报价方案：高位价、中位价、低位价。据估计，如果采用高位价，中标的几率只有 30%，中标的话能给公司创造利润 30 万元，未中标的话会带来 5 万元的损失；如果采用中位价，中标的几率有 50%，中标的话给公司创造利润 25 万元，未中标的话会带来 4 万元的损失；如果采用低位价，中标的几率达 70%，中标的话能给公司创造利润 15 万元，未中标的话会带来 3 万元的损失，则该公司应当选用＿＿（70）＿＿。

（70）A. 高位价　　　B. 中位价　　　C. 低位价　　　D. 以上都不是

60. The ＿＿（71）＿＿ process analyzes the effect of risk events and assigns a numerical rating to those risks.

（71）A. Risk Identification　　　　　　　B. Quantitative Risk Analysis

　　　C. Qualitative Risk Analysis　　　　D. Risk Monitoring and Control

61．The ___（72）___ provides the project manager with the authority to apply organizational resources to project activities.

（72）A．project management plan　　　　B．contract

C．project human resource plan　　　　D．project charter

62．The ___（73）___ describes, in detail, the project′s deliverables and the work required to create those deliverables.

（73）A．project scope statement　　　　B．project requirement

C．project charter　　　　D．product specification

63．The process of ___（74）___ schedule activity durations uses information on schedule activity scope of work, required resource types, estimated resource quantities, and resource calendars with resource availabilities.

（74）A．estimating　　　　B．defining

C．planning　　　　D．sequencing

64．___（75）___ involves comparing actual or planned project practices to those of other projects to generate ideas for improvement and to provide a basis by which to measure performance. These other projects can be within the performing organization or outside of it, and can be within the same or in another application area.

（75）A．Metrics　　　　B．Measurement

C．Benchmarking　　　　D．Baseline

第 26 学时　上午试题分析

试题 1 讲评：

信息化发展的基本原则是：统筹发展、有序推进、需求牵引、市场导向、完善机制、创新驱动、加强管理、保障安全。

我国信息化发展的主要任务和发展重点：促进工业领域信息化深度应用、加快推进服务业信息化、积极提高中小企业信息化应用水平、协力推进农业农村信息化、全面深化电子政务应用、稳步提高社会事业信息化水平、统筹城镇化与信息化互动发展、加强信息资源开发利用、构建下一代国家综合信息基础设施、促进重要领域基础设施智能化改造升级、着力提高国民信息能力、加强网络与信息安全保障体系建设。

参考答案：（1）D

试题 2 讲评：国家信息化体系包括信息技术应用、信息资源、信息网络、信息技术和产业、信息化人才、信息化法规政策和标准规范 6 个要素。

● 信息技术应用是信息化体系要素中的龙头，是国家信息化建设主阵地，集中体现了国家信息化建设的需求和效益。所以 A 选项正确。

● 信息技术和产业是我国进行信息化建设的基础。所以 B 选项正确。

- 信息资源的开发利用是国家信息化的核心任务，是国家信息化建设见效的关键。所以 C 选项正确。
- 信息化政策法规和标准规范的作用是规范、协调信息化体系各要素。所以 D 选项错误。

参考答案：（2）D

试题 3 讲评：电子商务有 3 种表现形式：①企业对消费者，即 B2C，C 即 Customer；②企业对企业，即 B2B；③消费者对消费者，即 C2C。2 即为"to"。可见电子商务的表现形式中，G 是不会参与的。

参考答案：（3）D

试题 4 讲评：这道题考查的是供应链的 4 个流，即物流、资金流、信息流、商流，本题缺少的是信息流。

参考答案：（4）C

试题 5 讲评：看到这道题马上就想起监理的主要工作内容参考记忆口诀"投进质变安信合，再加上沟通协调"，可见第（5）空缺少的是"进"，即控制进度；第（6）空缺少的是"合"，即合同管理。

参考答案：（5）D （6）C

试题 6 讲评：

物联网的架构可分为如下三层：

1）感知层：负责信息采集和物物之间的信息传输，信息采集的技术包括传感器、条码和二维码、RFID 射频技术、音视频等信息；信息传输包括远近距离数据传输技术、自组织组网技术、协同信息处理技术、信息采集中间件技术等传感器网络。

2）网络层：是利用无线和有线网络对采集的数据进行编码、认证和传输，广泛覆盖的移动通信网络是实现物联网的基础设施。

3）应用层：提供丰富的基于物联网的应用，是物联网发展的根本目标。

各个层次所用的公共技术包括编码技术、标识技术、解析技术、安全技术和中间件技术。

参考答案：（7）A （8）A

试题 7 讲评：螺旋模型强调风险分析，在 4 个象限中，专门有一个象限为风险分析，特别适用于庞大、复杂并具有高风险的系统。V 模型是瀑布模型的变种，它说明测试活动是如何与分析和设计相联系的。在这种模型的测试过程中，首先进行可行性研究需求定义，然后以书面的形式对需求进行描述，产生需求规格说明书。之后，开发人员根据需求规格说明书来对软件进行概要设计，测试人员根据需求规格说明书设计出系统测试用例。

参考答案：（9）A （10）C

试题 8 讲评：CMM 的 5 个级别中，初始级软件过程的特点是无秩序的，有时甚至是混乱的，软件过程定义几乎处于无章法和无步骤可循的状态，软件产品所取得的成功往往依赖极个别人的努力和机遇；可重复级已经建立了基本的项目管理过程，可用于对成本、进度和功能特性进行跟踪，一个可管理的过程则是一个可重复的过程，一个可重复的过程则能逐渐演化和成熟；已定义级用于管理的和工程的软件过程均已文档化、标准化，并形成整个软件组织的标准软件过程；已管理级中，软件过程和产品质量有详细的度量标准；优化级通过对来自过程、新概念和新技术等方面的各种有用信息的定量分析，能够不断地、持续地进行过程改进。

参考答案：（11）B

试题 9 讲评：分析题目可知，说明的这种图是交互图，而且关心顺序和时间，因此应当是定时图。

参考答案：（12）D

试题 10 讲评：Web 服务描述语言（Web Services Description Language，WSDL）可用于描述 Web Service 的接口标准，如有什么样的方法、方法又有什么参数。简单对象访问协议（Simple Object Access Protocol，SOAP）提供了标准的 RPC 方法来调用 Web Service，SOAP 规范定义了 SOAP 消息的格式，以及怎样通过 HTTP 协议来使用 SOAP，SOAP 也是基于 XML 和 XSD 的，XML 是 SOAP 的数据编码方式。

参考答案：（13）A　　（14）C

试题 11 讲评：TCP、UDP 均位于传输层；FTP 位于应用层；ARP 位于网络层，用于将 IP 地址转换成物理地址。

参考答案：（15）C

试题 12 讲评：

项目章程的作用：第一，项目章程正式宣布项目的存在，对项目的开始实施赋予合法地位；第二，项目章程将粗略地规定项目总体的范围、时间、成本、质量，这也是项目范围各管理后续工作的重要依据；第三，项目章程中正式任命项目经理，授权其使用组织的资源开展项目活动；第四，叙述启动项目理由，把项目的日常运作及战略计划联系起来。

项目章程的主要内容：项目立项的理由；项目干系人的需求和期望；项目必须满足的业务要求或产品需求；委派的项目经理及项目经理的权限；概要的里程碑进度计划；项目干系人的影响，组织环境及外部的假设、约束；概要预算及投资回报率；项目主要风险；可测量的项目目标和相关的成功标准。

参考答案：（16）A　　（17）A

试题 13 讲评：选项 A 是组织结构的分类，并非矩阵型组织的分类；选项 C 是项目中的一些典型岗位，并非组织结构分类；选项 D，没有这种说法。故答案应选 B 选项。

参考答案：（18）B

试题 14 讲评：题目中讲到了主要任务是确定和细化目标，故应当是规划过程组。

参考答案：（19）B

试题 15 讲评：项目干系人包括项目当事人，以及其利益受该项目影响（受益或受损）的个人和组织，甚至包括反对项目的人，也可以把他们称作项目的利害关系者。从题目要求来看，是要找出错误的选项，故选项 C 不正确。

参考答案：（20）C

试题 16 讲评：邀请招标应当向 3 个以上具备承担招标项目的能力、资信良好的特定法人或者其他组织发出投标邀请书。

参考答案：（21）A

试题 17 讲评：题目中已给出的信息是不考虑资金的时间价值，可见这里是要求静态投资回收期和回报率。通过计算可知，第 1 年的净现金流量为-800 万元，第 2 年的净现金流量为-300 万元，第 3 年的净现金流量为 600 万元，第 4 年的净现金流量为 1000 万元，第 5 年的净现金流量为 1200 万元。相当于前两年为-1100 万元，第 3 年收回了 600 万元，尚有 500 万元没有收回。第 4 年收回了 1000 万元，可见第 4 年可全部收回投资，则可估计投资回收期是 3 年多一点，故选 C 选项。投资回报率是投资回收期的倒数，故投资回报率为 28.6%。

参考答案：（22）C　　（23）C

试题 18 讲评：这种参数是招投标最常考的内容之一了。这里应当是 15 天。

参考答案：（24）D

试题 19 讲评：题目问的是不是承建方的立项管理的步骤，则在 4 个选项中，选项 A 招标是建设方要经历的步骤，而承建方要做的是投标工作。故答案选 A 选项。

参考答案：（25）A

试题 20 讲评：

变更管理的完整流程如下：

（1）变更申请：提出变更申请。

（2）变更评估：对变更的整体影响进行分析。

（3）变更决策：由 CCB（变更控制委员会）决策是否接受变更。

（4）实施变更：实施变更，在实施过程中注意版本的管理。

（5）变更验证：追踪和审核变更结果。

（6）沟通存档。

参考答案：（26）C

试题 21 讲评：项目经理在接到变更申请以后，首先要检查变更申请中需要填写的内容是否完备，然后对变更申请进行影响分析。变更影响分析由项目经理负责，项目经理可以自己或指定人员完成，也可以召集相关人员讨论完成。

参考答案：（27）D

试题 22 讲评：项目收尾包括两个部分：管理收尾和合同收尾。从题目来看指的是按合同约定，故是合同收尾。

参考答案：（28）B

试题 23 讲评：产品分析旨在弄清产品范围，并把对产品的要求转化成项目的要求。产品分析是一种有效的工具。每个应用领域都有一种或几种普遍公认的方法，用以把高层级的产品描述转变为有形的可交付成果。产品分析技术包括产品分解、系统分析、需求分析、系统工程、价值工程和价值分析等。

参考答案：（29）C

试题 24 讲评：WBS 中，工作包是最小的可交付成果，是最底层的元素，但可进一步分解为活动。WBS 字典是用于描述和定义 WBS 元素中的工作的文档。

参考答案：（30）A　　（31）B

试题 25 讲评：从题目来看，给出的实际上就是滚动波策划的定义，滚动波策划又称为滚动式规划。

参考答案：（32）D

试题 26 讲评：从题目来看，考查的是两个有关成本管理术语的定义。第（33）空定义的是管理储备，第（34）空定义的是成本基准。

参考答案：（33）C　（34）C

试题 27 讲评：从题目可知，是利用了数学模型，且重点集中在成本影响因子，故应当是参数估算法。

参考答案：（35）D

试题 28 讲评：根据题目已知条件可计算出，SV=EV-PV=140-160=-20，故进度滞后；CV=EV-AC=140-130=10，故成本节约。据此，答案选 D 选项。

参考答案：（36）D

试题 29 讲评：检查点指在规定的时间间隔内对项目进行检查，比较实际进度和计划进度的差异，从而根据差异进行调整。里程碑是完成阶段性工作的标志，通常指一个主要可交付成果的完成。一个项目中应该有几个用作里程碑的关键事件。基线其实就是一些重要的里程碑，但相关交付物需要通过正式评审，并作为后续工作的基准和出发点。重要的检查点是里程碑，重要的需要客户确认的里程碑就是基线。里程碑是由相关人负责的、按计划预定的事件，用于测量工作进度，它是项目中的重大事件。

参考答案：（37）A　（38）B

试题 30 讲评：从题目提供的网络图来看，可有的路径和工期为：ADH，工期 20；ADG，工期 21；ACG，工期 17；BEFG，工期 25；BFG，工期 17。据此可知工期最大的路径为 BEFG，故总工期为 25。第（40）空要求 FF_C，则计算过程如下：

$FF_C=\min\{ES_G\}-EF_C=ES_G-EF_C=\max\{EF_D,EF_C,EF_F\}-EF_C$。

其实此种题做多了一看就明白，活动 F 在关键路径上，故活动 F 的 EF 必然最大，故：

$FF_C=EF_F-EF_C-18-10=8$。

参考答案：（39）C　（40）B

试题 31 讲评：作为质量管理和质量保证标准的 ISO 9000 系列标准，适用于所有希望改进质量管理绩效和质量保证能力的组织。ISO 9000 系列组成了一个完整的质量管理与质量保证标准体系，其中 ISO 9000 是一个指导性的总体概念标准；ISO 9001、ISO 9002、ISO 9003 是证明企业能力所使用的 3 个外部质量保证模式标准；ISO 9004 是为企业或组织机构建立有效的质量体系提供全面、具体指导的标准。

参考答案：（41）A

试题 32 讲评：全面质量管理的 4 个核心特征是：全员参加的质量管理、全过程的质量管理、全面方法的质量管理（科学的管理方法，数理统计、电子技术、通信技术等）、全面结果的质量管理（产品质量/工作质量/工程质量/服务质量）。

参考答案：（42）D

试题 33 讲评：该图给出了导致项目失败原因的帕累托图。从图中可以看出，需求变动占 60%，技术失误占 20%，它们累计为 80%，所以上方的帕累托曲线的第 2 个点在 80%处。据此也可知 A

类因素为需求变动和技术失误。以此类推，人力资源不足为 B 类因素，经费不足和外包商选择不力为 C 类因素。

参考答案：（43）D

试题 34 讲评：统计抽样指从感兴趣的群体中选取一部分进行检查（例如从总数为 100 个的样品中随机选取 30 个样品）。适当的抽样往往可以降低控制质量费用。

参考答案：（44）C

试题 35 讲评：组织分解结构（OBS）与工作分解结构在形式上相似，但它并不是根据项目的可交付物进行分解，而是根据组织现有的部门、单位或团队进行分解。如果把工作包和项目的活动列在负责的部门下面，则某个运营部门（如采购部门）只要找到自己在 OBS 中的位置就可以了解所有该做的事情。

参考答案：（45）B

试题 36 讲评：优秀的团队并不是一蹴而就的，需要经历形成期、震荡期、正规期、表现期 4 个阶段。

参考答案：（46）D

试题 37 讲评：项目的人力资源与项目干系人是两个不同的概念，项目的人力资源只是项目干系人的一个子集。项目进展过程中，项目成员变更是正常的。项目管理团队很少直接管理人力资源的一些通用的管理工作（如劳动合同、福利管理以及佣金等行政管理工作），这些工作一般由组织的人力资源部统一管理，但项目经理是直接需要用人的项目负责人，因此应当参与少部分人力资源的行政管理工作。

参考答案：（47）B

试题 38 讲评：资源日历是建设团队的输出，并不是建设团队的工具或技术。

参考答案：（48）C

试题 39 讲评：沟通渠道数的计算公式为 $[n \times (n-1)]/2$，由分子可知数量级为 n^2。

参考答案：（49）A

试题 40 讲评：绩效报告是指搜集所有基准数据并向项目干系人提供项目绩效信息。一般来说，绩效信息包括为实现项目目标而输入的资源的使用情况。绩效报告一般应包括范围、进度、成本和质量方面的信息。许多项目也要求在绩效报告中加入风险和采购信息。

参考答案：（50）C

试题 41 讲评：项目文档是不能随便分发的，要准确地发送给需要的人。沟通管理计划中会明确说明谁需要什么样的信息，何时需要，以及怎样分发给他们。

参考答案：（51）D

试题 42 讲评：由于团队成员是第一次违反团队的基本规章制度，项目经理应采取非正式的沟通方法，这样有助于问题的解决。4 个选项中只有 A 选项相对来说更为合适。

参考答案：（52）A

试题 43 讲评：总价合同又称固定价格合同，适用于工程量不太大且能精确计算、工期较短、技术不太复杂、风险不大的项目，本题中有外包项目就属于这种情况。

参考答案：（53）C

试题 44 讲评：凡属于客观原因造成的延期、属于业主也无法预见到的情况，如特殊反常天气，达到合同中特殊反常天气的约定条件，承包商可能得到延长工期补偿，但得不到费用补偿。

参考答案：（54）A

试题 45 讲评：本题考查的是招投标有关的注意事项。根据招标投标法规定，招标文件截止日期和开标日期应该不早于 4 月 27 日。

参考答案：（55）D

试题 46 讲评：无效合同通常需要满足下列任一情形：一方以欺诈、胁迫的手段订立的合同；恶意串通，损害国家、集体或者第三人利益；以合法形式掩盖非法目的。

参考答案：（56）B

试题 47 讲评：风险的相对性体现在三个方面：收益越大，风险承受能力越大；收益越小，风险承受能力越小。投入越多，风险承受能力越小；投入越少，风险承受能力越大。地位越高、资源越多，风险承受能力越大；地位越低、资源越少，风险承受能力越小。

参考答案：（57）A

试题 48 讲评：风险核对表是制订风险管理计划的技术；检查表、风险紧迫性评估是定性的风险分析工具；蒙特卡罗分析法又称统计实验法，是运用概率论及数理统计的方法来预测和研究各种不确定性因素对项目的影响，是分析系统的预期行为和绩效的一种定量分析方法。

参考答案：（58）D

试题 49 讲评：定性的风险分析使用的工具和技术主要有风险概率与影响评估、概率和影响矩阵、专家判断、风险数据质量分析、风险分类、风险紧迫性评估。Delphi 是一种识别风险技术，本质上是一种匿名反馈的函询法。

参考答案：（59）B

试题 50 讲评：按照风险可能造成的后果，可将风险划分为纯粹风险和投机风险。不能带来机会、无获得利益可能的风险叫纯粹风险。既可以带来机会、获得利益，又隐含威胁、造成损失的风险叫投机风险。

参考答案：（60）C

试题 51 讲评：在 4 个选项中，A、C、D 选项都是具体的文档，而题目指的是分类，故答案选 C 选项。

参考答案：（61）C

试题 52 讲评：第 62 空是配置审核的定义；第 63 空考查的是配置审核的分类，可以分为功能配置审核和物理配置审核。

参考答案：（62）D   （63）C

试题 53 讲评：题目中指的是需求极限，故应当是需求规格说明书。

参考答案：（64）A

试题 54 讲评：这里考查的是受让者的定义。著作权人，又称为原始著作权人，是根据创作的事实进行确定的创作、开发者。受让者，又称为后继著作权人，是指没有参与创作、通过著作权转移活动成为享有著作权的人。

参考答案：（65）C

试题 55 讲评：这里考查的是专利的期限。发明专利权的期限为 20 年。

参考答案：（66）D

试题 56 讲评：按照规范的文档管理机制，程序流程图必须在概要设计、详细设计两个阶段内完成。

参考答案：（67）B

试题 57 讲评：系统结构描述不是软件需求说明书应包含的内容，系统结构描述属于系统分析的任务。软件需求说明书包含的内容有：前言（目的、范围、定义）、软件项目概述（软件产品描述、功能描述、用户特点、假设与依据）、具体需求（功能需求、性能需求、数据库）。

参考答案：（68）C

试题 58 讲评：这实际上是一个求最小生成树的试题。可使用 Prim 算法思想来解题，先任意找出一个顶点，比如 A，与 A 连接的最小的边权值为 200，则顶点集合变为{A，E}，边权值和为 200；再考查集合{A，E}，与之相连的边权值中最小的有 B 或 F，因 B 和 F 均不在集合中，故顶点集合变为{A，E，B，F}，边权值和为 800；再考查集合{A，E，B，F}，与之相连的最小的边权值为 200，故集合为{A，E，B，F，D}，边权值和为 1000；最后只剩下顶点 C 了，最小的边权值为 300，故最小生成树的长度为 1300。

参考答案：（69）A

试题 59 讲评：决策树如图 26-2-1 所示。如果采用高位价，则 30×30%-5×70%=5.5 万元；如果采用中位价，则 25×50%-4×50%=10.5 万元；如果采用低位价，则 15×70%-3×30%=9.6 万元，故采用中位价比较合适。

图 26-2-1 决策树

参考答案：（70）B

试题 60 讲评：从题目来看，说明的是一个什么样的过程的定义。analyzes 表示"分析"，the effect of risk events 表示"风险事件的影响"，assigns a numerical rating to those risks 表示"给那些风

险分配了一个数值化的值"。从 a numerical rating to those risks 和 risk 来判断，应当是风险的定量分析。选项 A 指的是"识别风险"，选项 C 指的是"定性风险分析"，选项 D 指的是"风险监控"。

参考答案：（71）B

参考译文：定量风险分析过程分析风险事件的影响并对这些风险赋予一个数值化的评价。

试题 61 讲评：从题目来看考的必定是某一个项目术语。provides the project manager with 表示"为项目经理提供了什么"，the authority to apply organizational resources to project activities 表示"使用组织资源进行项目活动的权力"。回想起来，只有项目章程是可以明确项目经理并给项目经理授权的文件。选项 A 是"项目管理计划"，选项 B 是"合同"，选项 C 是"项目人力资源计划"，选项 D 即为"项目章程"。

参考答案：（72）D

参考译文：项目章程为项目经理使用组织资源进行项目活动提供了授权。

试题 62 讲评：一看题目就知道这又是一道术语题。Describes 表示"描述"，in detail 表示"详细地"，the project's deliverables 表示"项目的可交付物"，the work required to create those deliverables 表示"创建那些可交付物所需要做的工作"。综合考虑，要详细地描述可交付物以及创建这些可交付物所做的工作，则应当是项目范围说明书了，即为选项 A。选项 B 是"项目需求"，选项 C 是"项目章程"，选项 D 是"产品规范"。

参考答案：（73）A

参考译文：项目范围说明书详细描述了项目的可交付物以及为创建这些可交付物所需的工作。

试题 63 讲评：从题目的前几个单词来看，应当指的是活动历时是一个什么样的过程。uses information on schedule activity scope of work 表示"使用到活动工作范围信息"，required resource types 表示"所需要的资源类型"，estimated resource quantities 表示"估算到的资源数量"，resource calendars with resource availabilities 表示"可用资源的资源日历"。选项 A 表示"估算"，与题正好相符。选项 B 为"定义"，不符合题意，如果还没有定义，何来后面用到的已知信息呢？选项 C 为"计划"，应当是本题定义过程之前做的事，也不合适。选项 D 表示"排序"，应当要在估算清楚的基础上再进行排序。

参考答案：（74）A

参考译文：估算活动历时的过程会用到活动工作范围、所需资源类型、估计的资源数量以及建立在资源可用性上的资源日历等信息。

试题 64 讲评：involves 表示"涉及"，comparing actual or planned project practices to 表示"与什么比较实际的或计划的项目实践"，to generate ideas for improvement 表示"用来生成改进的思想、主意"，provide a basis by which to measure performance 表示"提供一个测量基效的基准"。be within the performing organization or outside of it 表示"可以是执行组织内部的，也可以是外部的"，can be within the same or in another application area 表示"可以是同一个应用领域的，也可以是其他应用领域的"。选项 A 是"度量标准体系"；选项 B 是"测量"，选项 C 是"基准评价"，选项 D 是"基线"。根据题意，表示这个术语是供项目内外比较的基准，故选项 C 最为合适。

参考答案：（75）C

参考译文：基准分析涉及将实际或计划的项目实践与其他项目进行比较，以产生改进的思想并提供一个测量绩效的基准。其他项目可以是执行组织内部的，也可以是外部的；可以是同一个应用领域的，也可以是其他应用领域的。

第 27 学时　模拟考试（下午试题）

一、下午 I 考试模拟试卷

【攻克要塞专家提示】为节约时间，可不必长时间做题。可采取做 1 道讲评 1 道，或参考答案批阅 1 道的形式。

全国计算机技术与软件专业技术资格（水平）考试

信息系统项目管理师模拟考试　下午 I 试卷

（考试时间：90 分钟）

试题一（25 分）

某系统集成公司最近承接了一个系统集成项目，客户方是某省电信分公司。客户方的大企业服务历经多年的发展，已经开发了很多接口系统。这次承接的系统集成项目是要将这些接口系统集中到一个总线式的中间件软件上，客户方出具了系统功能要求清单作为合同的附件。

该系统集成公司任命了李工作为项目经理。李工发现作为合同附件的系统功能要求清单基本是技术上的要求，主要功能就是进行数据交换，于是编制了项目范围说明书，和客户方的技术部进行了确认并双方都签了字，之后进入了紧张的研发过程。

3 个月后，李工带领团队完成了研发，向客户方的技术部门提出了验收申请。客户方的各个业务部门负责人都参加了验收会，会上他们进一步提出了很多需要在该软件上实现的业务功能，比如统计、分渠道、产品线的业务分析、业务部门可以基于该软件对业务进行管控等。一方面似乎没有满足客户的需求，另一方面自己所带领的团队苦干了 3 个月研发出的软件得不到验收，这让李工非常苦恼。

【问题 1】（10 分）请给出出现这种现象的可能原因。

【问题 2】（10 分）如果你是项目经理李工，拟采取什么对策？

【问题 3】（5 分）请简述项目范围说明书的主要内容。

试题二（25 分）

某信息技术有限公司中标了某大型物流园股份有限公司的信息化建设一期工程项目，刘工担任项目经理。一期工程主要是网络系统及网站系统建设，工期为 4 个月。

因该物流园面积较大，网络系统架构异常复杂。刘工为了在约定的工期内完工，加班加点，施工过程中省掉了一些环节和工作。项目如期通过了验收，但却给售后服务带来了很大的麻烦，比如售后服务人员为了解决网络故障，只好逐个对网络节点进行实地考察、测试，从而绘制出网络图；

软件的维护也只有 HTML 和 JSP 代码可供售后作支持材料使用，使得修改代码、增加功能十分不便。

【问题 1】（10 分）试简要分析造成项目售后存在问题的主要原因。

【问题 2】（9 分）试说明项目建设时可采取的控制质量的方法和工具。

【问题 3】（6 分）为保障项目经理刘工在项目运作过程中实施质量管理，公司层面应提供哪些支持？

试题三（25 分）

项目经理邓工正在负责一个信息系统集成项目，在分析了项目的活动后，他得到了如表 27-0-1 所示的一个活动清单。

表 27-0-1　项目的活动清单

活动代号	紧前工作	历时/天
A	—	7
B	A	6
C	A	8
D	B	7
E	B	9
F	B、C	5
G	D	11
H	E、I	7
I	F	8
J	H、G	10

【问题 1】（8 分）求项目的关键路径、总工期。

【问题 2】（9 分）分别求 D、E、G 活动的 FF 和 TF。

【问题 3】（8 分）试说明采取什么方法可缩短项目工期。

二、下午 II 考试模拟试卷

全国计算机技术与软件专业技术资格（水平）考试
信息系统项目管理师模拟考试　下午 II 试卷
（考试时间：120 分钟）

请在下列两道论文试题中选做一道。请用文字描述，不要出现图表。

试题一：论软件项目的进度管理

软件开发项目的进度管理是软件开发项目管理的一个重要内容，有效的进度管理是保证软件开发项目如期完成的重要环节。在软件开发过程中为保证软件按时完成，必须采取许多有关的技术、策略和方法。

请围绕"软件项目的进度管理"论题，依次对以下三个方面进行论述。

（1）简要叙述你参与管理和开发的应用项目，以及你所承担的主要工作。

（2）具体讨论你在软件开发中为保证软件项目的进度所采取的主要技术和方案，详细叙述你为保证软件项目的进度在组织内部实施的方法和策略。

（3）分析你采取上述措施、方法和策略的效果如何。你认为所采用的方法和策略有哪些独到之处，为什么？

试题二：论项目的整合管理

项目整合管理是项目管理中的一项综合性和全局性的管理工作。项目整合管理的任务之一就是要决定在什么时间做哪些工作，并协调各项工作以达到项目的目标。

项目经理或其所在的组织通常会将项目分成几个阶段，以增强对项目的管理控制，并建立起项目与组织持续运营工作之间的联系。

请围绕"项目的整合管理"论题，分别从以下三个方面进行论述。

（1）简要叙述你参与管理过的大型信息系统项目（项目的背景、发起单位、目的、项目周期、交付的产品等）。

（2）针对下列主题，请结合项目管理实际情况论述你是如何进行项目整合管理的：

- 信息系统项目的阶段如何划分？
- 每个阶段应完成哪些工作？
- 每个阶段应提交哪些交付物？
- 每个阶段都有哪些种类的人员参与？
- 该项目实施阶段有哪些过程？

（3）结合大型项目管理的特点简要叙述你管理大型项目的经验体会。

第 28 学时　下午试题分析

一、下午 I 试题分析

试题一分析

先来解答问题 1。从题目中要找出关键的语句，比如"客户方出具了系统功能要求清单作为合同的附件""系统功能要求清单基本是技术上的要求""和客户方的技术部进行了确认并双方都签了字""提出了很多需要在该软件上实现的业务功能"，可见系统集成公司及李工的项目管理还是比较规范的，要从字面上找直接原因，就是"提出了很多需要在该软件上实现的业务功能"了，这一点可以描述如下：客户方的业务部门提出了很多需要在系统集成中间件软件上实现的业务功能。

系统集成的中间件软件多数是技术上的需求，客户方的业务部门也很难意识到这种中间件软件的重要性，只有体验或认识了以后才能发现它的重要价值，但客户方的技术部门往往有着深刻的认识，因此这种项目大多由客户方的技术部门发起，业务部门不配合或根本不关心这种项目的实施。

据此，可再归纳出一些要点：①项目可能由客户方的技术部门发起，业务部门参与程度不够；②没有满足客户方业务部门的需求；③与客户方的沟通不足；④项目干系人分析不够，没有识别出除技术部外的其他项目干系人；⑤没有注意控制项目的范围；⑥验收会的准备不足。

再来解答问题2。问题2可针对问题1找出的原因来回答。比如，加强与客户方的沟通、吸收客户方业务人员参与项目需求讨论与软件测试等，还有要注意的就是这个项目处于这种实际情况，可以和客户方商量，将本次验收或投产的内容作为一期工程，二期工程再行考虑更多的业务需求。

最后，问题3是基础知识题，不再过多讲评，请直接参看参考答案。

试题一参考答案

【问题1】可能的原因有：①客户方的业务部门提出了很多需要在系统集成中间件软件上实现的业务功能；②项目可能由客户方的技术部门发起，业务部门参与程度不够；③没有满足客户方业务部门的需求；④与客户方的沟通不足；⑤项目干系人分析不够，没有识别出除技术部外的其他重要项目干系人；⑥没有注意控制项目的范围；⑦验收会的准备不足。

【问题2】李工可采取的对策有：①加强与客户方的沟通；②吸收客户方业务人员参与项目需求讨论与软件测试；③听取和记录客户方的业务需求，重新整理成文档，要求提出人员重新签字确认，甚至可签订补充协议，必要时可提出适度增加费用；④和客户方商量，将本次验收或投产的内容作为一期工程，二期工程再行考虑更多的业务需求；⑤确认客户方归口需求和项目负责人；⑥进一步识别和分析项目干系，并采取相应的策略；⑦认真准备验收会，提前考虑什么人参加、要准备什么材料等。

【问题3】项目范围说明书的主要内容如下：项目的目标、产品范围描述、项目的可交付物、项目边界、产品验收标准、项目的约束条件、项目的假定等。

试题二分析

先解答问题1。按以前我们学的老办法，先在原文中找直接原因。如"面积较大，网络系统架构异常复杂""施工过程中省掉了一些环节和工作""绘制出网络图""只有HTML和JSP代码可供售后作支持材料使用"，这样可直接引用或归纳出一些原因，如下：①物流园面积较大，网络系统架构异常复杂；②施工过程中省掉了一些环节和工作；③没有为售后提供网络图；④软件系统没有提供需求分析、系统设计说明书等必要的文档资料。此外，既然是"可能的原因"，可展开思路，多写一些要点，比如：⑤项目进展过程中缺乏必要的控制；⑥没有注意进行阶段评审、及时保存文档和配套资料；⑦没有遵循项目管理的标准和流程；⑧没有考虑项目售后的需求；⑨没有提供系统维护手册这种关键性的售后服务所需文档；⑩没有进行配置管理或配置管理不足。

再来解答问题2。其实问题2是一道基础知识题，可从本书的前文中找到答案，此处不再过多讨论。

最后来解答问题3。首先注意要从公司层面来回答要点，比如要制定公司一级的质量方针、政策，制定控制质量流程等。

试题二参考答案

【问题1】可能的原因如下：①物流园面积较大，网络系统架构异常复杂；②施工过程中省掉了一些环节和工作；③没有为售后提供网络图；④软件系统没有提供需求分析、系统设计说明书等必要的文档资料；⑤项目进展过程中缺乏必要的控制；⑥没有注意进行阶段评审、及时保存文档和配套资料；⑦没有遵循项目管理的标准和流程；⑧没有考虑项目售后的需求；⑨没有提供系统维护手册这种关键性的售后服务所需文档；⑩没有进行配置管理或配置管理不足。

【问题 2】可采取的控制质量的方法和工具有：①检查；②测试；③评审；④因果图（鱼刺图、石川图）；⑤流程图；⑥帕累托图（Pareto 图）。

【问题 3】公司层面应提供以下支持：①制定公司质量管理方针；②选择质量标准或制定质量要求；③制定控制质量流程；④提出质量管理所采取的方法和技术（或工具）；⑤提供相应的资源。

试题三分析

这道题虽然没有明确指出要制作网络图，但实际上考生应当在草稿纸上画一个，这样才便于解题时分析。为简便起见，可快速制作前导图，如图 28-0-1 所示。相信考生中能看出答案的人并不多，还是一步一个脚印来做图。

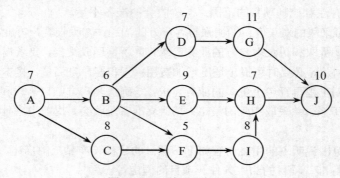

图 28-0-1　某项目的前导图

从图中可以看出，路径 ABEHJ，工期为 39；路径 ABDGJ，工期为 41；路径 ABFIHJ，工期为 43；路径 ACFIHJ，工期为 45。可见关键路径为 ACFIHJ，总工期为 45 天。

接下来问题 2 是要求 D、E、G 活动的 FF 和 TF。这 3 个活动均是非关键路径上的活动。计算过程：$FF_D=\min\{ES_G\}-EF_D=ES_G-EF_D=20-20=0$。

为什么一下就得出了 ES_G 和 EF_D 的值呢？来看图 28-3-1，从活动 A 开始能到活动 G 的只有一条路，即 ABDG，最快的情况就是这条路，一点都不延误，故 $ES_G=DA+DB+DD=20$。那么 EFD 是怎么得出的呢？同样，从活动 A 开始能到活动 D 的只有一条路，即 ABD，最快的情况就是这条路，一点都不延误，故 $EF_D=DA+DB+DD=20$。

$TF_D=LS_D-ES_D=LF_D-DD-ES_D=LF_D-7-13=LF_D-20=45-10-11-20=45-41=4$。

LF_D 的值是如何这么快得知的呢？最慢的情况下，D 可在什么时候完成呢？总工期是 45 天，可从后往前推，D 在唯一路径 ABDGJ 上，故 $LF_D=$总工期$-DJ-DG=45-10-11=24$。

$FF_E=\min\{ES_H\}-EF_E=ES_H-EF_E=28-22=6$。

H 在关键路径上，不允许延误，故 $ES_H=DA+DC+DF+DI=28$。经过 E 只有唯一的一条路径，那就是 ABE，故 $EF_E=DA+DB+DE=22$。

$TF_E=LS_E-ES_E=LF_E-DE-ES_E=LF_E-9-13=LF_E-22=45-10-7-22=45-39=6$。

求 LFE 时，考虑到 E 在唯一的路径上，即 ABEHJ，采用倒推法，总工期为 45 天，故 E 最晚完成的时间是：总工期-DJ-DH=45-10-7=28。

$FF_G=min\{ES_J\}-EF_G=ES_J-EF_G=45-10-31=4$

$TF_G=LS_G-ES_G=LF_G-11-20=LF_G-31=45-10-31=4$

问题 3 是知识点题，不再详细讲评，考生可直接参看参考答案。

试题三参考答案

【问题 1】 关键路径为 ACFIHJ，总工期为 45 天。

【问题 2】

$FF_D=min\{ES_G\}-EF_D=ES_G-EF_D=20-20=0$

$TF_D=LS_D-ES_D=LF_D-DD-ES_D=LF_D-7-13=LF_D-20=45-10-11-20=45-41=4$

$FF_E=min\{ES_H\}-EF_E=ES_H-EF_E=28-22=6$

$TF_E=LSE-ES_E=LF_E-DE-ES_E=LF_E-9-13=LF_E-22=45-10-7-22=45-39=6$

$FF_G=min\{ES_J\}-EF_G=ES_J-EF_G=45-10-31=4$

$TF_G=LS_G-ES_G=LF_G-11-20=LF_G-31=45-10-31=4$

【问题 3】 可采用的缩短工期的方法有：①赶工，缩短关键路径上的工作历时；②采用并行施工方法以压缩工期（或快速跟进）；③追加资源；④改进方法和技术；⑤缩减活动范围；⑥使用高素质的资源或经验更丰富的人员。

二、下午 II 试题分析

论文试题一分析

首先要看清和审清题，题目要写的是"软件项目"的进度管理，因此在选择项目时最好是取材较大的软件项目，而不要是网络项目、弱电施工项目。

对题目的 3 点内容都要有所响应，比如题目要求的第 2 点中要描述保证软件项目的进度所采取的主要技术及方案，并且要"详细叙述你为保证软件项目的进度在组织内部实施的方法和策略"，可见这方面的内容才是重点。

接下来，规划写作大纲。写作大纲参考如下：

第 1 段：项目的基本情况和自己所承担的主要工作。

第 2～3 段：WBS 工具使用的情况与分析。

第 4～6 段：网络图工具使用的情况与分析。

第 7～8 段：项目工作周例会、周报使用的情况与分析。

第 9～10 段：项目阶段评审的情况与分析。

第 11～12 段：介绍一个独到之处，如周例会轮流主持、进度比较有裕度、阶段评审邀请用户方参与等。

第 13 段：全文主要观点小结。

考生可根据自己对各种工具和技术的熟悉情况来计划段落的划分和内容情况。以下是一名考生写作的合格论文，供其他考生参考。

试题一参考范文赏析

论软件项目的进度管理

2003 年 2 月，我参加了"电力行业工作票、操作票系统"的开发，承担项目管理工作。电力系统有关部门在对电力设施进行检测、维修、试验等一系列活动时，应按照我国电力行业相关标准进行工作，"电力行业工作票、操作票系统"就是按照国家有关标准及电力行业操作规程设计的仿真系统。工作人员在施工前按照工作流程在此仿真系统上进行操作，严格遵守电力设施的逻辑闭锁关系，按顺序执行。有效地防止不规范操作，确保电力设施及现场工作人员的安全，提高安全意识。

本系统由系统图编辑平台和工作票、操作票签发系统两大部分组成，其中系统图编辑平台主要是编辑变电站、用电系统及变电站控制系统图，每一个电力设施对应一个对象，在系统图上都有相对应的部分，系统图真实地反映了电力设施的布局及相互关系，生动形象又合乎技术标准，同时为第二部分提供操作对象。工作票、操作票签发系统主要是在系统图的基础上进行点击操作，每次点击对应一个对象（即一个电力设施），根据电力设施的逻辑闭锁关系自动生成相应的工作票，或操作票或提示操作不规范。

在本系统的开发过程中，我通过合理估算项目的工作量及技术难度，识别关键任务，随时了解项目进度，必要时调整进度表等方面对项目进行管理，确保本系统如期按质量完成。

1. 合理估算项目的工作量及技术难度

我们在项目工作量及技术难度的估算上采用面向对象技术与传统技术相结合的原则。

本系统采用了面向对象的分析、设计等一系列面向对象技术，在本系统工作量的估算上根据功能点进行估算。将每个功能模块逐步分解，直至分解为基本模块为止。我们将系统分为系统图编辑与工作票、操作票签发两个大的功能分别进行估算。系统图编辑部分主要是一个图形编辑系统。一种电力设施对应一个类，电力设施的技术参数及其操作对应相应类的属性和方法，电力设施图由线段、圆、曲线、折线、多边形等基本图形组成，这些基本图形分别对应一个类，这些类又继承一个最基本的类。系统图编辑部分的工作量也就是这些类的实现，工作票、操作票签发部分用到了编辑平台的系统图，因此有大量的功能可以复用，这部分的功能划分同系统图编辑部分一样，也是采用类作为基本结构，这样就比较准确地进行了工作量的估算。

同时我们开发的这个系统是基于 C/S 结构的，由于我们公司有不少 C/S 结构的系统成功的案例，因此有不少的案例供我们参考。对于本系统的第二部分我们就是借鉴以前做过的基于 C/S 结构的系统，基于 C/S 结构的系统的框架基本上是一致的，数据库的设计、前台操作（如对数据库进行添加、删除、修改、查询）等一系列活动大体相同。正因为如此，有大量的东西可供我们复用。如权限控制模块，我们就是复用以前的案例，仅作少量修改。这对工作量的估算也是一个重要的参考，为工作进度安排提供了依据。

在技术上，我们重点考虑本系统与其他 C/S 结构系统不同之处，相同或相似之处我们认为没有技术难点。系统编辑平台主要是绘图，我们知道 MFC 的绘图功能确实强大，但是过于烦琐，功能封装不是十分完美，我们采用了 Form++这个 MFC 扩展类库，其对图形操作封装得很好，大大降低了系统图编辑部分的难度，在界面设计上我们采用了 BCG 这个扩展类库，使得 VC 应用程序界面设计得如同 Delphi 等工具一样完美，同时减少了工作量。在工作安排上，技术难度相对大一点的部分我们安排经验丰富的程序员，同时也同其他工作组的成员商讨技术细节问题，同他们进行技术探讨，这样不至于因为某一技术细节而影响整个工程进度。

根据上述分析，我们制定了一个详细的进度表并定义了相应的里程碑。

2. 识别关键任务

系统图编辑部分是整个系统的基础，因为工作票、操作票签发部分是建立在该部分的基础之上的，系统图编辑部分直接影响到整个项目。因此该部分是整个系统的关键部分，在这部分中，每种电力设施所对应的类及其父类的定义是关键，因为所定义的类必须完整、准确地反映该电力设施的技术参数和操作。

工作票、操作票签发部分是用户明确提出的要求实现的功能，直接面对用户，这部分成功与否直接影响到该系统的质量，因此也是不容忽视的。

如果上述两部分任务的进度受到影响，则整个项目的完成将受到威胁，因此是本项目的关键任务。在控制进度时，我们将其作为重点对象进行控制。

3. 随时了解项目进度，必要时调整进度表

在确定项目开发计划时，我们制定了详细的进度表。我们在确定每一项任务时都确定该任务的工作量、开始时间、持续时间、结束时间。同时让每个小组成员知道自己所承担任务的时间表，小组成员根据自己的任务制订详细工作计划。

工作日志是了解每个小组成员工作情况的很好的方式，我们要求每个小组成员对自己的工作都要做工作日志，对自己每天的工作做详细记录。每周对自己的工作进展做出结论，向项目组汇报。在做结论时，不得使用"差不多""大概""完成了 90%"等模糊字眼。而应采用某任务"已经全部完成""90%的工作全部完成""再过 1 天全部完成"等方式。每个小组成员对自己作出的结论负责，这样可以做到随时了解项目进度，为调整项目计划提供客观基础。

同时我们在项目进度计划中，根据项目设计定义了相关的里程碑，在每个里程碑我们都采取小组会议形式对本阶段的工作进行确认、总结，对本阶段的进展情况作出结论，并决定是否调整下一阶段的进度计划。

在系统图编辑部分，我们认为各电力设施所对应的类（包括其父类）定义完成为一个里程碑，每个类是否具备了相对应的电力设施的技术参数及操作是该里程碑的标准，这些类（包括其父类）的实现完成又是一个里程碑，整个系统图编辑部分完成也是一个里程碑。每个里程碑的标准在系统设计时已经定义好。

"电力行业工作票、操作票系统"目前已经开发完毕，运行状况良好，受到一致好评。在本系统开发的整个过程中采用了面向对象技术与传统技术相结合的原则，因为小组成员各有特长，面向对象技术不是每个小组成员都能熟练掌握的，加之面向对象技术在我们公司还不是很成熟，必须有一个过渡，不能一下转型，因此采用这种策略符合我们公司的现实情况。

由于项目进度管理得当、项目按期完成，我们小组赢得了公司的好评，其他小组也研究我们的管理方式。当然项目管理方式多种多样，项目不同、人员不同，管理模式应作调整，而不是一成不变。适合本项目的管理模式才是最好的模式，先进的管理方法在不同的项目组中取得的效果是不同的，这有待于我们去研究、探索、实践、总结。

论文试题二分析

分析步骤与论文试题一的分析步骤相同，首先审清题，比如题目第 2 点要求在论文中要说明一些基本理论知识，如"信息系统项目的阶段如何划分""每个阶段应提交哪些交付物"等；第 3 点就要求结合大型项目来谈经验体会。

接下来规划写作大纲，写作大纲参考如下：

第 1 段：项目情况和自己所做的工作。

第 2 段：项目整合管理的基本理论知识说明。

第 3~4 段：所管理的项目阶段是如何划分的，每个阶段做什么，提交什么交付物。

第 5~7 段：项目的每个阶段有些什么人参与，是如何进行干系人分析的，又如何做相应的处理。

第 8 段：项目的实施阶段是如何细分的、如何进行管理的。

第 9 段：面对项目的变更是如何处理和控制的。

第 10~12 段：针对大型项目的特点，比如参与人员多，如何进一步分组；技术复杂，如何分工协调进度等描述。

第 13 段：全文小结。

考生可根据自己对各种工具和技术的熟悉情况来计划段落的划分和内容情况。以下是一名考生写作的合格论文，供其他考生参考。

试题二参考范文赏析

论项目的整合管理

项目整合管理在项目实施中具有重要的地位和作用，在本人参与的一项工程分析软件系统的开发项目中，充分体现了这一点。该项目开发的主要内容是：将引进某外国的运行于大中型计算机（如 IMB4381、VAX3300 等）的结构有限元分析系统进行消化、移植，形成有自主版权的可运行于工作站（如 HP715）和微机的结构分析系统，并在此基础上开发出当时国内急需的结构优化功能、图形化前后置显示功能和复合材料结构单元等新功能。

该项目工作量大，仅需要消化、移植的某源程序就有 40 多万条；技术复杂，涉及有限元理论、离散数学、计算机技术、各型计算机体系结构和操作系统的兼容性、结构力学、材料力学等多学科；多单位协作，有多达 4 个单位参加；参加人员众多且跨不同专业，有数学人员、力学人员和计算机开发应用人员。如此大型复杂的信息系统项目开发，综合的整合管理至关重要，决定着项目的成败。

为了保障项目的成功实施，在前期由我单位领导挂帅成立了项目领导小组，统一管理、协调根据项目的学科方向组建了相应的项目研发小组，成立了项目管理组负责组间协调和项目的整合管理工作，我担任了项目管理组的组长，自始至终参与了项目的整合管理工作，切身感到了研发活动的整合管理所起到的重要作用，并认识到了一些整合管理的具体理念和方法。

项目整合管理是贯穿项目生命期全过程的一项综合性和全局性的管理工作，它以项目成功为目标，采取统一、协调、集约、澄清等措施，使项目实施全过程沿正确的轨道运行。通常项目整合管理工作包括：

（1）制定项目章程，确立项目的组织机构和运行机制，约定行动规则，制定实施标准等。

（2）初步确定项目的工作内容和工作范围，明确完成项目都要做哪些工作。

（3）在项目实施各分计划的基础上，制订、协调、集成项目管理计划，并作为项目实施的准绳。

（4）依据管理计划，指导和管理项目实施过程中各项活动的执行。

（5）监督、控制、协调项目的各项工作。

（6）进行变更控制管理，保持项目的完整性和一致性。

（7）对项目进行收尾总结，工作有始有终，积累经验。

信息系统项目往往比较复杂。如本人参与的这个项目既涉及不同技术和专业（如建立力学模型、设计各种算法、使用高级语言和汇编语言等），也存在不同组织和个人的不同期望（如有计算力学所、计算机所，对模块性能有不同观点期望）。协调进度、成本、质量，进行有效沟通和资源配置，树立全局观念等，都是项目所必需的，但又往往存在大量主观和客观的问题，对以上管理构成障碍和挑战。在各项目目标之间和参与项目的单位和人员之间经常出现不协调或冲突，项目管理人员必须在这些不协调或冲突酿成危机前处理好各种矛盾和冲突，协调为完成项目所需的资源、计划和工作。可见没有有效的整合管理工作，项目是难以成功的。

信息系统项目整合管理工作的内容繁多、涉及方方面面，存在着需要特别关注和做好的重要方面。换句话说，就是要特别关注在正确的时间、正确的场合使用正确的方法，投放资源和实施工作。以我参与的这项工程分析软件开发项目来说，项目最终按期完成，基本实现预期目标，与以下 3 个方面的工作密切相关：①在项目整合管理工作中能系统地、动态地处理问题；②明确接口并严格实施；③换位思考以化解冲突与矛盾。

系统地、动态地处理问题就是对项目实施中出现问题时的处理应放到项目全局中进行考虑，全面地、联系地进行分析，动态地而不是静止地加以解决。在本项目开发实施中，由于系统的需求是来自工程领域利用计算机进行结构分析与优化，并实现大型分析系统的微机化，项目成功的技术重点和难点在于不同计算机系统的差异和兼容性，而项目负责技术总体设计的总工程师是工程力学方面的专家，对其他领域的专业知识（特别是计算机专业）有局限，使动态内存管理模块的设计方案几易其稿，难以满足系统总体要求，造成项目开发进度在系统移植阶段停滞不前。

为了解决这个问题，我及时向项目领导小组请示，取得了单位领导的支持，召集相关的主要负责人，通过认真分析，采取了数学组专家提出的方案，并由数学组来负责移植阶段的总体技术工作，系统移植的技术难题才得以正确解决。由此可以看出，在项目实施的全过程中，系统地看待和处理问题，动态地、恰如其分地调配资源，有益于项目整合管理工作目标的达成。

明确接口并严格加以实施是促使项目成功所采取的一个重要措施。本结构分析系统是在已有原型基础上的移植、开发，在模块之间的接口调用上存在不同的解决方案，具有不同的性能指标，如何整合集成，仅仅给出笼统的标准还不够，在项目进行到一定的阶段时必须由模块开发的各方和项目有关的负责人协调下，确立明确、具体的接口定义，并严格按照定义的接口检测验收，以保证软件系统的完整性和一致性，形成阶段可交付的子系统，推进项目的进度。

在如此庞大的信息系统项目开发过程中，没有明确的接口定义，项目在模块联调阶段将面临大量协调、沟通、扯皮、更改工作，为项目推进带来许多不必要的返工和重复，使本来不存在技术问题的项目实施举步维艰。我们项目管理组根据以往的经验，从项目一开始就特别注重模块接口定义的整体、全局管理工作，协调各研发小组共同讨论接口的设计问题，使各研制组的工作在衔接处平稳对接，没有因为接口定义的不到位而对项目造成拖延和资源上的浪费，取得了明显的成效。

【攻克要塞软考团队讲评】换位思考是一种解决项目组成员冲突的常用办法。

项目在开发过程中实施的各项活动交互重叠，不可避免地会发生冲突和矛盾，矛盾和冲突发生时，在双方方案均具有合理性又各持己见、相持不下时，换位思考以求折中、平衡，从而化解冲突和矛盾，不失为整合管理工作中一项行之有效的方法。

在本项目中，研发人员主要由两类专业技术人员组成：工程结构方面的和数学、计算机方面的，两类人员由于专业背景的关系和出发点的差异，在对问题的解决上常常各持己见、互不相让，而有时冲突的原因是对对方专业知识的缺乏。

为了很好地解决这一问题，我们项目管理组经过计划和组织，约定在每周五举办学术交流活动，请两方面的专家讲解、介绍各自专业领域的基本知识，使双方都能对对方的技术观点有较客观的理解，从而有利于在工作配合、协调时能够站在对方的角度，寻求到双方均满意的平衡点。由于课题组积极的措施和倡导，换位思考成为项目参加人员的共同理念，为项目的成功实施创造了良好的文化氛围。

该项目在历时两年后，较为成功地实现了当初制定的目标，并被评为当年部科技进步二等奖。能取得这样的成绩，很大程度上得益于良好的项目整合管理工作，特别是系统动态地处理问题、明确接口定义并严格实施、换位思考以化解冲突这三种解决项目冲突的方法。

【攻克要塞软考团队讲评】本文整体感觉比较流畅，观点鲜明，论文中讲述的情况，特别是对于多学科交叉的大型信息系统项目来说，作者对三点主要论点的体会让人感觉比较实在。

参 考 文 献

[1] 刘明亮，宋跃武. 信息系统项目管理师教程[M]. 4 版. 北京：清华大学出版社，2023.

[2] 谭志彬，柳纯录. 信息系统项目管理师教程[M]. 3 版. 北京：清华大学出版社，2017.

[3] Project Management Institute. 项目管理知识体系指南（PMBOK 指南）[M]. 6 版. 北京：电子工业出版社，2018.

[4] Project Management Institute. 项目管理标准和项目管理知识体系指南[R]. 7 版. Philadelphia: Project Management Institute Inc，2021.

[5] 施游，刘毅. 信息系统项目管理师 5 天修炼[M]. 3 版. 北京：中国水利水电出版社，2018.

[6] 王珊，萨师煊. 数据库系统概论[M]. 5 版. 北京：高等教育出版社，2016.

[7] 褚华，霍秋艳. 软件设计师教程[M]. 5 版. 北京：清华大学出版社，2018.

[8] 全国计算机专业技术资格考试办公室. 历次信息系统项目管理师考试试题.

[9] 施游，张华，邹月平. 软件设计师 5 天修炼. 北京：中国水利水电出版社，2021.

[10] Project Management Institute. 项目集管理标准[M]. 4 版. 北京：电子工业出版社，2019.

[11] Project Management Institute. 项目组合管理标准[M]. 4 版. 北京：电子工业出版社，2019.

[12] Project Management Institute. 组织级项目管理标准[M]. 4 版. 北京：电子工业出版社，2019.

[13] 国家信息技术服务标准工作组. ITSS 系列培训 IT 服务工程师[M]. 北京：电子工业出版社，2012.

[14] 国家信息技术服务标准工作组. ITSS 系列培训 IT 服务项目经理[M]. 北京：电子工业出版社，2012.

后　记

　　完成"5天修炼"后，考生感受如何？是否觉得更加充实了？是否觉得意犹未尽？这5天的学习并不能保证考生100%通过考试，但可以让考生心中倍感踏实。基于此，笔者还想再啰唆几句，提出几点建议供参考：

　　（1）做历年的试题，做完信息系统项目管理师考试的，可以接着做系统集成项目管理工程师的，因为这两个不同级别考试的基础知识和案例分析的考查范围比较接近。

　　（2）该背的背，该记的记，条件成熟的话让家人或朋友抓着你背。

　　（3）计算题一定要抓住不放，网络图、挣值分析、投资分析等，回顾口诀，勤于练习。

　　（4）英语知识切不可放弃，每做模拟题时都认真分析英文试题，词汇、句型、术语全部到位，如果时间充裕就看 PMBOK 英文版，更加原汁原味。

　　（5）论文试题一定要动手写至少6篇，不必太多，如果要相对简化一点，就用项目管理的十大知识领域逐一练习。

　　（6）经济条件许可的情况下，参加辅导培训，这并不是广告，而是最好的建议，良师益友，可以少走很多弯路。

　　（7）关注我们的微信公众号，有问题及时与我们互动。

　　最后，祝考生们顺利过关，通过了记得发个邮件给老师报个喜。